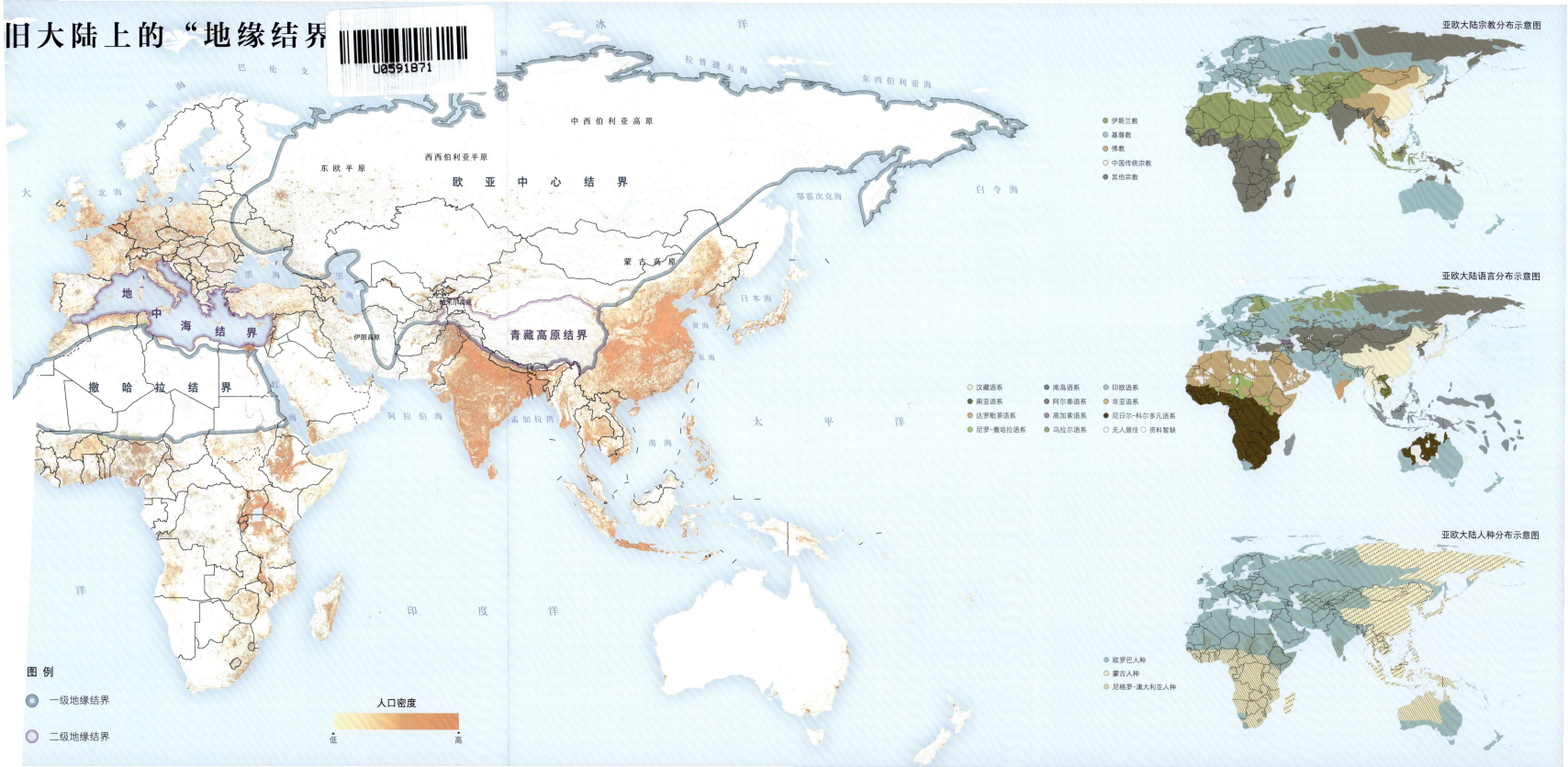

旧大陆上的"地缘结界"

亚欧大陆宗教分布示意图

亚欧大陆语言分布示意图

亚欧大陆人种分布示意图

宗教图例
- 伊斯兰教
- 基督教
- 佛教
- 中国传统宗教
- 其他宗教

语言图例
- 汉藏语系
- 南亚语系
- 达罗毗荼语系
- 尼罗-撒哈拉语系
- 南岛语系
- 阿尔泰语系
- 高加索语系
- 乌拉尔语系
- 印欧语系
- 非亚语系
- 尼日尔-科尔多凡语系
- 无人居住
- 资料暂缺

人种图例
- 欧罗巴人种
- 蒙古人种
- 尼格罗-澳大利亚人种

地名标注
冰　洋
拉普捷夫海
东西伯利亚海
巴伦支海
中西伯利亚高原
白令海
东欧平原
西西伯利亚平原
欧 亚 中 心 结 界
鄂霍次克海
大
北海
地 中 海 结 界
黑海
里海
蒙 古 高 原
日本海
撒 哈 拉 结 界
伊朗高原
青 藏 高 原 结 界
黄海
东海
红海
阿拉伯海
孟加拉湾
太 平 洋
洋
印 度 洋
南海

图　例
- 一级地缘结界
- 二级地缘结界

人口密度
低　　　高

·地缘看世界系列·

地图里的人类史

Human
History
on the
MAP

温骏轩

······著······

北京联合出版公司
Beijing United Publishing Co.,Ltd.

前言

时光荏苒，决定动笔写这部《地图里的人类史》时，我已经用"地缘看世界"这个系列名，在网上分享了十二年的原创文章。这些年，不时有读者开玩笑问："楼主"把整个世界都写完的时候，会不会开始写外太空的故事？

世界是由"人"组成的。没有人的存在，我们脚下的这颗蓝色星球，就只是浩瀚宇宙中渺小得不能再渺小的一粒尘埃。有了人的地球才能够被称为"世界"。倘若有一天，人类可以移居到其他行星，比如马斯克一直想去的火星，那么火星也将成为世界的组成部分。再制作"世界地图"时，我们就得把火星和沿途的星球加进去。

而在此之前，无论是火星还是其他星球，都同样只是宇宙中的一粒尘埃，它们并不是我们的世界。

不幸的是，当我用了十二年时间，写了 800 万字，并走遍这个世界的每一个角落后，人类还没有实现星际移民的梦想。事实上，等你看完这本书之后可能会发现，也许人类永远不需要真的移民外星球了。

有鉴于此，我决定从"地缘"这个独特角度入手写一部人类史。不仅仅是为了复盘人类的进化史，更是为了在当下这个瞬息万变的时代留下一些自己的思考。

一直以来，我都是在用"地缘"这个视角来诠释世界的。这个过程中遇到的最大问题，是在大众认知中，"地缘"一词很容易与"地理"画等号，与"政治"相关联。其实就我当初的定义来说，"地"指的是环境，包括地理环境和人文环境，而"缘"指的是关系。

人类不管做什么研究，服务的对象都是人类自己，地缘视角也不例外。作为一个研究"人与环境"应该如何相处的视角，大到人类的技术进化、国与国之间的相处之道、经济的发展，小到每个人的工作生活、婚姻选择，都可以从这个视角得到新鲜的答案。

总体来说，这部书的视角更接近"上帝视角"。代入之后，你的身份不再是人类的一员，而更像是俯瞰芸芸众生的"造物主"。你看待人类内部的悲欢离合、与其他生物的关系、适应和改造环境的那些努力，会有一种在看动物世界纪录片的感觉。

人是动物，但又超脱于动物。智力的跨越式提升以及由此生成的各种社会属性，让人类的行为显得更为复杂。动物世界存在食物链，人类社会同样存在。一个必须承认的客观事实在于，不是所有人类群体都对人类文明的进步做出过同等贡献，拥有同样的话语权。

就过往大家看到的全球史、人类史而言，无论视角还是篇幅大都是以西方为主。这是因为人类步入现代社会后，知识与物质财富都呈指数级增长。而这些力量，又主要源于由西方触发的科学与工业革命。

然而放在人类上百万年的进化史、数千年的文明史中看，类似级别的革命其实发生过很多次，比如农业革命、宗教的出现。就现在世人可以看到的情况而言，整个人类社会无论从地缘政治还是技术角度，都在面临一场百年未有之变革，而这场变革的主角，不再是爆发过两次工业革命、开启了信息革命的西方。

一个人要是现在不幸失去自由，不得不在十几二十年后重新认识这个社会，我很确信他的世界观会有颠覆感。这个颠覆感很大程度来自——中国以及中国所引领的技术，这一权重将大大增加。印度等第三世界国家，同样会在未来的新世界提升自己的身位。

在这个历史关口写一部人类史，并在文明史阶段做一些有趣的东西方比较，意义不仅仅在于复盘人类进化史，更在于帮助我们看清未来世界的走向。

想要直观地把"人与环境"的关系呈现给大家，光靠文字是不行的，地图是非常重要的辅助手段。在过往的写作过程中，我们制作过大小近千张地图，这次也不例外，于是便有了从人类如何脱离动物范畴说起，层层递进到现代社会的这部《地图里的人类史》。

回顾人类历史上所经历的技术革命，很多技术进步在后来者看来特别简单，影响却异常深远。比如，学会用火对原始人类来说，是一项巨大的进步。火之于人类来说，犹如一件"魔法工具"，对火的使用帮助人类彻底脱离了动物的范畴。

可以咀嚼消化更熟烂的食物，甚至对人类的生理构造产生了影响。最起码我们的犬齿不用那么发达，还有四颗磨牙退化为智齿，失去原有的功能。回头再比较北京猿人的长相，你可以直观感受到生理变化的存在。

变化不仅仅在于生理层面。最起码新石器时代的人类，生理构造上与现代人已经没什么差异。人类的变化更主要体现在社会层面上，看完这本书你还会发现，诸如钻木取火、弓箭等看起来很原始的技术出现，都对人类的生存状态造成过巨大影响。

随着越来越多动物无法理解的"魔法工具"的出现，人类完成了一次又一次的升级。同时，每一次革命在推动人类整体进入一个新阶段的同时，也会让率先掌握先进技术的族群取得阶段性领先，甚至使其他人类竞争者灭绝。

进入现代社会后，蒸汽机、发电机、计算机，乃至智能手机等"机器"的出现，都曾经触发过影响人类社会运行模式的革命。这本书将帮助大家寻找人类进化过程中那些隐藏于地理与时间背后的规则，以及这些关键的技术节点。

一方水土养一方人，一项技术能够被某个人类群体发明出现，与其所处的地理环境、人文环境有着密切的关系。如果你想知道，为什么科学与工业革命会出现在西方，以中国为代表的东方，在人类现在正经历的信息革命中又有什么独特优势，也都可以在这本书中找到答案。

看完这本书后，你还会发现与中国相关的篇幅会相对较多。反观过往类似的研究中，有关中国的篇幅则很少。这倒不是说谁在有意压低中国的贡献，这一方面就像我刚才所说的，现代科学和工业文明是在西方进化成功的。同时欧洲人开启的大航海时代，还让整个世界真正连通了起来。西方主导了这一切，包括中国在内的其他文明和族群占比自然就会变小。

另一方面是因为偏安于旧大陆东部的中华文明显得过于稳定。就像我时常说的，一个中国人若是从明朝穿越回唐朝，并不会有什么不适应。以至于中国人自己都认为，自己的历史在很大程度上是在不断地重复。

从这两方面来看，中国和其文明并没有为这个世界的多样性，以及当下的进步做出与体量相当的贡献。历史上，远离西方的中国，甚至很少以对手的身份出现在西方书写的历史中。

至于中国人自己，同样有一个思考一个半世纪的问题需要寻找答案，那就是这个古老文明究竟是否需要全盘推倒重建，才能适应现代社会。

在从自然经济时代切换入工业时代的赛道时，"彷徨"是忧心民族命运者的普遍心态。包括汉字等独特的文明要素，都一度被认为应该扔入历史的垃圾堆。这个古老文明所累积出来的诸多特质，被怀疑并无可能对人类的进步做出新贡献。如今的中国人看起来已没那么彷徨，甚至有可能为人类的未来做出创造性技术贡献，却也应该知道到底是哪些东西帮到了自己。

在一本全球视野人类史中，诠释中华文明在工业时代的适配性，算是自己的一点私心吧。毕竟学问是无国界的，做学问的人却是有祖国的。更何况就像刚才说的一样，以中央之国当下在这个世界的生态位来说，人类的确也是应该重新认识一下这个熟悉而又陌生的文明。

总体来说，本书内容沿着时间线推进。一至八章的内容在于解读人类是如何脱离动物范畴，变身为万物之灵的；九至三十章的内容侧重于向大家展示几大各有所长的文明；三十一至四十章则推进到科学思维主导的现代社会阶段，解读人类是如何迈入工业文明阶段，当下又处在什么样的阶段，包括对未来人类的发展方向做出一定预测。

用 26 万字的篇幅来解读漫长的人类史，显然是需要取舍的，由衷希望我从时间长河中剥离出来的这些规律、节点，能够帮助大家重新认识自己，以及我们身处的世界。

2022 年 6 月 20 日

温骏轩

目录

第一章
进化的规律

基因的选择

人到底是不是动物？这是一个时常浮现在很多人脑海中的问题。从生物分类学的角度来看，"动物界—脊索动物门—哺乳纲—灵长目—人科—人属—智人"属性的人类毫无疑问属于动物。将人类从动物群体中剥离出来的想法，通常会被认为是唯心主义思维。

即便你嘲笑提出这一问题的人没有科学精神，却也不得不承认，"人"的确与大家认知中的生物有着本质区别。若要罗列出人与其他生物的区别，实在是一件很容易的事。比如，小时候老师会告诉我们，人跟其他动物的主要区别是能够制造和使用工具。在动物世界中我们了解到，黑猩猩会把草棍插入白蚁窝以捕食白蚁，埃及秃鹫能用石块砸开坚硬的鸵鸟蛋。一定要沿用这个标准的话，也无非是把"工具"定义得再复杂一些。

"万物之灵"或许算是关于人的一个中肯的描述。这个出自中国古代典籍《尚书》的评语，原文为"惟天地万物父母，惟人万物之灵"。意思是说，天地是万物的父母，人则是万物中最有灵性的。在汉语中，"灵"这个字可以有很多层意思，并不单独用来形容人类，若论大家最常用的一层意思，大抵是用来形容聪明。

聪明同样有很多种，人的聪明和其他动物的聪明还是有本质区别的。生物为了适应环境，会有很多让人看起来很聪明的生理特征和技能。然而进化论告诉我们，生物的进化其实并没有方向，这些只是物竞天择的结果。换句话说，包括人在内的生物并没有意识到自己在做什么，更遑论知道做什么是对的。

人类进入文明阶段已有五六千年了，关于人到底是怎么来的，却是直到 19 世纪下半叶才渐渐明晰的。1859 年，英国生物学家达尔文出版《物种起源》一书，揭示了生物由简单到复杂的进化规律。12 年后《人类的由来及性选择》出版，达尔文直接阐述了人类是古猿进化而来的观点。

很多时候这一观点被通俗地称为"人是由猴子变的"，在生物学家将那些肉眼可见、跟人类有诸多相似之处的哺乳动物共同归类为"灵长类"动物之前，人类一般是用"猴子"来泛指它们。一个流传已久的幽默故事说，达尔文有一次参加晚宴，旁边一位漂亮的女士问他："听说您断言人类是猴子变的，那我也是这种情况吗？"达尔文礼貌地回答："当然，不过您不是一般的猴子变的，而是由一只长得非常迷人的猴子变的。"

这显然不是一个真实的历史故事，用当下流行的网络用语形容，应该叫作"段子"。其实，达尔文从来没有说过人是由猴子变的。他只是根据出土的古猿化石推断出，人类与猩猩、大猩猩、黑猩猩等类人猿拥有共同的祖先。那些演化出现代人类和其他灵长类动物的古猿，早已不在这个世界上。这就好像我们今天说人类的祖先在非洲，却不能说当代非洲人就是其他地区人类的祖先一样。

了解自然界需要时间。人类在大多数文明时期都相信自己和整个世界是由神创造的，这种认知被称为神创论。虽说在笃信科学者眼中，神创造世界的说法实在不值一驳，不过在后面的论述中我们会发现，"神"或者说信仰的出现，是人类将自己与其他动物区别开来的重要标志。即便在社会进步为科学所推动的今天，这股神秘力量依然在发挥着重要作用。

然而，信仰的力量即便再强大，化石还是为进化论提供了充分的证据。于是便有人试图将这两个看起来矛盾的理论连接起来，将"神"的切入点前移。宇宙中存在着浩如恒河沙数的星球，地球就算不是唯一存在生命的星球，那也是极少数。在坚持神学可以和科学统一的人看来，神创造的也许不是人类本身。

有趣的是，有一些更相信科学规律者亦沿着相反的路径作类似的努力。在他们看来，地球是外星文明所选定的幸运儿。那些外星人在为地球创造出适合生命进化的环境后，仍不时地派出观察者，并被感受到其存在的地球人误认为神。这一逻辑对于当代地球人来说并不难理解，毕竟地球的主宰者们已经在野生动物保护区中做了同样的事。只不过地球人还无法确定，那些被观察的动物是否把自己视为"神"。

不管怎么定义，地球人始终已是与其他动物有了质的区别。单纯为了行文方便，以后的内容中除非我们特别提及，动物的概念将不再包括人类。

经验的力量

不管这个世界的起点到底在哪儿，就像我们刚才所说的那样，进化论为生命的演化提供了一条完整的证据链。问题是，即便你承认生物存在一个由简单向复杂的进化过程，这个进化过程到底是怎么产生的，却依然存在争议。达尔文进化论的理论基础是"自然选择"，认为生物个体之间存在着差异，能够适应环境的个体更有机会生存下来，最终把适应环境的变异遗传给后代。

与达尔文进化论相对立的进化机制理论——用进废退理论（又称"拉马克主义"），是由法国博物学家拉马克提出的。其与达尔文观点的主要区别在于，达尔文进化论认为变异是无序和随机的，那些适应环境的生理特征只是因为能够适应环境而保留与遗传了下来。一个物种成功进化的背后，是海量因不适应环境而被淘汰的个体。

用进废退理论则否认变异的随机性，认为生物个体在进化过程中受环境影响会产生有适应意义的性状变化，并最终将这种改进后的性状遗传给后代。举个例子，按照用进废退理论，你特别喜欢打篮球并且喜欢扣篮，那么一直训练下来，你的手臂就会比一般人长那么一点点（虽然肉眼观察不到），然后这个改进过的性状就会遗传给你的孩子。要是你的孩子也喜欢扣篮，那么他的手臂也会在你的基础上再长那么一点点。这样一代代传下去，就应该能出现肉眼可见的变化了。

用进废退理论看起来更符合一般人对这个世界的理解。在《物种起源》一书和后来解释进化论的文章中，我们经常会以长颈鹿为案例。坦率地说，要是光看用来证明长颈鹿进化过程的插图，很容易让人感觉长颈鹿就是一代一代地努力吃高处的树叶，才把脖子"训练"成那么长的（笔者认为，这不是笔者一个人的想法）。

这种感觉其实并不是基于生理体验，而是基于社会体验而产生的。人类进入文明期不过数千年的时间，在这个时间段中，要是说人类在生理上一点变化也没有倒也不是。比如说，人类的头骨因为自我保护能力增强，而变得没有原始人类那么坚硬（平均厚度略有下降），只是此类变化人类基本是无法感知的，更别说系统记录下来了。

与之相较，社会环境的变化却是每个人都能亲身感受到的。每个人在行为举止上都会或多或少受上一代人累积信息的影响，并且将这一信息传承给后代。而人类之所以能够不断进步，便是有赖于这一代一代的信息传承，以及在学习前人信息基础上创造新的信息。

动物同样会做这件事，一头小象如果从小被人类收养，没有母象的教导或者人类的野化训练，单纯凭借深藏于基因中的本能，它是很难适应野外生存环境的。相较之下，人类积累传承经验的手段要复杂得多，积累的经验和思考出来的信息，可以通过文字等其他生物所不具备的手段传承下来。这些由人脑通过不同介质传递出来的信息，便是大家通常所说的"知识"。

中国清代学者龚自珍有一个说法，"灭人之国，必先去其史"。意思是说，你要消灭一个国家，就一定要先把它的历史抹去。循着这个思路，不妨让我们来做一个更科幻的设定：如果某一天人类因为某种病毒的影响失去所有的记忆，那么对世界认知如同初生婴儿一般的人类，会不会转瞬回到丛林时代？

答案无疑是必然的，只剩下生物本能的"人"并不会表现得比其他生物更有文明性。生理性状是通过基因遗传的，知识却无法遵循这样的路径，是需要人类不断累积并通过各种途径传承给后代的。拉马克的用进废退理论在解释生物进化的问题上，虽然走进了死胡同，但用在释读人类如何传承知识、发展文明的问题上，却会有种让人豁然开朗的感觉。

换句话说，要是把整个人类社会拟人化，经验或者说知识就是它的基因。这个基因在人类社会内部传承，正是遵循了获得性遗传的路径。

多样性的力量

人类从进入文明期到现在，生理指标并没有发生质的变化。说起来，在这数万年间人类的脑容量甚至还有略微减小的趋势。当然，你也不必担心人类在生理上会变笨。这有可能是空间优化的结果。

不管怎么说，人类在进入文明阶段之前，生理指标已经稳定了。一个出生在1万年前的婴儿如果被冷冻并在现代复苏，那么他学习知识的能力并不会与比他小1万岁的同学差。人类所取得的进步，绝大多数是在进入文明期即有社会性以后获得的。这也意味着，单用物竞天择的进化论，是没办法解读人类社会属性的。

只可惜自视为万物之灵的人类，直到现在也不完全明白不能用一套理论解释一切的道理。达尔文的进化论被世人普遍接受后，其理论曾在 19 世纪与 20 世纪相交之际，一度被一些研究者用来解释社会发展的规律。这种做法被称为社会达尔文主义。在社会达尔文主义看来，国家与民族之间的竞争同样遵循着优胜劣汰、适者生存的法则。生存竞争是人类社会进步的根本动力，只有强者才有资格生存，竞争的失败者则只能遭遇被淘汰的命运。

社会达尔文主义者难以解释的是"强者"的定义。古罗马曾经在西方创造高度文明，公元 5 世纪，被视为蛮族的日耳曼人入侵罗马，导致后者苦心建立的文明体系崩溃。由此，欧洲历史进入长达 1000 年的中世纪时代。中世纪（最起码是中世纪早期）在西方文明史中被称为暗黑时代，蛮族的破坏性入侵导致大部分旧罗马地区的文明出现倒退。

纯粹遵循丛林法则的话，日耳曼蛮族的胜利无可厚非。然而从人类社会的发展来说，这个胜利者让欧洲文明出现倒退却是众所周知的事实。在世界其他地区，相似的一幕同样在不断上演。比如，要是以武力和实控领土面积来看，公元 10 世纪建立的宋王朝，并不算是一个成功的王朝，甚至被很多中国人认为是最"弱"的正统王朝。但若从文化角度来看，宋王朝却是中国历史上的一个高峰。

究其根源，人类始终不同于其他生物，"强者"的定义不再只是用生理指标来界定。制造和使用工具，是人类成为万物之灵的基本能力。这种能力的获得本质不在于优选更好的基因，而在于传承被知识化的信息。这意味着人类虽然是自然选择的产物，在社会进化中一定程度上还在受进化论的影响，但是又不仅仅屈从于进化论。

拉马克的用进废退理论在与人类改造社会的努力暗合之后，同样一定程度影响过自然科学的发展。基因的影响是先天的，环境的影响则是后天的。20 世纪 30 至 60 年代，成功将俄国从一个落后国家快速升级成为先进工业国家的苏联，曾尝试过将它在社会改造上的经验导入自然科学领域。拉马克的获得性遗传理论，一度被运用在农作物的育种工作上。

在实践者看来，只要提前将种子湿润和冷冻，便可改良种子的性状，进而获得更高的产量。[①] 而如果你相信基因的力量，那么更应该做的是寻找和组合新的基因：像被称为"中国杂交水稻之父"的袁隆平那样找到野生稻株，进行杂交试验；将植物的种子带入太空，利用太空特殊环境促使种子产生不定向的变异，然后从中选取需要的变异方向。

能够主动寻找"规律"，然后用由此衍生出来的"规则"来指导行为，是人类有别于其他生物的特点之一。正是拥有这种能力，人类方能做到不仅仅适应环境，还能一定程度地改造这个世界。时至今日，人类甚至能够用探索出来的科学规律定制生理进化方向。只是探寻出来的规律、制定出来的规则，一直缺乏更宏观层面的考量，往往会在解决一个问题的同时又出现新的问题。

人类短暂的文明史，可以算得上一部对环境的改造史，也可以算得上一部试错史：将湖泊填满可以获得更多耕地时，却不明白湖泊调蓄水量的功能可以让他们在雨季免受灭顶之灾；得意扬扬地将地球积攒了亿万年的太阳能（化石能源）挖出来，帮自己踏上工业化的快车道时，却又发现燃烧化石能源污染了空气；痛定思痛，人类为日益减少的亚洲象而保护雨林时，却很快又发现对树木的过度保护，反而让那些大象能够食用的植物得不到生长空间……

站在更高的维度来看，这些试错又何尝不是一种自然选择呢？由此看来，"失败是成功之母"这句话还真不是一碗心灵鸡汤。寄希望于寻找一套放之四海而皆准的理论，用来指导这个世界的运转，本身就是一种不切实际的想法。如果说自然界的"生物多样性"是生物进化的基础，那么社

---

① 具体参见"李森科事件"。

会生态中的多样性在人类文明进步中亦发挥着类似的作用。

无论对生物进化规律还是对人类社会运行规律的研究，人类还有很多需要完善的地方。比如，根据现代分子生物学的研究，在分子水平层面的演化和变异似乎并不是由自然选择引起的。如果一定要用达尔文解读宏观生物世界的自然选择理论，去指导分子水平层面的演化规律，那么很可能又会犯社会达尔文主义者的错误。

如果一定要找个不管在分子、生态、社会等各个层面都应该尊重的规则，笔者建议是维护"多样性"，尤其不要主动去消灭多样性，因为你真的不知道哪些才是应该被淘汰的。对于人类来说，最悲哀之处在于，掌握资源分配权的政治家通常不是最了解"多样性"有多重要的人。

越是伟大的征服者，越容易认定自己的方法是唯一正确的，进而有意无意地消灭多样性。好在人类始终还是走在进步的道路上，纵使这条进步路线呈螺旋式上升状态。尽力探寻更多的规律并不是为了彻底拉直曲线，而仅仅是为了让人类在进化过程中少走一点弯路。

第二章
人类的诞生

手与脚的分化

人类在生物学上属于哺乳动物，跟其他哺乳动物相比，人的直立行走是一个很酷的技能。诚然，你很容易观察到猩猩、黑猩猩、大猩猩、熊等动物有直立行走的行为，不过对于这些动物来说，直立行走只能算是辅助技能。大多数情况下，它们还是在用四肢行动。其实，绝大多数人在一生当中，都会体验由四肢爬行到两肢行走的进化过程。婴儿在出生后，一般在 6 个月左右的时候就自我学习爬行，10 个月左右的宝宝会尝试站立起来，并开始学习走路。

作为人类和现代类人猿的共同祖先，古猿最起码在 3300 万年前就已经分化出来，而直到 400 多万年前才有部分古猿开始直立行走。这意味着古猿差不多花费了 3000 万年的时间，进化出我们只消花几个月就能跨越的障碍。对于哺乳动物来说，学习直立行走是否是一件很困难的事情呢？还真不是，马戏团经常训练狗直立行走以取悦观众，生活中有些宠物饲养者同样给自己的狗作类似的训练。甚至出现过很多起先天缺少前肢或后肢的羊，自己学会用两只脚走路的案例。

学习一项技能是一回事，在漫长的岁月中通过自然选择的力量将这项技能固定在种族基因里则是另一回事，除非这项技能能够帮助动物更好地适应环境。真要说起来，鸟类同样是像人类一样用双足行走，而鸟类之所以这样做是因为它们的前肢进化成了翅膀，能够帮助它们飞翔。当然像鸵鸟、企鹅这种翅膀退化，逐渐往奔跑和游泳技能上发展就是另一个进化故事了。

人类的前肢并没有向翅膀方向进化，而是进化出了"手"。在日常生活中，有的人会把诸如小猫小狗之类小动物的前掌称为手，并教会它们做出握手之类的动作。可是严格意义上说，只有人类上肢的前端才能够被称为手。彻底摆脱行走功能，是我们能够将之称为手的标志。从这个角度来说，黑猩猩的"手"就算长得再像人类，也不能称为手了。

手的出现与直立行走息息相关，正是手功能的出现，才诱使进化中的人类祖先将行走的任务更多地交给下肢，直至成为完全两足行走的人。相比功能单一的脚来说，手的重要性要大得多。曾经有人疑惑地问，为什么人类在漫长的进化过程中，没有进化出类似大象的长牙、豪猪的尖刺那样令人望而生畏的器官呢？

这个问题的提出者真是小瞧了人类的手。人类虽然没有长牙、利齿、尖刺，但通过"手"却可以制造各种工具作为"外挂"武器。更令动物们望而生畏的是，人类还可以通过手和手臂动作的配合，在食肉动物的攻击半径外远程投掷这些武器。如果你在电视里看过非洲原始部落是如何通过长矛、弓箭围猎动物的，就会感叹即便在技术层面处于初级阶段的人类，也能够凭借双手站在食物链的顶端。

大脑的进化

一双灵活的手虽然能帮助人类站在食物链的顶端，但人类最重要的器官却还不是双手，而是大脑。人类并不是唯一拥有脑的动物，最起码脊椎动物用来指挥全身的中枢器官都可以被称为脑。不过人类的脑肯定是最复杂和最聪明的。脑容量是衡量大脑聪明与否的重要指标。古猿和黑猩猩的脑容量都在400毫升左右，现代人类的脑容量则大约为1350毫升。

作为人体最复杂的器官，人类对大脑的运行机制还远不能说了解得很清晰。不过人类的脑容量能够在几百万年时间里增长近1000毫升，直立行走和手的作用是毋庸置疑的。如果大脑不能发挥特殊作用，那些更善于思考的人类祖先就不会比那些头脑简单、四肢发达的同伴更能适应恶劣环境。

现代人的大脑大约只占体重的2%，但在休息时却会消耗身体全部能量的20%。从进化的角度来说，要是大脑不能发挥特殊的作用，身体是不会把那么多能量分配给它的。而如果手在大脑的指挥下能够做出更复杂的动作，比如制造和使用工具，并通过这些外挂获得更强的生存力，那自然选择的力量向大脑相对发达的人类祖先倾斜就符合逻辑了。

有趣的是，曾经称霸地球的恐龙，同样进化成两足行走并解放双手。我们仔细观察后会发现，植食性恐龙基本为四足行走，而肉食性恐龙绝大多数为两足行走，典型的就是大家最熟悉的霸王龙。两足行走的肉食性恐龙会进化出更强壮的尾巴帮助它们保持平衡，解放出双"手"。虽然很多人会觉得霸王龙的小短手看起来实在是难堪大任，不过这个小只是相对霸王龙那庞大的体态而言的。研究表明，霸王龙那两只小短手的长度能够超过1米，并且足够强壮。

如果能够向天再借个几千万年，而不是在6500万年前灭绝的话，已经解放出双手的恐龙能否进化出"恐人"这种智慧生物还真不好说。不过这只是一种理论上的假设，毕竟进化出智慧生物不是那么容易的事情。倘若古生物学家能够考证出某一种直立行走的恐龙已经会使用工具，再讨论"恐人"这种生物出现的可能性会更有意义。

集猎革命

中文中的"革命"一词出自《周易》，本义是变革天命，最早是用在商代夏的王朝更迭事件上。近代词义有些扩张，不再专指政权或体制更迭，但凡重大变革都可称为"革命"。从"变革天命"的本意来说，人类历史上那些改变命运的重大进步，用革命来形容实是再合适不过，比如大家最为熟悉的农业革命、工业革命等概念。

以上述标准来定义的话，人类所经历的第一场生产革命应该是"集猎革命"。"集猎"包含采集植物性食物以及渔猎动物性食物的意思。在笔者推出"集猎"一词之前，研究者多用"狩猎"或"渔猎"来代指这一生产方式。这些用词首先不够全面，其次是有潜意识的男权思维。对尚存原始部落的研究表明，在自然分工情况下，从事采集活动的为部落女性，男性则承担狩猎职责。

无论是渔猎动物还是采集植物，其实并没有本质区别，这些潜在的食物都不是人类有意识生产出来的，而是来自大自然的馈赠。捕猎水中鱼虾和陆地上的牛羊，本质上是一种"采集"行为，无非是危险性看起来更强一点。从这个角度来说，如果不用汉字创造新词的话，这场革命更应该被定性为食物采集方式的创新，将之称为"采集革命"会更加准确。

集猎并不是人类的专利，而是一种生存的本能。猎豹在草原上捕食角马，河狸在水中捕鱼，松鼠在树林里收集坚果都是集猎行为。与这些"术业有专攻"的动物相比，没有工具辅助的人类个体并没有优势可言。同时，具备这些技能同样不是什么了不起的进步。就算不提那些灵长类远亲，人类也能观察到很多杂食动物的集猎方式，在复杂程度上并不输于人类。比如生活在加拿大的棕熊，除了会采集水果和坚果、挖掘植物根茎、捕食昆虫、猎杀大小哺乳动物，甚至还懂得下水捕捉鲑鱼、上树驱赶蜜蜂吸食蜂蜜。

值得一提的是，在推演人类早期获得食物方式的问题上，还有过食腐和狩猎的争议。食腐动物是指主要靠进食腐肉维生的动物。这倒不是说它们一定要等到肉类腐败了才食用，而是说这些猎物并非是它们自己捕杀的。当猎手把猎物最精华的部分吃掉后，食腐动物便依次出场，尽力榨取最后的能量。只是考虑到时间和天气的原因，微生物往往会抢在食腐动物之前分解消化食物中的营养素，从而产生腐败现象。食腐动物就要进化出更强大的肠胃（比如足够"酸"的胃酸），来抵抗跟随腐肉进入肠胃的细菌和病毒。

最典型的食腐动物是秃鹫，有些类型的秃鹫甚至能够吞下整块牛脊骨并消化掉。如果骨头太大，秃鹫还会把骨头叼到空中摔向岩石帮助碎骨，以食用别的动物难以吃到而又营养丰富的骨髓。

有研究者相信，人类最初并不是狩猎者，而是跟着食肉动物捡拾腐食。人类较之其他动物最大的优势是，能够几乎不受环境限制地利用工具吃到骨髓。事实上，在"集猎"的概念之下，人类到底有没有经历过一个以食物残渣为主要热量来源的阶段并不重要，收集食肉动物吃剩下的部分，本身就可以视为一种采集行为。

此外，即便是那些被定性为食腐类的动物，如刚才提到的秃鹫亦会自主捕猎；绝大部分所谓肉食动物（比如"草原之王"狮子），同样不会拒绝食用非自己捕杀的动物。可以肯定的是，就算早期人类有食腐行为，也不会就此放弃狩猎活的动物，以及采集植物。

有别于其他动物的集猎技术，才是人类脱离动物概念的关键。依赖工具而不是偶尔使用工具获取食物，正是这场革命的节点。你会看到某些动物偶尔有利用天然工具的行为，但绝不会看到它们完全依靠工具来取食。相反，当一只古猿已经进化到开始依赖手和工具的配合获取食物时，它们已经与其他古猿和动物有了本质的区别。

工具天然是石头

关于人与猿的分割标准到底是什么，一直以来是有争议的。20 世纪 60 年代以前，古人类学界一直将制造工具作为区分标准。然而，在动物学家发现黑猩猩能够利用草棍插入白蚁窝、待白蚁爬上草棍再抽出来吃掉后，这个标准开始受到质疑。此后，习惯直立行走便成了新的标准。

以直立行走来说，目前公认的最早人类祖先，当数在非洲发现的"南方古猿"。最著名的直立行走态南方古猿化石，是生存在 320 万年前的"露西少女"。通俗地说，露西的复原外观像是一只在直立行走的黑猩猩，其脑容量亦与黑猩猩类似。这一发现还解决了一个"先有鸡还是先有蛋"的问题：人类到底是先扩张了脑容量，再尝试直立行走，还是先在行为上变异，再刺激脑容量进化（答案应该是后者）。

还有一些研究者试图用社会学标准来区分人与动物，比如人会更有组织性、人会更懂得分工。其实问题真没有那么复杂，人既是动物又不是动物。说人是动物，是因为人类在生理机制上属于动物，其行为、进化模式不管再出现什么变化，动物性始终是基础；说不是动物，是因为人类找到了利用工具改善生存环境的方法，并在不断创造新的工具过程中，走上了与动物有明显差异的生理进化方向，并且掌握了改造世界的规则。

定义出"集猎革命"这一概念，笔者希望探索出更宏观的标准。从开始尝试使用工具，到彻底将手从行走功能中摆脱出来，还没有进化成人的古猿，必然经历过一个漫长的进化过程。这个中间阶段可以从人类的那些灵长类亲戚中观察到。当黑猩猩用它的"手"来做一些复杂动作时，人类愿意相信它们跟人的亲缘关系；而当它们开始用四肢行走时，又更多显露出动物特质。

简而言之，人类是在学习利用工具的过程中将手从脚的概念中彻底分化出来的，并随之引发了脑容量的扩张。大脑的进化又为人类进行更深度的学习打下了基础。当"工具"成为人与动物分化的关键时，一切反倒变得简单了。既然直立行走与使用天然工具之间存在强烈的因果关系，那么接下来的任务就是找到能充当天然工具的东西。

那么，触发人类与动物分道扬镳的工具到底是什么呢？环顾地球表面，能够让古猿利用的天然工具不外乎两种——树枝与石头。然而人类又绝非唯一会利用这两类工具的生物。前面我们就已经提到，黑猩猩会把草棍插入白蚁窝，埃及秃鹫能用石块砸开坚硬的鸵鸟蛋。

类似动物使用工具的案例还有很多。乌鸦喝水的故事大家肯定都不陌生。有人设计过实验，想看看乌鸦到底会不会真的用石头抬高水位。实验者在装了大半瓶水的瓶中漂浮着乌鸦爱吃的食物，然后在瓶边放上小石子。乌鸦果然没让相信它的人失望，哪怕实验者后来在石子中混入重量较轻的物体都没被迷惑。

在利用树枝的问题上，除了显见与人类拥有太多相似之处的灵长类动物以外，河狸算是一个比较典型的案例。作为自然界的"土木工程师"，河狸会用它那坚硬的门齿咬断树枝甚至树干，然后用嘴叼着运送到河道中央堆积起来。树枝间的缝隙还会用树叶、石块和泥土填充。这种河狸水坝所畜养出来的水域，成为河狸家族的家园。

这些动物案例，除了证明利用天然工具并非人类特权以外，还证明了对于动物来说在自然环境下摸索出这一技能并不是特别难的事。从进化论的角度来说，动物们的努力反倒为人类的诞生提供了足够的基数。

既然初始人类能够从那么多懂得利用"外挂"的生物中脱颖而出，想必他们一定能利用这些工具，做出更复杂的动作。古猿原本是生活在树上的素食动物，促成手功能出现的外部力量无疑是"树枝"。在攀爬的过程中，人类的上肢前端变得越来越像"手"。想证实这一点并不用去看出土化石，观察下那些会爬树的动物（比如松鼠、考拉）的前爪样子有多么像人的手，就会明白这一过程。

树枝虽然让树栖的人类祖先分化出"手",并且学会了抓握,却并不是促成人类从树上下来并且直立行走的初始工具。即便古猿有过折断树枝充当武器的行为,树枝的物理属性也表明它不适合充当人类的工具。相比之下,散布于地面的石头无疑更适合充当"外挂"。

树枝可以延伸攻击距离,却不具备强大的攻击力。石头就不一样了,人类的始祖很容易找到硬度强过任何生物器官并且大小合适的石头。当一只古猿学会握紧一块坚硬的石头砸开坚果的外壳或与动物搏斗,甚至砸开猎物坚硬的头骨和腿骨吸取里面的髓质时,就意味着它能获得比其他同类更多的能量以及生存机会,也意味着它再也不用回到树上吃素,可以依靠手在地面开启人类的狩猎生涯,同时不忘记吃素的本能,让自己变成杂食类动物。

马克思在《资本论》中说,"金银天然不是货币,但货币天然是金银"。意思是说,金、银最开始只是和其他物品一样被交换,不过它们的稀有性和稳定性使其最终被人类自然选择成为物品交换的介质——货币。把这句话变通一下,同样适用在人类对天然工具的选择上。可以说最起码在人类的初始阶段——石头天然不是工具,但工具天然是石头。

石头的工具化,可以理解为人类找到了把拳头变硬的方法,而且是收放自如的变硬。要是纯粹遵循生理进化法则,拳头变硬和手变灵活原本是相背的进化方向。在拳头变硬的问题上,蹄行动物可以为人类提供一个进化方向。无论是偶蹄目属性的猪、牛,还是奇蹄目属性的马、驴,它们在将脚趾硬化,变得更具强度以及更有利于奔跑的同时,也丧失了抓握功能。相反,五趾分开的松鼠能够灵活地用前爪辅助爬树、抓取坚果,却无法将之变成坚硬的拳头。

你看,在现代人类看起来是那么平淡无奇的抓握石头并开发使用功能的技能,对于初始人类来说是多么重要。事情就是这样,一旦过了某个节点,就会进入良性互促阶段。其他动物包括古猿中的大部分类型没有进化成"人"，说到底就是没有到这个临界点。

当然你也可以问：为什么是人类的祖先有机会突破进化的节点？这点笔者也没办法回答，因为如果千百万年前进化树出现了一点差异，另一只古猿甚至其他动物进化出了长相跟现在不一样的地球人，同样可以问这样一个问题。只能说在自然选择的力量下，适宜的环境加上足够长的时间，出现智慧生物是一个不等于零的概率问题。

从这个角度来说，如果真有外星人在多年前发现了地球，并愿意完整观察一部人类进化史的话，他们唯一要做的就是不去人为影响地球的生物多样性。

第三章
猿人的技术进化

石头的初进化

现代人类的祖先可以分为四个阶段——南方古猿、能人、直立人、智人。其中，能人生活在距今 240 万～180 万年的时段，直立人生活在距今 180 万～30 万年的时段。此后现代人类的祖先则进入了智人阶段。其中，能人、直立人在中国又被统称为猿人，所经历的时间最为漫长。

石头的工具化开发了"手"的功能，引发了一场生物史上的"集猎革命"，并使人类这种智慧生物出现在地球上。然而，要是光会使用天然石块做工具，人类肯定是进化不到现在这个程度的，最多只是比动物聪明那么一点。好在通过摸索天然工具的使用方法，直立行走的古猿已经跨越进化的第一个节点，接下来的进化节点则是对天然工具的进一步加工，将之变成人造工具。

工具之于人类来说就是"外挂"，"外挂"越多越复杂，人类的能力就越强大。问题是制造的标准是什么，河狸咬断树干并用它筑造水坝的行为；黑猩猩摘掉枝杈和叶子，利用草秆捕捉白蚁……这些行为算不算在制造工具呢？这个问题其实困扰着人类学家，于是人与猿的分割标准才索性由制造和使用工具变成了习惯性直立行走。

这一改变直接将人类诞生的时间往前推进了最起码百万年。在此之前，能够制造石器的"猿人"才被认为是第一批人类。中学老师曾经告诉我们，人类在最初经历过两个时代——旧石器时代和新石器时代。如果把会使用天然石器且能直立行走的南方古猿归类为最初人类的话，那么人类经历的石器时代应该分为三个阶段，即天然石器、旧石器以及新石器时代。

所谓旧石器又称"打制石器"，即通过石块与石块的撞击，改变石块的原始形态。天然石块之于人类来说，更多是充当敲击工具。而通过不同的打制方法，人类能够得到适应不同使用场景的工具。比如，将石头打制出尖角所获得的"尖状器"，可以用来挖掘植物的根茎；用打击石块分离的石片进行再加工，可以制成切割用途的"刮削器"；把扁平砾石或者石片的边缘打制成刀刃状，可以使之成为石斧功能的"砍砸器"；等等。

石头虽然坚硬，但还没有到坚不可摧的程度。从逻辑上来看，将天然石块充当工具的初始人类，应该很容易观察到石块在撞击之下形态出现变化的现象。目前所发现的最早会打制石器工具的古人类，是出现在 240 万年前的"能人"，与 330 万年前的露西相隔了将近 100 万年。这说明我们的祖先花费了非常漫长的时期才意识到，可以主动改变石头的形态制造顺手的工具。

放在生物进化的历史长河中，100 万年还真不长。想想那些几百万年前就会利用石子和树枝、现在依然只会做这些的动物，人类这成长速度已经很快了。与平均脑容量为 400 毫升的南方古猿相比，成年"能人"的脑容量达到了 800 毫升，与猿已经有了质的差异。摸索工具的使用方法，对促进大脑进化功不可没。说起来古猿的脑容量与类人猿没有本质区别，也是一些研究者不认可把人类认定时间提前的主要原因。

无论以哪个标准来说，"能人"肯定属于人类。这意味着人类出现在这个地球上的时间，最低限度可以推进到 240 万年前。随着新的化石出土，人类进化的各个节点时间可能还会有些许调整，但大致的时间跨度并不会有太大的变化。其实，用会不会打制石器区别人与猿，或者说直接把标准细化为制造"石头工具"，问题也是不大的。毕竟相较于对植物进行初加工，改造石头的难度要大得多，完全不属于一个难度级别。

以动物的标准来看，打制石器是个伟大的创新，但若是以人类今天的标准来看，打制石器实在是过于粗陋。考古学家告诉我们，人类摆脱打制石器，进入磨制石器时代的时间点仅仅在 1 万多年前。这意味在人类脱离猿的属性进化成人后，旧石器时代占据着绝对主导地位。如果有一天科学家发明出时空穿梭机，你又不想回到只有打制石器的时代，请记住一定要万分小心地调整时间哦！

在长达 240 万年的旧石器时代，人类通过对这一初级工具的摸索，完成了人类形态的基本定型。如果说"能人"还是长得像直立行走的黑猩猩，那么 1 万多年前处在新旧石器相接时代的人类，已经在体态和智力上与现代人类没有本质的区别。不过这只是从宏观层面看待人类的变化。要是从微观层面来看，人类在这 1 万多年时间里还是出现了不少变化的。

研究发现，欧洲人的蓝眼睛是在 1.4 万年前才出现的。基因的突变是无序的，有些突变被保留下来并不是它有多少用处，而是也没什么影响生存概率的害处。热衷于寻根问祖的人，现在可以利用科学手段寻找家族中存在的某个特殊基因，将之与某位历史名人联系起来。

当然，如果人类的审美统一到认为金发碧眼就是比黑头发、黑眼睛好看，那么这个突变就不能说是无用的。生物需要繁衍后代，高等级生物会进化出一些看似无用但有利于提高性吸引力的生理特征，就像雄孔雀尾巴上那美丽的长羽，会对雌孔雀有强烈的性吸引力一样。哪一种变化能产生这样的效果，连动物自己都不知道，同样是遵循着自然选择原则。值得注意的是，这些具有性吸引力的生理特征虽然与适应环境本身并无关联，但却可以作为反映身体素质的指标。

与眼睛颜色这种类型的基因突变相比，更值得关注的是人类脑容量的变化。前面曾经提到过人类的脑容量甚至在这数万年期间出现减小的趋势。一种观点认为，对工具及集体越来越依赖的人类，整体开始变得越来越笨。人类社会越来越依赖少量精英的思考和决策，而大多数人只需要简单完成自己的社会角色。另一种观点则认为，人类的脑容量减少是优化的结果。任何事物的发展都有极限，大脑作为高耗能器官并不是越大越好。从一般性规律来说，探索极限往往会有过限回调的现象，所以人类脑容量的减少反倒说明人类在生理进化上已经趋于完美。

不管是变笨还是变聪明，作为造物主最杰出的作品，人类旧石器时代可以被视为完成了定型。把时间放大到 240 万年的跨度，我们会更容易从外观上看到这种变化。从解剖学意义上说，晚期智人已经和现代人无异。不过从社会科学角度来说，进入新石器时代的人类才会被称为现代人。这意味着：能人、直立人、智人的概念，可以笼统地对应旧石器早期、旧石器中期、旧石器晚期三个时段。以外观来说，你会发现，经历 200 多万年的进化后，人类在体态上开始站得越来越直，面相上也与类人猿的区别越来越大。

复合工具时代

一定要注意的是，"南方古猿—能人—直立人—智人"这一进化过程并非是单线传递的。在每一个阶段，人类都会在环境和时间的影响下分化成更多的种群，这些种群中只有极少量成功者才有机会作为代表把基因传递到现代。后面我们将在第五章中大致梳理一下这个过程。

描绘更详细的人类演化系谱，并不是本书研究的方向。这个研究视角更多关注的是人类与环境之间的相互作用。之前的逻辑线，已经理顺了天然石器、打制石器与人类生理进化之间的关系。可以说，正是石头工具的产生，才使人类改善了自己的生存环境，进而使自己的生理特性发生了变化，尤其是促进了大脑的发育。

要是按这条逻辑线往下走，人类下一个进步节点应该是在新石器时代。刚才我们也说过，人类作为造物主的产品，实际上在旧石器时代晚期就已经完成定型工作。考虑到智人与能人相比无论在脑容量还是体态上都发生了巨大变化，纯粹依靠打制石器似乎很难发生这种飞跃，这当中必定还存在其他技术进步的节点。

对于整个人类来说，比较幸运的一点是，当某些族群已经用科学的方法研究这个世界时，很多族群还处在人类社会进化的各个阶段，其中就包括少量仍然处在石器时代的原始部落。唯一让人感到遗憾的是，尽管世界各地不时传出有野人的传说，让人不禁遐想这些传说中的野人是否就是人类进化链条上的某个分支，但迄今为止都没有得到实证。

从地缘角度来说，一个种群的发展需要一定数量。如今人类对这颗蓝色星球的开发已经很深入，理论上很难再有上述定义的野人存在于这个星球。好在是否存在与现代人生理有显著差异的人类，并不影响我们通过原始部落研究人类在初始阶段又创新了什么工具。

最大的变化在于人类在旧石器时代后期掌握了"复合工具"的制造方法。所谓复合工具，指的是将两种材料结合在一起，以让它们优势互补。前面说过，环顾人类所处的自然环境，在初始阶段所能得到的工具无外乎树枝和石头。石头有硬度，树枝有长度。如果将它们结合起来，并辅以日渐成熟的打制石器技术，你脑海中最先显现的是什么呢？

除非你对人类的冷兵器一无所知，否则你大概率和笔者想的一样，那就是长矛。很显然，最初将石片修饰成尖状的原始人类是将它作为挖掘器或者切割器。直到某一天，有一个人类祖先灵光一闪地想到了将之与树枝结合起来——长矛便诞生了。

将矛头固定在矛标上并不是件容易的事。幸好大自然已经为人类准备好解决方案——藤草或者动物的筋可以解决这个问题。如果说握在手中的天然石块相当于让人类可以自由地将拳头变硬，那么长矛的发明则让人类相当于有了在长度和硬度上能压倒大多数动物尖牙利齿的"外挂"。

即便是猎物所拥有的天然性攻击武器（比如猛犸象的象牙）能够在技术参数上压倒长矛，人类依然有办法让他们的"外挂"占据绝对优势。谁说长矛只能握在手中使用呢？如果你看过非洲部落居民用一支支长矛，远距离围猎大象的纪录片，就会深刻感受到那些身上插满长矛、最终失血而死的巨兽有多么绝望了。

将长矛变身为远距离攻击武器的举动，触发了另一项史前复合工具的发明——弓箭。制造弓箭的材料，与长矛没有本质的区别。做出这一发明的人类祖先需要发现树枝的另一个特点——弹性，并将这一性能与缩小的长矛结合起来。就这点来说，你可以把弓箭理解为"弹射出去的矛"。

打制矛头需要更复杂的技术，因此它在旧石器时代出现的时间一定不会太早，而结构更复杂的弓箭肯定还要再晚一些。只是有机材料几乎没有可能保存到现在。你很难一口咬定，那些出土的矛头或箭头状石器在当年一定连接着木杆。

中国近代著名学者王国维，曾结合中国历史记录及西方考古学的特点，提出利用"地下之新材料"与文献记载相互印证的"二重证据法"来考证历史真相。在此基础上，我们可以把切入点为研究"人与环境"共生关系的地缘逻辑加进去，拓展为包括文献、考古、地缘三个视角的"三重证据法"。在人类没法穿越回古代见证历史真相的情况下，利用多重证据交叉验证，能够帮助我们更加接近真相。

史前的地缘环境相对简单，可以更多地用地缘逻辑来印证考古发现。不过这并不代表"文献"证据就完全不存在于这段遥远的历史中。谁说人类只能用文字来记录历史呢？文字的雏形是绘画，早在旧石器时代晚期，人类就已经学会用岩画这种形式记录生活。在一些史前岩画中（比如距今1.7万～1.1万年的西班牙阿尔塔米拉洞窟），我们可以清晰地看到人类用长矛和弓箭捕杀猎物的场景。

人类的每一次技术飞跃，对其他没有掌握开创性技术的竞争者就是一场灾难。这些竞争者不仅包括与之争夺食物的动物，也包括人类自己的近亲分支。看看近现代率先开启工业化的西方国家，是如何降维打击那些处在农耕经济时代的文明和国家的，你就会明白竞争的残酷性（哪怕后者原本在人口上更占优势）。

无论从技术难度、实用价值还是对人类进化的影响力来说，发明复合工具技术的意义都不低于打制石器技术。从这个角度来说，我们也许应该单独分离出一个"复合工具时代"的概念，向最初发明这一方法的人类祖先致敬。

"魔法武器"现世

复合工具的产生大大增强了人类从自然界集猎食物的能力，从而进一步改善自己的生存环境。从时间点上来看，人类发明复合工具的进程很可能也是促成智人及其分支（比如尼安德特人）脱离直立人范畴的进程。问题是，即便这个观点成立，之前还有200万年左右的旧石器时代，难道在如此漫长的时间里，人类就没有做出什么改变命运的技术创新吗？

答案是有，那就是"火"。无论是打制石器还是复合工具，人类都能够通过其制造过程清晰地感受到它们形态变化的逻辑。"火"就完全不同了，相比于那些有形武器，火就好比一件有神秘力量操纵的魔法武器。能够一定程度控制火的人类，相当于掌握了一股神秘的力量。之后我们还会解读，火之于人类来说绝不仅仅是工具那么简单，它与人类意识形态的出现密不可分。

作为一种能量的表现形式，火并不需要人类去"发明"。准确地说，人类发明的是保存或者制造火的方式。一个被广泛接受的推论是，正是那些被大自然之火烧死的猎物，才让人类品尝到了熟食的味道，进而开始寻找使火为人所用的方法。食物中的芳香物质大多藏于脂肪当中，加热过程可以让这些香味释放出来。根据这一发现，中国人还发明了将各种香辛料放在油脂里熬煮、用油脂的高温逼出和重新锁定那些天然香味的烹调手段（比如，火锅料、葱油等）。

此外，肌肉中的蛋白质被高温加热后同样会发出诱人的香味，这也是肥瘦相间的和牛与五花肉会让很多人觉得香的原因。如果脂肪与淀粉或者糖混合在一起，还会发生被称为"美拉德反应"的化学反应，释放出更加诱人的特殊香味。这就能解释为什么刷了蜂蜜的鸡翅烤出来会更香。鸡皮油脂中所蕴含的天然香味加上美拉德反应所产生的新香味，光是想象一下就足以让人吞咽口水。

就此打住，不能再顺着这个方向往下展开了。如果大家对吃的感兴趣，以后我们可以另外开个专门的主题来讨论。现在回到人类摸索用火的问题上来。烤出来的肉虽然香，但人类仅仅是为了吃口更香的肉就去寻找控制火的方法，看起来还是"吃货"的想法。吃好相对于吃饱是更高的追求。对于原始人类来说，吃饱才是最重要的。

人类寻找控制火的初始动机，应该还是出于安全考虑。除了那些接受过人类相关训练的动物以外，绝大多数动物对于火的感觉只有两个字——恐惧。早期人类对于火的感觉与动物不会有什么区别，直到他们找到控制火的方法。说控制火并不准确，事实上一直到今天，人类也没有办法完全避免火灾的发生，只能通过各种防控手段降低火灾发生的概率和损失。

直到今天，火都是人类在野外防御野兽攻击最有效的方法。一堆燃烧的篝火，足以让依偎着火堆的人类安心入睡。事情就是这样，当一件事情让所有人（或者动物）感到恐惧，而你不那么恐惧时，这就成为别人追上你步伐的障碍。人类想要获得火，无外乎两种方法——保留天然火种或者通过人工方法制造火。

自然界中总是会有各种原因引发的自燃现象，从难度系数来看，人类必定是先学会保留天然火种，然后再摸索出制造火的方法。这就好像人类是先学会使用天然石块作为工具，然后摸索出制造石器的方法。火种倒是不会缺少，火的燃烧需要氧气的助力，燃烧后所产生的灰烬阻隔大部分氧气后，明火就会消失。一旦与足够的氧气再接触（比如，风将灰烬吹开），明火又会再次出现。当人类能够克服对火的恐惧并近距离观察火场遗址后，他们就有机会观察到这种"死灰复燃"现象，并且利用这一规律保存火种。

最常见的火种保存法，是在居住的山洞里挖一个坑，坑的四壁以及燃烧后产生的灰烬可以大大延缓木头被燃尽的速度。一旦需要明火，则可以拨开表面灰烬加入新的燃料。这种保存火种的方法甚至一直延续至今。至今你都能在中国西南的一些山区，找到一些终年烟火缭绕、兼具做饭和取暖功能的火塘。

这种最原始的保存火种方法，我们可以称为"死灰复燃"法。不管人类利用火的初衷是防御野兽、取暖还是真为烤肉的香味所吸引，火的出现都极大地改善了人类的生存环境和生理特征。改变尤其体现在面部，你会发现人类的长相与类人猿越来越不像。最显著的改变是人类的面部较之类人猿和早期祖先更为缩短和狭化。

这是因为相比生食，熟食更容易切割、咀嚼和消化，人类不再需要那么强大的咀嚼力，甚至说不再需要那么多牙齿。你会看到很多人最边缘的四颗磨牙，也是大家通常所说的"智齿"不再正常长出。可惜人类还没有完全进化到让智齿退场的程度，于是一些人会在一生中不断遭遇智齿胡乱生长所带来的痛苦。

打制石器的出现与人类掌握用火的方法之间并无必然联系。在旧石器时代早期遗址中，并没有发现过用火的痕迹。目前，证据较为充分的早期用火痕迹，是 1965 年在中国发现的元谋人遗址。遗址中的大量炭屑出土证明了人类已经在 170 万前开始用火。元谋人所处的时代正处在直立人早期，这有理由让人相信，火有可能就是旧石器时代中期与早期的技术分水岭。

第四章
石与火的升华

石头的再进化

不管掌握"死灰复燃"规律保存火种以及将石头与木头加工成为更强大的"复合工具",是否能被定性为旧石器时代的断代标志,它们都是旧石器时代的两大技术创新,让人类适应和改造自然的能力获得了质的飞跃。而在旧石器时代结束后,这两大工具的进化或者说创新还在继续。

创新可以分成很多种类型。对于旧石器时代的人类来说,把矛头装饰得更漂亮、打制得更与众不同,或者根据不同的应用场景,把石器打制出更多的类型,意义都不大。人类需要再摸索出从质的层面改变工具的新方法。唯有如此,才能脱离原有时代,跃进到下一个时代。

相比长期没有引起足够重视的"复合工具",新石器的历史地位却是很早就被公认的。所谓新石器在技术上的创新,是人类不再用打制而是用"磨制"的方式制造石器。对于磨制这种方法,大家并不会感到陌生。如果菜刀或者剪刀变得不够锋利了,一般人想到的肯定是去把它们磨快,而不是去敲打它们。

一定要抬杠的话,你可以把大象摔碎石头的举动认定为在"打制"石器，把河狸在树枝、树干中填充泥土和石块构筑水坝的行为理解为在制造"复合工具"。但磨石头却是一个完全属于人类的技术，在自然界中你不会看到其他生物有类似的举动。如果你在自然界看到有动物在做类似举动，不要迟疑，赶紧报警，说不定里面就藏着一个人类寻找已久的外星人。

从原理上来说，打制是通过撞击改变材料的性状，受限于方法，存在很大的不可控性。随着对材料和工艺的不断摸索，在旧石器时代晚期，人类已经能够找到合适的石材，用很精细的打制工艺，将它们加工成细石器。旧石器时代晚期出土的矛头、箭头大都可以归类为细石器。不过打制得再细也是有技术上限的，就像打铁的铁匠把一根铁条锻造成刀之后，如果不用磨刀石打磨刀口，这种"钝刀子"的杀伤力也是很有限的。

锋利工具对于狩猎者的作用不言而喻。即使是采集者，锋利工具亦能大大提高采集的效率。准确地说，磨制对打制并不是一种工艺替代，而是升级。一块石头一般是先用打制的方法进行粗加工，然后进行更加精细的磨制。现在的问题是，从打制到磨制这一技术升级是怎么完成的呢？

原始人类所能利用的天然材料实在是不多，除了石头、泥土一类的无机物以及植物性材料以外，我们还漏掉了一个很重要的材料门类，那就是动物性材料。动物对于人类的价值，不仅在于它们的肉可以食用。以哺乳动物为例，最起码还有三样东西——韧带、毛皮和骨头可以利用。韧带在中文里俗称筋，弹性是它最重要的特征。这一特征可以帮助人类制作"复合工具"，例如把矛头固定在矛杆上。

毛皮的作用看起来最容易被理解。人类在进化过程中，身上的毛发变得越来越稀疏，将动物的毛皮覆盖在自己身上，相当于为自己寻找到了一件御寒的"外挂"。于是你就会看到，几乎在所有描绘原始人类的艺术创作中，都少不了身披兽皮的形象。而从制作集猎工具的角度来说，骨头价值则显得更高。

一根合适的骨头，比如大型动物的腿骨，可以是一件兼具硬度和长度的天然武器。利用打制石器的方法，在骨头的一端打制出锐利的尖角，就能够具备短剑的功能。考古发现已经证明，最起码在旧石器时代晚期，骨器的使用相当普遍。需要注意的是，我们这里说的骨器原材料不仅指生理学上的骨骼，还包括牙齿、角、动物外壳（比如贝壳）等质地坚硬的动物器官。

在原始人类的眼中，这些骨器材料就像是动物身上长出来的石头。其最大的特质在于硬度适合作为工具，却又没有石头那么硬。打制或者磨制骨器，整体要比对石头施展这些工序更容易。从逻辑上来看，人类很可能是先开始磨制骨器，然后再将这一技术运用到石器的加工上。

目前的考古发现也证实了这一点。在一些旧石器时代的晚期遗址，比如中国人熟悉的距今 3 万年左右的"山顶洞人"遗址中，出土有以鱼骨为原材料、刮磨精细的骨针，但同时出土的石器却还处在打制阶段。

钻木取火

火在新石器时代人类的生产生活中，依然发挥着极为重要的作用。在这个新阶段，人类除了对石器的认知到了一个新的高度，对火的控制同样有质的飞跃。最大的变化在于人类找到了生火的方法，终于不再需要小心地保存火种了。

"钻木取火"的方法普遍存在于世界各地的原始部落中。在中国神话中，一直有"燧人氏"钻燧取火的传说，并且在先秦的文献中已经用文字记录了下来。与中国的"燧人氏"传说相对应的，是希腊神话中认定火是普罗米修斯从太阳神阿波罗那里盗来送给人类的。

两相比较你会发现，同样是传说，中国的传说要更具有史料价值。中国人是这个世界上最执着于记录历史的民族，即便是口口相传的传说，也蕴含着丰富的历史信息。毫不夸张地说，至少在自然经济时代，中国所记录下来的历史信息量，要远远超过世界其他地区。

后面会有详细解读，是什么样的地缘环境使中国人养成了记录和尊重历史的文化。现在让我们回到取火的问题上来。无论是活化石属性的原始部落文化，还是来自中国的文献记载，都验证了一个事实——"钻木"是人类最早的取火方式，不过却鲜有人去研究，为什么人类会想到用这种方式取火。

结合钻木取火的物理原理，以及刚才理顺的磨制石器技术的进化逻辑，这个问题的答案就呼之欲出了。钻木取火所利用的物理原理是"摩擦生热"。如果生活在旧石器时代晚期的人类已经掌握将动物骨骼磨尖的方法，那么他们很容易将磨制的材料替换为较硬的树枝。

当然，还存在一种可能性，那就是人类先学会磨树枝，再学会磨骨头。不管磨制技术的起点材料到底是什么，都可以肯定人类一定能够发现磨制过程中材料的发热现象。如果在石头上磨制的是树枝，那么人类很快就可以看到树枝发热冒烟甚至将磨制下来的木绒引燃的现象。

人类已经用 200 多万年的时间来熟悉"火"这种东西，也容易理解摩擦树枝所导致的烟火能够带给自己什么。接下来要做的无非是技术上的改进——比起将树枝按在石头上摩擦，将树枝插入石头的孔隙，并用双手搓动能够让摩擦的效率成倍地提高。

唯一的问题是，在石头上砸出一个合适的孔洞，比起在木头上做同样的事要困难许多。于是大多数情况下，摩擦的砧座也变成了木头。在摩擦的同时，摩擦部位还会放上预先刮制而成的木绒，以在温度突破临界点时更容易引燃成火苗。于是我们会看到人类用一个全木结构的套装（木杆、木砧、木绒），突破性地发明了取火这一技术。

其实在打制石器时代，人类肯定已经发现某些石头在撞击之后，会迸发出火花。然而要将这些转瞬即逝的火花转换为火苗，在技术上却更具挑战。相比之下，摩擦生热是个热量累积的过程，只要你足够努力，摩擦部位的温度总会有机会突破临界点的。

在发明取火技术之前，人类很难做到随时随地地用火。火之于人类来说，更多是夜晚回到山洞后的安全保障。取火技术大大地拓展了人类的生存半径，不用再担心随身携带的火把被雨水浇灭，也不用在天黑之前急于回到有火堆庇护的山洞。一堆在集猎地点燃的篝火可以在为人类提供温暖、熟食的同时，也帮助他们安全入睡。

参考磨制骨器的时间，人类发明取火技术的时间应该也是在旧石器时代末期。从发现"死灰复燃"原理保存火种，到利用"摩擦生热"钻木取火，人类足足花了 200 多万年的时间。接下来磨制技术在石器加工上的运用，更是将人类推向了新时代。可以说，人类是带着取火技术迈进新石器时代的。从这个意义上来说，取火技术甚至比石器磨制技术的出现更有开创性，对人类进步的贡献也更大。

制造"石头"

这并不意味着，我们要用钻木取火技术取代磨制石器作为断代的新标准。毕竟这两项技术出现的时间点很接近，并且是基于同一技术原理。不管是学会摩擦木头取火还是摩擦石头获取更高效工具哪个的历史意义更大，钻木取火在当时无疑都是一项意义非凡的技术进步，大到足以让最先掌握它的人类种群获得比其他竞争种群的代差优势。

除了钻木取火以及磨制石器这两项基于同一原理而诞生的技术以外，人类在开启新石器时代之后，还利用火完成了另一项技术突破，那就是重塑石头。这里说的重塑指的是陶器的诞生。陶器是用黏土烧制的，当原始人类领悟到燃烧过的篝火让泥土变得如石头般坚硬的道理，并将之与水改变黏土形状的作用结合在一起时，陶器便诞生了。

人类最初并不一定是利用这一技术制造工具，也可能是先制造一些与实用无关的工艺品。目前发现的最古老陶制品，就是一件可以追溯到公元前 2.9 万至前 2.5 万年的格拉维特文化小雕像。出土的最早陶罐则在约 2 万年前。不管谁先谁后，也不管是否有新的考古发现把时间提前一些，从大的年代来说，制陶技术都同样是一项处在新旧石器时代交界期的技术创新。

泥土有很多种类型，比如主要由腐烂植物所组成、适合植物生长的腐殖土。由岩石长年风化而成的黏土是最基本的泥土类型。从这个角度来说，陶器烧制法相当于按照人类的需求，随心所欲地制造石头工具。虽然这样制造出来的石头工具，硬度不如天然石头，很难充当狩猎或者采集工具，但谁也没有规定，工具就只能有这两个初级功能。

最早的工具属性陶器，作用很可能是盛水。水是生命之源，一个人不吃饭只喝水大约能生存 7 天，要是连水也不让喝，最多 3 天就走到生命的尽头了。如果能利用随处可见的材料制造盛水工具，那么掌握这一技术的人类分支，势必比其他人类拥有更强的生存能力。至于接下来将陶器和火结合起来，作为烹调工具提升生活品质，就是自然而然的事情了。

从 0 到 1 总是最难的。我们在这里作的解读，就是在寻找这个 1 是什么。现代人类在人类学中被归类于"智人"，而在旧石器时代晚期，智人并不是唯一进化至这一阶段的人类。生物的树状进化路径，使其在每一个阶段都会淘汰一些近支。被现代智人淘汰的人类近支中，最为著名的是在 12 万～3 万年前统治欧洲大陆的尼安德特人。智人与尼安德特人之间的血缘关系，近到不存在生殖隔离，以至于现代人的身体里或多或少都存在尼安德特人的基因。

由于尼安德特人与智人之间存在基因交流，近年来科学家们已经接受尼安德特人是智人一个亚种的说法。科学家们还想了解的是，尼安德特人是如何在 3 万年前被人类祖先灭绝的。一个让科学家们感到困惑的数据，是尼安德特人的脑容量甚至比同时期的现代人祖先还要稍大一些。倘若现代人的直接祖先率先掌握了某种突破性技术，并由此在和其他近亲人类的直接竞争中获胜，那么一切就很好解释了。

想象一下，如果人类不是因为认知及社会的发展，进步到不那么按照零和法则行事，那么在我们现在叙述的时代里，丛林法则将是唯一的生存法则。技术上取得领先的现代人祖先，也许不会给其他人种生存的机会。

农业革命与"万物之灵"的诞生

尼安德特人和其他智人分支不是唯一被新技术所毁灭的种群。公元前1万年，猛犸象还生存在地球上。很多人相信除了环境自然变化的因素以外，人类活动特别是狩猎行为才是导致猛犸象彻底灭绝（而不是进化到适应新环境）的直接原因。一个被推理出来的场景，是原始人类使用火把将猛犸象逼向悬崖的边缘，迫使这些巨兽坠入崖底身亡。

直接捕猎行为并非不能灭绝一个物种。然而，考虑到人类祖先那有限的数量，即便有"火"这一魔法武器，以及矛、弓箭这样的"复合工具"加持，仅凭狩猎行为灭绝一个物种还是令人存疑的。

事实上，即便已经进入文明期，拥有更多人口和更强大的武器，人类也很难在工业化之前用狩猎技术灭绝一个物种。此外，狩猎者们并非像很多人想象的那样愚昧无知，不知道维护生态平衡。有很多来自近代原始部落的证据表明，即便在技术上处于石器时代，人类也知道生态平衡是需要维护的，不能够过度捕杀猎物。

"集猎革命"只是让人类站上了食物链的顶端，还不足以成为影响其他生物命运、改变环境结构的"万物之灵"。真正让人类完成身份转变的是另一场革命——农业革命。农业革命被认为发生在新石器时代，也就是人类掌握了取火及磨制石器技术之后。这两项技术的出现，让人类征服自然的力量提升了一个等级。

农业的本质是人类不再单纯向自然界索取食物，而是开始有意识地驯化动物、植物，以获得可以预期的食物。这里说的农业分为两大类——种植业和畜牧业。其中，驯化动物的行为成为"畜牧业"，驯化植物的行为演化为"种植业"。狩猎者在捕杀动物后将幼兽带回饲养，在其长大或者难以获取食物时再食用的行为，构成了畜牧业出现的动机；种植业的出现有着相同的动机，采集者观察到植物种子从发育到成熟的全过程后，开始有意识地种植那些成熟后适合充当食物的种子。

需要注意的是在中文语境下，"农业"一词经常被狭义地指向种植业。这种现象的出现，是因为"种植业"或者叫"农耕业"的生产方式，为人类食物及文明升级的贡献，较之畜牧业要大得多。甚至可以说种植业才是文明产生的基础，尤其在中国这样一个农耕文明属性极为明显的国度。

在生态系统中，植物属于第一营养级；植食性动物属于第二营养级；以植食性动物为食的肉食性动物，为第三营养级。下一营养级所能接收的能量只有上一营养级同化量的 10%～20%。

按这个比例来换算，如果一片草原所蓄养的牲畜恰好够喂饱一个人的话，那么把这片草原开垦成农田种植谷物，则最起码可以养活 5 人。换而言之，相比较畜牧经济，农耕经济可以做到用更少的土地养活更多的人。

每个地区的情况不同，数据必定会有所出入，不过畜牧业产出同等热量，要消耗更多的土地是肯定的。虽然你也可以通过选育更优质的牧草，甚至直接给牲畜喂食谷物来减少土地的消耗。不过这样形态的畜牧业，实际算是种植业的延续。

为了满足人类的需要，被人类驯化用来种植饲养的动植物，开始在形态上与它们的野生亲属渐行渐远。人类会根据自己的需求定向选择动植物的变异方向。只有符合人类需要的动植物，才能在人类的庇护下扩张种群。在小麦大规模普及之前，小米曾是中国北方地区的主食。鲜为人知的是，小米与大家在野外常见的狗尾巴草其实是"亲戚"。正是通过在狗尾巴草中一代代选育果实饱满者，中华文明才获得了最初的主食。

小米（谷子）和狗尾巴草最起码长得还挺像的，要是你看到拇指般大小的原始玉米，就会更加感叹人类改造自然的力量有多么神奇。动物的变化同样明显，比如野猪的前后躯体的重量比约为7∶3，现代改良后的家猪比例则变成了3∶7，以生成更多可食用的猪肉。这些被人类驯化的动植物，开始有了"牲畜"及"作物"这样的专属名称，以将它们和野生品种区别开来。从这个角度来说，农业革命可以被理解为人类"发明"了牲畜和作物这两个概念。

更准确的定义应该是，人类发明了驯化动植物的技术。在驯化的初始过程中，石制工具发挥了关键性作用。有了边缘打磨锋利的石头工具，翻动土壤并播撒种子的种植行为逐渐变得高效，让人类愿意把珍贵的劳动力，部分直至全部从原始集猎行为转移过来。这一转换在让人类获取食物的能力取得长足进步的同时，也对环境造成了巨大影响。

单单把工具打磨得更锋利、把采集植物的行为变成种植植物的行为，还不至于对生态环境造成重大影响。真正的影响体现在对火的运用上。适合种植作物的土地，在日照和降水上同样适合森林的生长（反过来不一定）。可以说，人类所获得的耕地很大比例原本都是森林。人类最初获取耕地的手段简单而粗暴，那就是"烧荒"。一把火不仅能够将一大片森林夷为平地，草木灰还可以成为作物生长的肥料。一旦一块土地的肥力被消耗殆尽，人类便转向另一片森林"故技重演"。

原始工具与焚烧森林行为的配合，使得原始农业形态在中文中被称为"刀耕火种"。将焚烧森林的做法，完全归因于人类对种植业的渴望，客观上是有失公允的。最初的主动焚烧行为，很可能是为了驱赶森林中的动物。森林被焚烧后，高大的乔木不再"垄断"珍贵的阳光，灌木和草会变得更加容易生长，也会有利于牲畜的放养。

不管人类对森林放火的行为最初是为了狩猎、放牧还是种植，1万多年前人类主动大规模焚烧森林却是事实。从趋利避害的角度来看，人类并不会在离自己居住地太近的地方放火。钻木取火技术使人类可以很方便地在远离家园的地方，满怀着对丰收的憧憬放上一把火。

一旦人类迷上这种改变自然的力量，并且因此获得巨大收益，尤其是人口爆发式增长后，事情就变得不可控了。狩猎者可以通过捕杀成年野兽，放过怀孕母兽、幼兽的做法，维持有利于自己的生态平衡。火的力量却是人类无法控制伤害范围的。在帮助人类从食物链的顶端升级为万物之灵的同时，这场农业革命开始从根本上改变地球表面的生态结构。

而这一切，都还只是开始。

第五章
走出非洲

生物的天堂

历史上很多国家曾经做过一个带有政治色彩的尝试，那就是试图证明自身是在现有领土上独立进化而成的。一直到现在也还有类似的发声，一件年代久远的人类化石总能让一部分持此类观点的人感到兴奋。对化石和 DNA 的研究发现，人类的祖先在非洲完成从猿到人的转变，然后走出非洲，已经成为一个共识。事实上，即便你有着强烈的民族自尊心，承认自己的祖先来自非洲也丝毫不会有影响。就像认可人类是由古猿进化而来的，不会抬高当代灵长类动物的社会地位一样。

既然化石考古已经证实了人类起源于非洲，同时又不时有质疑的声音，那我们不妨从地缘角度分析为什么是非洲。需要说明的是，很久很久以前，所有大陆都是连接在一块的，地球也出于各种原因出现过极冷或极热的现象。当下我们所看到的海陆结构以及人类适应的气候，在地球46亿年的生涯中并非常态。好在人类即将出现时，地表整体环境跟现在相比已经不算有本质差异了，哺乳动物也已经成为优势物种，所以不需要我们再溯源到更遥远的地质时期去考察那些变量。

现在地球上一共分为 7 个大洲，包括亚洲、欧洲、非洲、北美洲、南美洲、大洋洲和南极洲。7 个大洲并非对应 7 片大陆，其中欧洲和亚洲属于无缝对接，并被合称为亚欧大陆。当然，亚欧大陆这个名称是一个亚洲视角的命名，如果你喜欢也可以叫成欧亚大陆。

划分大洲这件事并非完全遵循地理结构，还要看地缘属性，这里要特别提一下亚欧大陆的情况。亚欧大陆的总面积为 5476 万平方公里，是地球上面积最大的陆地，占地球陆地总面积的比例约 37%。最关键的是这片大陆东西两端之间虽不存在海洋间隔，但大片腹地却因为干旱而人烟稀少，从而大大阻碍了大陆各边缘地区的交流。因此，亚欧大陆一方面成为人类最大的文明样本区，另一方面也因为东、西文明差异过大，而被切割划分为两个大洲。

可以说，生活在亚欧大陆的人是最有可能对人类走出非洲一事提出疑问的。毕竟纵观人类的文明史，非洲除了曾经在北部的尼罗河中下游诞生过灿烂的古埃及文明以外，其余对人类历史进程有过巨大推动作用的古代文明，皆分布于亚、欧两洲。既然我们认为唯有更多的样本存在才有可能进化出更为优势者，那么无论从哪个角度来说，亚欧大陆看起来都更有机会脱颖而出。

人类进化到今天这一步，中间经历了无数代际演化，哪怕初始环境的一点点差异都会导致结果的不同。表面看人类的诞生有点像造物主在掷骰子，不过数学知识告诉我们掷骰子也是有规则可循的。一个正方体状骰子共有六面，每面一个数字的话，那么你掷上 1 万次肯定会发现每个数字出现的机会是均等的。而如果我们把其中两面写上同一个数字，那么用不了多少次你就会发现，这个数字被掷出来的概率明显超过其他数字。

多样性这个基础始终是最重要的，亚欧大陆在文明多样性上的优势，的确会让这片大陆在文明成长上显现出更多的优势，但在进入文明期之前，特别是在"从猿到人"的这个转化过程中，自然选择原则才是最重要的。亚欧大陆在人类文明进化中所体现出的优势，并不意味着它在人类诞生这个问题上同样具有优势。换句话说，最具生物多样性而不是最具文明多样性的陆地，最有机会成为人类幸福的摇篮。

万物生长靠太阳，地球上的生命都是依靠太阳辐射到地球上的能量生存的。植物的光合作用，是自然界捕捉太阳能的基本方式。植食动物通过摄食活的植物生存，肉食动物又通过捕食植食动物繁衍生息，由此形成一条互相关联的生态链。在其他条件类似的情况下，温度高的地区比温度低的地区更有利于生命的孕育，从而在物种的数量和品种上占优势。

常识告诉我们，地球上最热的地方应该在赤道一带，越往南北两极靠近，平均气温就越低。科学家根据地表热量资源等指标，为地球划出热带、温带、寒带三大温度带。以赤道为中心，南、北回归线为边界的中心区域为热带属性；两端的南极圈和北极圈地区为寒带属性；寒带与热带之间则为温带属性。

具体到每一块土地的气候属性时，还要考虑海拔和降水的因素。对于现在我们要找的答案来说，有这种粗略划分的概念就足够了。仅温度一条，我们就可以把整体处于温带的欧洲，以及整体处于寒带的南极洲排除在外。这两大洲境内完全没有热带属性的土地，使之在这场生物多样性的竞赛中毫无优势可言。

人类的科学革命始于欧洲，欧洲的大航海事业更是让地表各地第一次实现了互联互通。基于欧洲对人类近现代的贡献，以及非洲人在大航海时代被贩卖至新大陆充当奴隶的屈辱历史，最初的欧洲人可以说是最为抵触将人类祖先溯源至非洲的做法。现在用如此简单的逻辑将欧洲本土起源的想法扼杀，估计会有很多人感到不服。

然而除非你固执地认为某一片土地就是天赐之地，凭空降临了人类的祖先，否则在温度不够高的土地上，包括绝大部分领土处于温带的中国，的确不用再费力去论证本土起源。一定要在亚洲范围内寻找人类的起点，身处热带区间的南亚次大陆以及东南亚地区，反而机会更大。

将人类的起源地锁定在热带地区范围还是太过于宽泛。生物品种是否丰富，并不只取决于温度，还受到降水多寡的影响。浪漫点的说法是植物的生长需要"阳光和雨露"。根据降水不同，热带可以分为多种气候类型，如热带雨林气候、热带草原气候、热带季风气候、热带沙漠气候等。其中，热带雨林气候的降水最为丰富，并且全年分布均匀，由此也产生了最为丰富的物种。

一片阳光、雨露充足的陆地，无异于生物进化的天堂。说到这里，有人说不定会提出疑问，生物不仅存在于陆地，热带纬度区间也不只有陆地，还有面积更大的海洋，并且海洋生物在多样性上并不输于陆地。这是不是意味着热带地区的海洋同样有机会进化出人类，又或者说美人鱼的传说有科学依据呢？

这事怎么说呢，海洋中的确存在一些比较聪明的动物，包括海豚这类智商能达到人类六七岁儿童水平的哺乳动物。不过在了解过"手"的功能对人类出现所起的决定性作用后，笔者个人对海洋中诞生出智慧生物的想法就抱以悲观的态度。海洋环境使得具有抓握功能的手没有用武之地，生物也就没办法向这个方向进化了。很多研究者相信，水手们在海上远眺到的美人鱼，不过是抱着孩子、顶着海草的海牛。与海豚一样，海牛的前肢也已经"进化"成了鱼鳍状。

如果一定要在海洋里寻找成为智慧生物的潜力股，倒不如摆脱人类和脊椎动物形象的束缚，从无脊椎"头足类"动物入手。所谓头足类动物，就是整个身体给人的感觉是除了头就是触角，章鱼就是头足类动物的典型代表。每当章鱼哥用它那八只触角相配合，做出一些貌似只有脊椎动物才能做出的复杂动作时，都会有人感叹这家伙真的是"成精"了。

既然决定智慧生物出现的关键性器官是手和大脑，那么重点发展这两个器官的海洋头足类动物，在进化的方向上真是做到了重点突破。

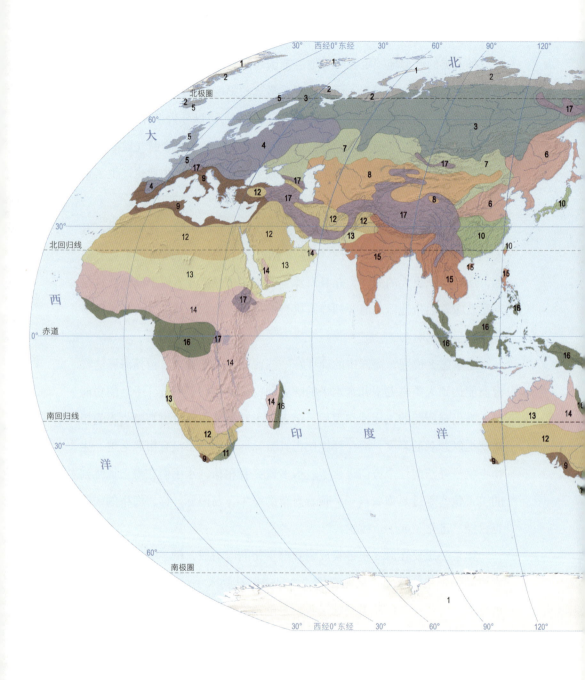

世界气候类型
示意图

图 例

2	寒带苔原气候	6	温带季风（阔叶落叶林）气候
3	亚寒带针叶林气候	7	温带草原气候
4	温带落叶阔叶林气候	8	温带沙漠气候
5	温带海洋性（落叶阔叶林）气候	9	亚热带常绿硬叶林（地中海）气候

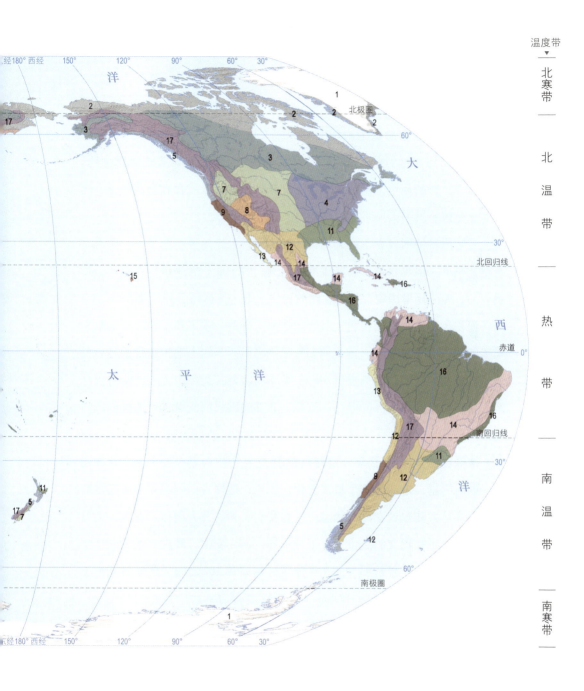

10 亚热带季风（常绿阔叶林）气候	14 萨瓦纳气候（热带稀树草原气候）
11 亚热带常绿阔叶林气候	15 热带季风（季雨林）气候
12 亚热带沙漠和草原气候	16 热带雨林气候
13 热带沙漠气候	17 高寒气候和高山气候

人类的摇篮

虽然章鱼哥看起来还算聪明，不过很可能它的聪明也就止步于此了——毕竟，这个总认为海绵宝宝和派大星幼稚、渴望成为艺术家的家伙，生理结构太过简单。此外，海洋环境决定了就算海洋存在智慧生物，也很难在这样的环境下制造出复杂工具。如果让笔者生存在海底的话，笔者实在是想不出怎么摸索出冶炼金属的方法来。

有句出自俄国《克雷洛夫寓言》的名言，大家应该不陌生——鹰有时飞得比鸡低，但鸡永远不可能飞得比鹰高。对于成长者来说，上限才是最重要的。海洋环境决定了海洋生物的进化上限，要远低于陆地生物。

现在还是让我们把视线拉回到陆地上，将目光锁定在生物多样性最为丰富的热带雨林身上吧。南北回归线之间有近1/3的土地为热带雨林所覆盖，其核心的区域位于南北纬10°之间。在这个区间存在着三大热带雨林区，分别对应着南美洲的亚马孙流域、非洲的刚果河流域以及亚洲南部的马来群岛。

地球已经存在46亿年，最起码在35亿年前生命就已经出现。在如此漫长的时间里，地球经历了很多变化，比如，地球表面的温度会周期性地变冷变热，大陆也处在漂移状态。现在我们看到的三大雨林所在地，亿万年前并不一定在现在的点位上。不过不管再怎么变化，纬度对温度的基本影响是不会变的。单从温度的角度来说，南北纬10°之间无疑是最有利于生物进化的区间。

现在我们又要讨论一下"人是由猴子变的"这句话了。这句话对也不对，要是说人类是由现在大家看到的猴子变的，那肯定是不对的，不管这里说的"猴子"是动物学家眼中的灵长目猴科动物，还是指向把大猩猩、黑猩猩等类人猿都包含进去的整个灵长类动物。

最早的灵长类动物被称为"原猴"，出现在大约6500万年前。这也是哺乳动物取代恐龙、开始抢占生态位的时间点。古猿则是由原猴分化出来的，并进一步分化出人类。以此来说，只要不把几千万年前的原猴，跟现在大家理解的猴子画等号（包括仍属于原猴亚目的猴子，比如马达加斯加的狐猴），一定要说"人是由猴子变的"也不算错误。

原猴之后进化出两种类型——旧大陆猴和新大陆猴。在哥伦布发现美洲大陆之后，这片大陆被称为新大陆，陆地相连的欧亚非大陆遂被称为旧大陆。具体来说，旧大陆猴主要分布在亚、非这两个有雨林的板块；新大陆猴则同样分布在有雨林的中南美地区。现有的化石证据表明，新大陆猴是由旧大陆的灵长类动物在大约 4300 万年前迁徙分化出来的。

地质学家们认为 13 亿～10 亿年前地球上只有一块大陆，在后来的时间里不断分裂成现在的模样。这一学说最初是由德国地质学家魏格纳在 1912 年提出的，被称为大陆漂移说。其灵感便是发现南美洲东海岸可以与非洲西海岸完美契合。在所有分离的大陆中，南美洲与非洲的分离时间相对较晚，但是再晚也比新大陆出现灵长类动物的时间要早。考虑到南北美洲连接在一起的时间不超过 2000 万年，新大陆猴有可能是从海路抵达南美洲的。

不管真相究竟如何，新旧大陆的雨林里都有灵长类动物确是事实。现在的问题是，为什么是旧大陆的灵长类最终进化出了人类？真要论雨林面积，亚马孙雨林可是全球最大的，占世界雨林总面积的一半，其生物多样性亦是最为丰富的。问题的关键并不在于雨林本身，而在于雨林周边的环境。

热带雨林的生物再多样，单一的环境类型也会限制新类型物种的出现。最起码你不能指望热带雨林出现企鹅与北极熊这样的动物。如果人类的祖先一直待在雨林里，那么他们是没有可能进化成人的。雨林的环境会让人类无法完全摆脱对树木的依赖，进而没有办法彻底解放双手。

简单来说，顺着灵长类动物这条进化线进化为人，人类的祖先就必须

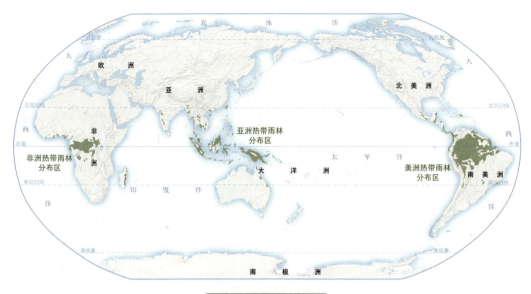

全球热带雨林分布示意图

从树上下来，走出森林去适应更多、更复杂的环境，直至遍布整个地球表面。在这个问题上，"东非大裂谷"起到了决定性作用。这条处在非洲板块和印度洋板块的交界处裂谷带，是地球上最大的陆地断裂带，长度约6000公里。

你可以很容易在卫星地图上看到这条宛若伤疤、南北纵贯非洲东部的裂谷带。大约3000万年前，东非大裂谷因为地质运动出现在非洲东部。其出现的时间点，正是与古猿出现的时间点比较接近。至于说二者之间有没有关系，目前还没有证据可以证明。不过东非大裂谷的出现，的确是为人类走出雨林、进化为直立行走提供了非常好的契机。

总体来看，东非大裂谷既深深地切入地表之下，又在两侧高高隆起，这一特点看着还真像人类的伤疤，尤其是特别深的那处。非洲最高峰——海拔5895米的乞力马扎罗山，最低点——海平面以下157米的阿萨勒湖，都分布在这条裂谷带上。如此大的地形差异，加上靠近海洋容易受印度洋水汽影响的因素，使得东非裂谷带地区的环境和气候类型异常复杂。

广义的东非大裂谷并非只处在非洲，而是一直延伸到地中海东部，与阿拉伯半岛相接。在人类进入文明阶段后，我们会发现这部分延伸段在人类文明史上发挥过极其重要的作用。整个东非大裂谷由北至南可以分为西亚裂谷、红海、埃塞俄比亚高原、东非湖群高原和马拉维高地五部分。无论从温度、降水、地形复杂程度，还是与刚果雨林相接的位置来看，"人类的摇篮"这个称号，更准确的对应段应该是位于南北纬10°之间的东非湖群高原。

对于成长中的人类来说，走出雨林就有这么一条涵盖世界上大多数环境类型的裂谷带作成长基地，实在是再合适不过了。人类不仅可以在裂谷带的热带草原中学会追逐猎物、直立行走、使用原始工具，还能提前适应走出非洲以后的环境。如果说刚果雨林的贡献在于为人类的进化打下了生物多样性的基础，那么东非大裂谷所给予人类的，则是环境的多样性。

智人的胜利

即便接受了从猿到人的设定，很多人对于进化的过程依旧存在一些错误的认知。将自己所在地所出土的古人类化石想当然地认定为自己的直系祖先，是一个常见的错误。1929年及随后数年在中国北京周口店龙骨山出土的北京猿人头盖骨化石，是人类学上的一个重大发现，首次证明了人类在直立人时代就开始使用火。随后研究者在龙骨山顶端山洞中发现了智人属性的"山顶洞人"化石。

现在开始做一个小测试：请问有多少人认为或曾经认为，他们是当代中国人的祖先？好吧，笔者先举手。笔者小时候真的一度以为北京猿人就是山顶洞人的祖先，而当代中国人就是山顶洞人的直系后裔。事实是，不管生活在距今70万～29万年的北京猿人，还是生活在距今4万～3万年的山顶洞人，都不是当代中国人的祖先。

东非裂谷示意图

人类在东非大裂谷完成了从猿到人的进化后，被认为曾经三次走出非洲。一次是大约 200 万年前，旧石器时代早期的"能人"，在中国境内的代表是前面提到过的、生活在 180 万年前的元谋人；第二次走出非洲的则是 80 万～40 万年前的直立人，代表为北京猿人；第三次就是大约 10 万年前走出来的智人。

在这漫长的 200 万年间，走出来的人类祖先绝对远不止这三批。所谓三次出走，只是一个非常笼统的说法，更准确的含义是指人类在进化的三个阶段都走了出来。考虑到能直立行走的那只南方古猿，已经被认定为最早的人类，如果有一天科学家们在非洲之外找到南方古猿，甚至更早直立行走的古猿的化石，将这个说法修改为四次乃至五次走出非洲，你也不要感到奇怪。

谁也没有规定只有两足才能走出非洲，更没有规定只能走出非洲。生物演化和扩散方向都是随机和无序的。也就是说，人还没有成为人之前，就应该已经开始从非洲向外扩散了，看看世界各地分布着的灵长类动物，就应该能够明白这一点。同样的道理，诞生于东非大裂谷的人类祖先，不会只往北向亚、欧两洲"扩张"，一样会向非洲其他地区扩散。这意味着"人类走出非洲"一说并不准确，应该是"部分人类走出非洲"。除非你认为那些祖祖辈辈从没有走出过非洲、一直在非洲生活的非洲人不属于人类范畴。

每当有新的古人类化石出现，都会让研究者们兴奋不已。然而悲观地看，人类应该没有可能完全厘清到底有多少人类祖先的分支走出过非洲。可以明确的是，东非大裂谷在人类进化链上所起的作用并非只有一次。从这个人类摇篮中不断走出新的人类分支，也不断地与在其他地区进化的近亲们竞争。最为知名的一次竞争是现代人祖先与在 12 万年前开始统治欧洲、中亚及北非的尼安德特人之间的竞争。在科学家们已经达成共识、认定尼安德特人是智人亚种的情况下，这场竞争更像是后走出非洲的智人亚种与先行者之间的博弈。

每一个成功把自己基因传递至现代的古人类种群，同时期淘汰了数量更多的亲缘人类种群。这种淘汰行为并不一定是直接的搏杀，而是利用自己所取得的优势挤占生态位。东非大裂谷的条件实在是太适合作为人类进化的摇篮了，以至于我们有理由推断，人类进化中的每个节点——不管是生理上还是技术上（比如直立行走、打制石器、用火），都可能是在东非大裂谷中完成的，再由更具优势的后来者走出非洲，逐渐抢占先走出者的生存空间。

这些走出和竞争行为，甚至只需要很小的规模。善于追溯祖谱的中国人，一直相信所有的中国人都存在少数共同祖先。科学家在掌握用DNA技术为人类追根溯源的方法后，发现现代人的确存在着一些超级祖先。比如，一份来自中国上海复旦大学的研究认为四成汉族Y染色体来自三个祖先。

更著名的一项研究被称为"线粒体夏娃"。人体内红细胞以外的细胞都含有线粒体DNA，而只有女性的线粒体DNA可以遗传下来。每个人都有母亲，母亲也一定还有母亲。这意味着可以通过追溯线粒体DNA谱系，来为地球上现存的70多亿人寻找一个共同的女性始祖。

研究表明，这位女性始祖生活在距今14万年前，由于《圣经》中认定人类的女性始祖是"夏娃"，遂被世人称为"线粒体夏娃"。必须指出的是，这并非认定"线粒体夏娃"是当时唯一的女性。这个荣誉称号仅仅表明，当时因为竞争或者自然环境的影响，其他女性没有能够把后代传承到现代。

相比人类300多万年的进化史，14万年这个时间点晚到让很多人出乎意料。不由得让人联想到，万一这位"线粒体夏娃"在生育之前不幸"挂掉"，人类是不是会就此灭绝。其实是不会的，"线粒体夏娃"的出现背后是人类足够强大的种群基数，以及在整个生态链上的优势地位。除非环境出现不利于人类繁衍生息的变化，否则总会有人在人类内部占据优势生态位，帮助人类在进化的道路上继续走下去。

第六章
人类社会的形成

从社会性动物到"社会人"

超出动物的社会性，是人与动物的重要区别之一。

世界上存在很多社会性动物，比如内部分为蜂王、雄蜂、工蜂等角色的蜜蜂。不过，就算这些低等级生物进化出貌似强大的社会性，于人类的进化而言也没有什么参考价值。虽然社会性很重要，但是并不代表必须完全依赖社会生存。昆虫类的社会性是一种完全的社会性，个体只是一个整体的零件。它们之于生态圈的影响是通过群体显现出来的。有经验的人并不会担心一只落单的蜜蜂，不过要是家门口出现一个蜜蜂窝那就是另一回事了。

从地球生物进化的角度来说，哺乳动物属于最高级别。人类要证明自己与其他生物已经有本质区别的话，还是应该从这些血缘关系更接近的哺乳动物中寻找参照。相比喜好独行的动物，懂得分工合作的社会性动物会更具优势。如果将人类归入动物范畴的话，这种直立行走的高等动物无疑也是社会性动物。

人类进化出来的各种生理机能，足以帮助一个人孤独地在这个世界上生存，就像不幸漂流到荒岛上的鲁滨逊一样。其他社会性哺乳动物也是一样，狮子算是社会性动物，一个狮群是由一头成年雄狮和若干成年母狮以及它们的孩子组成的。多余出来的成年公狮只能在草原上游荡。

既然社会性本身并不是人类独有的特性，而笔者刚才又说人的社会性是有别于动物的主要标准，那么二者之间一定存在着本质的区别。虽然"社会人"一词在中国的某些地区有着特定含义，但并不妨碍我们用"社会人"的本意将人的社会性与动物的社会性区别开来。如果你一定要搞明白"社会人"和"社会性动物"的区别是什么，回头去思考市井文化定义出的"社会人"，亦会觉得用在那上面倒也挺贴切的。

"社会人"与社会性动物的一个明显区别在于，人类社会有更强大的组织性。你会看到成千上万的人以某种形式组织在一起，共同去做一件事。从权力角度来说，这种集体主义意识可以解读为：每一个个体因为某种需要，将自己的一部分权力"赏赐"给组织者，以形成更强大的合力。

可能有人会说，在广袤的非洲大草原上，能周期性地见到数以百万计的植食性动物（比如角马、斑马、水牛）群体性迁徙的场面。这难道不是一种强大组织性的表现吗？答案是否定的，这些食草动物聚集在一起仅仅是因为它们的生理周期和迁徙方向一致，并不代表它们是组织起来的。只要有狮子等食肉动物发起袭击，你就会看到这些在数量上远胜于袭击者的动物，组织性有多么差。绝大多数情况下，被盯上的猎物只能凭借逃跑这项传统技能获得一线生机。

"分工合作"是社会性表现之一。被捕食的动物无论从哪个角度看，都要比植物更加灵活，这使得相比采集植物，狩猎会需要进行更复杂的分工合作。人类从以素食为主的树栖动物到下到地上变身为两足行走的集猎者后，势必会因为狩猎行为而更具社会性。

对于动物来说，两性和血缘是凝结彼此关系最重要的纽带。公狮或者猴王在成为首领之后，杀死其他雄性生育的孩子，客观上可以保证这一纽带的存在。处在原始阶段的人类同样是通过这种基本的两性及血缘关系，自然形成一个个家族。家族人员的数量扩张到一定程度，这一拥有共同祖先的人类群体就会被称为氏族。

不管你把人类这种靠血缘关系维系的小社会群体叫作家族还是氏族，受限于血缘纽带的边际递减效应、无法进一步扩大规模都是它的痛处。那么这个规模上限是多少呢？中国在唐宋时期曾经出现过一个聚族而居330余年、历经15代、聚居人口最高峰时曾经达到3900口的大家族——义门陈氏。

330余年不分家的义门陈氏是中国有记录以来存在过的最大未分家家族（最终因难以为继被拆分）。这个独特案例似乎为仅靠血亲关系凝结的人类家族提供了一个可供参考的人口上限。事实上，氏族的上限远远达不到这个标准。义门陈氏用来凝结家族的，不仅仅是血缘关系，更多是一种文化的力量。

根据统计和估算，现今世界上存在有5000余个几乎与世隔绝的原始部落。这些部落少则数十人，多则一两百人。与人类亲缘关系最近的黑猩猩，单一种群最多的时候也只有三五十只。总而言之，无论是观察原始土著还是参考其他哺乳动物种群，单纯依靠血缘和两性关系所凝结的动物性社群，至多只能数以百计了。

这意味着人类如果也只是这样遵从本能，而没有找到新的方法凝结更多人口的话，即便掌握再多的工具，进行更加细致默契的分工合作，也不会脱离"动物性社会"的属性。想成为"社会人"，人类一定要找到一种超出两性和血缘关系的方式，来做彼此之间的黏合剂。

语言的力量

语言被认为是人类区别于动物的重要标志。本质上看，语言也是一种

"工具"，一种虚拟的工具。在不断适应和改造环境的过程中，人类创造了越来越多的词汇来进行交流。人类彼此间的交流自然是非常重要的，语言就是最重要的交流工具。《圣经·旧约》中描述了一个巴别通天塔的故事，故事内容是人类曾经尝试在巴比伦建立一个能通往天堂的高塔。为了阻止人类的计划，上帝开始让人类说不同的语言，从此不能交流的人类分崩离析，形成了不同的民族。

《圣经》故事自然有神话的成分，但却揭示了"共同语言"对于人类内部整合的重要性。只是我们现在要解答的疑问，是人类有什么样的有别于动物的能力，能够增强彼此的凝聚力。从这点来看，语言这个工具本身并不是关键点。所谓"人有人言，兽有兽语"，语言能力不是为人类所独有的。人类甚至在发声系统上都不比动物更有优势。看看那些被调教得能模仿人类说话的鹦鹉和八哥，就会明白"说人话"并不是什么特殊的生理技能。

人类语言内容丰富，说到底是对这个世界理解和改造能力增强的结果，生理上是大脑进化而不是发声系统进化的结果。一个人的词汇量丰富与否，只与学习环境有关。如果一个人自幼像"人猿泰山"那样被动物抚养长大，那么他的语言能力就会停留在所接触动物的水平。

抛开这些生理和环境因素不说，就人类整体的语言能力而言，还是与动物有着本质区别的，这并不仅仅是个词汇量多少的问题。人类的语言所表达的内容，绝大多数是动物所完全无法理解的。不信的话，你可以尝试向动物园里的黑猩猩解读什么是计算机，看看有没有可能解释清楚。事实上，即便解释对象扩展到全体人类，能从你的解释中理解计算机原理的也是少数。

现在，我们要开始寻找那个从 0 到 1 的节点了，到底是什么让人类的语言工具与动物的语言工具有了本质的区别？接下来将要寻找的，是一件史前人类普遍能够理解、能用语言描述而动物却不能理解的事物。

《人类简史：从动物到上帝》中，作者尤瓦尔·赫拉利试图将人类语言的升华归结为"八卦能力"。在他看来，人类语言"最重要的信息不是关于狮子和野牛，而是关于人类自己。我们的语言发展成了一种八卦工具"。所谓八卦能力，就是一种"在背后说彼此坏话"的能力，为了"能够明确得知自己部落里谁比较可信可靠，于是部落规模就能够扩大，而智人也能够发展出更紧密、更复杂的合作形式"。

八卦理论是否有道理或者部分有道理，是见仁见智的问题。问题首先在于，你并不确定动物是不是也会说坏话。同时养过两条狗的人大多会有这样的经验，宠物之间会有明显的争宠行为。你很难确定那只找准机会抢先扑到你怀里呜咽的狗狗，它发出的声音是在单纯表达它更可爱，还是在说"竞争者"的坏话。

一些智商高的狗狗在做过坏事后，还会想办法甩锅给智商较低的同伴。如果你同时养过一只边牧和一只二哈，相信对此会深有体会。而且动物学家观察到，狐狸就有把肉藏起来，然后给子女指出错误方向的案例。倘若一个动物已经如此有心机，发展出说坏话的技能也完全不会让人感到意外。

从人类自身的体验来说，八卦的确可以在某种程度上拉近人与人的关系。大家都不喜欢的一样东西，只能在一定程度让彼此聊到一起，但要想形成一个稳定群体，就需要有一个有正凝聚力的话题。你在网络上会看到，崇拜某位娱乐明星的人会结成一个固定的粉丝群体，但反感这位明星的人却未必能真的抱成一个黑粉团。

我们将刚才分析出来的逻辑放在当代社会的一些场景中同样适用。在个别国家，各类团体往往会因为不喜欢现任政府而走上街头表达诉求。然而一些人走上街头，却并不代表利益诉求一致。如果不通过强大黏合剂凝结共识，人们看到的只会是更混乱的局面。

"万物有灵"与认知革命

说到底，语言只是一个不为人类所独有的表达工具。语言在人类发展过程中的重要层级与后来发展出的文字并没有本质区别。仔细想想，现在流行的短视频一类的多媒体工具，何尝不是在表达方式上的一个升级呢？我们要寻找的是比语言更高一级的黏合剂——一种与直立行走、使用工具求生具备相同力量的改变。

能熟练用筷子夹起食物的中国人，喜欢跟晚辈分享一根筷子容易折断、一把筷子不容易折断的故事。然而，这个在中国家喻户晓的故事，并没有展示一个客观现象——筷子本身并不会聚在一起形成合力，除非你用工具或者用手把它们"团结"起来。

从这个浅显的道理中可以看出，探索人类黏合剂的方向，恰恰和说坏话的"八卦"能力是相反的。我们要寻找的，应该是一个能正向凝结人类意识的行为。在这个问题上，巴别通天塔的故事倒是给我们一个启示：人类语言的力量再强大，命运也得接受上帝的安排。

这种表述不是认定世界上真的有神，而是当人类相信"神"的存在时，他们在行为举止和语言上就开始与动物有了本质的区别。动物并不会存在类似宗教信仰的行为。一群食肉动物看到人类在祭祀神的时候，把使它们口水直流的肉放在那儿不吃，甚至完全销毁，估计它们会认为人类"疯了"。

宗教是一种超越血缘乃至语言的存在。两个在血缘上毫不相干的部落，可以因为共同的信仰而结成紧密同盟。人类彼此间的争斗，本质上是一个信任问题，用语言交流也是为了消除误会、达成共识。从技术上来看，信仰是降低信任成本的最好方法。两个遵循同一教义的族群，仅通过向神保证的誓言，便可以建立互信。

美国法庭要求证人在做证前，将手按在《圣经》上发誓，就是用信仰降低互信成本的实例。在这个问题上，最需要避免的误区是将信仰等同于宗教信仰，甚至只限于某一种宗教信仰。比如说世界上有很多人认为中国人是无神论者（包括一些中国人自己），所以是没有信仰者。实际情况当然不是这样的，大多数中国人并不会对某一位神发誓，不过要是一个中国人敢在你面前，以他祖先和家人的名义发誓（比如"我要是撒谎，就断子绝孙"），那这个誓言所能起到的证明效果，绝不亚于以某位神的名义起誓。

中国人的信仰体系与世界绝大多数民族有着明显差异。时至今日，信仰所展现的形式也并不只以宗教的面目示人，比如还有用各种"主义"面目示人的信仰。总的来说，我们可以把这些用来凝结人类共识的认知统称为意识形态。

人类的意识形态有哪些类型，又是如何分化和变迁的，我们会随着时间线的推进在本书中逐步展开。往前追溯的话，宗教意识的产生是一切的源头。很多研究者都认为，人类经历过一场"认知革命"，通过这场革命，人类对这个世界的认知发生了质的变化。关于认知是怎么产生的，人类的认知是如何与动物的认知产生本质区别的，不同的人有不同的看法。

从地缘角度来说，对超自然力的释读是人类认知革命的开端，并由此产生了宗教意识。每一场革命都必须服务于人类，认知革命也不例外。虽然这场革命与食物生产无关，不像集猎革命、农业革命那样，但它却可以增强人类彼此之间的凝聚力，包括突破血缘纽带，让更多的人团结在一起。当语言被用来描述人类想象出来的超自然力量时，人类的语言就与动物的语言有了本质区别。

理解了这一点，接下来要探讨的就是宗教意识是如何在原始人类脑海中产生的。对于将生存作为第一要务的原始人类来说，自然界确实存在太多危机：可能在外寻找食物时被野兽吃掉，可能在河边行走时突然遇到洪水，可能莫名其妙地被一道来自天空的闪电击倒，等等。

动物当然同样会遇到这些危险，不过它们的进化程度决定了其只会形成躲避危险的本能。人类在学会使用工具、有了明显强于动物的生存能力之后，在自然力量之前却依然弱小。这种无力感会促使人类思考，是否存在一种看不见、摸不着的超自然的力量，能左右万物的命运。

事实上，即便在找到科学这把钥匙的今天，人类也不敢说对自然规律完全了解和掌握。有一些大家熟知的科学家，在穷尽自己所掌握的科学方法也无法解释人们心中的疑惑后，便会试图在神学中获得慰藉。最典型的就是牛顿。作为物理学的开创者，牛顿在晚年研究神学已经为很多人所知。

人们这种感觉自己已经摸索出一点自然规律但明显还要受未知自然规律左右的心理，促成了"神"这个概念出现在人类的意识中。与其他事物一样，神的形成也是需要一个过程的，最初的阶段其实应该被称为"灵"。灵跟神的区别在于，前者只是一种模糊的超自然力，后者则有具体的人格化形象。

像我们刚才所说的那样，自然界的任何一样东西都有可能给人类的生存造成威胁。因此，人类在相信超自然力并将之发展成为宗教的道路上，最先经历的阶段被称为"万物有灵"，即相信万事万物有着不可知的灵性存在。虽然人类可能还不知道"灵"是什么，但起码要保持足够的尊重。

这种思维不仅存在于一些原始部落中，在一些看似已经高度文明的区域也依旧能看到其"踪影"。在中国古典名著《西游记》中，树精、蜘蛛精们的存在，便是万物有灵思维的神格化。即便是最具原始属性的万物有灵思维，中国人同样不会感到陌生。一些时候你会看到，一棵树龄长过一般人认知的古树，会被挂满祈福的红布条，布条上写着人们的各种愿望。人们相信，既然这棵树能够不受天灾人祸的影响生存下来，那么它背后一定有超出自己认知的灵性，而对这种灵性保持足够的尊重，就有机会得到一点超自然力的庇护。

"万物有灵"涵盖的万物，范围非常广，可以是一棵看起来比其他同类都粗壮的大树，也可以是一直给人类带来伤害的动物，还可以是一种自然现象。除此之外，生殖器官、祖先都可以被赋予灵性。简而言之，只要一件事物存在被崇拜行为，被认为能够提高人类的生存概率，那么它就有可能成为原始信仰的一部分。

"灵媒"与火

在一些旧石器时代晚期的遗址中，考古学家发现了一些被认为是原始宗教痕迹的遗存。比如，尼安德特人的遗骸周边散布着红色碎石片和工具，并且有头东脚西的固定摆放方式。而新石器时代存在原始宗教就是非常肯定的事了。这意味着在新旧石器时代相交阶段除了产生了农业革命，也可能同时产生了认知革命。

以地缘视角来说，磨制石器、农业革命以及宗教觉醒属性的认知革命几乎同时出现，必定有一个共同的触发点。从宗教觉醒这条线来梳理，认定万物有灵，与宗教的诞生还不能等同视之，二者之间需要有个媒介。也就是说，人类除非认为自己有办法与这些超自然力量沟通，原始宗教才会诞生；否则，在超自然力面前只懂得畏惧的人类，并不会表现得比动物更好。

是什么让人类觉得拥有了与超自然力量沟通的能力呢？答案是"火"。制造石器虽然是一种很强的能力，但改变石头性状的逻辑却是很清晰的。人就是这样，对太了解的东西并不会敬畏，除非他觉得还有神秘感。被我们描述为"魔法武器"的火，正好拥有这种神秘特质。

学会保存火种和使用火，让人类觉得拥有了使所有动物都恐惧的能力，但人类却又不能完全控制火的威力，包括无法理解那些自然产生的火究竟是从哪里来的。空气遇热后所产生的折射现象，能够进一步增加火的魔幻感。如果人类想找一件与超自然力沟通的媒介，那么实在是没有比火更适合的了。于是，你会看到无论在哪种类型的宗教中，火都是必不可少的工具。

人类光有对火的崇拜心理，还不足以导致宗教的产生。我们刚才提到，宗教的一个现实作用是凝结共识。落实到具体操作上，如果每个人都按照自己理解的方式与超自然力沟通，那这种信仰显然是起不到这个作用的。这意味着，除非在人类族群内部产生一个能帮助整个群体与超自然力沟通的"灵媒"，这场宗教觉醒属性的认知革命才算真正开启。

用正式的宗教名词来说，"灵媒"可以被称为祭祀。印度教的婆罗门、天主教的神父都是如此产生的。既然我们已经知道火对于人类的重要性，并且认同它的魔幻属性，那么最初具备担当"灵媒"这一职责的原始部落成员，几乎可以肯定是火种的看护者。

"钻木取火"技术的产生在新旧石器时代交替时的意义，前面我们已经解读过了。最初掌握取火技术的人类，同样很有可能是"灵媒"这一职业的创造者，毕竟取火看起来比保存火种要魔幻得多。不管人类最初的宗教意识和"灵媒"，是否在只会保存火种的旧石器时代诞生，但是取火技术的产生必在认知上引发巨大的革命，包括让最初摸索出取火技术的人认定自己拥有与上天沟通的能力。

其他见识到火如此奇妙诞生的人，很容易会将取火者视为"灵媒"，并愿意听从他所传达的意志。可以想象，如果你带着一个打火机回到那个时代，很可能会被当成具备超自然力的使者，所以我们就很容易理解这种感受了。而在欧洲人最初登陆那些原始地区并展示那些原住民闻所未闻的技术时，类似的场景几乎是司空见惯的。

当我们认识到，意识形态及原始宗教信仰对人类社群的扩张具有什么意义的时候，很多问题就容易想得通了。在本章开头我们用"社会人"的概念来区别社会属性的人与社会性的动物。可以说，只有在具备用原始宗教意识跨越血缘弥合彼此间差异的能力时，人类社会才算真正形成，并且迎接文明的曙光。

关于意识形态的重要性，笔者最后还可以提供一个例证。本章开头提到"社会人"这个名词在中国某些地区的市井文化中还有一层含义。"社会人"一词在市井语境中，有按江湖规则行事，另属一套社会价值体系的意思。仔细想想，类似场面的"社会人"能凝结在一起，其实同样有赖于拥有共同的意识形态。这种意识形态甚至直接带有宗教意味。这也是祭拜关公在很多类型社团中流行的原因。

第七章
凡人的"结界"

人类的扩散与种族的形成

在认定南北纬 10° 之间的刚果雨林和东非大裂谷是这个星球上最适合完成"从猿到人"这一进化过程的地区，甚至在此原地进化的能人、直立人乃至智人总能比先走出非洲的分支更有竞争力后，新的问题又来了：既然这个人类的摇篮那么舒适，人类为什么又要执着地走出非洲呢？

不知道为什么，开启人类迁徙这个话题时，笔者脑海中总会浮现出一个话外音："春天来了，万物复苏，又到了动物们繁殖的季节，山林的空气中弥漫着荷尔蒙的气息。"动植物们在繁殖的时候，总是喜欢在更温暖舒适的季节，在离开家园这个问题上却有着不尽相同的理由。

生物迁徙这个问题跟生理进化一样，也是没有方向的。一个地区的大环境总体更适合生物生存，不代表它在每一个时段都适合。自然灾害、种群扩大甚至追逐食物等因素，都会迫使动物们放弃原来的家园出走。即便外迁的地区条件比不上原有的家园，但在自然选择原则下也会有机会留下适应新环境的基因。

企鹅在大家印象中是一种完全属于冰雪世界的可爱生物，殊不知，企鹅也有生活在温带甚至热带的品种。比如在太平洋中心，就生存有一种叫加拉帕戈斯企鹅的热带企鹅。这些企鹅当初之所以能够从寒冷的南极抵达赤道附近，是因为两地之间海区中存在寒流。顺着寒流北上的企鹅，逐渐在新环境的影响下保留了能适应更高温度的基因，并形成新的品种。

很多人会对史前人类的迁徙路线感兴趣。不过刚才我们说了，生物迁徙本身是不定方向的，并且会受各种因素的影响。一种生物能扩散到多大范围，取决于其种群的适应能力。人类在旧石器时代就已经学会使用工具和火，这使得他们比绝大多数陆地生物都具备更强的扩散能力。因此，我们更关心的是，人类在抵达每一个地区后，是如何适应和改造当地的环境以及被环境改造的。

人种的形成就是环境改造的结果之一。大约在 4 万年前，人种开始形成。最起码在 1.5 万年前，人类已经遍布除南极洲之外的六个大洲。比较流行的分类方法是将人类种族的基本类型分为三种，即白种人、黄种人、黑种人。最初的时候，发现美洲的欧洲人认为新大陆的印第安人为独立的"红种人"，后来发现这种认知和哥伦布把美洲当成印度并将原住民命名为"印第安人"一样是个误会。真实情况想必大家已经很清楚，美洲的原住民是 4 万年前从亚洲迁徙过去的黄种人。

另一个产生过争议的分类是关于大洋洲土著是否应该被单列为"棕种人"的问题。现在根据分子人类学的研究结果，澳大利亚土著与非洲南部的黑色人种存在较近的亲缘关系。一般还是应当归类为黑色人种。为体现这一人种的地缘特点，原本正式名称为尼格罗人种的黑色人种，在这一分类原则下被重新命名为尼格罗 - 澳大利亚人种。

即便同意三大人种的分类法，仅用三个人种就想标志出人类各民族的种族属性也是很困难的：一个生活在蒙古高原的黄种人与一个生活在马来群岛的黄种人，其体貌差异是显而易见的；而因技术升级更加速的人口流动，又形成了更多的混血种族。此外，用黑、白、黄三种肤色作为人类种族标签，在使用过程中遇到过许多非议。很多被归类为白种人的人，肤色并不比黄种人更白。尤其这种命名在最初被推出时，还带有一定的种族主义色彩。

说到底，名称只是一个标签。既然普通人已经习惯了黑色、白色、黄色人种的表达方式，接下来的行文中我们就没必要刻意去用那些连科学家都还没有完全达成共识的学名。关于各大人种到底是怎么分化的，又是在何地起源的，学界同样没有形成共识。不过显而易见的是，诸人种在生理特征上的确存在显著差异，并且明显存在各自对环境的适应性。

比如，皮肤中的黑色素可以强力吸收紫外线，大幅降低紫外线对DNA的伤害。即便你只是在烈日下晒一天，也能明显感觉到自己的皮肤变黑。于是在非洲低纬度地区完成进化的黑色人种，自然选择进化出黑色皮肤；在中高纬度地区完成进化的黄色、白色人种则对黑色素没有那么旺盛的需求。

有一个说法认为，人类终有一天会混同为一个"巧克力色"的种族。从地缘角度来看，的确存在这种可能性，毕竟随着技术的发展，地表各地区之间的交通已经变得非常便捷。不过，笔者建议大家还是不要期待那一天，交通时间只是影响地缘距离的一个因素，人类真正消除彼此间的地缘隔阂，还有很长的路要走。

不管怎么说，石器时代的人类在迁徙过程中的确形成了三大人种。生物种群不同分支如果独立进化的时间久了，彼此之间就会出现不能交配产生后代的生殖隔离。人类三大人种的形成时间最多也就几万年，还不至于形成生殖隔离。至于那些与人类存在生殖隔离的现代人近支，则已经被自然法则淘汰（部分还没形成生殖隔离的近支，比如尼安德特人，则在现代人身体里保留了一定比例的基因）。

海洋"结界"的变迁

三大人种虽然不存在生殖隔离，但体貌差异却是显而易见的。这意味着他们在进化出独特体貌特征的过程中，必定有很长一段时间存在着地理隔离。以此推断，很容易忽视各地区人类族群之间交流的困难程度。在人类仅能凭借双脚移动的时代，有一些障碍并没有办法逾越；有些障碍即便被突破，两块宜居之地间的中间地带也可能因为环境过于恶劣，而无法稳定地承担地缘交流的职责。

"结界"是一个源自佛教的词语，意指以特殊力量将两个地方分隔的行为，或者由此形成的无形障碍。前者为动词，后者为名词。对于这种阻碍地缘交流的障碍，我们姑且用名词属性的"地缘结界"来表示。地缘结界现象广泛存在于人类和整个生物圈。人们可以无视这些结界，但脚踏实地生活的凡人们却无法漠视它们的存在。

我们说过，陆地相连的亚、欧、非大陆作为人类的起源地及主要文明进化地被称为旧大陆，哥伦布发现的美洲大陆被称为新大陆。除了通过狭长地峡相接的南、北美洲大陆，广义的新大陆概念，还应包括大洋洲大陆和南极洲大陆。

旧大陆与美洲、大洋洲、南极洲等大陆之间都为海洋所分隔。海洋之于这四块大陆就有如"结界"一般的存在。虽然是海洋结界，但是各海区对人类迁徙的阻碍程度却不尽相同。所有大陆中，南极洲是唯一在史前没有出现过人类足迹的大陆。人类没有扩散到南极洲，倒不是出于气候原因。生活在北极圈的因纽特人已经证明，人类在极寒地带的生存能力并不亚于北极熊和企鹅。

人类没有扩散到南极洲的原因，在于南极洲与其他大陆之间的海洋结界异乎寻常地强大。首先，南极洲的周边皆为海洋，并且自与其他大陆分离之后，一直没有再通过陆地连接在一起；其次，南极的极地属性使得其周边的水域较之其他海区更为寒冷。同时，由于和各大陆都有一段距离，大气会在南极大陆周边海域形成强大的风带，引导海洋表面形成强大的环流。由于环流的方向始终为自西向东，环绕南极的这条洋流带被称为西风漂流。

值得一提的是，鉴于南极周边海域存在与其他四大洋明显的环境差异，国际水文组织在 2000 年将其确定为全球第五大洋，并命名为南冰洋。虽说南冰洋还没有在全球范围内被认同，其结界作用却是客观存在的。人类甚至一直到航海技术高度成熟的 19 世纪中期才发现南极大陆的存在。

反观美洲大陆和大洋洲大陆与旧大陆的历史渊源，就有点藕断丝连的感觉了。尽管早在人类出现之前这两片大陆就已经与旧大陆分离，漂移到现在的位置，但生物和化石表明，这两片大陆与亚洲大陆曾经以某种形式联系在一起，帮助人类在数万年前迁居到这两片大陆。

其中，美洲大陆与旧大陆的接近点在靠近北极的白令海峡。这条寒冷海峡的西侧是亚洲的西伯利亚地区，东侧则是属于美洲的阿拉斯加地区，其最窄处仅 35 公里。大洋腹地动辄要航行数千公里才能发现另一片陆地，35 公里的距离对于现在的航海者来说实在不算什么。然而，对于还没有掌握航海技术的史前人类来说，这个海上距离却是难以逾越的。

地球表面在地质史上共经历了 4 次冰期，最晚的那次冰期始于距今 300 万~200 万年前，结束于 2 万~1 万年前。科学家们相信，冰期将大量水冻结成了冰原，导致海平面较之前降低了 50 米。考虑到白令海峡的深度不过 30~50 米，原始狩猎者将有机会从亚洲穿越露出海平面的陆桥，跟随被追逐的猎物进入北美大陆，进而慢慢扩散到南美大陆。由于人类从西伯利亚迁徙到阿拉斯加时黄色人种已然在亚欧大陆的东部形成，所以我们才会看到，美洲大陆的原住民被归类为黄种人。

相比之下，同样与亚洲相邻的大洋洲大陆，与亚欧大陆的距离就要遥远得多。不过仔细观察地图我们就会发现，亚欧大陆最南端的马来半岛与

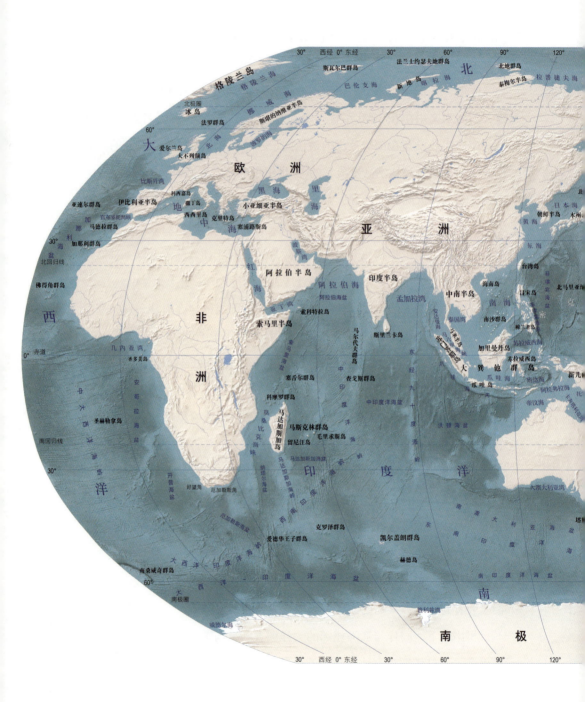

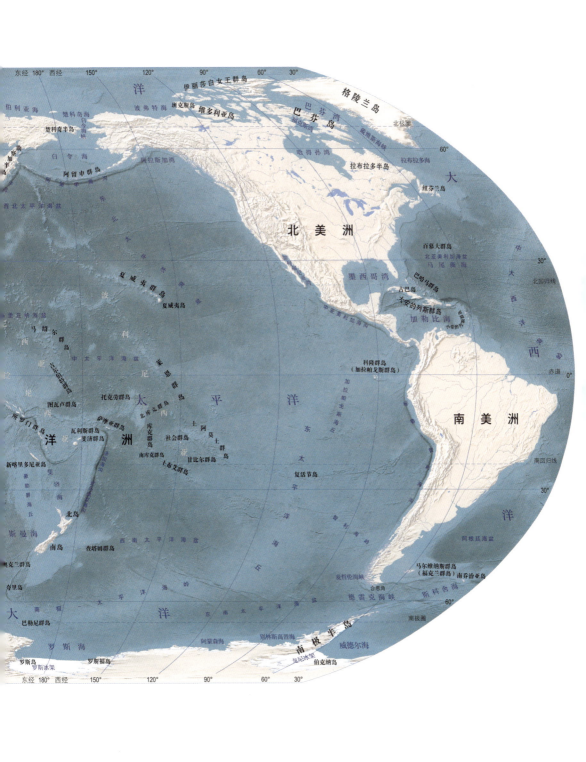

东经 180° 西经   150°   120°   90°   60°   30°

洋   伊丽莎白女王群岛   格陵兰岛
伯利亚海   北极圈
         波弗特海   班克斯岛 维多利亚岛   巴   大
楚科奇海 白令海峡   芬   巴芬湾
   楚克奇岛   斯   福克斯湾
                                           岛
白令海   瑞拉斯加湾   哈得孙湾   拉布拉多海   60°
阿留申群岛   阿拉斯加半岛   拉布拉多半岛
                                                          纽芬兰岛   大
西北太平洋海盆

                         北 美 洲
                                                      百慕大群岛
                                              北亚美利加海盆   30°
                           夏威夷群岛   马尾藻海   北回归线
                           夏威夷岛   墨西哥湾   巴哈马群岛
马绍尔群岛   利   中亚美利加海盆   古巴岛   大安的列斯群岛 加勒比海
西   尼   大安的列斯群岛   小安的列斯群岛
亚   中太平洋海盆
                                                   科隆群岛
                      莱恩群岛   （加拉帕戈斯群岛）   赤道   0°
                   棠   北   加
托克劳群岛   恩   太   拉   南 美 洲
图瓦卢群岛   萨摩亚群岛 群   平   帕
斯罗门群岛 瓦利斯群岛   岛   洋   阿   东   哥   洋
洋   斐济群岛   库克群岛 社会群岛 莫   太   斯   南回归线
新喀里多尼亚岛 斐济 南库克群岛 甘比尔群岛 土   平   海
              洲   上布克群岛   群   洋   30°
斯曼海   复活节岛   岛
         北岛   智利海盆   阿根廷海盆
斯曼海   南岛   查塔姆群岛   西南太平洋海盆
奥克兰群岛   马尔维纳斯群岛   洋
夸里岛   南   太   平   洋   海   岭   （福克兰群岛）南乔治亚岛
                    麦哲伦海峡   斯科舍海
                              合恩角
大   南极   洋   东南太平洋海盆   德雷克海峡   60°
巴勒尼群岛   南极圈
罗斯海   别林斯高晋海   南 极 半 岛
罗斯冰架 罗斯福岛   阿蒙森海   龙尼冰架   威德尔海
东经 180° 西经   150°   120°   90°   60°   30°

大洋洲大陆之间存在一条如珍珠链结构般的岛链。这条岛链包括隶属印度尼西亚的苏门答腊岛、爪哇岛、巴厘岛等岛屿，以及印尼和巴布亚新几内亚共有的新几内亚岛。鉴于这条岛链大多为印度尼西亚所有，我们可称其为印尼岛链。

分隔新几内亚岛与大洋洲大陆之间的托雷斯海峡，宽约 150 公里，中间还有被称为托雷斯群岛的陆地散布。最关键的是这条海峡的最浅处只有 14 米。科学家们相信，在海平面下降的第 4 次冰期，新几内亚岛与大洋洲大陆曾经相连。想要证实人类是从马来半岛一路走到大洋洲大陆的，还需要寻找岛链上其他岛屿曾经在冰期相连的证据。在连接点过多、有的海峡深度又过深的情况下，一个推论是大洋洲土著的祖先已经掌握了某种泅渡方法，帮助他们一步步地跨越这些海峡。

不管大洋洲土著的祖先是怎么登上这片大陆的，他们无疑都不会是大洋洲本土起源的。根据考古发现推断，现代人最初抵达大洋洲大陆的时间为 6 万~5 万年前，早于人类抵达北美洲的时间。这支向东迁徙的人类，在走出非洲后应该是穿越阿拉伯半岛、伊朗高原、印度半岛，进入中南半岛，然后沿印尼岛链冲破亚欧大陆与大洋洲大陆之间的结界。

整个路线位于热带区间，使得迁入大洋洲大陆的人类并没有像其他分支那样，在亚欧大陆的高纬度地区分化出肤色较浅的分支来，而是更像留在非洲进化的那部分现代人祖先那样，呈现出深色皮肤、卷曲头发的体貌特征。就这一根据地理结构推导出来的迁徙路线而言，基因方面可以提供的佐证是，现今生活在巴基斯坦南部的布拉灰人、印度南部的达罗毗荼人、斯里兰卡的维达人、马来群岛的尼格利陀人、新几内亚岛的巴布亚人等，都或多或少含有尼格罗 - 澳大利亚人种基因，基本上越靠近澳大利亚，比例就越高（受其他人种的影响就越小）。非洲的俾格米人则被认为是这一人类分支留在非洲的直系后裔。

撒哈拉结界

新大陆的人类都是来自旧大陆的，其基本的种族特征是在旧大陆就已形成的，这意味着旧大陆本身也存在结界，阻滞了三大人种间的交流。海洋是天然的结界，人类对海洋的恐惧除了一眼看不到边际的无助感以外，还有在海洋中难以获得淡水。从这两点来说，在大陆上最具结界特质的当数沙漠了。

在中文里有不少将沙漠比作海的说法。蒙古高原的腹地是一片沙漠戈壁地带，被中原王朝称为"瀚海"，其字面含义就是浩瀚海洋。瀚海将蒙古高原的草原地带大致分隔为漠南、漠北两个地缘板块。拥有强大机动和自给能力的游牧民族可以自如地穿行于这个结界，周期性地将漠南、漠北草原的游牧部落统一起来（例如，匈奴、突厥、蒙古等游牧帝国）。

反观缺乏天然机动力、以农耕文明为基础的中原王朝，瀚海就有如结界一般的存在，偶有军事上的突破也难以建立直接统治。今天的蒙古草原被分割为归属中国的内蒙古和独立的外蒙古两部分，瀚海的存在是最为基础的因素。另一个将沙漠与海洋类比的案例，是最适应在沙漠中穿行的骆驼，被人们亲切地称为"沙漠之舟"。

每一个天然障碍，都可能在一定层面上成为人类交流的结界，但要成为人种形成的结界，其覆盖范围必定是非常广阔的，广阔到你甚至能视它为一片独立的大陆。世界上最大的沙漠，是存在于非洲北部的撒哈拉沙漠。"撒哈拉"一词在阿拉伯语中的本意便是"大沙漠"。其面积达到932万平方公里，比769万平方公里的大洋洲大陆还要大，比起欧洲的1016万平方公里也就小那么一点点。

沙子是由石头风化而成的，石头在彻底沙质化之前，还存在表层土壤被风吹走的"岩漠"（石质荒漠）、由粗大砾石组成的"砾漠"（戈壁是还未完全风化成沙的砾石荒漠）。刚才提到的"戈壁"一词，在地理上所指

蒙古高原地缘结构示意图

向的就是岩漠和砾漠这两种荒漠，从这个角度来说，瀚海准确的地理定义是"戈壁沙漠"。

与沙漠相比，戈壁态荒漠还有机会在石头的缝隙中保留部分土壤，并因此生长耐干旱的植物。这些植物可以为人类和动物的生存提供一定基础。相对来说，结界感要弱一些。历史上游牧民族可以频频以漠北草原为基地，穿越瀚海入侵中原王朝。

反观撒哈拉沙漠，沙质化就做得很彻底，非常符合大家脑海中"漫漫黄沙"的画面感。更为致命的是，这片从非洲西海岸一直延伸到东海岸、东西宽约 4800 公里的大沙漠，南北纵深也在 1300~1900 公里。对这样广度和荒芜程度的大沙漠，不要说对走出非洲的现代人祖先，即便是对有高科技加持的现代人，都是一个巨大的挑战。

当然，撒哈拉大沙漠并非完全不能穿越。第九章会告诉大家，人类的祖先是如何依托东非裂谷带及其收集的雨水走出非洲的。有观点认为，数百万年前已形成的撒哈拉沙漠可能阶段性存在过湿润期，曾经生长过灌木和草原。即便这种推测是真实的，湿润期也是短暂的，起码人类进入文明期时，除了尼罗河沿岸一带，撒哈拉沙漠中已经看不到绿色了。

有这样一大片不适合生物生存的沙漠存在，结界效应终归是非常明显的。以至于当初没有向北突破结界迁入欧、亚、北非大陆的那部分智人祖先，在撒哈拉以南的南部非洲独立演化成了黑色人种，并且长期与旧大陆的其他地区处于文明隔离状态。

撒哈拉结界的存在，使南部非洲长期与旧大陆的其他部分处于隔离状态。如果考虑这部分非洲地区的长期人种属性，"黑非洲"这个地缘标签会更容易让人理解它的地缘结构（前提是不要做种族主义层面的联想）。为地缘结界划分等级，可以帮助大家更好地理解它们的影响力。能够造成人种隔离的撒哈拉结界无疑属于"一级地缘结界"，像瀚海结界这样在文明属性层面有重大影响的，则属于次一级的"二级地缘结界"。

纯沙漠属性的撒哈拉结界，并非是旧大陆内部唯一的"一级地缘结界"。不要忘记，旧大陆还分化出黄色、白色两大人种。作为这两大人种的代表，生活在亚欧大陆两端的中国人和欧洲人，几乎一直都在遵循着各自的逻辑进化。对于双方而言，如果不是看到那些被长途贩运而来、带着异域风情的商品，他们甚至会怀疑大陆的另一端是否真的存在人类。

从社会进化的角度来看，欧洲与中国社会进化的路径宛如一个硬币的两个面，处处都显得迥然不同。即便忽视双方在体貌特征上的巨大差异，想在价值观和各种行为举止上找出反差来，实在也是件容易的事。举一个比较沉重的例子，中国人在面临死亡时最为在意的一点，是能否保留完整的遗体。破坏一个人身体的完整性被视为一种非常严酷的惩罚，以至于对它的恐惧甚至超过死亡本身。

基于这种文化，在古代中国能够保留完整遗体的"绞刑"（工具包括白绫、弓弦等）被视为一种"特权"，而一般被判处死刑者，则必须接受身首异处的斩首之刑。欧洲的情况却正好相反，有可能延长死亡过程的绞刑被普遍采用。能减轻这一痛苦的斩首之刑反倒被认为是一种特权。历史上，法国国王路易十六、英国国王查理一世都因为身份尊贵而享受过这一"特权"。

阻止亚欧大陆两端交流的地缘结界，是亚欧大陆的腹地。在地缘政治学家麦金德的世界岛理论中，这一地区被统称为"亚欧大陆心脏地带"。与撒哈拉沙漠单一的地形地貌相比，亚欧大陆心脏（中心）地带的地理结构要复杂得多，由西至东包含东欧平原、大中亚荒漠区、西伯利亚、青藏高原、蒙古高原等地理单元。

这些地理单元的共同特点是，在很长一段历史时期内，因为各种环境因素（比如太高、太冷、太旱）而无法进化出强势的农耕文化。游牧乃至更为原始的渔猎生产方式，在整个亚欧大陆心脏地带占据主导。由于这两种生产方式无法承载更多的人口，地广人稀的亚欧大陆心脏地带客观上成为阻碍生活在大陆诸边缘地区族群交流的地缘结界。

虽然与撒哈拉沙漠一起并列为两大"一级地缘结界"，但亚欧大陆心脏地带的结界效应还是比撒哈拉沙漠要低很多。整个心脏地带存在一条适合游牧经济的欧亚草原地带，帮助人类在进入文明期后，用马作为交通工具加强大陆诸边缘地带的交流。而在此之前，那些在人类各迁徙期滞留于心脏地带的少数人类，对大陆诸边缘地区的交流几乎起不到任何作用。

地缘结界并非不能突破，人类改造自然的努力，很大程度上体现在依托工具和人类社会的整体进化上突破地缘结界，将更多的族群和地域融合在一起。俄国是一个横跨亚欧两洲的大国，在草原游牧帝国衰弱之后，俄国成为亚欧大陆心脏地带的代言人。将俄国的欧洲部分与太平洋海岸线连接起来的西伯利亚大铁路，就是俄国为突破地缘结界在技术上所作的努力。

工业时代之后的人类，可以在很多强有力工具的帮助下突破地缘结界，以至于在全球化浪潮的影响下出现了"地球村"这个概念。在工业技术之前，通过将野马驯化为牲畜，人类已经找到了在亚欧大陆心脏地带高效机动的方法。这一技术突破对旧大陆的地缘生态造成了巨大影响，包括在"心脏的心脏"属性的大中亚地区造就了大量黄白混血民族。

鉴于亚欧大陆心脏地带对旧大陆的影响，以及旧大陆文明对整个人类文明进程的贡献，在后面的行文中，它的出现概率将远高于撒哈拉沙漠。有了地缘结界这个概念，人类社会进化史上的很多现象也将在后面一一重新释读。

第八章
"吃什么"也是一场革命

主食的力量

人种的形成是一件完全不用动脑子的事，动物们同样会因为所处环境的不同，分化为不同的种群。对于这种纯生物进化所导致的现象，并不需要作艰深的探索。从人类的迁徙和人种的分化入手，揭示地缘结界的现象，算是这个话题对我们最大的贡献。

"富人靠科技，穷人靠变异"，是观影者对于美式超级英雄的戏谑之言，仔细想来，不无道理。蝙蝠侠、钢铁侠这种超级富豪出身的超级英雄，变身靠的都是高科技设备，不会对身体造成不可逆的影响；蜘蛛侠、美国队长这种平民想有所作为，就得依靠对身体的改造了。

自然界的进化是漫长的，新石器时代距今不过1万多年，人类在这1万多年所取得的成就显然不是生理再进化的结果。客观地说，就算是再进化又能往哪个方向加强呢？人类已经有了最聪慧的大脑、最灵活的双手，如果真有选择权的话，估计也就再能幻想一下背生双翅，像鸟儿一样飞翔了。只是即便进化成一个"鸟人"又能如何，无非成为一个更强大的掠食者。

无论站在人类整体还是个人成长的角度，我们应该明白一个道理：先天条件只能决定你的下限，后天努力才能决定你的上限。把这句话里面的关键词替换一下，可以用来解释很多现象。比如，即使人数、武器相当的两支军队，战斗力也并不一定相当。谁拥有更合理的组织能力和战术，谁才会拥有更高的战斗力上限。

　　农业革命就是人类拉高上限的重要手段。你很难确定人类最早主动种植的是哪种植物，但是可以确定的是，人类必定是先种植某些有食用价值的植物，然后再一代代选育。有些被人类主动种植的植物未必一开始就是供人类食用的。考古发现已经证明，一些后来充当人类主食的农作物，最初的种植目的是充当牲畜的饲料。

　　人类最早种植的是哪种植物并不重要，重要的是有哪些植物在被驯化后，使得人类获取食物的能力得到质的提升。有这种地位的食材被称为"主食"。碳水化合物属性的淀粉类食物，是人类进入文明阶段之后获取能量和营养素的主要来源，当仁不让地承担了主食的职责。

　　主食作物被称为主粮，主粮被种植变成主食的过程，我们可以称为主食革命或者主粮革命。其产生对人类的影响主要体现在三个方面：一是大大提高了土地的产出，尤其是可控性的产出，使得人口出现爆发式增长；二是使一部分人从获取食物的工作中解放出来，进而从社会管理、发明制造新工具的角度提高人类社会的运行效率；三是让定居成为可能，所谓"有恒产者有恒心"，只有在稳定生活状态下，一些产生文明所需要的必要条件（比如城市）才可能生成。

　　既能帮助提升人口总量又能解放劳动力，还能固定人口——可以毫不夸张地说，驯化一种能提供更多淀粉的植物，是文明产生的基础。一个缺乏主食种植环境的区域，无法成为文明引领者。因为撒哈拉沙漠的存在而被迫与旧大陆其他区域分隔的黑非洲，以及地处亚欧大陆腹地的欧亚草原地带，在这个问题上存在明显的短板。这两个受地缘结界效应影响的区域，在产生属于自己的主粮种植文化及产生文明体的问题上，都遇到了很大的障碍。

有人可能会说，历史上有很多游牧者甚至渔猎者，也建立了文明程度颇高的政权，典型代表如中国历史上的北魏、契丹、金、清等王朝。事实上，如果你仔细看这些"马上王朝"的崛起史，就会发现它们都是在控制足够规模适于耕种的土地并吸收大量农耕人口后产生的，应该被视为文明政权的转折点。

欧亚草原难以进行一场主食革命的主要原因在于气候。在植物学中，欧亚草原的核心类型被称为干草原。其最大特点就是干旱，年降水量基本在200～450毫米。过少的降水量不仅不利于树木的生长，同样也不利于种植业的产生，尤其这片土地的纬度过高而导致积温过低。凡此种种，使得游牧产业成为这片土地的经济核心。

随着农耕技术的发展，草原地带同样有机会成为粮食主产区。比如欧亚草原西端的南俄草原（东欧平原的南部），由于有多条大河过境，现在已经发展成为世界级的粮仓。只不过，这需要以农耕为第一产业核心的政权对游牧者有压倒性的优势，才能在他们的舒适空间里进行环境改造。而在工业时代到来之前，由于游牧者拥有更强大的军事转换率，这一点是很难做到的。

再来说说黑非洲的问题。受撒哈拉沙漠结界效应的影响，黑非洲与旧大陆其他文明缺乏稳定的技术交流。不过这只是原因之一，毕竟人类就是从黑非洲走出来的，结界效应再强也不至于完全隔离。更重要的原因在于，这片土地实在过热。赤道从非洲中部穿越，使得黑非洲只有最南部的好望角一带以及埃塞俄比亚高原这样的高海拔地区，能够勉强摆脱过热气候的影响，其余绝大部分地区基本属于热带草原及热带雨林气候区。

终年降水的热带雨林与半年雨水丰沛、半年干旱的热带草原气候区，都是物种的天堂，但却不是文明发育的温床。倒不是说这两种气候类型就完全没办法孕育出文明来（美洲的玛雅文明就生成于热带雨林中），只是说物种丰富代表着天然食物来源丰富，用集猎这种原始生产方式生存的概率，要大于其他气候区。副作用就是整个地区缺乏主食革命的动机和文明升级的基础。

哪种植物是人类第一主粮

现代人的祖先是否是在产生初级农业思维比如畜养被捕捉到的幼兽、在居住地附近播撒植物种子的行为后再分散到世界各地，目前还不得而知。不过从主粮的角度来说，显然是存在多个起源地的。撒哈拉沙漠及亚欧大陆心脏地带这两个"一级地缘结界"的分隔，将整个旧大陆大略分隔成了三个区间。

此外，南北美洲加在一起，占地表陆地总面积的28.4%，这个面积仅次于亚欧大陆。更难能可贵的是，整个美洲大陆从北极圈向南一直延伸到南极圈附近，其跨度甚至比欧、亚、非三洲所组成的旧大陆还要大。这意味着美洲这片新大陆在环境多样性上没有问题，有机会在主食乃至文明样本上做出自己的贡献。反观在人类进化问题上功不可没的黑非洲，却像我们分析的那样，被环境的单一性阻碍了主食革命和原生文明的产生。

凭借优异的多样性地理环境，美洲大陆虽然被更有先发优势的旧大陆隔离在外，但是诞生了至少三个文明样本。如果不是被旧大陆的航海者"发现"，终止了自身文明进程，这片大陆同样有机会进入更高级阶段。尽管美洲的原生文明相对初级，但在农业革命问题上却有着巨大贡献，独立选育出大量现今造福于人类的作物。

小麦、水稻、玉米、土豆被称为四大主粮。其中，玉米、土豆就是中南美洲培育出来的。这里列举了四大主粮，并不是说人类历史上只培育出这四种主粮。在主粮问题上，同样要遵循自然选择原则。有一些主粮会因为竞争不过更具优势的品类，而退出主粮的行列。

中国古代的主粮有"五谷"之说，五谷包括水稻、小麦、小米、黄米、大豆。这当中仍然保有主粮地位的只剩下水稻和小麦，其他三种在超市里的标签都变成了"杂粮"。在从旧大陆引入小麦后，南美印加文明曾经充当主食的藜麦同样退出了主粮行列，跟其他退出舞台中心的杂粮一样，被商家以健康食品的噱头加以宣传。

在人类第一主粮竞争的问题上，小麦和水稻都是最有力的竞争者（玉米虽然产量更高，但更多是作为饲料）。全球以小麦和稻米为主食的人口为 20 亿～30 亿。不过水稻的种植和消费地主要集中在东亚、东南亚、南亚这些季风区，这一地区也是全球人口最为集中的区域。即便凭借这一优势，稻米在产量和主食人口上压倒小麦，它也很难在地缘层面被认定为人类第一主粮。

预测未来的话，小麦应该会取得第一主粮之争的胜利。在喜食稻米的亚洲地区，很多年轻人已经在主食中加入了更多源自欧美的面食（比如汉堡、比萨），这种逆转趋势在小麦主食区却不多见。这一方面是因为水稻种植的环境要求相对更高（需要有更多的水），另一方面则是因为小麦被加工为面粉之后，能够制作出其他主粮所无法比拟的食物。

麦类植物含有两种特别的蛋白——麦谷蛋白和麦胶蛋白，这两种蛋白被合称为麸质蛋白。尽管稻米和其他非麦类作物也能够被磨成粉，但麦类作物加水揉制出来的面团拥有更强的可塑性，在小麦、大麦、燕麦、黑麦等麦类作物中，犹以小麦的表现最好。麦谷蛋白所表现出来的弹性及黏合性，加上麦胶蛋白所表现出来的延展性，让人类可以利用小麦面粉加工出中国拉面、印度飞饼等"新奇"食物。中国人甚至还会通过淘洗的方式，将这些不溶于水的麸质蛋白单独分离出来，制作成"面筋"，享受它"Q弹"的口感。

发酵是人类在加工粮食时发现的一个自然现象。淀粉、糖类在微生物的作用下分解，产生乳酸、酒精、二氧化碳等物质的过程被称为"发酵"，酒和醋就是人类通过发酵粮食所得到的。小麦面粉在加水揉成面团后，除了发酵产生二氧化碳以外，富含的麦谷蛋白和麦胶蛋白还会在吸水膨胀后形成面筋，阻止气体的逸出，形成了大家日常生活中常见的"发面"现象。这样加工后的面坯如果蒸着吃，那就是中国人喜欢吃的馒头；如果烤着吃，那就是欧洲人喜欢吃的面包；如果压扁了再烤着吃，那就是中西亚地区人们喜欢吃的面饼。

能充作主粮的食材无疑都含有丰富的淀粉，但是只有小麦制作的面团才有那么高的弹性和延展性，才能包裹气体形成"发面"现象。如果一个中国人想做馒头，却因为面粉匮乏而只能用其他杂粮代替，那他做出来的这个食物就不会被称为馒头，而是被称为窝头。

世界主要粮食产地分布示意图

现在市场上虽然有各种所谓的杂粮馒头，但其实都是用小麦粉混入一点对应的杂粮粉制成的。即便做成窝头状，并以窝头之名售卖，其本质也是窝头状的馒头（杂粮面条也是一个道理）。具有讽刺意味的是，吃杂粮只是近年人类在热量过剩后所产生的需求。在更长的历史中，精制的小麦面粉是很多人"梦寐以求"的主粮。

发面技术不仅能够大大丰富小麦食物的品种，更能让食物变得松软适口，并且更有利于消化。从这点来说，倒是与人类当年学会用火将食物变熟所解决的痛点是一样的。虽说小麦面粉能够被"发"起来这个技术发现的意义肯定没办法跟火的运用相比，但是这个特性已经足以让它在一场全球化主粮竞争中占据优势。

在独立培育出多种主粮的亚洲东部，小麦的竞争优势很早就显现出来，并不用等到面包、比萨、意面这些源自欧美的面食制品来抢夺年轻一代人的胃口。历史上，小米、大豆等本土主粮曾在中国的北方地区占据主导地位。3000年前的商代，小麦通过亚欧大陆心脏地带传入中国内地，此后的历史中逐渐在中国北方地区完成主粮替代工作。

考古学家和植物学家通过研究发现，西亚地区是小麦的原产地。值得一提的是，即便在原产地，小麦也不是没有竞争对手。人类在选育小麦时也尝试选育了其他主粮，比如说大麦。大麦的外壳较之小麦更难被剥离，口感也较差，所以它在这场主粮竞争中落败，现在则多用于饲养牲畜及酿造啤酒。大麦变种属性的青稞（又名裸大麦），由于成熟后稃壳会自然脱落，则成为青藏高原原住民的主食。

那些在竞争中落败的主粮品种，我们无法在此一一展开。就像我们刚才所说的那样，小麦面粉能够"发起来"的优势，就足以让它把其他竞争者视为杂粮了。

先有面包还是先种植小麦

"先有面包还是先种植小麦"看起来是个很奇怪的问题，中国有句俗话"巧妇难为无米之炊"，没有米做不出饭，没有小麦又怎么做得出面包？那么我们换个问法：生活在西亚的史前人类是先学会做面包，还是先开始种植小麦呢？

技术上来看，人类并不一定要先学会种植某一作物，再去尝试对之进行深加工。实际情况很有可能恰恰相反，人类极可能是先对某种食物养成依赖，并在做法和吃法上日趋成熟后，再想着用种植手段扩大这种食物来源。要是把植物属性的"作物"替换成动物属性的"牲畜"，就好理解多了。很显然，人类不可能是在驯化某种牲畜后，再去尝试烹调它们的肉。一定是先用狩猎手段捕捉，并食用相当长的时间后，才会想到驯化的办法。

因此，"小麦"这个词就应该被限定为作物属性的小麦，而不能包括野生小麦。想做面包就得磨成粉。刚才说过小麦最迟在商代已经传入中国。不过在整个先秦时期，中国人只能像米饭一样将去壳之后的小麦蒸煮食用，这种保持小麦颗粒完整状态的食用方法被称为"粒食"。即使是粗糙的口感，也未能动摇小麦东亚本土主粮的地位。

在距今2000多年前的战国末期，中国人发明了磨砂石磨，这一技术的出现彻底改变了小麦在中国的命运。有了石磨，小麦就能加工成面粉，再塑形乃至发酵成各种风格的食品，如面条、大饼、馒头，小麦逐渐在中国北方地区成为占绝对性主导地位的主粮。

现在问题来了，既然石磨是中国人在2000多年前发明的，那么在此之前那些早已习惯吃小麦的民族，难道都是粒食吗？当然不是，谁也没有规定面粉只能用两块厚重的圆形石盘旋转磨制出来。利用石头作工具可是人类的传统技能，早期人类想把淀粉类食材磨制成粉，使用的是"磨石"。

比如古埃及人制作面粉的方式就是用磨石。所谓磨石，跟石磨一样，也是由两块石头组成。使用方法是将谷物放在体形较大、并固定于地上的那块石头上，手持较小的那块磨石前后反复摩擦谷物，最后得到面粉。要是还不能理解，那就在脑海中想象下用搓衣板洗衣服的场景。如果你有幸用过或跪过搓衣板，相信会更容易理解。

从效率来说，旋转使用的磨盘肯定是要省时省力得多，并且能够很方便地利用畜力；反之，你没有办法训练让某种牲畜抓住磨石做前后运动。令人惊讶的是，用来磨制粮食的磨石并不是在农业革命后才出现的。在西亚裂谷带的以色列境内，人们发现了 2 万年前用来加工谷物的磨石。在欧洲一些地区还发现了 3 万年前的磨石（磨石上的淀粉残留可以证明它的用途）。这意味着人类早在旧石器时代晚期，就已经对采集到的淀粉类食物进行磨制加工了。

磨制采集谷物的过程，还可能直接开启了磨制石器时代。尝试将谷物磨制成粉末状的人类，除了可以在石头上尝试磨制骨器、树枝（包括发现钻木取火原理），一定还会发现随着使用次数的增加，坚硬的石头也变得越来越圆滑。将这个发现运用在对打制石器的精加工上，实在是自然不过的事情了。

不管人类最先在石头上磨的是什么，"先有面包再种植小麦"都是可以确定的。从现代商业的角度来解析这一顺序，可以视为人类在打造面包产业链的问题上是先有了应用市场，然后将技术革新的需求向产业链上端传导，直至有意识地种植小麦，并一代代选育出更优秀的品种。

技术升级的动力到底是在供应端还是消费端，一直是很有争议的。从这个案例可以看出，用低一级的技术把市场培育出来，再反向推动上游产业链升级，更符合人类进化的常态。在没有培育出市场之前，闭门造车式地搞超前技术，往往不能研究出真正的可应用技术来。

第九章
热带沙漠与麦作文明

原生文明

农业革命及主粮的产生为人类文明的诞生提供了物质基础，既然存在几个独立培育出主粮的农业中心，那么这些农业中心完全有机会培育出自己的独特文明来。对美洲文明的发现验证了这一看法，这些文明显然是在与旧大陆完全隔绝的情况下独立进化出来的独特文明。

那些没有借鉴成熟文明、独立发展起来的文明被称为原生文明。诸如日本文明这种在起点上明显借鉴了华夏文明的情况，就不能被称为原生文明，而应该被归为次生文明，哪怕这个文明体已经进化出属于自己的独特气质。并不是说只有独立培育出主粮的地区，才有可能诞生原生文明。人类从驯化出主粮，到积累出文明所需的诸多要素，还要走很长一段路程。在这期间，一个地区有可能引入其他地区所培育出来的主粮作物，独立培育出自己的文明之树。

小麦被驯化的时间大约在 1 万年前，其他主粮被人工种植的起始点也比这个时间点晚不太多。这意味着人类在学会种植主粮后，仅仅花了几千年时间就跨越式地进入了文明阶段。数以千年计的进化时间，可能还会让你觉得过于漫长，不过回想一下，人类花费上百万年时间探索出把"打制石器"精加工成"磨制石器"的方法，就会感觉这个时间已经很短了。

虽然人类的平均寿命不到百年，但总希望自己也能经历一些重要的历史时刻。好消息是动物的生理进化是一个漫长而随机的过程，人类社会的进化呈现的却是自我优化及不断加速的状态。人类掌握的工具和技术越多，彼此间协同进化并获得突破性技术的可能性就越大，以至于今天的我们有可能在一生中经历2~3次技术革命。

诸文明沿着各自的方向进化，然后通过各种渠道交流自己在技术上的突破，是人类社会进步的重要动力。从这个角度来说，文明并没有优劣之分，只是出现时间的早晚及影响力的大小是客观存在的。现在公认的最早文明是西亚的美索不达米亚文明（又称两河文明），基于这一古老文明与小麦的起源地存在紧密的地缘关系，我们可以称其为麦作文明。

延伸到亚洲的东非大裂谷

西亚地区率先燃起文明之光，首先得益于它的位置。我们先来说说西亚在哪里，地缘政治意义上的西亚，大体包含三个地理单元——阿拉伯高原、小亚细亚半岛以及伊朗高原。如果加上地处非洲的埃及，或者说尼罗河下游地区，那就是中东的概念了。你很容易在地图上发现，人类如果从陆路走出非洲，西亚将是他们踏上的第一站。

我们要想知道人类是怎么走到西亚的，不得不重提那条神奇的东非大裂谷了。之前我们说黑非洲在孕育出人类后，对农业革命和人类文明的贡献就少了。其实也不尽然，中国人熟悉的高粱曾经加入过主粮的竞争，现在世界很多地方也种植这一作物。而高粱的驯化工作就是在非洲——具体来说是在埃塞俄比亚高原上完成的。

在黑非洲，埃塞俄比亚高原是一个特别的存在。这片高原虽然处于撒

中东诸板块地缘形势图

第比利斯　俄罗斯
亚　　阿塞拜疆
埃里温
里　海

卡拉博加兹湾
哈萨克斯坦　乌兹别克斯坦
萨雷卡梅什湖
图　兰
低　地
乌兹别克斯坦
巴库
卡拉库姆沙漠
土库曼斯坦
阿什哈巴德
阿特拉克河
科佩特山脉
哈里河
尼尔布尔士山脉
德黑兰
卡维尔盐漠
伊　朗　高　原
阿富汗
扎格罗斯
伊
朗
库
赫
鲁
德
山
脉
卢特盐漠
萨尔哈德高原
巴基斯坦
科威特城
科威特
波
斯
湾
霍尔木兹海峡
阿曼
麦纳麦
巴林
卡塔尔半岛
多哈
卡塔尔
利雅得
代赫纳沙漠
阿布扎比
阿拉伯联合酋长国
阿曼湾
哈杰尔山脉
马斯喀特
特阿拉伯
里马勒沙漠
沙
漠
阿
利
哈
鲁卜哈利沙漠
阿拉伯半岛
曼
鲁西拉岛
门
也门
亚丁湾
索科特拉岛
阿　拉　伯　海

哈拉沙漠以南，但却是东非大裂谷的一部分，这一属性使得埃塞俄比亚高原的内部环境有足够的多样性。同时，这部分裂谷还与归属亚洲的阿拉伯半岛隔红海相望。在人类掌握航海技术后，狭长的红海可以帮助埃塞俄比亚高原冲破撒哈拉沙漠的结界效应。

特别的地理属性使埃塞俄比亚高原不仅有机会独立培育出主粮，而且能通过与相邻西亚地区的交流，将自己的文明起点推进到 3000 年前。这一历史不仅让埃塞俄比亚人拥有更多的文明自信，而且在种族上使埃塞俄比亚人混入不少来自西亚的白种人基因，以至于很多埃塞俄比亚人并不认为自己的地缘属性为黑非洲。如果你仔细观察埃塞俄比亚人的长相，会发现他们与其他黑非洲原住民的确有些不同。

此外，埃塞俄比亚高原还是整个裂谷带乃至非洲地势最高的板块，有"非洲屋脊"之称，平均海拔约为 3000 米。这让埃塞俄比亚高原有能力拦截由大西洋方向吹来的湿润水汽，并在西坡形成 1000～1500 毫米的年降水量。这些来自埃塞俄比亚高原的降水，在与来自南部东非湖群高原北坡的降水汇集在一起后形成了著名的尼罗河，然后向北注入地中海。

红海与埃塞俄比亚高原、东非湖群高原一样，都是东非裂谷带的一部分，并且是整个裂谷带中裂谷形态最明显的一段，以至于为印度洋的海水所侵蚀，变成了一条狭长的海洋带。在裂谷形成并灌入海水之前，阿拉伯半岛本来是非洲的一部分。即使是现在，你也可以很容易从阿拉伯半岛与非洲北部那紧密的地理关系以及相同的热带沙漠气候中看出二者的渊源。

虽说非洲大陆与亚欧大陆被红海几乎完全割裂，但一直到 1869 年苏伊士运河通航之前，两片大陆还保存着被称为苏伊士地峡的连接部。在南北宽约 135 公里的苏伊士地峡的帮助下，人类一次次从非洲走向亚欧大陆。进入文明期后，那些来自亚洲的征服者同样由此进入非洲。从东非湖群高原走出非洲的人类，在向北经过埃塞俄比亚高原之后，很大可能不是沿着红海段继续北上，而是沿着淡水补给充沛的尼罗河，完成在非洲境内的最后旅程。

苏伊士地峡同时也是红海与地中海的连接部。从东非大裂谷这个命名来说，跨越苏伊士地峡后，走出非洲的人类将不再受这个人类摇篮的庇护。实际情况却并非如此，东非大裂谷在整个地中海东岸、阿拉伯半岛西侧仍然有那么一小段的延伸。由于已经地处亚洲西部，这一小段裂谷被命名为西亚裂谷。

不要小看这一点点延伸，西亚裂谷几乎是这个星球上地缘结构最复杂的板块。看看它所涉及的那些国家，如以色列、巴勒斯坦、约旦、黎巴嫩、叙利亚、土耳其，几乎天天都有相关的时政新闻，就知道这并不是在耸人听闻。如果你恰好又了解一点历史尤其是宗教史，相信你会更加赞同这一观点。

后面我们还会有很多篇幅涉及西亚裂谷带，现在我们所探讨的是它的农业潜质。在西亚裂谷东侧的阿拉伯半岛，整体属于热带沙漠气候。裂谷两侧隆起的高地，有效地阻止了沙漠气候的侵蚀。而在裂谷的西侧，是能够带来湿润西风的地中海，帮助西亚裂谷带拦截更多水汽，并形成明显多于周边沙漠地带的降水。几千年来优越且足够多样性的地理环境，让祖居于西亚裂谷带南段的犹太人一直将此视为"流淌着牛奶与蜜的土地"；包括位于西亚裂谷带中段的黎巴嫩，亦曾被世人称为"中东瑞士"。

新月沃地

通过前面的解读，我们可以在脑海中描绘出一幅人类迁徙的长卷：首先，走出刚果雨林的古猿在相邻的东非湖群高原完成从猿到人的进化；然后，在每个阶段都有分支沿着裂谷带和尼罗河北上，跨越苏伊士地峡进入气候环境同样多样、地理结构却更为紧凑的西亚裂谷带。最后，在西亚地区开启麦作文明。

安纳托利亚高原

土　耳　其

小亚细亚半岛

托罗斯山脉

尼科西亚

塞浦路斯

塞浦路斯岛

地

中

海

黎巴嫩

贝鲁特

黎巴嫩山地

前黎巴嫩山

大马士革

以

色

列

约旦河

巴

勒

斯

坦

安曼

死海

约旦

苏

万

平

原

锡尔汉谷地

叙利亚

比什里山

幼

发

沙米耶沙漠

叙利亚沙漠

维德扬

新　　月

亚美尼亚

东

托

罗

斯

山

脉

阿布雷曼迈因山

开罗

西奈半岛

苏伊士运河

苏

伊

士

湾

亚

喀

巴

湾

蒂朗岛

不毛沙漠(阿赖伊沙漠)

埃　及

尼罗河

格图拜山

希贾兹山

阿拉伯高原

沙特

内夫得沙漠

西亚裂谷带

红

海

红
河

西亚裂谷地理形势示意图 & 新月沃地地缘形势示意图

里 海

阿塞拜疆
阿塞拜疆

德黑兰

45°

50°

35°

底

格

里

斯

河

美

索

不

达

米

亚

平

原

塞尔萨尔湖

巴格达

拉

伊 拉 克

伊

北

扎

格

罗

斯

山

脉

卡

伦

河

黑

河

伊 朗

伊 朗 高 原

南

扎

格

罗

斯

山

脉

哈马尔湖

阿拉伯河

希贾拉沙漠

30°

科威特

科威特城

波

斯

湾

伯

泰西耶高原

阿 拉 伯 半 岛

代

赫

纳

沙

漠

麦纳麦

巴林

卡塔尔

多哈

高

原

45°

50°

25°

一个地区如果想认定是某一作物的起源地，最有力的证据是在当地发现野生品种（虽然有野生小麦生长，并不代表就是被驯化的）。比如在中国境内发现的野生水稻，为中国农业独立起源提供了有力的证据；一些想论证小麦有部分品种起源于中国的研究者，却无法在中国找到野生小麦，而在西亚裂谷带及其周边地区就能看到野生小麦的踪迹。

大约在3万年前，没有继续向亚欧大陆腹地迁徙的这部分现代人类祖先，开始在西亚裂谷带采集野生小麦以供自己和被畜养的牲畜食用。大约1万年前，人类通过选育饱满的果实，将小麦、大麦等野生植物驯化成为作物。很快，这场由麦类种植引发的主食革命，为人类最早的文明出现奠定了物质基础。

这场革命的爆发地点位于著名的"新月沃地"。每逢阴历月初，月亮都会被遮挡得仅剩下一弯月牙，这弯月牙就是新月。顾名思义，新月沃地是一条呈月牙状的肥沃土地。考虑到新月沃地所在区域整体属于热带沙漠气候区，想在如此干旱的环境中生成一片沃土可不是件容易的事。

水是生命之源，能成为沃土必然是有丰富水资源的，我们需要知道新月沃地的水是从哪里来的。降水分为三种基本类型——对流雨、锋面雨和地形雨（此外，还有台风雨）。对流雨是因为局部受热，气流上升冷凝形成的高强度降水，赤道地区的降水多是这种类型。锋面雨则是冷暖气团在高空相遇形成的降水，特点是范围广、强度小。每年夏秋之季，来自太平洋的暖湿气团会在亚洲东部与来自西北方向的冷空气相遇形成降水。这些滋养了华夏文明的降水就属于锋面雨。

在不具备形成上述降水条件的地区，降水就只能指望地形雨了。湿润水汽在遇到高大山脉时，便沿着山坡自然爬升。海拔越高，温度就越低。这些湿润水汽在山顶遇到冷空气时就会形成雨云和降水。如果你爬过一些高山，在山顶等待看日出的时候见识过"云海"现象，相信你会更容易理解这一现象。

这种因山而形成的降水就是地形雨。可以说其他几种降水都像是"靠天吃饭"，地形雨则有点"靠山吃饭"的意味。地形雨的主要降水范围是在山地，而最适合人类进行农业开发的土地却是低地平原。好在水往低处流，它总归会滋养山麓平原的。由此可以看出，一片干旱之地要是有了"靠山"，那它之于生命的价值便会有很大的提升。

撒哈拉沙漠是一个典型的"反面教材"，这片大沙漠虽然三面环海，区域内却十分缺乏高大山脉来帮它收集海洋输送来的水汽。不过撒哈拉沙漠腹地倒也有"靠山吃饭"的板块，它就是身处沙漠东部的埃及。埃及境内虽然没有高大山脉帮助形成地形雨，却能够依靠埃塞俄比亚高原等沙漠南部的高地所汇集输送来的尼罗河之水就成为一片绿洲之地。

西亚裂谷带同样是这种情况，从地中海方向而来的暖湿气流，在裂谷两侧山地的拦截之下，形成了明显多于周边沙漠地区的降水。不过西亚裂谷带整体呈现为直线状态，只有这么一条绿色地带，肯定是不会被形容为"新月沃地"的。"新月"之名意味着这条绿色地带在西亚裂谷带之外还有一条弧形的延伸。

现在我们已经通过对地形雨的解读，找到了生成沙漠绿洲的钥匙。接下来，我们看看还有哪条山地带是与西亚裂谷带对接的。在地形图上你可以很容易看到，西亚裂谷带的北部是一大片高原地带。这条涵盖土耳其、亚美尼亚、伊朗等国的高原地带，从地中海东部一直向东南方向延伸到印度洋。基于其地缘位置，我们可以将之称为西亚高原带。

整个西亚高原带由西向东被划分为安纳托利亚高原（又名土耳其高原）、亚美尼亚高原以及伊朗高原三部分。直接参与造就新月沃地的是亚美尼亚高原和伊朗高原，这当中位于亚美尼亚高原南边缘的东南托罗斯山脉，以及伊朗高原西南边缘的扎格罗斯山脉，更是与西亚裂谷带一道，画出了一条新月形的弧线。

与西亚裂谷带直接对接的，是居中的亚美尼亚高原。亚美尼亚高原是周边几大山脉汇集之地，因此又被称为亚美尼亚山结。这一地理属性使得亚美尼亚高原的海拔达到 4000~5000 米。在一处热带沙漠的北边，猛然矗立起一大片高地，结合前面的内容你会想到什么？当然就是一个天然水塔了！

这个天然水塔汇集出人类文明史上最著名的两条河流——底格里斯河和幼发拉底河。水塔的南部边缘山地叫作东南托罗斯山脉。两条相伴而生的大河从东南托罗斯山脉穿出之后渐行渐远，在流淌到伊朗高原之南后又有靠拢的迹象，开始接受来自扎格罗斯山脉补水。

按照一般规律，河流到了下游快入大海的时候，总归会形成一片三角洲平原的。有两条大河的共同努力，加上扎格罗斯山脉之水对两河下游的助力，两河下游得以形成一片面积巨大的绿洲。这处绿洲，便是现在位于伊拉克境内的两河平原。

现在我们可以给新月沃地的范围下一个定义：与地中海相接的西亚裂谷带，占据着新月沃地的西部；与波斯湾对接的两河平原，覆盖着新月沃地的东部；二者之间的弧形连接部，对应东南托罗斯山脉的山麓地带。鉴于这条新月地带，自人类进入文明史后一直是焦点地区，感兴趣的读者可以对照附图认真研究它的地缘结构。

沙漠之"光"

假如作一个调查，问普通民众什么性质的土地最没有用处，估计沙漠的得票率会最高。南北两极的冰盖应该也会有不少人选，可是企鹅、北极熊、海豹们那么可爱，我们实在是不忍心将它们所在地视为无用之地。再说水是生命之源，人类指不定哪天还得靠那些厚厚的冰来救命呢。与之相比，沙漠除了让人写点"大漠孤烟直"之类的诗句，拍点敦煌飞天式的美照，再拉动一下旅游业，我们实在看不出来有什么好处。

如果沙漠底下能发现石油，那就另当别论了。不过，地下有没有石油，跟地表是不是沙漠并没有必然联系，所以就算有石油，也不应该是沙漠的加分项。这样一无是处的土地，要是有人说，人类文明的曙光是在沙漠中升起的，估计很多人会觉得不可思议。不要急，看完接下来的内容你就知道笔者为什么这么说了。

人类的早期迁徙是漫无目的和漫长的。单论与人类诞生地——东非大裂谷的地理关系，作为人类走出非洲后的第一站，新月沃地肯定是有优势的。当继续向亚欧大陆乃至新大陆迁徙的其他人类还在寻找安身立命之处时，新月沃地的居民们已经在挖掘这片土地的潜力了。

野生小麦并非只分布在西亚高原带之南的新月沃地。研究发现，西亚高原带的北麓比如外高加索山脉拥有更古老的野生小麦品种。目前很难确定，第一株被人类种下的麦类植物是生长在新月沃地还是更北部的山地中，不过新月沃地却是最适合种植产业规模化的区块。

水往低处流，高山拦截形成的降水并不会只用来滋养山地本身，而是会自然流向山前低地。海拔越高，气候越寒冷，较低的海拔还能拥有较高的积温。于是人类很快发现，这个星球上最适合开展种植业的，就是那些低平、温暖还不缺水的土地，尤其是大河下游平原。

植物生长需要温度、水分以及氮、磷、钾等无机盐。如果你认为空气是必需品，也可以把空气作为要素。不过空气这东西正常情况下总是不缺的，我们就不作为要素考虑了。对于沙漠来说，阳光是最不缺乏的，要考虑的反倒是温度过高，会不利于作物生长。不过找到温度相对较低的时间段，种上一季谷物还是没问题的。

如果没有来自周边山地慷慨的给予，新月沃地的那些低地无疑将为漫漫黄沙所覆盖。有了西亚裂谷带和西亚高原带的补水，情况就大为不同了。那些高山来水不仅在沙漠中浸润出一条新月状的湿润地带，还将山地上那些富含无机盐的土壤，一并带入原本应该是沙漠属性的低地平原中。

当人类不再满足于采集野生小麦，而开始主动将之驯化为作物后，新月沃地尤其是水、土壤优势最为明显的两河平原，便很容易依托这些优势扩大耕地面积。

　　沙漠是生命的禁区，但有了水的沙漠却能为人类点燃文明之光。离人类的起源地最近、生长着野生小麦，同时又在积温、水、土壤三方面占据优势——新月沃地不仅成为麦作文明的诞生地，还成为人类最早的发祥之地。

第十章
并非只有一种"大河文明"

文明的基本类型

有了主粮的人类，终于可以不再完全依靠上天的恩赐过日子了，从此走上文明之路。地球人不会只发展出一种文明。根据人种的分化规律，之前我们定义出地缘结界概念，并将撒哈拉沙漠及亚欧大陆心脏地带明确为对旧大陆地缘生态影响最大的两个"一级地缘结界"。接下来我们要为文明划分出基本类型。

农耕是文明产生的基础，但不代表所有的文明类型都必须把农耕经济作为支柱。在人类社会的发展呈现出多样性和分散性后，突破地缘结界、打通不同板块间的贸易通道，同样可以带来收益，并以之为经济基础形成新的文明类型。如果我们把以种植业为核心的文明类型称为农耕型文明的话，那么刚才说到的这种文明类型可以被定性为贸易型文明了。

海洋文明是贸易型文明的最典型代表，其特点是依托海路所打造的贸易圈，生成属于自己的文明特性。很多时候，贸易型文明甚至会直接与海洋文明画等号。这种认知显然是失之偏颇的，人类之间的贸易并非只通过海洋来完成，地缘结界更不只是存在于海上。贸易型文明除了依托商船，同样也可以由马匹和骆驼承载。

如果说海洋文明是最典型的贸易型文明，那么"大河文明"就是最典型的农耕型文明。大河之侧的平原地区地势平坦、水源充足，只要气候不是过于寒冷，是极适合农作物生长的。大河文明的代表有两河文明、古埃及文明、古印度文明以及中国文明。这些农耕属性强烈的文明分布于亚非两洲，以至于很多时候大河文明会与亚非文明画等号。

与此同时，欧洲或者说西方文明的基础带有强烈的海洋文明色彩。近现代工业和科技革命起源于欧洲，欧洲之所以能够引领人类获得新的突破，客观上又的确受益于其海洋文化——尤其是经过大航海时代强化过的海洋文化。在这种情况下，大河文明在相当长的时间里被科技领先的海洋文明认为是落后甚至应该被终结的文明形态。

海洋文明被认为更加开放与包容，而大河文明则被认为更加封闭与集权。即使是大河文明内部，这种认知亦相当普遍。中国文明是大河文明的代表之一，并被认为是唯一没有中断与异化的大河文明体。在近代被工业革命的力量打开大门之前，中国人一直为自己所创造的灿烂文化感到骄傲和自信。此后情况却发生了微妙变化，为了区别本土商品，那些漂洋过海而来的商品会被加上"洋"的前缀，就好像火柴被称为洋火、煤油被称为洋油、机器织造的布匹被称为洋布那样。

久而久之，"洋"这个字在中文里成为代表先进文化的褒义词。一个中国人如果被称为"洋气"，绝大多数情况下是会很开心的；反过来，"土气"则成为一个贬义词。这种认知并非不会逆转，你会看到与中国相邻的韩国，在经济腾飞时从佛教经典中找到了"身土不二"这个词，作为推广本土产品的宣传语。

所谓"身土不二"，是指身体和出生的土地合二为一，意指出生长大的地方产出的东西最适合自己的体质。与中国古语中的"一方水土养一方人"含义大致相同。无论是"身土不二"还是"一方水土养一方人"，本

大河文明分布示意图

质都是农耕文明的产物。至于其中的"土"字是褒是贬，说到底取决于你的文明和文化自信，而能否自信又取决于你在技术和经济上的表现。如果哪一天中国人的词典里"洋气"不再是一个褒义词，那么这个古老文明的凤凰涅槃也就完成了。

并非所有的农耕型文明都依附于大型河流。在南美的印加文明，充当地理主线的就不是一条大河，而是安第斯山脉。那些被印加人驯化或者引种的土豆、藜麦、玉米等作物，被种植在层层叠叠的梯田上。不过从作物种植的角度来说，大河平原的潜力无疑是巨大的，就像海洋作为贸易和物流通道，承载力也非那些陆地交通工具可比。以海洋文明与大河文明作为人类两大文明的代表，来解析人类社会内部的主要差异，倒也算得上简捷明了。

另一个特别需要注意的问题是，一个文明现今被定义为哪种类型，并不取决于哪种经济占据最大份额，而取决于其文明特征尤其是价值观最初的源头在哪儿。比如说，中国文明无疑是这个世界上最典型的农耕文明，即便农业作为第一产业，在当下中国的经济占比已经退到了个位数，这个文明在过去几千年运行中基于农耕所累积出来的那些特性也依然在发挥着核心作用。

灌溉农业的价值

仅仅学会种植作物的人类，离文明还有一定的距离。新石器时代那些有农业痕迹的遗址，一般只被称为××文化，并不会被称为文明。关于什么样的文化能够被称为文明，一直以来有很多标准，比较常见的有城市、金属、文字、社会阶级、宗教建筑的出现等。

问题在于那些公认的古老文明，未必同时都具有这些特性。就像中美洲的玛雅文明已经有了成熟的文字，但却处在石器时代；南美洲的印加文明已经初步掌握冶炼青铜的技术，但却只能用"结绳记事"这种原始手段记录一切。

当我们理解了"民以食为天"这句话的深意后，就会发现这些特征只是外在表现。人类想在社会治理和技术上突破，进一步加强自己改造世界的能力，必须做到的就是提高食物的生产效率，让一部分人能够从食物生产中解放出来。当这部分被解放出来的人开始专业从事意识形态统一（宗教）、社会治理、手工业等工作时，刚才提到的那些特征就会自然而然地出现。

话题又在不知不觉中转移到吃上了。这还真不是笔者个人或者中国文化的问题，实在是生活的真谛首先是"活着"。民以食为天，粮食问题的重要性无论怎么强调都不为过。人类绝大部分历史都是在为了吃饱饭这件事而努力。做一个"吃其然，又吃其所以然"的合格吃货，能帮助我们更好地理解世界的运行与发展规则。

突出粮食问题的重要性，并不代表粮食问题会一直是人类社会运行所面临的首要问题。事实上，在工业技术出现并成熟运用到农业领域时，人类已经从根本上解决了一直悬在头上的粮食危机问题。科学意识的出现，可以帮助人类从生化层面理解植物生长需要哪些要素，并通过制造化学肥料、杂交选育优势品种等手段，让粮食生产效率大幅提高。农业机械的使用更是解放了大量从事农业生产的劳动力。

当下的世界虽然还会不时传出某个地方出现粮食危机，但并不是技术问题，也不是人类粮食总产量不足的问题，而是内部地缘矛盾所引发的失衡问题。诸如联合国粮农组织等国际组织的建立，便是为了减少内耗所带来的影响，从更高层面解决人类整体的粮食安全问题。

在进入工业时代以后，战略性取代粮食地位、关乎人类社会蝶变与否的关键性资源变成了可以驱动工具的"能源"。如果我们悲观地看，只要人类内部的争斗和矛盾还存在，无论在解决粮食或者其他资源的问题上拥有多好的技术解决手段，都无法彻底消除这种局部失衡的情况。

回到我们最初讨论的话题上来。就提升粮食产量这一问题来说，除了干扰自然选择进程、人工选育更符合人类需求的粮食品种、发明制造更多农业机械，人类还可以从工程和社会治理层面加速这一进程。原始农业被称为"刀耕火种"，具体的做法是先放一把火，然后在草木的灰烬中播撒作物的种子，最后等到收获季节再用石制的镰刀进行收割。

想提高粮食产量，光这样做显然是不够的。植物生长需要阳光、肥料以及水分。放火烧掉的那些树木杂草虽然可以让作物晒到更多阳光、从草木灰中吸收无机盐，但却无益于解决"水"的问题。对于植物生长来说，水太少肯定是不行的，水过多同样会有问题。一场不期而至的暴雨，不光有可能淹死作物，还有可能将富含肥料的土壤一并冲走。

总之，人类如果想拥有稳定的粮食来源，就必须对自己的种植计划做好安排。具体的做法就是，将完全"靠天吃饭"的原始种植业升级为有组织的灌溉农业。利用地形的落差，开挖沟渠及合理安排农田的位置，让地表水资源能够在植物生长的时候及时灌溉农田，而在雨水过剩时将多余的水排走。

灌溉农业的出现，让人类的粮食生产实现了规模化、可控化。即便是那些非大河文明，同样会呈现这一特点。比如我们刚才提到的南美印加文明，印加人把作物种植在山坡梯田上的做法，很容易让人觉得那些土豆、玉米纯粹是靠天降雨水生长的。事实上，印加人同样打造了完整的灌溉系统。那些生成于山顶的地形雨，在落在山顶之后会透过岩石中的缝隙形成山泉喷涌而出。印加人所做的就是在地势更高处建造蓄水池和渡槽，把山泉水引入相对高度更低些的城市和梯田。

印加人因地制宜建造的山地灌溉系统，让所有看到它的人都为之惊叹。不过受限于地形和降雨量，这种类型的灌溉技术无法普及。地势平坦又处在河流下游的大平原地区，始终是最有开发潜力的地区。而在所有大平原地区，沙漠地区在打造灌溉农业上的优势又是最大的。

沙漠地区的优势之一，是它的降水并非来自本地上空的雨云。灌溉系统不仅要有为农田供水的功能，还要有排走多余降水、规避洪水的功能。如果农田本身所在的区域气候多雨，那么在上下游降水的共同作用下，排水的难度将成倍增加。相比之下，单纯摸清上游来水的规律要容易得多。第二个优势是沙漠地区土质松软，即便利用最原始的石制工具，也很容易开挖沟渠。

纵观那些最古老的治水文明，你会发现，起源于6000年前的两河文明、古埃及文明，以及4500年前的印度河文明，都位于热带沙漠气候区。而这些位置相近的早期人类文明之间明显存在密切的地缘联系，属于以种植小麦、大麦等麦类作物为主食的"麦作文明"圈。可以说正是灌溉农业技术的出现，人类才跨越了"农业文化"和"农耕文明"之间的界限，甚至可以说其是帮助人类整体跨过文明的临界点。

即便我们刚才分离出了"海洋文明"这种贸易型文明，你也应该能够发现这种类型文明的出现是建立在周边地区能够产出足够多的物资尤其是主粮的情况下。换言之，贸易驱动的海洋文明一定是在灌溉农业催生出成熟文明之后才生成的。

贸易型文明出现和存在的基础，是被各类地缘结界切割的人类族群彼此间需要互通有无。服务于这一需求的贸易型文明，客观上会拥有更广阔的视野，以及对土地更少的依附。相比之下，农耕型文明则对土地有非常强烈的依附性。将人口固定在土地上，并利用集体的力量修筑个体无力完成的水利设施，显得尤为重要。

这使得农耕型文明尤其是大河文明会呈现更多的内生性和稳定性，并且倾向于从意识形态到组织结构，建立权力更为集中的治理体系。从进化需要以多样性为基础的视角来看，资源和权力过于集中，势必在一定程度上会影响新的变异或者说创新的产生。这导致在海洋文明引领人类开启科学和工业的大门后，大河文明一度被认为是落后文明的代名词。

然而追根溯源后你会发现，正如之前在解读原始宗教起源时所说的那样，人类之所以成为"社会人"而不再是"社会性动物"，根本原因在于人类能够用意识形态凝结共识，以聚集更多的人口和力量改造自然。从这个角度来说，"权力集中"才是人类社会形成乃至文明出现的原动力。就算是看似更加开放和放任多样性的海洋文明，也只是权力和资源集中的程度有所差异。

中央之国的"治水文明"

基于黄河与长江两条大河在中央之国的核心地位，中国文明同样被归类为大河文明。虽然同为大河文明，这个孤独矗立于亚欧大陆东端的文明，却与刚才所列举的那些大河文明有着显著的差异。仅仅用大河文明这一概念将这些身处亚非的文明归为一类并不客观。在中国人民实现中华民族伟大复兴、在地缘政治生态地位日益重要的今天，无论是世界还是中国人自身，都需要从更深层次的角度来了解这个文明究竟有哪些特质。

造成中国文明独特进化路径的原因，首先是地理距离和亚欧大陆心脏地带这个一级地缘结界的影响。相比遥远的东方，发端于新月沃地的麦作文明，将它的经验传播至周边同样身处热带沙漠气候区的尼罗河流域和印度河流域乃至气候上差异明显的欧洲，去启蒙这些地区的原生文明要容易得多。

其次是气候和环境的不同。每项技术的产生、复制都必须对应相应的环境。中国整体处在温带区间，在气候和地貌上与两河、古埃及、印度河这些地处热带沙漠气候区的大河文明截然不同。这意味着在时间上领先的西亚麦作文明，即便将其依托灌溉农业所获得的成就第一时间传导到东亚也很难复制。欧洲在引种麦类作物之后，未能从西亚复制更多的文明因子，同样是因为气候与环境的巨大差异。

印加人的灌溉系统证实，即便没有其他地区传播而来的技术启蒙，人类也有机会在作物种植的过程中自然而然地发展出适应当地环境的灌溉技术，并在这个过程中完善自己的社会治理模式，进而晋升为文明地区。在中央之国的形成过程中，灌溉农业的确发挥过重要作用，比如建成于2000多年前、用以解决成都平原灌溉与分洪问题的都江堰工程。

如果你熟悉中国历史，就会发现中国人几乎是这个世界上最痴迷于水利建设的民族。细分下来水利工程有灌溉型、运河型、防灾减灾型等多种类型。古代中国人在每一种类型上都有成功的尝试。同样在2000多年前，他们已经尝试将核心区内的几大水系用运河连接在一起。一个中国人甚至可以从游牧民族所驰骋的蒙古高原沿内河航行至热带边缘的南海之滨。

很多时候，中国人并不会特别区分水利工程的类型，而是会让一项水利工程兼具多项功能。这种思维现在依然没有改变，无非是为了满足工业和现代生活的需要，再加上一个发电功能。然而追溯到文明之初，以及探究数千年来中国文明的运行特点，中国水利文化的起点以及最重要部分却并非灌溉农业。

中国所处的东亚大陆在气候类型上属于季风区，具体来说属于东南季风区。每年夏季，海洋上的气压都高于大陆，导致来自太平洋的湿润水汽吹向大陆腹地，并在高空与来自西北方向的冷空气相遇形成降水；而到了冬季，情况则正好相反，大陆气压高于海洋气流，于是干冷的西北风开始吹向海洋，并让东亚大陆在这一时段远离湿润水汽。

总体来说，季风对于农业是十分有利的，作物生长需要阳光雨露，在温度高的时候降水，作物就能同时得到两个有利因素加持，这种现象被称为雨热同期。季风现象并不为东亚所独有，印度及东南亚地区同样属于季风区，只不过属于受印度洋季风影响的西南季风区。

有了雨热同期现象的助力，亚洲的季风区成为人类人口最密集的区域。可惜说到底，人类还是在靠天吃饭，降水量和具体的时间点存在很大不确定性，尤其三大季风区的主要河流围绕着青藏高原这个世界屋脊而生。这个天然水塔的存在，进一步加大了下游低地生成洪水的可能性。

洪水并非中国和季风区所独有的问题。在旧大陆的很多文明中都有上古洪水的传说，传播度最高的是《圣经·旧约》中所记载的"诺亚方舟"传说。在这个传说中，诺亚根据上帝的嘱咐，在洪水来临之前建造了一艘巨大的方舟。除了安置自己的家人以外，诺亚还遵照上帝的要求，在方舟中安放各种飞禽走兽，以便在洪水过后重建家园。

人类打造"方舟"躲避大洪水的故事，最早出现在苏美尔神话中。作为两河文明的缔造者，苏美尔人被认为是最早步入文明阶段的族群，他们对于洪水和神的态度，对整个地中海周边板块都造成了深远的影响。与这个流传在旧大陆西部的传说相对应，在大陆东部独立进化的中国人，同样流传有中国人更为熟悉的"大禹治水"的故事。在这个故事中，大禹通过疏导的方式成功治理水患。这一极度依赖集体力量的行为，在实施过程中达成了水患地区那些不同意识形态部族的共识，进而建立中央之国最初的王朝——夏朝。

在研究中国历代王朝的兴衰时，有的研究者往往仅注意到王朝末期各种灾害以及灾害所导致民变的记录，片面得出大灾直接导致王朝灭亡的结论。事实并非如此，灾害天气不是只存在于王朝末期。只是在王朝初期，政权在组织上更为紧密，拥有更高的执行力，使得即便局部地区有灾害产生，也能在全国范围内调配资源救灾，包括兴修那些减灾、防灾的水利工程。反之，在王朝末期，各种积弊大大降低了"帝国"的运转效率。生活极度困顿的灾民为求生，无可避免地成为"帝国"崩塌的导火索。

根据上述特点，我们将中国所特有的这种大河文明，进一步细分为"治水文明"，以区别于亚洲西、南部那些在热带沙漠环境中形成的灌溉型大河文明。前者的重心在于治理水患，后者的重心在于利用好上天的恩赐。这一"用"一"治"之间的区别，在于治水文明需要更强大的组织力，以及改变环境的信心和决心。相比之下，用水文明则更趋向于顺应自然，如果代表自然力的"神"决心破坏一切的话，那人类所能做的就是保留火种，等一切安定之后重新开始，就像诺亚方舟传说所展现出来的心态一样。

无论是传说还是神，都摆脱不了所在地人类价值观的影响，也是现实生活的映射。受篇幅所限，这一章无法完全解释清楚，为什么中国文明有着独特的"治水文明"特点，这一特点对中国乃至人类社会做出了什么样的贡献。不过通过刚才这些内容，你可以延伸开思路，去思考为什么在中国人的意识形态中，神的作用会那么弱；中国文化中为什么有那么多诸如夸父逐日、精卫填海、愚公移山、后羿射日等人定胜天式的神话传说。

第十一章
麦作文明的陆地传播

两个麦作文明中心

如果要评选世界上最古老的文明，西亚的两河文明以及北非的尼罗河文明将是最有力的竞争者。这当中，两河文明位于现在的伊拉克，尼罗河文明位于现在的埃及。后者一般称为古埃及文明，以区别于现今阿拉伯文明属性的埃及；前者则被称为美索不达米亚文明。美索不达米亚是一个源自古希腊语的命名，意思为"两河之间的土地"。

在两河平原率先创造文明的是苏美尔人，而在尼罗河下游创造文明的则是古埃及人。古埃及文明与人类在非洲中部的起源地距离更近，两河文明与小麦等麦类作物的驯化地重叠。既然文明启动靠的是"主食革命"，而古埃及文明所种植的主粮与新月沃地一样都是麦类作物，那么两河文明出现的时间看起来应该会稍早一些。

不过尼罗河下游却有着一个非常独特的优势，那就是不用摸索出成熟的灌溉技术，就能够规模、高效地开展种植业。河流之水大都来自降雨，有些还能从上游高山融雪中得到补给。受降水和温度的影响，绝大多数河流并不会在一年四季保持同样的流量，会有丰水期和枯水期之分。人类只有在摸清河流运行规律之后，才可能制定相应的对策进行水利改造。

古埃及人却几乎不需要费什么力气去改变尼罗河。尼罗河每年的运行极具规律。每年 5 月，受上游高地降水和融雪的影响，尼罗河中下游河道开始涨水，到 8 月达到最高水位后逐渐下降，下降的趋势一直延续到 12 月。1 月至 5 月则是水位最低的枯水期。

泛滥时的尼罗河，会在下游河道两侧淹没大量土地。对于这片原本应为沙漠的土地，能够被洪水淹没是一件幸事，同时洪水还会从上游高地上带来肥沃的土壤。于是古埃及人很早就发现，他们只要等洪水退却，把种子播撒在被淡水和淤泥浸润的河岸，就能坐等作物丰收，甚至不需要做灌溉和施肥这两项最耗费劳动力的工作。等到第二年洪水过后，再复制一下这个程序。

定期泛滥并不是尼罗河的"特权"，只要不是全境处在降水平均的热带雨林地带（如亚马孙河），河流的流量总归有明显的变化。然而比较其他河流，尼罗河的泛滥却是最有规律的。在流入沙漠地区尤其是埃及境内后，尼罗河将完全得不到支流补给，虽然看起来这是一种损失，却也减少了变量，让尼罗河的泛滥变得更加有迹可循。相比之下，西亚的两河下游还能得到来自伊朗高原的补水。在沙漠气候环境下，多点水虽然不能说是坏事，却也代表着需要更多的人工干预来进行水利疏导。考古学家甚至能够在两河平原发现 7000 年前的灌溉系统。

此外，热带沙漠气候还给古埃及农业带来了一个优势——即便在枯水期，也有足够高的温度保证作物生长。而在四季轮转的温带地区，枯水期往往是一年当中最寒冷的时候。这意味着，如果想趁枯水期在刚刚补给过肥力的河岸种植作物，就会遇到更多的困难，需要选育更耐寒的作物品种。不够稳定的降水更是加大了经营河滩地的风险，所以中国农村有"种地莫种河滩地"的俗语。

"改变你可以改变的，适应你不能改变的。"发端于西亚的诺亚方舟传说，更多代表着人类只能适应环境的心态，喻示着人类应该顺应超自然力、接受天命的安排；出现在东亚的大禹治水故事，则是人类改变环境心态的体现，代表着一种改造自然、人定胜天的决心。这两种心态并不能简单类比谁好谁坏，更为重要的是"你需要知道，哪些是可以改变的，哪些是不能改变的"。

改变环境显然比适应环境需要付出更多的代价，成功的改变能够让人类的生存质量获得质的提升。生活在尼罗河两岸的古埃及人无疑是非常幸运的，只需要学会适应环境，就能够"躺赢"（如果没有这种天赐的优势，就只能算"躺平"）。可惜人的欲望是无止境的，进入现代之后，为了更好地开发上游的土地，阻止珍贵的淡水流入海洋，埃及在南部边境修筑了非洲规模最大的阿斯旺大坝，终于结束了尼罗河在自然规律下泛滥的日子。

这种改变环境的做法，虽然提高了埃及的粮食产量和人口承载力，但是也彻底重塑了尼罗河下游的地缘生态——让埃及人在榨取更多淡水的同时，不得不适应没有尼罗河定期赐予水肥的日子。至于说这种改变是利大于弊还是弊大于利，还需要更多的时间来验证。唯一可以确定的是，有了工业技术的加持，人类改变自然的能力变得越来越强了。

埃及虽然不是麦作文明的源点，但在美索不达米亚进入文明阶段之前，就已经食用麦类作物。感恩尼罗河母亲慷慨的赠予，埃及迈入文明的步伐并不比驯化了野生小麦的新月沃地缓慢。无论两河与尼罗河谁先孕育出符合世人标准的文明，最起码在公元前 4000 年，这两个地区已经出现了成熟的文明。在为麦作文明寻找最早的代表时，埃及和美索不达米亚应该被视为并立的两个文明中心。

第三个热带沙漠文明

从地理视角来看，埃及与美索不达米亚的距离并不算远，中间还有西亚裂谷带对接，地理距离和环境上的优势让埃及有机会第一时间从新月沃地获得麦类作物种植技术。事实上，就新月沃地这个概念来说，科学家也有把尼罗河下游加进去的做法。为示区别，加入埃及的新月沃地被称为大新月沃地，只是埃及与新月沃地的地缘关系虽然紧密，但是苏伊士地峡的阻隔作用却还是挺明显的。

这不仅是地峡本身的作用，还在于地峡东侧的西奈半岛以及西侧一直到尼罗河平原的地区都是荒漠地带，使得尼罗河与新月沃地之间并没有形成一条无缝对接的绿色长廊。如果不能在地中海展示足够的控制力，单纯想从陆地征服整个大新月沃地则十分困难，无论起点是埃及还是美索不达米亚。比如，历史上最强大的游牧征服者——蒙古人在完成对两河平原的征服（建立伊尔汗国）后，就在西亚裂谷带被来自埃及的马穆鲁克骑兵击败，没有能够再前进一步。

麦作双文明中心已经浮出水面，接下来要探讨的是它们的传播问题。以美索不达米亚的位置来说，它可以向两个方向传播麦作文明：一是向北进入西亚高原带，以及整个亚欧大陆心脏地带，然后由此向亚欧大陆两端扩散；二是向东进入南亚次大陆。一如生物的变异和人类的迁徙，文明扩散本身并不会选择特定的方向。只看两河文明的环境属性，这两个方向都有可以复制的环境存在。重点在于，谁更有潜力发展成新的强大文明体。

亚欧大陆中心地带不缺乏复制美索不达米亚式沙漠灌溉农业的环境。比如，在"心脏的心脏"属性的大中亚地区，发端于天山和帕米尔高原的阿姆河与锡尔河是中亚最大的淡水来源，被称为中亚两河流域。出土遗址证实，最起码在 5000 年前，温带沙漠气候的中亚两河流域，就是从西亚两河流域引种麦类作物的基础上发展出懂得冶炼青铜器的定居型文明。

然而，大陆心脏地带的封闭性以及沙漠绿洲在规模上的局限性，让这片土地很难发展出优势的农耕文明，历史上更多的是作为游牧势力的附庸而挣扎着存在。从成长为人类新文明中心的角度来说，与两河地区隔海相望的南亚次大陆倒是一个不错的选择。考古证实，同样在 5000 年前，印度河流域出现与美索不达米亚相仿的灌溉型麦作文明。

印度河流域位于印度半岛，这是一片位于亚洲南部，东西两面为印度洋包裹，北部有青藏高原、伊朗高原等高地围边的倒三角形陆地，总面积约为 400 万平方公里。考虑到它的面积以及养活了将近 1/4 人类的贡献，印度半岛还被授予次大陆的名号，又称南亚次大陆。

很多时候，南亚次大陆的概念是与印度相重叠的，要是从历史角度来说倒也没错。如果不是 1947 年在英国的"主持"下，南亚次大陆被分割为印度、巴基斯坦两个国家，后者又在 1971 年独立出孟加拉国，现在我们仍然可以这样认定并更多使用印度半岛这个地理标签。在这片大陆被分裂为三个国家后，我们还是用南亚次大陆比较能够减少误会。

另一个容易产生误会的知识点，是古印度文明并非位于现在的印度境内，而是位于现在的巴基斯坦境内。南亚次大陆的基本地形结构可以大略归纳为两河一高：两河指的是纵贯巴基斯坦境内的印度河，以及横贯印度北部的恒河；一高指的是印度南部以德干高原为核心的高原地带。理解了这点，我们也就能初步搞清巴基斯坦与印度分治的地理背景是什么。至于孟加拉国，地理属性则是恒河三角洲。

促成印巴分治的另一个环境因素是印度河平原与恒河平原、德干高原迥异的气候。简单来说，印度河平原属于热带沙漠气候区，而印度现在控制的那些土地在气候上被归类为热带季风气候，至今印巴边境还被称为印度大沙漠（又名塔尔沙漠）的荒漠地带覆盖。这看起来是件很奇妙的事：明明看起来无缝对接的两片土地，却在气候上有如此大的差异。

其实把视角抬高一些你就会发现，在印度河流域所在的纬度区间，变成沙漠才是常态。这就牵扯到"回归线荒漠带"的概念。地球表面的温度是越靠近赤道就越热，由热到冷大体可以分为热带、温带、寒带三个区间。这当中温带靠近热带的地方又被称为亚热带或者副热带。

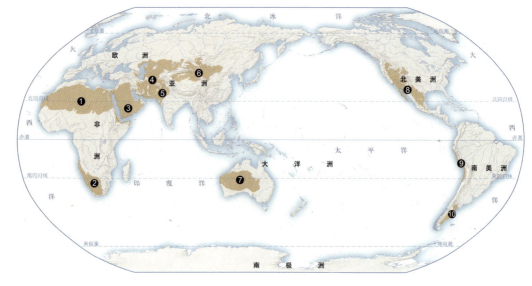

① 撒哈拉沙漠   ③ 阿拉伯半岛荒漠   ⑤ 印度大沙漠   ⑦ 澳大利亚沙漠   ⑨ 阿塔卡马沙漠

② 纳米布沙漠&卡拉哈迪沙漠   ④ 卡拉库姆沙漠   ⑥ 塔克拉玛干沙漠&戈壁沙漠   ⑧ 北美沙漠   ⑩ 巴塔哥尼亚沙漠

回归线荒漠带示意图

  赤道南北两侧有两条纬度为 23°26′ 的纬度圈，被称为南、北回归线。它们是阳光在地球上直射来回移动的分界线，亚热带就是以这两条回归线为核心分布在 20°～30° 的范围内。比如中国的长江流域就属于亚热带。正因为如此，在中国人眼中亚热带气候代表着温暖与湿润，一定要说缺点，那就是夏天的体感温度有点高。

  然而一旦以副热带这个气象学名词的面目示人，南北回归线的"画风"就陡然转变了。赤道及其两侧受太阳直射影响，会形成一条低气压带，并带动旁边的副热带区间——副热带高气压带。这些气象学名词你看起来可能会头晕，那么我们直接说结果好了。结果就是受副热带高气压带控制的区域，整体因缺乏水汽而干燥少雨，进而让南北回归线附近形成了地球上的大部分沙漠。

在北半球，北非的撒哈拉沙漠、阿拉伯半岛的沙漠化、印度河流域的沙漠气候，包括美国与墨西哥交界处的沙漠地带，都是出于这个原因形成的；而在大陆占比偏小的南半球，澳大利亚腹地之所以荒漠化，南美洲阿塔卡马沙漠的形成，同样是由于被南回归线穿越。

幸运的是，并不是所有被南北回归线穿越的土地都会变成生命的禁区。青藏高原的存在极大改变了其周边地区的大气环流，使得同样被回归线穿越的印度北部、中国南方以及中南半岛北部成为能够在夏季收获充沛降水的季风区。这三个地区能够成为世界上人口最稠密的地区，是一定要好好感谢这个世界第三极——珠穆朗玛峰的。

值得注意的是，印度洋上空盛行的夏季风是西南季风，在吹向大陆时正好与次大陆西北部的印度河平原擦肩而过，使得这片印度文明的起点仍然和北非、阿拉伯半岛一样，留在热带沙漠气候区，最终导致巴基斯坦地区在地缘文化上更容易与中、西亚地区的荒漠地带趋同，成为伊斯兰文明的一部分。

好在印度河流域所在的区间与埃及、美索不达米亚一样，能够从副热带高压带以外的天然水塔获得补水，让这片土地有机会成为农耕之地。来自北部克什米尔高原地区的高山雪水不仅生成了印度河，更让其下游平原地区具备与美索不达米亚、埃及类似的灌溉农业基础。

美索不达米亚平原与印度河平原之间，相隔着的是西亚高原带最东端的伊朗高原。当麦作文明的火种跨越伊朗高原后，旧大陆的北回归线上便诞生了第三个热带沙漠属性的原生文明。

尼罗河上的瀑布

正当美索不达米亚文明在跨越西亚高原带向南亚及亚欧大陆中心地带

传播麦作文明时，古埃及文明同样没有闲着。尼罗河的成功首先要感谢东非大裂谷那两大高原——埃塞俄比亚高原和东非湖群高原，尤其是为尼罗河提供80%淡水的前者。要知道撒哈拉沙漠的南北宽度约为1700公里，考虑到沙子的渗透率，以及没有雨云遮蔽而导致的高蒸发量，尼罗河还能够冲到地中海入海，真是上天的恩赐。

作为一条被沙漠东西包夹，一端连着黑非洲、一端连着地中海的狭长文明带，生活在尼罗河下游的古埃及人可以同时向这两个方向施加影响力。鉴于人类是沿着东非大裂谷和尼罗河走出来的，埃及人要是真朝这个方向努力，将文明的火种反哺给黑非洲确是一桩美谈。

埃及人的确这样做了。当然这样做的主观动机并没有我们评价的这么高尚，它纯粹是出于扩张。古埃及的范围大体对应现在的埃及共和国，它南面的苏丹共和国，在历史上的地缘标签则是努比亚。整个区域对着埃塞俄比亚高原与埃及之间的尼罗河中游地区。

了解一点古埃及史的人会知道，努比亚与埃及有着非常密切的关系。在古埃及的鼎盛时期，其领土范围曾一度扩张至努比亚。关于古埃及人到底是什么人种，目前还没有定论。可以明确的是，单从肤色来说，古埃及人显然比欧洲的白种人要黑一些，而比黑非洲的居民要浅上许多。用肤色来区分人种一直是被诟病的方法，不过对于一般人来说，这的确是个偷懒的办法。

顺着人类走出非洲的路径，在古埃及文明兴起时，皮肤黝黑的黑色居民已经覆盖至努比亚。由于古埃及人的努力，古代地中海周边文明对努比亚并不陌生，并视之为地中海世界与黑非洲的连接点。在尼罗河下游文明的带动下，努比亚地区也在3000多年前建立过独立王国，甚至还沿尼罗河而下反攻埃及，建立过由努比亚人主导的埃及王朝。

大江大河除了提供更多的农业用地以外，还能大大提升人类的运输能力。船是人类历史上最伟大的发明之一。如果没有船，不仅旧大陆与新大陆之间的海洋结界无法突破，陆地内部的地缘交流也将受到致命影响。可以说，亚欧大陆心脏地带之所以成为地缘结界，除了环境恶劣之外，没有贯穿其间的江河通道也是原因之一。当然，这两个原因本质还是一个，要是大陆腹地有充沛的降水，自然会形成能够连通边缘陆地的江河通道。

用一根掏空的木头制成的独木舟，是人类最早制造的船。目前发现的最古老独木舟，距今大约有 9000 年。可以肯定的是，在进入文明期之前人类就已经掌握了水上行船技术。古埃及人甚至会用本地特产的"纸莎草"来编织"草船"，用以在尼罗河上航行。除此之外，纸莎草更为人所熟知的贡献，是制造"莎草纸"。如果没有这种"纸"留下的文字记录，今天的我们不可能会知晓那么多古埃及历史。

值得一提的是，莎草纸并不是真正的纸。纸是将植物纤维通过制浆、调制、抄造等工艺，进行纤维重组而形成的产品。莎草纸的制造方法则跟编织竹席一样。只是由于莎草材质比较软，制成品看起来和中国人发明的纸很相似。通俗地讲，真正的纸是利用化学方法制造的，莎草纸是用物理方法制造的。

纸对于人类的作用，后面我们会更加详细地解读。现在我们更关心的是水运对地缘关系的影响。不管怎么说，古埃及文明适当地掌握了在尼罗河上航行的技术。就埃及这个概念来说，最初还分为上、下埃及两部分。下埃及指的是开罗（埃及首都）以北的尼罗河三角洲地区，上埃及指的是开罗以南的尼罗河下游平原地区。三角洲地区作为整个流域的核心，因为通江达海的优势成为独立板块的情况并不鲜见。前面提到的恒河三角洲平原属性的孟加拉国，从印度独立出来就是这种情况。

距今 5100 年前，上下埃及统一成为完整的埃及。很显然，无论是统一的过程还是日后的整体运营，尼罗河上的船都功不可没。除了统一下游这些靠尼罗河泛滥而"躺赢"的土地以外，埃及人同样对尼罗河中游属性的努比亚地区感兴趣。

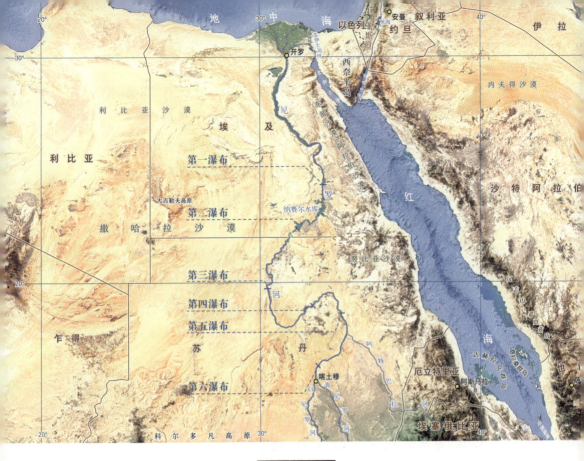

瀑布分布示意图

　　努比亚地区在撒哈拉沙漠的东南边缘，土地中有更多成分的砾漠和岩漠，地势也不如下游的埃及平坦，又不能靠泛滥的河水发展农业。吸引埃及人南下的并不是努比亚的农业潜力。想过上文明富庶的生活，仅靠主食是不够的，努比亚的黄金、人口（可以充当奴隶）都是古埃及人感兴趣的资源。不过想乘船向南挺进，去攫取努比亚地区的资源（比如黄金、奴隶），却存在一个巨大的障碍。

　　河流并不总是顺利地向下游地区流淌，有些河床会出于地质原因形成断层、凹陷，水从高处跌落下来就形成了瀑布。瀑布虽然壮美，但却是行船者的噩梦。事实上，阻止埃及人溯河而上的障碍并不是一个而是六个。

这些瀑布自下游上溯，分别被埃及人命名为尼罗河第一瀑布至第六瀑布。

这当中第一瀑布的位置，对应着埃及南部的阿斯旺大坝一带，第六瀑布则位于苏丹首都喀土穆向北约 90 公里处。大多历史时期，古埃及人的南部防线会稳定在第二瀑布之南，这个点位也是现在埃及与苏丹的分界点（目前为阿斯旺水坝所蓄积而成的纳赛尔湖淹没）。

六个瀑布的存在，阻碍了埃及与努比亚地区的地缘融合，也进一步强化了撒哈拉沙漠的结界效应。加上黑非洲绝大部分地区属于不利于文明产生的热带雨林和热带草原气候，古埃及这个身处非洲的麦作文明中心，并没有能够向黑非洲腹地成功地传播自己的文明经验。相比之下，埃及在北方也就是地中海方向的交流却要顺畅得多，影响也要大得多。在埃及文明的间接启动下，全新类型的海洋文明逐渐出现。

第十二章
海洋不只是结界

什么是海洋文明

我们说过，海洋文明是与大河文明相对应的另一种文明类型。海洋之于人类来说有两大用途：一是提供物产，二是交通。生物并不仅仅生存于陆地，事实上无论是从数量还是从种类来说，海洋生物都要远多于陆地，对于现在的工业文明来说，海洋的贡献尤为重要。很多科普资料告诉我们，煤是由远古植物沉积形成的，石油、天然气则由远古动物沉积形成，基于这一属性它们被统称为化石能源。

植物变成煤这件事还是很好理解的，如果你仔细观察的话，还能在煤炭中看到植物留下的印记。动物变成石油这件事，就多少有点难理解了。很多人会在脑海中把动物自动窄化成哺乳动物，并且根据地球巨大的石油储量，想象一下得有多少"肉"才能生成那么多石油。其实，石油、天然气并不是来自大家一般认定的动物，也不单纯来自动物，而是来自数量巨大的海洋浮游生物。

海洋浮游生物可以分为动物和植物两大类。大家比较熟悉的水母就属于海洋浮游动物的一种，不过绝大多数海洋浮游生物非常细小，小到你用显微镜去观察一滴海水，就能看到无数会动的浮游动物和不动的浮游植物。中国人有句老话叫"大鱼吃小鱼，小鱼吃虾米"，虾米这一级别的海洋动物吃的就是海洋浮游生物。

无处不在的海洋浮游生物构成海洋食物链的底层，海洋浮游植物则是底层的底层，它们通过光合作用所转换的太阳能，为整个海洋提供热量。浮游生物死后沉没到海底成为残骸，在缺乏氧气的情况下并不会分解，而是会在海底积聚成为有机油泥。这些浮游生物在亿万年中所积累的太阳能最终就演变成石油、天然气等化石能源，被现代人挖出来开发利用。

人类很晚才懂得利用远古海洋所固化的那些太阳能，在此之前人类对海洋物产的认知基本还是限定在食物级，那些从海中捕捞的鱼虾可以用来补充人类所需的热量，用食物的形式为人类的生存和人口增长做贡献。这是不是说，一个族群在经济上依赖海洋捕捞，包括在工业时代依靠海底油气资源驱动经济，就有机会形成海洋文明呢？

答案并非如此，渔民们的捕捞行为，实质上与采集者在树上采摘野果、猎人围猎野兽的行为并没有什么区别，都属于"集猎"的范畴，无论捕鱼行为在内陆的河湖还是海洋里。如果人类开始有意识地在海洋通过围栏、网箱饲养鱼虾（包括在海底播撒贝类），以获得可控的收获，那么这种行为跟在陆地上畜养牲畜同样没有区别。

一个生活在海边的渔民，虽然在行为举止中会显露出很多海洋特性，但他的生产属性依然只是集采或者农业。再说得直接点，渔业充其量只是陆地农业在海洋的外延，可以形成有鲜明特点的海洋文化，但没有办法通过这种靠天吃饭的方式，晋级为拥有成熟且有别于大陆文明的海洋文明。至于能够在海底挖掘化石和其他矿石的行为，同样与陆地进行类似生产没有本质的区别。

真正将海洋文明独立出来的核心驱动力是海洋贸易，如果说农耕文明的存在基础是那些能够种植作物的农田，那么海洋文明所依附的则是自己所主导的海上贸易网。在海洋文明所营造的环境下，人类捕捞海产品的主要动机不再是仅供自己食用，而是在贸易网中交换自己所缺少的物资。

分工的进一步细化是人类社会有别于动物群体的一个重要标志。劳动力不再仅仅束缚在食物生产这件事后，人类诞生了祭司、行政管理者、手工业者等动物所不具备的职业。在农耕型文明中，这种分工一般是在一个板块内部统筹进行的，由此形成一个自上而下的封闭体系。在人类学会利用"船"这种工具突破海洋结界后，情况发生很大的变化。分工不再仅仅限于一个族群或者地缘板块内部，而是可以通过贸易行为扩散到其他地区，将越来越多的板块纳入一个体系里形成互补。

人类在 20 世纪后期到 21 世纪初期看到的全球化趋势，本质便是贸易的全球化。以 WTO（世界贸易组织）为代表的贸易组织，负责调节全球贸易体系的运转。一个生活在中国内陆省份的工人所生产的玩具，可以出现在美国东海岸的超市中；而美国好莱坞所拍摄的电影，也可以在黑非洲的影院中上映。

当一个区域习惯通过海洋贸易互补需求、指导生产方向后，势必会形成一套适应海洋贸易的规则，并将贸易的血液渗透到生产、生活的方方面面。于是，有别于农耕型文明尤其是大河文明的新类型文明——海洋文明便诞生了。

海洋的"公海性"

对于陆地生物的人类来说，海洋就是天然的结界，就像海洋生物一定视陆地为无法翻越的障碍一般。区别在于人类可以通过船舶、海底隧道和光缆、船舶等工具，淡化海洋的结界效应，将被大海分隔的陆地一定程度上整合进一个地缘政治单元。新的问题是，大陆性质的地缘结界与海洋性质的地缘结界相比，你认为哪一类型的结界效应更强呢？

单纯从地理属性来看，似乎应该是海洋结界。当年来自中国唐王朝的玄奘法师，一个人就敢从长安出发，穿越丝绸之路去往西天拜佛求经。要是让他走海路的话，是绝没有可能就这样如此决绝地开启一场说走就走的旅行的。事实上，在人类可以有合适的工具连通海洋两端的陆地后，海洋的结界效应客观上是要弱于大陆的。

我们曾经从人类种族的形成推导出旧大陆的两个一级地缘结界——撒哈拉沙漠和亚欧大陆心脏地带。既然有一级概念，自然也就会有二级概念。环顾整个旧大陆地缘结构，最起码可以分离出三个二级地缘结界来：一是位于蒙古高原腹地的戈壁沙漠；二是将埃及、美索不达米亚文明与欧洲、欧亚草原以及南亚次大陆分隔开来的西亚高原带；三是位于亚、非、欧三大洲之间的地中海。

纵观这三个二级地缘结界在历史上的表现，你会发现地中海之于周边地区的联结效应要强得多。这种情况的出现，本质是因为海洋的"公海"属性。公海其实是个现代概念，20世纪50年代和80年代，人类先后通过《公海公约》和《联合国海洋法公约》两个国际条约，约定了各国对于海洋的权力边界。按照这两个公约的约定，大多数情况下一个国家能够主张权力的海区，除了被自己领土包围的内水以外，还包括距离领海基线12海里的领海区（权力等同于领土）以及200海里范围内能够主张经济权力的专属经济区。

领海和专属经济区之外的海洋，皆是不受任何国家主权管辖和支配的公海属性。尽管并不是所有国家都加入《联合国海洋法公约》，对于领海和专属经济区的权力和范围划定也有不同的声音，但总的来说，所有国家都认可公海这个概念的存在，并且绝大部分海区都属于公海的概念。能够形成这样的共同认知，并不是人类道德进化的结果。

相比于海洋的广阔，人类的力量还是过于渺小。即便是世界上最强大的海洋国家，其所拥有的舰船也无法真正控制整个海洋。如果任由各国像瓜分陆地那样在海上划界，利益受损的反而是力量占优的大国。如果大部分海洋属于谁都能去的公海，那么谁能够在海洋上显示更多的控制力，则取决于谁的海上军事力量更占优。于是，你会看到一个有意思的现象，越是海洋实力强大的国家，就越希望扩张公海的范围。

在没有相关海洋公约划出公海概念的时代，海洋的公海属性更加是天然的存在。即便以海洋为争霸战场，各国所争相控制的焦点是那些能够帮助人类打通海洋交通线的港口和岛屿。纵观这些海洋殖民帝国的兴衰史，可以有很多有意义的参考，尤其现在人类所正在经历的全球化，基础连接平台和核心手段就是海洋与贸易。说得直接点，你没有办法按照大陆文明所习惯的规则，来处理当下国与国的关系，这也是笔者在写本书之前，要花费不少时日写"大航海时代"的原因。

语言、宗教、种族、经济模式、历史等都属于地缘文化范畴，结界两端板块的地缘文化越是趋同，就越有利于淡化结界效应。在殖民时代谢幕以后，你会发现，纯粹海洋文明属性的大英帝国为自己留下了更多的地缘政治遗产。能够将大多数前殖民地整合在一起的"英联邦"，至今仍在全球地缘政治领域发挥着重要作用。更为重要的是，凭借当年的殖民行为以及更侧重海洋法则行事的文化，英国如今还能与几个核心殖民地国家结成"五眼联盟"这样的核心地缘政治联盟（虽然主导者已经换成美国）。

反观在历史上与英国相爱相杀的老冤家——法国，虽然在大航海时代跟英国一样在海外开拓了大量殖民地，但在海外殖民（狭义的殖民指移民）问题上，因为自己的大陆属性而自缚手脚；如今环顾全球却找不到类似的盟友，只是试图在欧洲内部与德国一道组建"欧盟"，来升级自己的全球影响力。而法国所主导的"法兰西共同体"，知名度和影响力较之英联邦也要小得多。

虽说结界两端板块的地缘文化越是趋同，会越有机会建立更为紧密的地缘联系，但这只是条件之一。要做到这一点，人类还需要有足够的技术和控制力，保障两个板块之间的交流顺畅，并有意识地强化两个板块间的经济依存度。在这个问题上，海洋国家的兴衰可以提供非常多的案例。比如，你去探究美国当年为什么从大英帝国独立出来，就会发现二者在经济上各自独立，甚至已经产生了矛盾。当英国决定用强制手段要求自己的北美殖民地融入自己的经济内循环时，美国独立战争便爆发了。

陆地的"私土"性

地缘文化的共同点及经济依存度的影响，在陆地上同样存在。如果天山南北没有那些可以开展农耕的绿洲，古代中原王朝就算劳师远征取得一两次军事上的胜利，也没有办法长期控制这些地区，就像历史上的中原王朝始终无法在漠北蒙古建立直接统治（包括驻军）一样。一旦中原王朝的国力衰弱，无法在游牧民族的攻击下维护丝绸之路的安全，那么即便那些绿洲小国仍然愿意在中央之国的统治下，甚至已经移入不少来自中原的人口，也会与中央之国核心区渐行渐远。

与海洋的"公海"属性相对应的是陆地的"私土"属性。这一属性让人类在突破陆地结界时，比在海洋上面临更复杂的局面。在人类处在还没有技术手段像今天这样精确划界的时代，这些两足行走的动物已经有非常强烈的领地观念。即使你去撒哈拉沙漠和亚马孙雨林这种人烟稀少的地区，最大的威胁很可能是那些拥有强大领地观念的原住民。

人类的领地观念来自自己的动物属性。动物的生存需要一定空间，过高的密度将造成食物匮乏，进化层级最高的脊椎动物或多或少有着领地观念。遛狗的人会发现，自己所饲养的宠物喜欢在树下尿尿（尤其是公狗），这就是狗狗的原始本能驱使它们用自己独特的气味为自己标定领地。

陆地的结界效应强，还在于在陆地通行更多要受地形、环境的影响。一个地区虽然看起来很大，但可供人类通行的道路却是有限的。道路的有限性不仅存在于地形复杂区，即使那些看起来平平整整的大平原也同样存在这一现象。所谓路是人走出来的，一条道路如果没有人类使用，很快就会被茂盛的植被所覆盖。以人类的体质来说，就算是从灌木丛中强行突破也是一件难事。

比起外来者，原住民会更熟悉道路的位置和特征，更容易因地制宜地获得食物。这些地缘优势可以帮助拥有强烈领地观念的原住民，战胜那些他们眼中的入侵者，哪怕后者拥有巨大的技术优势。这也是阿富汗这种环境恶劣的山地国家会拥有"帝国坟场"之名的原因。

这样比较下来，海洋反而是最公平的。除了陆地造就的海湾、海峡，海洋并不存在可以依托的地形优势。谁能够在海洋竞争中占据优势，可以更单纯地取决于谁更有技术优势。从军事竞争角度来说，那种在陆地上可以依托地形所开启的"不对称战争"形式（比如游击战、恐怖袭击等），在海洋上所能起到的作用非常有限。第一次世界大战之后，英、美、日、法、意五国单纯设定各国海军主力舰的吨位上限，就可以起到限定各国海军规模的作用（尽管没有被严格执行）。

在懂得用合纵连横等外交手段博弈的人类社会，看不见的行政边界同样是有着地缘疆界讲究的。即便是一个弹丸小国，在国际公约或者大国的庇护下，领土也可能成为相邻国家打通交通线的障碍。公海的这种公共性和公平性，反倒使人类更有机会只凭借技术进步突破海洋的结界效应。在大航海时代，那些在全球范围内开拓殖民地的欧洲国家，就是这样突破海洋的阻隔，将势力范围延伸到未知世界的。

陆地结界两端的地缘文化是否拥有更多共同点，以及彼此是否有足够的经济捆绑，同样决定着大陆帝国结构的稳定性。历史上来自东亚核心区的中原王朝，曾不止一次将领土和势力范围扩张到天山南北的大中亚地区。塔里木盆地边缘国家的那些沙漠绿洲，是中原王朝能够突破自己的舒适空间、深入亚欧大陆腹地的信心所在。丝绸之路这条经济纽带则是当时那些绿洲小国愿意加入中央之国政治体系的原动力。

尽管海洋的"公海"属性使得它在融合海洋两端的地缘板块时，可以更少地受到竞争者的干扰，能够做到用军事和外交手段保护自己的航线畅通即可；但要是从完全融合的角度来说，海洋的结界效应还是强于大陆，除非海面能够像陆地那样安置大量人口。你会看到，历史上那些海洋殖民帝国最终还是丧失了它们的绝大多数海外殖民地。

当然，这完全不代表这些努力就不值得。比如你会看到：英国、美国、澳大利亚、新西兰等这些系出大英帝国且在核心种族、文化上与英国有着最紧密渊源的国家，会组成类似"五眼联盟"这样的核心组织，以维持共同利益和价值观为己任。只不过它们能做到的也只是结盟，不复存在形成统一国家的条件。换句话说，无论人类拥有多少征服海洋的手段，海洋的结界效应只能被淡化而不能被完全消除。

相比之下，陆地结界却有机会在人类的努力下完全消失。一个曾经分隔两个族群的大湖被填充成一片肥美的耕地后，它的结界效应就会自然消失；一条穿越崇山峻岭的隧道被打通，山地两侧（包括内部）的交流效率、经济联系就会呈几何级数地加速，并且彻底改变彼此的地缘关系。在人类有了科学和工业这两项战略工具后，一些被古人视为不可逾越的障碍已经不复存在，包括原本只能适合游牧和渔猎经济的土地，也随着技术进步变成了农耕和工业之地。

通过这部分内容我们可以总结出两个启示：一是海洋有天然结界属性，同时海洋的"公海"（公平性与公共性）属性又让它本身可以具有很强烈的连接性，从而淡化它的结界效应——一切只取决于你有没有实力和技术利用它的"公海"属性；二是两个板块如果想长期、稳定以某种形式结合在一起，除了在地缘文化上拥有更多的共同点以外，还需要有足够稳定的交流通道，来加深彼此的经济依存度。

在地缘政治层面，政治家们可以利用上述理论来进行内部融合，以及从外部寻找适合的结盟对象。以对内整合为例，多民族国家现在是一种常态，很多国家面临内部民族矛盾的问题。这些民族地区之所以在历史上形成独立的地缘文化，根本原因就在于彼此间存在地缘结界效应。理解了这一点，政治家们需要做的就是尽量为各民族寻找甚至制造共同点，并构建经济利益共同体。

这件事说起来容易，做起来还是很难的，不过起码你应该知道有哪些事情是一定要做的。要拉近不同族群间的地缘关系，共同的语言是基础工具。政治家们应该知道，无论用何种手段，在一个国家内部推行"国家通用语"，都是维护国家和主权完整所必须做的事情。要是你恰好在商场，又想在多个领域拓展自己的商业版图，相信这些对海洋文明规律的思考与总结，同样可以帮助你厘清思路。

第十三章
海洋文明的诞生

那片被"欧亚非"围就的海

以贸易为内核的海洋文明虽然独特，但肯定不是人类社会的第一种文明，它的出现必须建立在周边地区已经有成熟农耕经济、能够提供富余产品进行交换的基础上。作为人类最早的两个文明——美索不达米亚文明和古埃及文明，都有相对接的海洋。现在问题来了，美索不达米亚文明和尼罗河文明既同属于"大河文明"类型，又都与海洋相接，客观上具备通过海洋贸易扩散文明因子的条件，那么谁更有可能间接启动海洋文明呢？

我们先来看看美索不达米亚的情况。与这片两河之地相接的是位于阿拉伯半岛与伊朗高原之间的波斯湾，由波斯湾穿越狭窄的霍尔木兹海峡，就可以进入广阔的印度洋。如果美索不达米亚的苏美尔人出海的话，他们最有可能的目的地将是印度河平原。只是印度文明虽然的确受到美索不达米亚的影响，并且在存续期间与美索不达米亚存在贸易往来，但是它们彼此的交流更多是通过陆路而非海洋。双方都没有在古文明存续期间，于河口三角洲打造出港口属性的中心城市。

征服海洋可不是件容易的事，不是说发明了船就可以做到。海洋气候变幻莫测，人类想发展海洋文明，最好的办法是找一个风平浪静的"海"练练手。为什么要强调是"海"呢？"海"和"洋"可是有区别的。通俗地说，"海"是大洋靠近陆地的部分。大洋腹地气候变幻莫测，如果靠近陆地，就能够低限度让航海者心理上感觉安全。

在所有的海里面，"陆间海"结构最为平稳。所谓陆间海，是指几乎完全被大陆包围，仅通过狭窄的海峡与大洋相连的海区。这样的海虽说属性是海，但总体更像是一个镶嵌在陆地中的大湖。为此我们给它取一个形象的名称——海湖。以此定义来说，波斯湾也算是一个海湖。

不过这片海湖的面积有点小，周边结构过于简单，不足以成为海洋文明的孵化器。反观古埃及对接的地中海，情况就完全不同了。地中海的总面积超过 250 万平方公里，是地球上面积最大也是边缘结构最复杂的陆间海。其东部和东北部为亚洲的阿拉伯半岛和小亚细亚半岛，南缘为非洲的海岸线，北部除小亚细亚半岛外大部分属于欧洲。在苏伊士运河被挖通之前，地中海仅仅依靠欧非之间的直布罗陀海峡与大西洋相连。换言之，这是一片被欧、亚、非三片大陆包夹而成的海，仅这一区位优势就足以奠定它的地缘地位。

我们并不是说拥有海岸线就天然会有海洋属性。发展海洋文明的关键，是那些建立在海岸线上的港口城市。总的来说，海岸线分为两种：一种是平原属性；一种是山地属性。前者的海岸线属于缓缓入海的滩涂属性，并不适合船只停靠。在一些描写海盗的影片中你会看到，海盗们将船停在远离海岸线的深水区，然后划着小舢板登陆。

相比之下，山地属性的海岸线由于山前海域有足够的深度，船只会更容易贴近陆地停靠。此外，平原海岸线的轮廓线会被海水塑造得非常平滑。这一对强迫症比较友好的特点，却不利于船只躲避外海的风浪；而山地海岸线蜿蜒曲折，其向大陆内部凹陷形成的海湾能够成为船只的天然避风港。

说到这个问题，世界上地缘结构最复杂的西亚裂谷带，倒是可以帮助我们提供一组参照对象。这条南北长约 1000 公里的裂谷带，整体沿地中海东侧延伸北上，但裂谷带西缘的山地却并非全部与地中海对接。在来自大西洋的西风助推下，来自埃及沿岸的沙子被推向西亚裂谷带南段，在以色列沿岸形成海岸线平滑的沿海平原。反观北段尤其是黎巴嫩部分，总体仍属于背山靠海的地势。

大家知道以色列是犹太人建立的国家；熟悉历史的人还会知道，黎巴嫩人的祖先是腓尼基人。尽管近在咫尺，但是生存环境的差异却造就了两个民族迥异的气质。腓尼基人在历史上是著名的航海民族，整个地中海都是他们的贸易舞台；犹太人的原始属性则是农业，几千年来的梦想一直是回到裂谷带中那片"流淌着奶与蜜的土地"（这片在《圣经》中被称为"迦南地"的土地，也就是现在以色列复国之地）。

无论是历史还是现实，你都不会在犹太人身上看到航海方面的特质。他们在历史上变身为一个以商业见长的民族，是因为流浪到欧洲时被剥夺了拥有土地的权利。一旦能够拥有土地，犹太人便会尽心竭力地显露出自己封印在体内的农业基因。于是世人很快就看到，现在的以色列农业成为先进农业技术的代表。

总结下来，"背山靠海，岸线曲折"的沿海地区能够成就天然海港，进而为海洋文明的形成奠定基础。据此你会发现，地中海北侧的海岸线明显会更具海洋气质。在北地中海，属于欧洲的伊比利亚半岛、亚平宁半岛、巴尔干半岛（包括希腊半岛部分），以及划入亚洲范畴的小亚细亚半岛，由西向东依次排开。这些半岛本质上都是大陆延伸向海洋的山脉，边缘拥有足够多的小型海湾充当港口。

相比之下，身处南地中海的非洲海岸线就显得过于平滑了。只在西北部拥有一条略呈东西走向的阿特拉斯山脉。在后来的历史中，阿特拉斯山脉尤其是东部延伸向地中海北非之角——突尼斯，依托这一优势成为西南地中海的海洋中心。地中海地区整体进入文明史阶段后，罗马和迦太基曾是地中海争霸的主角。这当中源出腓尼基人的迦太基，其根基之地就是这个北非之角。

从尼罗河口到克里特岛

山地尤其是半岛属性的海岸线，虽然在发展海洋贸易上有天然港口优势，但是不代表平原属性的海岸线就没有办法成为进军海洋的跳板。在大江大河的河口，沿河道（而不是海岸线）建港，同样可以让船只在陆地的呵护下直面海洋。由于大江大河边上往往是人口稠密之地，此类"河港"属性的海港更容易兼具海陆优势，成为地区中心乃至世界级贸易城市（比如，荷兰的阿姆斯特丹，中国的上海、广州）。

环顾整个地中海沿岸，唯一具备这一潜质的就是尼罗河贯穿其间的埃及。你有没有想过一条河流要是有生命的话，它最想做的一件事是什么？笔者认为应该是入海。不能入海的"河生"是不完整的，这种类型的河流被称为内陆河。内陆河通常存在于亚欧大陆心脏地带的荒漠中。受降水量和地形限制而无法入海的它们只能在下游荒漠中蓄出一个水量和面积极不稳定的终端湖作为最终的归宿（比如中国塔里木盆地的罗布泊）。

河流会从上游山地溶解大量无机盐带到下游。这些无机盐中的一些成分固然可以成为植物生长的肥料，但如果多余的无机盐一直没办法入海的话，久而久之就会让下游土壤盐碱化，包括让终端湖变成人畜都无法饮用的咸水湖。正因为如此，你会看到，在亚欧大陆腹地的终端湖绝大部分都是咸水湖。偶尔有一个淡水属性的湖泊，也必定是它的左近有一个地势稍低的湖盆与之相连，来充当真正的终端湖。

由此看来，尼罗河要不是上游来水足够大，就不会在沙漠中营造一条绿洲带，那么最具地缘潜力的河口三角洲也将不复存在。古埃及包括尼罗河三角洲属性的"下埃及"和下游平原属性的"上埃及"。出现这种情况不仅意味着我们只能看到半个埃及，更意味着灿烂的古埃及文明将退化成为一个身处沙漠腹地的绿洲文明点，就像欧亚丝绸之路上那些农业绿洲一样。

能够入海的尼罗河帮助埃及这个麦作文明中心将文明的火种向海外播撒，并间接启动了海洋文明这种与大河文明相对立的文明形态。在这个过程中，埃及人还为孕育中的海洋文明送上一份大礼。在没有工业机械助力的时代，人类想要驱动船只自主航行，而不只是随波逐流，无非有两种方式：一种是划船；一种是升起风帆，依靠风力驱动船只。

不是说没有风帆人类就没有办法出海远航，生活在太平洋腹地的波利尼西亚人，能够凭借独木舟跨越千里，从一座岛屿迁徙到另一座岛屿，只是利用风力的帆船运输的潜力要大得多，具备维持长距离贸易往来的运力条件。你很难想象，如果没有发明帆船的话，仅靠人力划船的人类如何才能跨越海洋融合两端的陆地。

基于尼罗河下游的沟通以及出海的需要，帆船首先在古埃及诞生。这一人类最早帆船出现的时间为公元前4000年—前3000年。埃及人发明的帆被称为方帆，具体形制为在长方形的帆布两端绑上横木（桁），然后再撑开固定于竖在船只中央的桅杆上。有了埃及方帆船的助力，埃及人不仅能够在尼罗河第一瀑布以北的河道中畅游，更能够顺着尼罗河的流向，在地中海中一步步地探索自己的活动边界。

对船只有所了解的人应该清楚，用于内河航行的船只，在设计上会与用于远洋的船只有所区别。由于内河风浪较小，内河船只对稳定性的要求要低于海船。后者需要较深的吃水来抵御海上的风浪，前者则可以造得宽一点、浅一点。一言以蔽之，从内河航行到出海航行，需要有一个技术思路上的转变——海况越平稳，这种转变的难度相对就越小——而这正是地中海的优势。

仅罗列出上述因素，仍不足以解释埃及人为什么想要探索地中海，同属大河文明的中国对出海这件事则不是那么热衷，哪怕它拥有比埃及更漫长的海岸线。有条件这样做，并不代表一定要这样做。动机是一个很重要的地缘因素，动机是由欲望驱使的。地中海再怎么安静也是一片海，埃及人需要一个理由促使他们离开尼罗河这个舒适的空间。

　　最终让埃及人决定出海冒险的原因，是尼罗河下游的地理结构过于单一。尽管埃及有着尼罗河母亲慷慨给予的农耕条件，但这片土地的短板也是非常明显的，那就是没有山。山是由地质运动（比如板块碰撞、火山爆发）造就的，这些剧烈的地质运动除了在地表造成隆起以外，还会把原本藏在地下的矿物翻到地球表面。于是你就会看到，地球上那些山脉高地上，或多或少都含有不同成分的矿物。

　　与山地相比，被泥沙覆盖的冲积平原在矿藏上就显得很不足了。铜、锡、铅合金属性的青铜工具，是人类生产力进步的一个重要标志。西亚地区除了是麦作文明的起源地以外，同时还是人类最早使用青铜器的地区。无论是美索不达米亚还是远在东方的中国，在发展青铜技术时都可以就近从高地寻找相关矿脉。尼罗河下游的埃及人如果不想被青铜时代抛弃，就只能走出自己的舒适空间，通过与其他地区贸易弥补自己的短板。

　　既然尼罗河畔的埃及人具备代表农耕文明启动海洋文明的一切要素，哪里将是埃及人向地中海播撒文明火种的第一站呢？在地中海中发展海洋贸易及海洋文明，还有一个优势是这个海湖腹地横亘有一系列岛屿。其中，较大的岛屿有科西嘉岛、撒丁岛、西西里岛、克里特岛以及塞浦路斯岛等。

　　地中海中的岛屿本身是海底山峰露出海平面的部分，四面环海的结构、蜿蜒的海岸线，加上处在海上交通线要冲的位置，天然具备向海而生的潜质。如果岛屿本身又有一定体量，能够承载一定规模的人口，就会同时拥有对内发展一套文明体系的人口基数。

从体量角度来说，刚才列出的地中海五大岛屿都具备这一条件。最终依托海洋贸易，帮助人类开启海洋文明之窗的是与埃及距离较近的克里特岛。存在于公元前 2850 年—前 1450 年的克里特"米诺斯文明"，被认为是欧洲最早的文明，也是一个海洋特征鲜明的文明。

谁才是海洋文明的摇篮

地中海全球第一陆间海的地位、与欧亚非三洲对接的位置，加上大新月沃地在主食革命上的先发优势，以及埃及方帆船的助力，使得这片海似乎当仁不让地成为海洋文明的摇篮。地中海舒适的气候是它的另一项优势。地中海气候的正式名称为副热带夏干气候，整个地中海沿岸的欧洲部分都属于这种气候类型。

在整体被热带沙漠气候所笼罩的亚洲和非洲沿岸，阿特拉斯山脉及西亚裂谷带因为有山地的庇护，亦属于地中海气候区。用亚热带一词来替代副热带夏干气候中的副热带一词，会更方便中国人理解地中海气候区在欧洲的地缘定位。

整个中国核心区以秦岭、淮河为界，大致可以分为亚热带属性的中国南方，以及其他温带类型气候的中国北方。欧洲要是以温度来划分的话，同样可以这样划分为南方和北方。区别在于由于整体纬度较中国稍高，欧洲的南方也就是地中海沿岸地区，整体面积占比要明显小于中国南方。

对于生物来说，更高的温度代表着更高的活力。在人类开始步入文明阶段时，那些温度更高同时不缺乏水资源的土地，会更有先发优势。从这一点来说，"欧洲南方"属性的地中海沿岸地区也会比欧洲其他地区更容易先行步入文明阶段。问题在于这片海对于 5000 年前的人类来说还是过大，人类需要一个范围更小的海域来哺育海洋文明这种新形式。

从孕育了米诺斯文明的克里特岛向北，你会看到那片天赐的"海洋文明摇篮"——爱琴海。欧洲被认为是地势最低平的大洲，整个大洲的主体由西欧、中欧和东欧三大平原组成。不过这并不意味着这个低平的大洲就没有山脉，南部的地中海沿岸就为一系列以阿尔卑斯山脉为核心的山体所覆盖。这些地中海北岸山地被统称为阿尔卑斯山系，山系延伸入海的半岛、岛屿将整个地中海切割成一个个海区，爱琴海只是其中之一。

爱琴海在地理上是由西北侧的巴尔干半岛、东侧的小亚细亚半岛以及南端的克里特岛围就而成的。其中，巴尔干半岛的最南端又单独称为希腊半岛，是爱琴海文明的核心区，以至于大家通常会把爱琴海文明称为古希腊文明。从大新月沃地吸收文明因子的角度来说，克里特岛和塞浦路斯岛的距离优势不相上下，体量上亦属于同一量级。真正导致前者在竞争中获胜的，正是它背后所依靠的爱琴海。

克里特岛上的米诺斯文明，被认为是古希腊文明的起点。在文明的传播链进一步向爱琴海腹地延伸后，地理位置和体量更占优的希腊半岛逐渐取代克里特岛而成为爱琴海文明的中心。大家熟悉的雅典和斯巴达两个古希腊城邦，都位于这个半岛之上。

21.4 万平方公里的爱琴海，面积约占地中海总面积的 8.5%，在人类航海技术还不太成熟的时候，这样的面积及更多一层的陆地保护是很适合作为海洋文明摇篮的。问题进一步深入，新的疑问也会出现：欧洲的地中海沿岸并不只有爱琴海，不只有爱琴海周边地区属于地中海气候，为什么爱琴海会成为海洋文明乃至欧洲文明的摇篮呢？

横向对比这些次一级的陆间海，比如巴尔干半岛还与西侧的亚平宁半岛（意大利的所在）围就出了亚得里亚海，你可以很容易在地图上感觉到爱琴海的一大特点，那就是岛屿众多。整个爱琴海内部星罗棋布地分布着 2500 个岛屿，其中目前有定居者的岛屿就有 170 余个，均超出地中海其他海区相关数据的总和。这一特质让爱琴海赢得了"多岛海"的美誉。

对于航海者和海洋文明来说，岛屿不仅能够成为海上贸易的中转站，其本身亦可以成为商品生产地。无论从哪个角度来说，一片拥有众多岛屿的海洋，都会在海洋经济上显得更有竞争力。此外，爱琴海的另一个明显优势是"承上启下"的区位。爱琴海不仅在东南方向与大新月沃地地带尤其是尼罗河口朝向地中海方向的埃及相邻，同时还在东北方向通过狭长的土耳其海峡与另一个陆间海——黑海相连。

黑海的面积约为 43.6 万平方公里，是旧大陆仅次于地中海的第二大陆间海，面积约为爱琴海的 2 倍。虽说黑海并不是地中海的一部分，但黑海沿岸地区同样属于地中海气候类型，并且沿海的地形较爱琴海周边更为平坦，所对接的板块也更多。一方面，黑海地区可以通过爱琴海的中继，从海路接受大新月沃地传送过来的技术和商品；另一方面，爱琴海也可以通过黑海的海岸线，向大陆腹地拓展自己的贸易版图。

在贸易者看来，自己拥有多少物产并不是最重要的，区位优势才是永恒的。希腊人不仅可以在爱琴海内部进行贸易殖民，更可以全程通过海路，中继黑海与大新月沃地之间的贸易，并在这个过程中进一步强化自己的海洋文明属性。相比之下，以亚得里亚海为代表的其他地中海地区，就没有黑海这样的邻居来为自己的海洋贸易助力了。如果居住在这些地区的人类想向欧洲腹地扩张贸易，就只能依托陆地通道，而这显然无益于丰富自己的海洋基因。

进化的过程是漫长的，即便人类社会的进化有着远胜于生物进化的速度，从大新月沃地的大河文明走到海洋文明类型的希腊文明，其间也走过了千年。爱琴海地区几乎在每一项地理指标上，都"吊打"地中海其他海区，成为海洋文明的发源地完全符合地缘逻辑。

由此，我们可以为海洋文明的诞生描绘出一幅清晰的生成路线图：首先，是以古埃及为主要启动者的大新月沃地基于自身的贸易需求将麦作文明的火种传播到克里特岛，后者再以爱琴海地区为腹地，发展出海洋文明最初的萌芽；之后，整个爱琴海地区凭借自己上承黑海、下接大新月沃地的区位优势，以及内部多岛的结构，晋级成为海洋文明的摇篮，最终以古希腊文明的面目呈现在世人面前。最后，海洋文明的中心，也相应从克里特岛北移到拥有更多腹地的希腊半岛。

第十四章
哪里是东方，哪里又是西方

世界的"多样性"与"二元性"

世界是"多样"的，也是"二元"的。多样性是一个客观存在，无论人类怎么有意无意地消灭多样性，那些不同的样本还是会潜伏于某个角落，一旦遇到合适的土壤，就会萌发；二元性则更多是一种主观的存在。人类固然有着能够产生各种类型奇思妙想的大脑，但如果你把社会拟人化为一个"社会人"的话，这个"社会人"的大脑或者管理者却不能够有太多的想法，无论你在表面上有多么鼓励多样性。

对于人类社会来说，二元性世界是最有利于凝结个体力量的形态。基本运转模式为，用一种意识形态将自己所在的社会组织起来，同时为之树立一个对立面作为竞争对象，让竞争对手的压力来反向压实自己的凝聚力。虽说无论用什么标准划分世界，都会存在一些想为自己保留更多选择权、表面不站队的第三方，但这种第三方并不会像舞台中心的两个主角那样，凝结成一个有竞争力的组织。

你稍加观察就会发现，世界的二元性无处不在。你会看到学校里面学生再多，男生、女生依旧是最基本的阵营划分方式；一个国家不管允许多少政治组织参政，最终总会简单依照开放与保守两种取向来划分阵营。如果一方的势力强大到真的消灭了另一方，这个世界是否就和谐了呢？答案是否定的。新的对立面会很快生成，也许是在外部，也许源自内部分裂。就像第二次世界大战时以美国、苏联主导的同盟国集团，战胜了以德国为核心的轴心国集团后，世界立马分裂为以美、苏为代表的两大阵营。

不想内部分裂，最好的办法就是寻找新的扩张方向或竞争对手。19世纪中叶，当美国通过美墨战争的胜利完成美国从大西洋扩张到太平洋的历史使命后，仅仅过了十几年，之前被快速扩张掩盖的南北矛盾便以美国内战的形式爆发了。在冷战阴云消散殆尽的今天，你同样看到世界再次显现变身为两大阵营的风险。总而言之，要是没有外部的想象空间，那么专注于内部资源争夺的状态势必会导致"内卷"现象的产生。

人类很早就意识到了这个世界的主观二元性，同时也意识到了多样性的客观存在。在所有对二元性的认知中，中国人的太极图看起来最简单明了：两条面积相等、曲线对接的"太极鱼"组成一个完美的圆形世界。深浅两色的太极鱼内部，又都有着代表对立面的圆点存在，喻示着这个世界的二元性并不是真的那么泾渭分明，而是存在动态变化的可能性。

就算是一个不了解中国文化的人，看到太极图也应该能够感悟到它的二元性特征。不过就像刚才说的那样，这个世界的多样性又是客观存在的。仅仅用两种颜色来切割世界，并不足以表达世界的复杂性。没关系，中国人还有用二进制创造的"八卦图"。太极所代表的阴、阳两极，在"一生二，二生三，三生万物"的道家理论中演化成为代表无数变化的八卦算法，"太极图"也进化成了"太极八卦图"。仔细想来，当代中国人用"八卦"一词代指搬弄是非，何尝不是看中了八卦复杂的内涵呢。

从统一世界"二元性"及"多样性"的角度来看，太极八卦图实在是一个设计精妙的思维导图。用一句话来总结：这个世界是"太极"（二元）的，也是"八卦"（多样）的，但核心还是太极的。至于有人利用这一工具推演出来的多样性，去附会人类所面临的复杂问题，并做一些命运方面的预测（俗称算命），那就是另一回事了。刀能切菜也能伤人，工具本身是不带指向的。

地球人自视为万物之灵，我们一直在说的世界似乎只是指人类世界。然而从人类诞生那一天起，就不存在只和同类生物竞争的状态。在人类诞生之初，毒蛇猛兽这一类高等级的生物，曾经是人类的主要威胁。随着人类所掌握的工具越来越多，这些威胁已经不复存在，甚至为了维持生物多样性，反过来要保护那些曾经在历史上对人类造成过巨大伤害的物种。

在面对细菌和病毒这两种低等级生物的威胁时，人类却还远做不到从容。2020 年年初席卷全球的新冠肺炎疫情，算是很好地给人类上了一课。很多人意识到，这场发生在全球化时代的疫情将深刻影响人类世界的走向，当我们把世界不再仅限于人类世界的范畴时会发现，来自细菌和病毒的进攻同样没有跳出二元性陷阱。

单纯从团结人类的角度来说，在人类之外的异世界找到一个压力源，好过人类总把注意力集中在"内卷"上。事实上，早期人类之所以能结成一个个小型部落，亲缘关系只是内因，外因就是为了共同应对来自掠食者的威胁。看看老虎这类独行的顶级掠食者你会发现，社会性本身并不是生物求生的必需品。

一个越来越清晰的事实是，如果人类想取得这场抗击新冠肺炎疫情的胜利，一定要在某种程度上结成人类命运共同体，以更高效、统一的行为准则行事。

从技术上来看，人类有没有可能做到这点呢？应该说是可能的。中国人已经用行动证明，单纯依靠人类社会的组织力就有可能战胜新冠肺炎疫情。只是中国的抗疫方案，很难被其他国家直接复制使用。

如果放在各自安好的古代社会，各方自可以按照自己的模式处置类似问题。然而在全球化的今天，却又必须磨合出大家都能接受的方案。事实上，当今世界的很多矛盾，症结都在于此。当你理解了世界的太极性以及八卦性后，就会宽容地看待这一切的存在。

希腊人眼中的日出之地

亚欧大陆被切割为亚洲和欧洲两个大洲，非洲被划分为北非和黑非洲两个板块，都是世界二元性的体现。相比非洲因为撒哈拉沙漠的存在而被切割为两个世界，亚欧大陆的划分显得更复杂一点。分割东欧平原与西伯利亚的乌拉尔山脉，并不是最早被认定的欧亚分割线。

最初的欧亚概念始于希腊文明。希腊文明的兴起之地是位于巴尔干半岛南端的希腊半岛，在希腊神话中，希腊人身处的这片大陆是被一位名叫欧罗巴的女神所庇护的，演化到后来变成了"欧洲"的概念。亚洲的全称则为亚细亚，意思为"太阳升起的地方"，最初的指向仅仅是与希腊半岛相对而立的小亚细亚半岛。

地球的自转方向是自西向东，只要不是身处南极点和北极点，人类总是会认定太阳是从东方升起的。这意味着生活在任何地区的古代人类都可以定义出自己的东方。从这点可以看出，现在看起来好像没有什么问题的东西方划分，其实是由"西方"定义了"东方"。是西方人定义出了他们认知中的"东方"后，再反过来让自己成为其他地区眼中的"西方"。

当然，要是真让中国人来选，我们肯定更愿意把自己定位为"中央之国"。中国到底有什么样的世界观，后面会有专门的章节解读。现在还是让我们回到海洋文明的论述中吧。想知道海洋文明的二元世界观是怎么形成的，必须先了解希腊人为什么有那么强烈的动机，去探索世界的边界、开拓海外殖民地。

与埃及人因缺乏山地需要通过海洋贸易从外部进口金属等商品一样，古希腊人在开展海洋贸易上同样存在环境造就的动机。希腊人的烦恼与埃及正好相反。阿尔卑斯山系在为欧洲沿岸地区打造优良港口、扩张海岸线的同时，限制了整个欧洲沿地中海区域的农业潜力，最大的影响是没有成就大型冲积平原。那些短而湍急的河流在沿岸形成了一个个被山地分割的小型农业区，这种情况在爱琴海周边地区显得尤为常见。

此外，同样是亚热带气候，地中海气候却与中国南方的亚热带季风气候有着显著的区别，那就是"雨热不同期"。在雨热同期的季风期，作物生长最需要的水和热量会结伴出现。而地中海气候则是温度较低的冬季降水充沛，而温度较高的夏季却干旱少雨。这种雨热不同期现象使得地中海气候区的农业条件整体并没有季风区那么优越。

于是你就会看到，在气候和地形的双重影响下，希腊农业呈现两个特点：首先主粮种植的比例偏小。为了获得更高的产量，古希腊地区种植最多的不是口感更为细腻的小麦，而是口感虽然粗糙但对环境的适应性更强的大麦。其次是可以生长在复杂地形、更适应地中海气候的经济作物种植比例较大，比如果实可以用来榨油的油橄榄树、可以用来酿酒的葡萄。

不得不拓展更多的热量来源，同时一个地区不可能生产所有的品类，成为希腊文明更倾向于通过贸易来弥补不足的根本原因。古希腊人的海外扩张行为让第一条欧亚分割线——土耳其海峡出现在地缘舞台上。这条位于小亚细亚半岛和巴尔干半岛之间、分割欧亚的海峡又名黑海海峡，自北向南由博斯普鲁斯海峡、马尔马拉海，以及达达尼尔海峡三部分组成。

大家熟悉的特洛伊木马的故事，就是发生在小亚细亚半岛的西北海岸、达达尼尔海峡的入口处。传说中这是一场因争夺美女海伦，由希腊联军向特洛伊城发起的战争。抛开传说中的香艳部分，结合特洛伊城的地理位置，你会很容易意识到这其实是一场事关黑海—爱琴海贸易权归属的战争。参与战争的双方因为爱琴海与土耳其海的自然分割，而形成了两大阵营。

从战争的结果来说，希腊人拿下了特洛伊城，希腊文明自此覆盖整个

爱琴海周边地缘形势示意图

东喀尔巴阡山脉
基希讷乌
摩尔多瓦
抚尼亚高原
马尼亚
山脉
乌克兰
亚速海
克里木半岛
布加勒斯特
平原 下 游 平 原
多瑙河
尼河
黑 海
脉 (巴尔干山脉)
保加利亚
博斯普鲁斯海峡
马尔马拉海
克 尔 奥 卢 山
邑董斯引山湾
利姆诺斯岛
安卡拉
莱斯沃斯岛
安 纳 托 利 亚 高 原 克 北 河
土 耳 其
安德罗斯岛
门 德 雷 斯 河
小 亚 细 亚 半 岛
脉
琴
爱
海
托 罗 斯 山
梅尔辛湾
克里特海
安塔利亚湾
罗得岛
克里特岛
叙利亚
塞浦路斯岛
尼科西亚
塞浦路斯
海
黎巴嫩
贝鲁特
大巴士革
叙利亚
以
巴
色
勒
斯
坦
安曼
约旦
塞卢姆湾
利比亚高原
阿拉伯湾
苏伊士运河
尼罗河
开罗
埃 及
西 奈 半 岛

爱琴海地区。一直到第一次世界大战结束，土耳其与希腊划分国界时，小亚细亚半岛沿海地区还生活着大量希腊人。在那次划界之后，土耳其和希腊交换了数以百万计的人口，以让自己的国家在民族上变得更纯粹。

如果你看地图足够仔细，应该注意到一个现象，那就是爱琴海的岛屿几乎全部划给代表欧洲的希腊。而曾经代表亚洲扩张到巴尔干半岛的土耳其，则顽强地保住了土耳其海峡对岸的伊斯坦布尔，让自己的国家还保有一点欧洲属性。利用这一点属性，现在的土耳其无论在政治、经济、军事还是体育层面，更愿意将自己视为一个欧洲国家。

这种别扭的地缘政治格局，以及爱琴海周边地区剪不断、理还乱的历史纠葛，让人感到爱琴海和土耳其海峡作为欧、亚分割线还有可以商榷的地方。从希腊人经营爱琴海的历史、小亚细亚半岛的位置，以及土耳其这100 年来倒向西方的取向来看，将这个半岛及土耳其全境划入欧洲，似乎也毫无违和感。就像如果我们把阿拉伯半岛与北非视为一个整体，无论在地理还是地缘属性上都会感觉更合理一样。

阿尔卑斯地中海与荒原地中海

除了小亚细亚半岛模糊的东西方属性以外，让人感到困惑的是旧大陆文明东西阵营的划分。近代西方将研究亚、非文明的学问统称为东方学，问题是无论从古希腊还是欧洲的视角来划分东西方，以古埃及文明为代表的非洲地区，看起来不应该是东方的概念。

鉴于西方的海洋文明属性，东方的概念看起来更应该与以大河文明为代表的大陆文明相对应。这就牵扯出一个有趣的问题，为什么地中海同时对接着欧、亚、非三洲，希腊人所创造的海洋文明却只在欧洲部分萌发生长。而亚、非部分尤其是地中海周边的亚非部分，则是以另一种迥异的方式联结在一起。

作为海洋文明的开创者,希腊文明只是完成了爱琴海地区的覆盖。在此基础上完成整个地中海周边地区整合工作、将地中海变成内湖的是后来的罗马文明。海洋文明的中心也在这一阶段由希腊半岛转移到罗马城所在的亚平宁半岛(也就是现在意大利所在地)。

罗马帝国崩溃后,欧洲从公元5世纪后期进入文明退步的中世纪时代,一直到15世纪借由大航海时代的开启,才算在更大的舞台上重塑海洋文明。正是在黑暗的中世纪,整个地中海地区的地缘结构出现明显分裂。一方面,地中海沿岸的欧洲部分开始以基督教为宗教信仰;另一方面,地中海周边的亚非地区,则很快统一在伊斯兰教的旗帜下。

水火不容的两种意识形态,除了沿着各自对应的方向扩张以外,彼此间还引发了一场愈演愈烈的文明博弈。信仰的差异只是表象,我们更感兴趣的是,明明拥有同一片海,彼此间的贸易往来也没有地理障碍,但是地中海周边地区为什么会形成如此大的差异呢?

表面看这种差异是由海洋的结界效应引起的。我们曾经分析过,海洋的公海属性使得它更有可能成为不同板块间的联结纽带,只要你拥有足够的航海技能及实力。就像今天英、美两国虽然隔着大西洋,却完全不影响它们结成紧密的同盟一样。此外,仅从地理关系来说,小亚细亚半岛与希腊半岛的关系显然比和西北非的阿特拉斯山脉地区要近得多,狭长的土耳其海峡也完全不会成为爱琴海周边地区交流的障碍。

真正分裂地中海的并不是海洋,而是气候。气候所造成的无形结界效应,要高于山脉、海洋这种地理障碍所造成的有形结界效应。对比经过几千年探索出自己边界的中国,以及只用几百年就从弱到强的美国,你会发现这两个当代东西方文明的代表性国家,只有少量疆土在南、北两端触及热带和亚寒带两个温度区间。

每一种文明类型都有自己的"舒适空间",就地中海周边地区的整体气候环境来说,我们可以大体将之分为两种环境类型——阿尔卑斯地中海

比斯开湾
伊比利亚半岛
马德里
直布罗陀海峡
阿特拉斯山脉
撒
哈
拉
沙
漠
各什沙漠
比利牛斯山脉
科西嘉岛
巴利阿里群岛
阿尔及尔
突尼斯
阿尔卑斯山脉
亚平宁半岛
罗马
撒丁岛
第勒尼安海
西西里岛
的黎波里
苏尔特海
利比亚沙漠
阿
尔
卑
斯
地
荒
中
原
海
地
斯
中
地
海
中
海
阿
多
布达佩斯
喀尔巴阡山脉
南喀尔巴阡山脉
布加勒斯特
河
巴尔干半岛
雅典
克里特岛
黑
海
安卡拉
安纳托利亚高原
小亚细亚半岛
塞浦路斯岛
海
开罗
西奈半岛
尼
河
红
海

阿尔卑斯地中海 VS 荒原地中海

和荒原地中海。阿尔卑斯地中海对应的就是地中海的欧洲部分。这一地区的地形特点前面我们阐述过，整体是由阿尔卑斯山系的山体围就而成的。山体尤其是延伸入海的半岛，在造就更多天然海港的同时，也为整个地区带来充沛的降水。可以说，在阿尔卑斯地中海，除了雨热不同期造成的一点困扰以外，并不存在缺水的问题。

相反，在荒原地中海，干旱的问题异常突出。整个北非为撒哈拉沙漠所覆盖，新月沃地和阿拉伯半岛同样处在受副热带高压控制的回归线荒漠带区间。虽然依靠域外的高原之水创造了古埃及文明、美索不达米亚文明这些人类最早的文明，但总体的荒漠属性使它们的政治环境极不稳定。

工业时代之前，在那些自然条件不够好、降水偏少的地区，更耐受恶劣环境的游牧者总能占据优势。荒原地中海的干旱属性使得原始属性为游牧的阿拉伯人，根据游牧社会特点而创建了伊斯兰教，在公元 7 世纪迅速成为整个北非与阿拉伯半岛的主人。

北非与阿拉伯半岛的干旱气候是受副热带高压影响形成的。北回归线横穿整个区域，将北非与阿拉伯半岛变成回归线沙漠带的核心。我们可以做个假设，如果当年在板块运动下旧大陆的位置整体南移，使得北回归线从地中海的中线穿越，同时欧洲的地中海沿岸又像北非一样那么低平，那么，整个北地中海沿岸地区会不会也呈现荒原状态呢？

我们做此假设只是想让大家开拓一下思路。现实情况是依托相对较高的纬度以及阿尔卑斯山系的庇护，欧洲的地中海沿岸地区得到了比其亚、非邻居更为优越的降水和海洋条件。我们现在回到第十三章末尾提到的小亚细亚半岛属性问题上来。这个夹在黑海与爱琴海之间的半岛，无论从气候还是纬度上看，都不应该是回归线荒漠带的一分子，位置又与海洋文明的源起地——希腊近在咫尺，为什么还是演化成了亚洲和东方的一部分呢？

小亚细亚半岛没有成为海洋文明的属地，并不是受西亚和北非的影响，而是受亚欧大陆心脏地带的影响。远离大洋的亚欧大陆心脏地带，整体环境属于半干旱的大陆性气候。这样的气候环境同样有利于更遵循丛林法则生存的游牧者，对定居文化却不太友好。以至于在这一地区所建立的政权，初始状态大都呈现明显的游牧属性。

解答这个问题，还需要了解一个基本与小亚细亚半岛范围重叠的地理标签——安纳托利亚高原。这片高原的特点是边缘为高大山脉，腹地向中间凹陷。地处地中海东部，安纳托利亚高原本来在承接大西洋水汽时就有点先天不足；距离看起来更近一些的印度洋，盛行的是西南季风，同样没办法寄予厚望。边缘的高大山脉这样一拦，整个高原腹地就只能为半干旱状态的大陆性气候所覆盖了。

换句话说，小亚细亚半岛只有在靠近地中海和黑海的边缘低地，才能有机会显示出海洋属性，成为希腊人扩张海外殖民地的方向。整个半岛腹地则因为降水不足，呈现出有利于游牧者的荒原地中海属性。既然爱琴海、黑海以及土耳其海峡，将小亚细亚半岛与欧洲大陆完全分离开来，那么小亚细亚半岛整体的地缘属性如何，只能看高原腹地的游牧文化与边缘低地的海洋文明之间的竞争谁更占优势了。

很显然，优势属于能够将安纳托利亚高原视为舒适空间的、来自大陆心脏地带的游牧者。从古希腊时代起，小亚细亚半岛的腹地就在不断承受一批又一批游牧者的渗透，直至突厥属性的奥斯曼土耳其帝国建立，并通过皈依伊斯兰教，彻底将小亚细亚半岛的地缘属性变为与西方对立的东方。

第十五章
欧洲的海洋文明

谁是"亚特兰蒂斯"

古希腊哲学家柏拉图在他的书中曾描述过一个古老文明——亚特兰蒂斯。在柏拉图的记述中，亚特兰蒂斯文明地处直布罗陀海峡附近的大西洋海域，曾经称霸地中海，并对希腊、埃及等地发动过战争。距今12000年前，这个古老文明与其所处的陆地（又名大西洲）因为地震和洪水一起沉没入海。

传说中的亚特兰蒂斯是一片大陆而不是一个岛屿。境内不仅有延绵的山脉，还有广袤的平原和丰富的矿产资源。更为重要的是，亚特兰蒂斯还有一片被海神波塞冬庇佑的土地，这意味着亚特兰蒂斯不仅拥有大陆所拥有的一切资源，更是一个贸易立国的海洋文明国家。

无论从时间线还是地理位置上来看，笔者认为亚特兰蒂斯都没有可能存在。与其说这是一片真实存在过的大陆，倒不如说是这个文明寄托了柏拉图和古希腊人的梦想。人类幻想得到的东西，往往就是自己所渴望的。广袤的平原、丰富的矿产以及对海洋的控制权，都是古希腊人希望得到的。

可惜希腊人最终并没有能够得到一片像亚特兰蒂斯大陆一样的土地。要是在当下世界寻找这样一个具有海洋文明属性同时又拥有大陆资源的国度，美国倒是挺符合的。令人无奈的是，美国这个将海洋文明升级到一个新高度的国家，其历史几乎是所有国家中最清晰的。无论再怎么牵强附会，也不可能把它和这个希腊传说对上号。

如果我们把视线抬高的话，古希腊人倒还真不用把视线投到大洋彼岸的新大陆，整个欧洲就挺符合柏拉图的幻想。首先从海洋性来说，欧洲的海岸线非常漫长，可以说几乎每一个大型地理单元都有对应的海岸线。地中海、黑海在欧洲南部向大陆腹地的延伸，让整个欧洲在地形上呈现为"半岛"状。如果说印度半岛因为地缘结构偏向于大陆性而被称为南亚次大陆，那么欧洲大陆的情况则正好是反过来的，这片大陆的情况让我们感觉，称为欧洲半岛会更能凸显它的海洋属性。

考虑到亚欧大陆的面积超过 5000 万平方公里，欧洲的面积不过 1000 万平方公里出头，欧洲半岛的定位还真不算委屈欧罗巴女神。当然，这个面积已经足够支撑欧洲的大洲定位了。此外，欧洲还是七大洲中地势最平缓的一个洲。整个大陆只在北、东、南边缘分布有三片山地，分别是斯堪的纳维亚山脉、阿尔卑斯山系以及分割亚欧两洲的乌拉尔山脉。

要是让古希腊人来考察，他们一定会为横贯欧洲腹地的大平原地带惊叹不已。平原狭小所导致的人口承载力不足，一直是古希腊地区的痛点。欧洲腹地的这条平原带依位置可划分为以法国为主的西欧平原、以德国为核心的中欧平原（又名波德平原），以及俄罗斯欧洲部分所属的东欧平原。熟悉欧洲历史的人会知道，在欧洲大陆的地缘中心由地中海北移至腹地后，法国、德国、俄国三个国家就成为欧陆三强。

低平的地势不仅让欧陆腹地有了崛起的资本，更为整个欧陆腹地带来了温暖的大西洋水汽。从纬度来看，欧洲是亚欧大陆所有边缘地区中最高的。把欧洲平移到东亚大陆的位置上，你会发现，纬度最低的爱琴海地区对应的已是中国核心区最北部的河北地区，北欧地区更是直接对标西伯利亚。

是大西洋挽救了欧洲的命运。这个面积仅次于太平洋的全球第二大洋，在欧洲所处的纬度区间终年盛行西风。由于欧洲在三个方向都有山脉，恰好在腹地面朝大西洋的方向没有生成一条南北向的山脉，这些由海洋吹往大陆方向的湿润水汽，可以一路向东贯穿整个欧洲大陆，由此让整个欧洲的温度和降水变得适宜人类大规模生存。

顺着欧洲半岛的定性扩展思路，我们可以在整个亚欧大陆的西、南方向找到四个明显的半岛型板块，包括欧洲半岛、阿拉伯半岛、印度半岛以及中南半岛，加上半岛形态不那么明显的东亚大陆，一共五个边缘地区。在亚欧大陆的东部和南部，印度洋和太平洋也在以季风的形式为东亚、中南半岛和印度半岛带去降水。只有因受副热带高压影响而像北非地区一样得不到海洋水汽眷顾的阿拉伯半岛，没有办法完成靠海吃海的心愿。

相比太平洋、大西洋、印度洋这三大洋的慷慨，北冰洋显得过于吝啬。在地缘政治领域，北冰洋一般不会被视为正常的海洋，而是会被视为一片难以被人类利用的极限之地。受这片极限之地影响而吹向大陆的北风，显得过于寒冷。这股来自北方的寒意倒也不是一无是处，来自另外三大洋奉献的暖湿气流在与其碰撞后方会冷却形成滋养大陆的降水。

在大多数历史时期，人类并不会理解寒冷的北风其实也是生存的必需品。人类更容易发现的是被冰雪覆盖的北冰洋一直难以通航。在欧洲人开始探索全球海洋的大航海时代，打通一条北冰洋航线、缩短新旧大陆东西两端的航运距离，是很多航海家的梦想。一直到全球气候开始变暖的今天，在核动力破冰船的帮助下，这个梦想才非常有限地实现。这使得俄罗斯虽然拥有漫长的北冰洋海岸线，并且从彼得大帝时代起就对不冻港孜孜以求，但现在却还是被世人视为大陆国家的代表。

在古希腊人之后续写欧洲地中海传奇的是罗马人。如果说古希腊是欧洲人心目中的文明起源地,那么罗马帝国就是欧洲的政治源头。历史上那些热衷于欧陆争霸的君主,最大的梦想就是从古罗马帝国的政治遗产中继承一个罗马皇帝的称号。

罗马帝国在晚期分裂为以亚平宁半岛为核心的西罗马帝国,以及以希腊半岛为核心的东罗马帝国。公元 5 世纪末,西罗马帝国被来自中欧平原的日耳曼蛮族颠覆;15 世纪中叶,被后人称为拜占庭帝国的东罗马,在延续千年后也为来自小亚细亚的奥斯曼土耳其帝国所覆灭。这两个时间点成为欧洲历史和文明的两个断代时间线。西罗马帝国被颠覆前的文明史被称为古典时期,拜占庭和西欧日耳曼蛮族并存的这千年时间被称为中世纪。

中欧的日耳曼蛮族南下后,欧洲最起码是西罗马所控制的西欧地区(包括英、法、意、西等国所在地),文明程度出现了不同程度的倒退。那些在西罗马故地建立的日耳曼人国家,更多是按照日耳曼人的原始大陆法则行事。好在欧洲整体上有利于海洋文明生成的地理环境是客观存在的。以威尼斯为代表的地中海贸易城邦,很好地帮助了西欧地区在中世纪保留着海洋基因。

对于保留欧洲的海洋基因来说,日耳曼人的"蛮族"属性反倒是件好事。应该说,日耳曼人破坏的是罗马帝国的"大陆"属性。作为一个强大帝国,一方面,罗马人在纵横地中海时,从希腊人、迦太基人那里吸收海洋基因;另一方面,也在强化自己的大陆属性。比如罗马军队的基石并不是海军,而是那些以短剑为主兵器的罗马军团;沿陆路修筑的罗马大道更是成为帝国的标志。

从最基础的文明属性来说,罗马依然应该算是集权属性偏低的西方海洋文明。帝国的皇帝可以是推选出来的,元老院和公民大会在国家政治生活中发挥着重要作用。在入侵罗马时,日耳曼人还处在部落体系阶段,没有形成以大河文明为背景的强大集权体系。这使得日耳曼人并没有站在罗马的废墟上建立一个新的帝国,而是将整个西欧分裂为一个个日耳曼国家。

维持日耳曼部落间关系的那些原始法则与讲求公平交易的海洋法则之间，毫不违和地对接在一起。于是你会看到，那些日耳曼国王会向威尼斯这样的海商城邦借贷，并用战利品来偿还贷款。这种现象在东方文明尤其是古代中国来说是无法理解的。

如果说欧洲在古典时期的海洋基因是靠希腊、罗马两个时代打造出来的，来自中欧平原的日耳曼人所做的是破坏罗马帝国大陆性，那么为中世纪的欧洲尤其是日耳曼化的西欧地区注入新海洋基因的则是北欧。

北欧文化又被称为斯堪的纳维亚文化。这个名称在地理上的指向是斯堪的纳维亚半岛或斯堪的纳维亚山脉。说起来，半岛还是山脉也没什么差异。你会看到，这种类型半岛的本质就是一条山脉延伸入海。就像如果忽略边缘那点破碎的沿海平原，安纳托利亚高原和小亚细亚半岛的概念就是重叠的一样。

地缘意义上的斯堪的纳维亚地区，包含斯堪的纳维亚半岛以及整个波罗的海以北地区，加上与之隔波罗的海相望的丹麦半岛。具体到国家，对应的是丹麦、瑞典、挪威、芬兰四国。地缘政治意义上的北欧国家指向的正是这四个斯堪的纳维亚国家。

提到北欧和斯堪的纳维亚，很多人估计马上会跟"海盗"二字联想在一起。是的，为中世纪的欧洲注入新海洋基因的就是那些"维京海盗"。从公元 8 世纪起，乘着龙头船的维京海盗开始频繁侵扰大不列颠及西欧海岸，甚至渗透至地中海腹地的西西里岛建立政权。

于是大家会看到，当来自中欧的日耳曼蛮族把欧洲腹地变得不那么野蛮时，他们同样必然遭遇更为野蛮的北方入侵。更值得一提的是，维京人其实也算是日耳曼人的分支。正是波罗的海以及大西洋相接的地理位置，以及半岛结构所带来的优越港口条件，将它们的文化塑造成了海洋形象（"维京"一词在北欧语中的原意就是"在海湾中活动"）。

气候寒冷意味着这片土地在将太阳能转换为食物的问题上先天不足。基于这个原因，生活在北方地区的人类总是更有动机侵扰温暖而又富庶的南方。在中国所在的东亚地区，这体现为每一代中原王朝都必须将防御北方马上民族的威胁视为头等大事，体现为印度一批又一批游牧者通过大陆西侧的开伯尔山口进入南亚次大陆建立政权。

对欧洲来说，维京海盗便相当于侵扰亚洲边缘地区文明的马上民族，区别只在于将工具由马变成了船。历史上的欧洲固然会承受来自亚欧大陆心脏地带的游牧威胁，但这个威胁一般在心脏地带属性的东欧平原就会消散。因此，崛起于东欧平原的俄国很长一段时间都被视为"亚洲游牧文化影响下的蛮族"，进而被排斥在欧洲文明圈之外，即便它非常努力地融入欧洲，也还是会被视为一个"亚欧洲"的存在。

蛮族的入侵并非只有消极意义，客观上能够为已经"内卷化"的文明圈注入新的活力。即便是被认为最为稳定的中国文明，你也会看到这种改变。比如公元 1000 年以前，中国的主流坐姿还是跪坐于地，高坐的坐姿由被统称为"胡人"的北方游牧民族传入，而最早的坐具被称为胡床（马扎）。而那些被视为中国传统音乐符号的琵琶、二胡、唢呐等乐器，也都传自域外。

很多人不知道的是，被认定为俄罗斯政治源头的留里克王朝其实也是维京海盗建立的，只不过他们在俄罗斯的历史上被称为瓦良格人或者罗斯人，就像入侵法国并建立政权的维京人，又被单独称为诺曼人一样。将维京、诺曼、瓦良格、罗斯这些标签统一到北欧的形象之下，你会发现，来自斯堪的纳维亚的海洋文化对欧洲的影响是全方位的。

并不是每一片地处北方的土地，都像斯堪的纳维亚地区那样幸运。纬度越高气候越寒冷的规律不仅适用于海洋，也适用于陆地。你会看到，在亚洲和北美大陆，西伯利亚和加拿大这两个面积堪比大陆的地区，温度过低，只有千万级人口的承载量。历史上，你也看不到来自这两个地区的民族形成强大政权，从而威胁近邻。

靠着大西洋和西风的润泽，与西伯利亚和加拿大这两片亚寒之地同纬度的北欧地区，情况却要好得多。西南—东北走向的斯堪的纳维亚山脉大大削弱了来自北冰洋的冷空气，加上西风从大西洋方向不间断地输入暖湿气流，使得斯堪的纳维亚地区成为继阿尔卑斯地中海之后第二个为欧洲注入海洋基因的板块。

然而，维京人虽然在欧洲文明史中深深地烙下了自己的印记，但仅就他们自身来说还不能说创造了一种独特的斯堪的纳维亚海洋文明，而只能算是海洋文化级别。整个欧洲的文明基石还是由古希腊、古罗马在阿尔卑斯地中海中奠定的。

"大西洋欧洲"的大航海时代

主粮生产条件不太理想的地区，往往会有进行对外贸易的动机。多山的希腊并不是欧洲唯一一个缺乏主粮的板块。事实上，受气候因素影响，欧洲在主粮的生产效率上都不如亚洲的季风区。欧洲的面积相当于3个印度，但是人口却只有印度人口的54%。之所以不跟中国比，是因为中国的领土中有半数处在无法受季风润泽的亚欧大陆心脏地带。相比之下，把"印度半岛"和"欧洲半岛"放在一起对比则更为公平。

除了让欧洲的人口承载力明显低于亚洲以外，主粮不足还造就了主食比例相对较小的饮食文化。欧洲人会更多从肉类、鱼类、奶制品乃至油料、葡萄酒等食物中获取热量。对于亚洲人来说，正餐中没有主食会有吃不饱的感觉，但对于很多欧洲人来说，用牛排配红酒作为一顿正餐并不会有什么不妥。

日耳曼蛮族入侵西罗马地区后，整个西欧地区在文明和经济上是呈现倒退状态的。东方尤其是身处季风区的中国和印度，在中世纪欧洲人眼中就是富庶的代名词。意大利人马可·波罗所写的那本《马可·波罗游记》，更是让中国在欧洲人眼中成为梦幻国度。

这种对中国溢美的状态，一直到18世纪末来自大英帝国的乔治·马戛尔尼使团前往中国觐见清王朝的乾隆皇帝（以期达成贸易协定）后方被打破。在后者的炫耀心理下，马戛尔尼使团获准沿着令中国人倍感骄傲的大运河，由帝国中心——北京，南下至中国最富庶的江南地区。这次考察后，中国这个梦幻国度便成为西方人眼中"雄伟的废墟"。

为了与东方开展贸易，中世纪欧洲对地中海东端的西亚地区具体说是以耶路撒冷为核心的西亚裂谷带发起了一次次冲击。鉴于中世纪的欧洲整体为基督教所覆盖，阿拉伯人将伊斯兰教传播至整个西亚、北非乃至中亚地区。这场发生在阿尔卑斯地中海与荒原地中海之间的对决，被披上了宗教战争的外衣。

自11世纪末到13世纪末，来自西欧的日耳曼领主们以收复耶路撒冷为口号，前后发起了9次十字军东征。剥离圣战的外衣，单从地缘政治角度来看，你会看到，如果欧洲的基督徒能够控制耶路撒冷，那么他们就有机会通过连接印度洋的红海，打通前往亚洲季风区的海上贸易通道。

但凡对世界史感兴趣的人，相信不会对这段历史和后来发生的事陌生。在东部突围无望特别是同属基督教阵营的拜占庭帝国和整个巴尔干半岛被奥斯曼帝国吞并后，已经认识到地球是圆球状的欧洲人选择从大西洋方向打通航线，绕过伊斯兰国家的封锁去往印度和中国。这个迈向蓝海的新时代就是被称为地理大发现时代的大航海时代。

在南线的阿尔卑斯地中海为欧洲打下海洋文明的基石、北线的斯堪的纳维亚地区为欧洲注入更具攻击性和开拓性的海洋基因后，通过大航海时代帮助欧洲进一步升级海洋文明属性的是大西洋岸线。葡萄牙、西班牙、英国、法国、荷兰等在大航海时代疯狂攫取大量海外殖民地、编织全球贸易网络的欧洲国家，都是大西洋国家。

反观地处中、东欧平原的德国和俄国，以及地中海国家属性的意大利，虽然在大陆事务上还拥有发言权，尤其是俄国还凭借从西欧获得的技术优势，一直向东扩张到太平洋海岸，甚至一度得到北美西北部的阿拉斯加，但总的来说，在出海扩张的问题上，一直表现得不尽如人意。

即便如此，我们仍会看到，无论是德国还是俄国，在欧洲整体向海而生的大文明环境影响下，在为强化自己的海洋属性而不断努力。其他地区亦会深刻地感受到，无论是否拥有海岸线，欧洲国家在地缘文化上都拥有很高的趋同性，以至于今天的欧洲人仍然能够以欧洲联盟为平台开展内部整合工作。反观地形、地缘结构复杂的亚洲，则不存在出现一个亚洲联盟的可能性。

在大西洋欧洲的带领下，欧洲不仅逆转了东西方的心理落差，更让世界在欧洲航海家的努力下变得完整。不仅如此，海洋文明多样性以及对世界多样性的发现，更是让欧洲得以引领人类进行科学和工业革命。西方所获得的回报则是成为世界规则的制定者。

第十六章
铜—车—马

五行不再缺"金"

从科学的角度思考人类的进化问题，可以分为两个方向：自然科学和社会科学。将人类文明划分为大河文明、海洋文明等类型，厘清诸文明的主动力在哪儿，就属于社会科学范畴。现在是时候回到自然科学视角了，看看除了思考怎么定义人与人之间的关系以外，人类的进步还需要在技术上获得什么样的突破。

从将石头打磨制作石器，到将石器和木头结合在一起制作出长矛、弓箭这样的"复合工具"，再到将黏土和水塑形火烧成陶器，人类花费了上百万年的时间，将那些随处可见的材料玩到能够被称为艺术的境界。看看新石器时代那些精美的玉器和陶器，你就知道所言非虚。

主粮革命可以为人类进入文明阶段奠定基础，但如果工具还只停留在石器时代，那很快就能摸到文明的天花板。人类在石器时代的那些变化让我们意识到，一件革命性工具的出现将对人类的进化产生多么深远的影响。尤其在看到美洲那几个一直停留在石器时代的文明跟旧大陆文明的代差之大时，这种感受会更加强烈。

制造工具最先要做的是选择材料。古代中国人对构成世间万物的材料作过一个名为五行的分类，包括金、木、水、火、土。回头看石器时代的那些创造，你会发现，木、水、火、土都已经做出了杰出的贡献（与泥土相伴而生的石头，被包含在"土"这个要素中）。你会很容易发现，处在文明十字路口的人类"五行缺金"。石头最大的问题在于可塑性较差，只能用打制和磨制两种方法进行加工；黏土的可塑性倒是非常强，但加工出来的陶器却缺乏足够的硬度。

金属就不同了，可以说兼具两者的优点。用火高温软化后，能够变得跟泥土一样有可塑性。区别在于人类可以用手直接给黏土塑形，对金属则需要用硬物锻打的方式加工。如果温度升高，你甚至可以将金属变成像水一样的液态，然后注入黏土制造的模具，再降温硬化获得你想要的工具。一旦人类得到合适的金属材料，石头的历史使命便会宣告结束。

有趣的是，中国并不是唯一整理出五大自然元素的文明，印度教文明中同样有五大元素之说，分别为土、风、空、水、火。二者的区别在于后者用空和风这两个无形的元素取代金和木这两个有形的工具。从这点可以看出，两大文明的世界观有一些本质区别。比较而言，印度人更愿意把时间花在冥想上，去思考诸如人为什么活着之类的哲学问题；中国人则对怎么才能通过改造环境、更好地活下来更感兴趣。

不管"金"有没有成为宇宙万物的基本构成元素，它的重要性是显而易见的。然而得到金属却不是一件容易的事。绝大部分金属在自然界里总是和其他元素化合在一起，比如硫化铜、氧化铁等。在地质运动的作用下，有极少量铜或铁能够被还原成自然铜或者自然铁（包括从外太空而来的陨铁），并被人类发现和制造成工具。

考古专家已经发现一些史前人类利用自然铜、铁制造的实用工具。相比自然铁，自然铜的存世量要高些，也更容易加工。研究者普遍相信，在正式进入金属时代前，人类经过一个以自然铜为材料的"金石并用"阶段。这些自然状态下的铜和铁，可以帮助人类先摸索一下金属工具的制作方法，以及验证它们的使用效率。

以人类现在最常用的三种金属铜、铁、铝来说，铝元素在地壳中的含量是最高的，仅次于石头主要成分的"硅"和空气主要成分之一的氧。然而人类直到19世纪中叶，第二次工业革命开启之时，才提炼出金属铝。之所以这么晚，是因为铝要用复杂的化学方法提炼出来。人类需要一种更容易理解的手段，来开启他们的金属时代。

大部分金属元素在自然界的存在状态与石头别无二致，富含这些金属元素的石头则被人类称为矿石。火是人类所掌握的工具中最为魔幻的，之前人类已经利用火和泥土的结合创造出陶器，在提炼金属的问题上，火同样发挥着决定性作用。

你有没有发现，提炼的"炼"字有个火字旁？中国文字属于古老的象形文字，追溯起来，一笔一画都有在现实生活中的映射。将矿石加热到一定温度，可以迫使那些不稳定的元素与金属元素分离。当然，具体的工序需要反复摸索，并且一步步把不同类型的杂质排除出去。

哪种金属先提炼出来，取决于它的还原温度。人类很可能是在烧制陶器时无意间发现，筑造窑炉时使用的某些石头经过长时间灼烧后会变身为具有可塑性的新型"石头"，然后再一点点地摸索出金属提纯的方法。至于说铜为什么比铁更早为人类所利用，我们看看二者的熔点就知道了。铜的熔点为1083.4℃，铁的熔点为1538℃。

在寻找提炼金属的方法时，人类既摸索出加入助燃剂提升温度的方法，也找到了加入助熔剂降低矿石熔点的方法。不管怎么做，从熔点更高的矿石提炼金属都会遇到更大的困难。而烧制陶器时的温度已经能够达到800℃～1000℃，这就为炼铜术的出现奠定了基础。硫酸铜矿石会在高温作用下分解为氧化铜，氧化铜中的氧元素再和木炭中的碳元素结合成二氧化碳而逸出，留下铜来为人类所用。

单质铜被火炼出来后，还存在一个应用上的难题，那就是有点软。纯铜被人类称为红铜，剥开一条柔软的电线，你大概率看到的就是一根红铜（如果不柔软但易折，大概率是铝芯电线）。好在铜应该还不是最早被人类炼出来的金属，从熔点来看，锡更有可能帮助人类感觉到，自己又掌握了一门魔幻技术。

锡矿被称为锡石，化学属性为二氧化锡。锡的熔点才231.89℃，想把它提炼出来，难度显然要比铜低得多。问题在于锡比铜还要软得多。虽说利用锡的延展性以及较金银更高的储量，人类可以用锡来制造水壶一类的器皿，但从本质上来说，锡器能做的，陶器都能做到。我们的祖先还是需要一样在高温下有可塑性、在常温下有堪比石头硬度的金属，来全面取代石制工具。

事情就是这么神奇，铜和锡都有点软，但它俩按一定比例合成的青铜就变得坚硬起来。青铜被认为是最早被大规模应用的金属，也是冶铸史上最早的合金。在冶炼铜的过程中，如果加入一定比例的锡作为助熔剂，可以将熔点降到800℃，人类应该就是在这个试验过程中发现铸造出来的铜变得更加坚硬和耐磨。

在科学没有出现之前，人类所进行的技术探索本质是不断试错。除了锡以外，铅、锌等金属后来也被用作添加剂来制作青铜。在旧大陆，最早被证实使用青铜的文明是6000年前的美索不达米亚文明。之所以不是埃及，是因为埃及的地势实在是太平坦了，不像美索不达米亚这样与西亚高原带和矿脉相依。

于是我们看到，埃及在地中海的助力下，帮助人类间接启动了海洋文明；美索不达米亚则依托北部的靠山，成为青铜时代的先行者。

把东西做成圆形也是件有意义的事

中国的《中华人民共和国专利法》将保护对象分为了三种类型——发

明专利、实用新型专利以及外观设计专利。如果用这种现代分类法来定义青铜器，那么最初发明炼铜术的人毫无疑问应该被授予发明专利；第一个把青铜做成剑的人可以为他的青铜剑申请实用新型专利；至于为这把青铜剑刻上花纹的人，则能够受到外观设计专利的保护。

单纯从发明难度来说，实用新型专利和外观设计专利的难度要低于发明专利。尤其是外观设计，由于没有实际用途上的改进，甚至不被认为属于发明范畴。相比之下，实用新型技术的促进作用还是被普遍认可的，只是因为难度偏小而被称为小发明。

实用新型是对物品的形状、构造或者结合的方式进行革新创造。这样的小发明同样可以改变世界，将尖状石器用动物的筋捆绑在木杆上，变成"复合工具"属性的"矛"，不就是人类史上一项伟大的创新吗？在人类历史上还有一个堪称伟大的小发明，那就是车轮。

美洲文明被发现之后，来自旧大陆的文明观察者最感兴趣的问题之一，就是到底什么因素在新旧大陆造成了巨大的代差——缺乏青铜、车轮以及马被认为是新大陆文明落后的三个主要因素。事实上问题并没有那么简单，出于对新大陆文明的敬意（毕竟这些文明驯化的作物，帮助人类极大缓解了粮食压力），我们后面会有专门的章节解释这一切。

人类应该是从圆木的滚动中得到灵感，发明出车轮。最早的车轮子很简单，就是将圆木切割成片状。不过这样简单横切出来的车轮，缺乏纵向的强度支撑，不如直切木板拼接再切割成圆形（类似圆形木桌面）耐用。目前最早直切拼接车轮的实物，出土于斯洛文尼亚的一片沼泽地，距今已有约 5200 年，被称为卢布尔雅那沼泽轮。

鉴于卢布尔雅那沼泽轮制造工艺已经十分成熟，车轮被发明出来的时间显然还要早得多。一般认为 6000 年前的美索不达米亚文明已经使用车轮。考虑到切割木材的难度，车轮一般被认为应该是金属工具出现后的产物。不过人类经过上百万年的技术进步加工出来的石器，在功能上并没有现代人想象的那么落后，车轮被发明出来的时间有可能上溯到新石器时代晚期。

车轮并不是人类在进化到文明阶段时唯一发明出来的轮状物。将陶器加工成标准圆形的陶轮，以及将一堆杂乱纤维旋转牵拉成线的纺轮，同样为人类改进生活质量做出了重要贡献。不过比较下来，车轮的意义还是更大些。人类的进步很大程度上有赖于互通有无，任何能够提高沟通效率的发明，都能够加速人类社会的进步。以此来说，将车轮视为伟大的发明恰如其分。

哪种动物对人类最重要

人类的进化和进步有赖于一件件工具的发明，要单纯说哪样工具对人类社会最重要也真不好说。不过，要从突破地缘结界、深化各板块交流的角度来说，马和船无疑是最重要的两件工具。在前面那些解读海洋文明的章节中，我们已经深刻理解了船的重要性，现在再来说说马。

要说是人类"发明"了马，这个概念好像还不太对；准确地说，应该是驯化。驯化的对象包括植物和动物。被驯化的植物被称为作物，被驯化的动物则被统称为家畜。这些在人类特别选育下逐步与野生亲戚们渐行渐远的动植物，最初无疑是被人类当作食物的，不过人类很快便意识到牲畜中的某些品种可以充当工具。

在中国人称为"六畜"的马、牛、羊、鸡、犬、猪中，单纯用来充当食材的是羊、鸡和猪。马的功能是骑乘和运输；牛则是农耕最重要的依靠（兼有运输功能）；狗的价值则是看家和打猎。具备工具性的牲畜被称为役畜。由此，我们可以把充当食物来源的家畜统称为食畜。

在食畜中，食草性的羊是欧亚草原游牧者的主要食物来源，杂食性的猪和鸡则是农耕文明的饲养对象。我们需要厘清一个认知误区，那就是游牧民族并不总是天天吃肉。游牧者主要是通过羊奶及其加工的乳制品，来获取草原所吸收的太阳能。日常的肉食更多是通过打猎获得的，一般只有在特殊的日子（比如有贵客到来时）才会吃羊肉。

要是把羊置换成鸡，相信中国人比较能理解了。农耕属性的中国人养鸡的目的同样不是吃肉，而是通过母鸡下蛋来转换那些无法被人类直接获得的热量。"杀鸡取卵"被认为是败家行为。如果一个农民决定杀一只老母鸡来慰劳你，你一定要心存感恩。

一定要比较哪种牲畜对人类更有用处，像马、牛、狗这类役畜会比食畜价值更高，毕竟役畜在失去工具价值后，还能够变身为食畜。而在食畜中，像羊、鸡这样可以细水长流式提供热量和营养的家畜，看起来又比猪这种纯粹"杀身成仁"的动物应该有更高的地位。好在猪有食性杂、容易催肥的特点，让它仅凭贡献肉身这一点，就在中国、德国等国家成为最重要的牲畜。

在牲畜中遴选对人类最有价值的品种，马和牛应该是最有力的竞争者。前者支撑着游牧者的机动性，后者能够帮助农耕者提高生产效率。倘若一定要从对人类整体贡献的角度选出一个最重要品种，马的得票率应该会更高。毕竟牛能做的事情，马也能做。比如在欧洲很多地方，就是用马而非牛来耕地。

对比下来，牛虽然能拉车，力气也更大些，但你肯定没办法想象坐着牛车、骑着牛长途跋涉，更不要说打仗了。不得不说，在没有机器代步的时代，马的确是上天赐给人类最好的礼物。如果没有马，不仅游牧者无法形成令人望而生畏的机动性的攻击力，大陆边缘诸文明的交流也将大受影响。于是你会看到，在旧大陆内部各板块的社会生活中，几乎都会有马的身影。哪怕这个地区的原生环境不适合养马，也会出于战争的需要从其他产马地买入。

马属于蹄行动物。哺乳动物依照行走部位的不同，可以分为跖行、趾行、蹄行三种方式。跖行指的是行走时依靠整个脚掌，因足底脚掌是由五块跖骨组成而得名。人类就是典型的跖行动物。趾行则指的是用趾骨着地。你可以尝试下踮着脚尖走路，那就是趾行了。这时你可能会问，我这样走好像用的不光是脚趾，还有前脚掌。其实你弯腰摸下这块前脚掌就会发现，它所包裹的是趾骨的后半截。

猫科动物是大家最熟悉的趾行动物。猫咪需要经常在复杂环境下（比如树上）行走，为了保持身体的平衡养成了下肢交错、身体紧绷走成一条直线的趾行方式，俗称"猫步"。这一点被人类模仿，女性时装模特那种看起来很有气场的走台方式，其实就是穿着高跟鞋模仿"猫步"（虽然还要靠后跟的着力点辅助支撑）。

作为万物之灵的人类，总会不经意地模仿一些动物的行为。如果说模特的台步是在模仿猫科动物的趾行，那么芭蕾舞者用脚尖着地的做法，模仿的就是有蹄类动物的蹄行方式了。所谓蹄行，就是用趾尖来行走。蹄行类动物又可以分为偶蹄类和奇蹄类。前者可以理解为用两个脚趾行走，后者则是用一个脚趾走路。

牛是偶蹄，马则是奇蹄。通常大家认为的那部分被甲壳包裹的马蹄，其实只是马中趾的最远端节骨，上端还有两段趾骨（这个时候你可以低头看下自己分为三段的第三脚趾）。从奔跑的角度来说，蹄行优于趾行、趾行优于跖行。奇蹄又比偶蹄更善于奔跑。简单来说，足部与地面接触面积越小越有利于奔跑。这也是为什么有的运动员会对加装义肢参与比赛的残障短跑选手有意见。因为现代科技加工出来的运动型义肢，可以在技术上让人类变成蹄行。

奇蹄目动物的种类不太多。除了马以外，还包括驴和犀牛，以及一般人不太熟悉、分布在东南亚和南美洲的貘。光看外表，你也能猜到马是最善于奔跑以及能被人类骑乘的那种奇蹄目动物。天生万物，必有一用。靠着进化出来的"一指禅"神功，马成为人类最重要的役畜。

将不同材料的工具复合在一起，组合成一件功能更强大的工具，同样可以促进人类的进步。在这个问题上，青铜、车轮、马三件不同属性的工具，就做出了很好的示范。板材拼凑的车轮，并不是车轮的终极形态。成熟的车轮技术是用曲木做轮框，中间以辐条与轮毂相连，轮毂再插入车轴，并与车厢相连。时至今日，我们看到的车轮依然遵循着这一基本结构。

畜力尤其是马的使用，可以大大加强车的运载能力和运行速度。这两种能力不仅能运用在运输上，还能以"战车"的形式成为重要的战争武器。车轮在使用当中遇到的最大问题，是轮毂不停地和车轴摩擦，这就需要轮毂有足够的硬度。

青铜材料的出现，让轮毂终于可以承受住高强度压力的考验。于是大家会看到，无论东西方古老文明，具备青铜轮毂的马车成为强大的象征。

第十七章
欧亚草原的游牧者（上）

马与"欧亚干草原"

家畜被驯化的时间基本在新石器时期。其中，由灰狼驯化出来的"狗"被认为是人类最早驯化的动物。甚至有研究者认为，早在10万年前，狗就已经为人类所驯化。狗对于人类的忠诚，和它们与人类相处的时间更为漫长、与灰狼亲缘间隔更远有着直接的关联。马的驯化时间是在新石器时代晚期，比狗的驯化时间要晚得多。你会看到，一般人想跟马建立亲密关系可比跟狗要困难得多。

与人类的起源一样，家畜的驯化地也有单源和多源之争。有些家畜一望便知不是一个源头。比如，欧洲鹅和中国鹅的样子明显不同，前者由灰雁驯化而来，后者则是鸿雁的家养后代（重要的事情说三遍，不管哪种家鹅都不是天鹅驯化的）。马的起源地算是比较有共识的，欧亚草原西部被认为是帮助人类完成马的驯化的起源地。

不管到底存不存在多地驯化的情况，欧亚草原是最适宜马生存的场所。除了能够为草食性的马提供充足的食物来源以外，这一地区与马的适配性还体现在环境温度上。马是一种喜欢干燥、凉爽气候的动物，而这恰恰是欧亚草原的特点。如果温度太高尤其是湿热天气，则非常不利于马的生长。正因为如此，非洲的热带草原可以引入欧洲的长角牛形成游牧部落，却很难变为马上民族。

用非洲热带草原出产的斑马充当骑乘工具，看起来是解决黑非洲机动力问题的最好选择。在殖民时代，的确有欧洲人尝试过驯服斑马。这倒不是说斑马更适合骑乘，而是它们与环境的适配性比来自温带的马更容易抵御非洲酷热，以及由此带来的疾病。然而，最终斑马并没有被驯服，这很大程度是因为没有足够的时间和动力去完成选育工作，毕竟很快汽车的到来，就让马的地位急剧下降了。

浑身长满斑纹的斑马并不在我们讨论的范围之内，我们还是把马的概念窄化到大家平时的认知上来吧。不仅那些全年温度偏高的热带地区不适合养马，就连那些只在夏季温度才过高的中暖温带地区（比如中国的华北平原），也同样难以自然成为马的舒适空间。受此影响，古代中国如果想在自己的核心区养马，就只能在气候相对凉爽的山地、高原中寻找零星的马场。

欧亚草原在面积上的优势是无可比拟的。这片草原大部分属于干草原类型，对欧亚草原跨度的描述中常有"西起多瑙河下游，东至大兴安岭"的说法，这个范围其实指向的是欧亚干草原的范围。如果你观察得足够仔细，就会发现在这个范围之外总有呈块状或者线状分布的草原，以供游牧民族拓展自己的势力。

干草原指的是降水过低导致耐旱草本植物占优的草原，其年降水量处在200～450毫米的区间。生成于亚欧大陆心脏地带的欧亚干草原，不仅是世界上面积最大的干草原，也是最大的草原。所以，很多时候我们说的欧亚草原所指向的就是这片将亚欧大陆两端连接起来的干草原。

这片干草原的核心区大体可以划分为三个区间——位于东欧平原南部、黑海、里海之北的南俄草原（又称俄罗斯干草原），位于外蒙古高原的漠北草原，以及二者间以哈萨克丘陵为主要载体的哈萨克草原。乌拉尔山和阿尔泰山既是三个板块的分割线，同时也是东欧、中亚、北亚三个地理单元的分割线之一。

三片草原的主体分别位于俄罗斯、哈萨克斯坦、蒙古三国，会让你感叹地缘力量真是一只看不见的手。若以阿尔泰山为界，欧亚干草原还可以分为包含南俄草原、哈萨克草原的西干草原和与蒙古高原对应的东干草原两大区间。马就是在西干草原——具体来说应该是南俄草原被驯化的，然后扩散到世界各地。

并不浪漫的游牧生活

"衣食住行"是人类生存的四大需求。作为草原的主人，游牧者仅凭他们所饲养的牲畜就可以满足这四项基本需求：牲畜的奶和肉可以充当食物，马可以提供强大的机动力，羊毛则可以制成毡房和衣服。在满足这四大需求时，游牧者甚至都不用借助太多的工具。

在四大需求中，织造制作衣物所需的纺织品，在技术上看起来是最难的。农耕区的居民在制造布匹时，通常要经历三个步骤：首先，种植富含纤维的植物（比如棉花、苎麻）或养殖能吐丝的动物（蚕）获得纤维；然后，用纺锤将这些纤维旋转拉伸成丝线；最后，用纺织机将之编织成布匹。

在草原上得到一块"布"就没有那么麻烦了，羊毛作为食物生产的副产品，并不用特别去生产。作为优质天然纤维的羊毛还有一个特性，那就是毡化。我们放大来看羊毛一类的动物纤维，你会看到纤维表面呈毛鳞片状。这些毛鳞片由 3 层组成，内层与中层有亲水性，吸水就会膨胀，外层呈现的却是疏水性。这一结构特点可以使羊毛的毛鳞片，在受到不同方向的摩擦力尤其是加弱碱水揉搓后交错、紧缩成结构紧密的片状或者球状。

这种现象就是毡化效应。羊毛衫那让人讨厌的缩水和起球现象，就是毡化现象。现代人会利用这一特性，用反复针刺羊毛团的做法制作羊毛毡玩偶。游牧民族则要实际得多，他们会利用毡化现象制成毡片，再用毡片制作衣物和毡房。倘若羊可以像马那样被骑乘，那么游牧者真的仅靠羊就可以解决"衣食住行"的问题了。

虽说靠着畜养的牲畜能解决基本的生活需求，但这种生活无疑是艰苦且不稳定的。中国人有句老话"家财万贯，带毛的不算"。意思是说这些活着的财产风险实在太大，一场传染病或者一场暴风雪就可能让游牧者失去所有财富。

现代社会中，一些生活在城市、享受着现代文明带来便利的人，会想当然地认为田园牧歌式生活是最幸福的，希望一些所谓原生态地区能够一直保留着他们的生活状态，以供他们在闲暇或无聊时前去"自我体验"。若是真让他们长期处于这样的生活状态中，能坚持下来的却是寥寥无几。

欲望是人类进步的动力来源，以至于有人认为是奢侈行为在推动社会的进步。看看那些被视为人类古老文明象征的古董，大多是当年的奢侈品。相比习惯清苦生活的斯巴达人，奢侈的雅典人给后人留下了更多的有形、无形遗产。这种说法不无道理。当然，"奢侈品"一词总是容易和特权阶级挂钩。如果用"人类对美好生活的向往"这样富有诗意的语句来形容，就会更容易被接受。

其实奢侈品本来就是一个相对概念。举个例子，中世纪欧洲的农民种植和供自己食用的主要作物是大麦和燕麦，而不是磨粉后口感更好、更容易消化的小麦。这是因为小麦对生长环境较之其他麦类作物要求更高，成长期也较长。在质量和产量面前，还处在温饱线上挣扎的人类当然会选择前者；类似的情况也发生在旧石器时代的东亚地区，那些对环境和时间要求更低的杂粮总能凭借它们粗糙的特性，在以吃饱饭为目标的年代占据更多的耕种份额。

中世纪欧洲最上层的僧侣阶层，每日摄入的热量是底层农民的两倍。无论在东亚还是欧洲，胖子都长时间被视为富足的代名词。对于那些常年只能靠粗粮勉强活命的人来说，用小麦面粉发酵制成的面包或者馒头就是他们眼中的奢侈品。在只能通过牲畜满足最基本生存需求的游牧民族眼中，能够提供更多热量的主粮、可以为身体补充维生素的茶叶和用来烹煮食物的铁锅等——定居者所拥有的一切被定义成奢侈品。

欲望驱动着游牧者一次又一次靠近农耕区。虽然通过正常贸易，游牧者也有机会获得他们需要的"奢侈品"，但是生存环境越恶劣的地区，越遵循弱肉强食的丛林法则。如果农耕者没有展现出足够的力量，游牧者并不介意用最原始的狩猎思维，去"收割"那些富庶的农耕区。

草原经济注定不能承载更多的人口，游牧者所入侵的农耕区，总人口往往能够超出他们的 10 倍以上。然而军事转换力却是农耕者的短板。本质来说农耕与战争是相左的两种能力。一个农民如果从事生产的话，就没有办法进行军事训练。中国人在 2000 多年前的战国时代推行的耕战政策，是提升农民战争能力的最有效方式。成年男性农民被要求在农闲时进行军事训练，以应对随时可能爆发的战争。

耕战政策让古代中国在保持超高农业生产力的同时，还能够拥有世界上最为庞大的军队。在 2200 多年前的一场内战中（长平之战），秦王国就在取得胜利后坑杀了 40 万赵王国的战俘。而失败的赵王国还是 7 个争夺中央之国霸权的国家之一。即便如此，与游牧者相比，中央帝国的军事转换力仍然相形见绌。

对于参与战争的农民来说，军事训练往往是他们被迫掌握的一项技能；而对于游牧者来说，草原生活本身就是在进行军事训练。游牧生活让游牧者可以达到人马合一的境地，从而拥有农耕者无法企及的群体机动力。我们想象一下，在武器装备相当的情况下，一名靠着两条腿走路的农民战士，如何对抗一个长着四条腿的游牧战士呢？

驯服牲畜日常工作，本身亦是一种军事训练，那些为放牧牲畜而进行的马上机动，以及为捕捉离群牲畜投出去的套索，同样可以在战场上对付敌人。除此以外，游牧者的日常生产行为还包括狩猎。那些灵活奔跑的野兔以及对畜群造成巨大威胁的狼群，都是游牧者弓箭射向的目标。

另一个重要影响因素在于对迁徙的态度。"最好的防守是进攻"，进攻需要离开自己原本熟悉的土地。迁徙本来就是游牧生活的一部分，更何况他们所入侵的地方，要比草原更为温暖和富庶。反观着眼于脚下土地的农民，却是极不愿意离开家乡的。美国南北战争期间，以种植经济为主的南方，在南方境内保家卫国时，军队能够爆发出惊人的战斗力；如果南军反攻至北方境内，其战斗意志就会急剧下降。

这就从另一个战略视角，决定了游牧者会更有动力侵入邻居的领地。那些不幸与草原接壤的农耕文明，则必须始终将那些善于骑射的草原游牧者视为最大的压力源。

从马车到马背

游牧者最大的力量来源于他们的机动力，这种机动力让他们可以实施"打得赢就打，打不赢就走"的战术。哪怕定居者拥有更好的军事装备、更强大的物资生产能力，也很难在战略上很好地应对游牧民族的袭扰。在利用马的机动力问题上，游牧者并不是一开始就能做到人马合一的。

尽管马在新石器时期已经被驯化，但从驯化到变成普遍骑乘工具还需要一个过程。最初驯化马的目的应该和牛、羊一样，只是单纯充当食物来源。一般认为，距今 5000 年前，马开始变成役畜。这一事件的发生与车轮和车的发明有关。人类在发明车之后，很快发现可以利用那些已经驯化的牲畜来充当驱动车辆前行的动力。

换句话说，欧亚草原上的游牧者并不是从一开始就懂得把马当成工具的。做不到这一点的游牧者是柔弱无力的。只有在通过马获得强大机动力后，游牧者对农耕者造成的恐慌情绪才会向亚欧大陆各边缘文明区蔓延。

学会用马这件事，首先影响的是欧亚草原游牧者的内部地缘结构。既然亚欧大陆心脏地带的地缘结界效应造就了黄、白两大人种，欧亚草原的东西跨度又如此之大，那么那些纵横欧亚草原的游牧民族显然会在种族上分为东西两个种族特征鲜明的体系。马车时代最有名的游牧者标签，是在3000多年前由南俄草原迁到伊朗高原和印度半岛并建立波斯文明和印度教文明的雅利安人。

从驯化马到学会使用马车，再到直接骑马，欧亚草原的游牧者完成这三步，大约花了7000年的时间。而这三步都是在牧草条件相对较好的西干草原由白种游牧者完成的。距今3000年左右，西干草原的高加索人种游牧者发明了马鞍，让自己变身成为"马背上的战士"。在这个时代最为知名的游牧标签，则是公元前8世纪至前3世纪覆盖西干草原的斯基泰人。

凭借技术上的先发优势，以雅利安人、斯基泰人为代表的白种游牧集团得以向东覆盖至中亚地区。你会在天山南北出土的早期人类遗骨中看到非常典型的高加索人种特征。一直到2100多年前，中国历史上最强大君主之一的汉武帝派出他忠实的臣子张骞，出使中亚地区、准备联合中亚游牧者共同应对来自蒙古高原的匈奴人时，整个中亚地区的游牧者仍然在种族上呈现出与欧洲草原的强关联性（中国史书所描述的塞人，就是我们刚才提到的斯基泰人）。

头戴三角形尖顶毡帽，是白种游牧者的重要外貌特征。这种尖帽被设计得与头部紧贴、帽尖向前弯曲，两侧还有长长的护耳，以抵御草原上的刺骨寒风。值得一提的是，这种典型游牧民族的穿戴，在后来的法国大革命时期还被去掉护耳部分，成为自由的符号。很多那一时期的艺术作品中，你能够看到这种被称为"自由帽"的红色尖帽。

自由帽的最初来源，便是在古希腊时期渗透至安纳托利亚高原的白种游牧者弗里吉亚人。据说古罗马人在释放奴隶时，会先剃掉奴隶的头发，然后给他们戴上一顶弗里吉亚帽，以显示他们从此获得了自由。假如你对历史不太熟悉，又恰好看过经典动画片《蓝精灵》，可以回忆一下蓝精灵头上戴的尖帽是什么样的。

此外，这些源自草原的技术还向大陆边缘的文明区传导。比如，3600年前，一支名为商的部落，在中国取代传说中的夏王朝，建立了中国历史上第二个王朝。而商民族给人印象最深刻的一个特点就是他们拥有技术先进的战车。

"不要重复造轮子"，是当代互联网行业流行的一句话，意思是说技术并不需要从零开始；如果已经存在最合适的方案，在此基础上改进即可。在强调自主知识产权的今天，"不要重复造轮子"的说法有时会受到批判。从人类整体进步的角度来说，在已知技术上再创新并没有什么问题。古文明时期旧大陆之所以比新大陆表现得更有活力，根本原因就在于旧大陆拥有更多的文明、文化样本，可以互相学习和借鉴。

假设商人最初是从迁徙向东的白种游牧者那里获得了制造和使用马车的技术，并凭借技术代差入主中原，那么从地缘关系和时间线上来说，是符合逻辑的。另一个更为确定的草原技术向边缘文明区传导的案例，来自前面提到的赵王国。在那场事关中国统一的百年战争中，赵王国是最为强劲的竞争者之一。这个北方王国的强大，来源于一场距今 2300 年的军事改革。

在那场改革中，一直在北方与亚洲游牧者作战的赵国人，决心在军事上摒弃落后的战车技术，转而向游牧者学习骑射的作战方式。为此，赵人甚至在着装上也仿效自己的对手，以适应新的作战方式。由于中国人将这些游牧者统称为胡人，这次影响深远的军事改革被称为胡服骑射。

东干草原并非只是单纯地引进技术，西干草原在完成驯马、马车、骑马三部曲并将之传递到东干草原后，后者很快做出了自己的技术改进。将牲畜套在车上需要用皮带或者绳索连接，这种软连接工具被称为挽具。最初的挽具只是简单地将皮带套在马的喉部，马使出的力气越大，就越有可能使马窒息而亡，进而限制了车辆的载重及运行速度。

公元前4世纪，亚洲东部对挽具做出重要改进，将挽具的位置下调到马的胸部，这就可以让马全力奔跑，而不用担心马有窒息的风险。尽管"胸带挽具"出现时草原上的游牧者已经习惯直接骑马，但技术进步的意义依然明显。马镫和高桥马鞍，则是东方奉献给骑乘时代的两份大礼。

马鞍给大家的印象是两头翘起、中间凹陷。然而最初的马鞍却是平平地包裹在马背上，目的是让骑手坐得更舒服点（可以参考秦始皇兵马俑中的骑兵形象）。相比之下，前后加装两块"鞍桥"的高桥马鞍，不仅可以把骑手更稳定地固定在马背上，还能给双手一个稳定的抓点，让骑手在高速奔跑过程中更容易保持稳定，包括做出上下翻飞的复杂马术动作。

与高桥马鞍几乎同时出现的马镫的作用是固定双脚。在它被发明出来之前，骑兵如果不想被高速行进的战马颠下来，只能在奔跑过程中努力夹紧双腿，并紧握缰绳。有了马镫的助力，骑兵就可以稳稳地站立在马背上用双手持握长兵器攻击对手。

高桥马鞍和马镫的诞生，改变了游牧者和整个骑兵的战术。总体来说，骑兵分为两大类：一种是以骑射为主要攻击方式的轻骑兵。这种类型的骑兵讲究的是灵活，一般冲到阵前放完手上的箭就迅速撤到对手攻击范围之外。基于战术特点，轻骑兵并不需要披挂太多甲胄。另一种则是重装骑兵。这一兵种装备有防御性能良好的全套盔甲，可以用集团冲锋的方式冲破对手的阵线。

你能想象得出，在这两种能将骑手牢牢固定在马背上的马具诞生之前，不能着太重盔甲、不敢全力冲刺的重装骑兵有多么名不副实，而有了高桥马鞍和马镫就大不一样了。在史上最强大的游牧帝国——蒙古帝国诞生时，蒙古骑兵中甚至能够有 40% 的重骑兵比例。在轻骑兵用射完就撤出的袭扰战术打乱敌军的阵脚后，那些如排山倒海般冲向敌阵的蒙古重骑兵负责完成致命一击。

　　高桥马鞍和马镫，可能是中国人在大约 1800 年前的魏晋时期发明的。不管这些是由已经用胡服骑射理念改造过的中原王朝发明的，还是蒙古高原游牧者的创新，它们很快通过欧亚草原传播到大陆的另一端。

第十八章

欧亚草原的游牧者（下）

欧亚草原的"亚洲化"

历史上那些饱受游牧侵扰的定居者，有如盲人摸象般给来自草原的入侵者取了非常多的称呼。在众多称呼中，"鞑靼人"在东西方历史上曾经广泛使用过。狭义来说，鞑靼人指向的是当下俄罗斯境内的一个游牧民族。不过历史上这个称呼，更多被西方人用来泛指那些源自亚洲的游牧民族。在中国的情况同样如此，"鞑靼"一词经常被用来统称时常入侵中原的北方马上民族，不仅包括来自草原的游牧民族，也包括来自东北森林地区的渔猎民族（比如建立中国最后一个王朝的满族人）。

观察欧亚草原在历史长河中的变迁后，你会有一种强烈的感觉，不知道从什么时候起，原本应为欧亚两股游牧势力所共享的欧亚草原，变成了亚洲游牧民族所独享。欧洲人眼中的游牧威胁，成为种族色彩鲜明的"黄祸"。哪怕在东亚人眼中那些入主欧洲草原的游牧者，在种族特征上也已经呈现出明显的高加索化。

欧亚草原的"亚洲化"是在内、外两种因素的共同作用下完成的。内因是欧亚干草原的东西地理差异。从平均海拔 1000 多米的蒙古高原，到海拔 500 米左右的哈萨克丘陵，再到平均海拔只有 100 多米的东欧平原，整个欧亚干草原的地势特点表现为东高西低；降水情况则正好相反，由于亚欧大陆在太平洋方向横亘着一系列高大山脉，阻碍了太平洋水汽的输入，而在大西洋方向却是风口。在西风的帮助下，南俄草原的降水条件要明显优于亚洲。

当西干草原的游牧者率先乘上马车、骑上战马，并自然迁徙至东干草原后，生活在这片草原的黄种游牧者很快就掌握了这些技术。看看北美的印第安部落，在欧洲殖民者入侵之后，很快就成为马上战士，甚至能娴熟地掌握火枪射击技术。所以说，人类的学习能力还是很强的。

欧亚草原的整体性使草原内部并不大会形成技术上的代差，恶劣的生活环境更能逼迫人类向外迁徙。从这一点来说，来自北亚的游牧民族会更有动机向中亚、东欧的草原地带迁徙。当他们与西干草原的白种游牧者不再有技术上的代差后，草原的迁徙方向便开始逆转。

欧洲人对亚洲游牧者的恐怖回忆，最初源自一个叫阿提拉的亚洲游牧者。这件事情还要从中国第二个大一统帝国——汉帝国说起。汉帝国建立于公元前 202 年，在帝国建立之前，蒙古草原各游牧部落已经被一支叫作匈奴的部落统一在一面王旗之下。

整个欧亚草原还是第一次出现如此强大的游牧联合体。游牧者最大的问题在于内部极度分散。草原的承载力有限，儿子在长大之后一般会带着部分牲畜另寻草场。生产方式决定了他们无法出现大规模聚落的情况，即便是在一个因血亲关系而凝结在一起的部落中，家庭与家庭之间也呈离散状态。回忆下美国西部片中那些孤独矗立于农场、牧场中间的木屋，我们大体就能理解这种感觉了。

将散居的游牧部落组织在一起，是一件非常困难的事，但一旦组织起来，数以十万计的游牧骑兵对于任何一个定居文明来说都是很大的威胁。历史上那些阶段性产生的游牧帝国，其共同特点是最起码完成了三大干草原中某一部分的统一。比如匈奴帝国的崛起，靠的就是完成对东干草原或者说蒙古草原的统一。

万里长城的力量

现在问题来了，自匈奴之后那些阶段性形成的草原帝国，总是源起蒙古草原。到底是什么原因让来自亚洲的游牧势力能够在长达上千年的历史中统治着欧亚草原呢？感谢中国人如此执着地记录他们的历史，让我们对蒙古高原游牧民族的崛起能够有一个清晰的历史脉络。是的，一直安心在大陆一隅自成一体的中国人，就是引发欧亚草原地缘结构变化的幕后推手。虽然很长一段时间以来，中国人自己并没有意识到这一点。

想让崇尚自由的游牧者，愿意听从一位单于或者可汗的号令，除了号令者的部落拥有草原上最强大的武力以外，还需要让所有"世代居住在毡房和帐篷的人"有一个共同的目标。这个目标必须在草原之外，并且能够满足全体游牧者对物资的渴望；否则，在草原资源有限的情况下，困于草原的游牧者除了"内卷"，不会有更好的选择。以此标准来说，实在是没有比中央之国更好的目标了。

一片欧亚草原中最贫瘠的草原与一片旧大陆诸文明中最善于积聚人口和物资的文明做邻居，你猜会发生什么？不过，促成蒙古高原游牧者更容易联合在一起的，并不是他们的目标是更加富庶，而是更加有组织力。尽管我们还没有系统地解读中国人为什么如此有集体意识，但相信绝大部分中国人知道这是我们的特点。

匈奴人能够将游牧者联合在一起的大背景，是他们面对东亚农耕区建立第一个中央集权式的王朝——秦朝，秦朝的建立标志着中国进入封建帝国时代。这个初始王朝为中国留下了非常丰富的地缘遗产，其为中国统一所做的工作（比如统一文字），帮助中国人凝结成为世界上最强大的意识形态共同体。此后历代中原封建王朝，无论从组织结构还是核心区的范围上，大体都是在对秦王朝的复刻，以至于很多人认为，中国在秦以后的2000年里，只是在不断地重复封建王朝历史。

在秦王朝留下的所有遗产中，"农牧分割线"——万里长城，对草原生态影响最大。秦王朝统一之前的中国，处在分裂的战国时代。与游牧者相接的秦、赵、燕三国在自己的北方边境修筑了长城。秦人所做的是将这些分散的长城连接起来，并延伸到黄土高原的最西端。之所以要在长城前面特别加上"万里"这个前缀，是因为这条防线实在是人类历史上最伟大的防御工程。

在中国人强大的集体意识下，万里长城被"经营"成为一条完美切割

秦长城

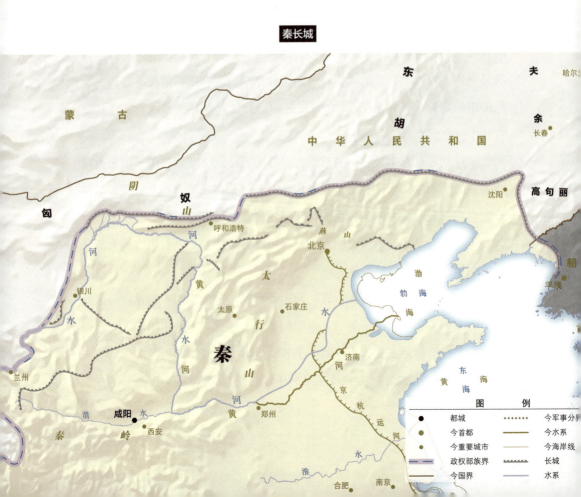

农牧区的分割线。游牧者自由散漫的天性，导致他们本身没有强烈的集体意识。就拿从农耕区掠夺财富、人口这件事来说，要是自己的部落能够做到，为什么还要联合更多的部落来瓜分战利品呢？文明区的组织能力越强，意味着游牧者越难获得他们想要的东西。当变态级的防御工事长城出现后，游牧者如果想从农耕区获得补给，就只能同样选择联合起来。

于是你会看到，伴随着中原王朝的集权力越来越强，亚洲北部的游牧者变得比亚洲中部和东部的游牧者更加有组织力。在秦帝国很快崩溃之后，已经借机统一草原的匈奴人，紧接着对中国第二个大一统封建王朝——汉朝造成了巨大压力。这种情况一直持续 70 余年。直到汉王朝积聚足够的力量，自汉武帝时代起对蒙古草原展开长达 100 年的战略反攻后，匈奴人建立的游牧联合体终告全面瓦解。

此后，部分打着匈奴旗号的游牧者被迫西迁至哈萨克草原以及南俄草原。公元 5 世纪中期，一个名叫阿提拉的匈奴王向已经日耳曼化和基督化的西欧发起进攻，甚至攻入意大利，第一次让从未见识过黄种游牧者的欧洲为之战栗，以至于阿提拉当时被欧洲人称为上帝派来惩戒他们的"上帝之鞭"。

匈奴人离开东干草原后，农耕属性的中原王朝仍然没有可能直接控制那片贫瘠的草原，尤其是被大漠戈壁分隔的漠北草原。草原上的真空很快被其他游牧民族填补。在与中原封建王朝的长期对抗中，这些游牧者一方面从中原王朝那里吸取先进技术，掠夺财富和人口；另一方面因为长城的存在，而让草原诸部有了再次凝结在一起的动机。

草原遵循的是适者生存的原则，一旦草原内部竞争出最强者，基于农耕区对全体游牧者的强烈吸引力以及长城的防御力，之前争斗得你死我活的游牧者，会很愿意有一个领袖帮他们摆脱"内卷"。自匈奴帝国之后，伴随着与中原王朝对抗的常态化，一代又一代草原之王得以诞生。

于是，像大家感觉到的那样，秦始皇所开创的那条将草原和中国核心农耕区完全分割开来的长城，成为搅动整个亚欧大陆的"关键先生"。中原王朝越是倾尽所有打造长城防线，游牧者就越有理由摒弃彼此的矛盾，从而联合起来；反过来，为了对抗游牧者不断的骚扰，中国人变得越来越团结。由此形成了一个西方文明无法理解的中国意识：无论内外风云如何变化，中国人始终相信全体中国人应该生活在一个国度里。

除了被长城以南的农耕区吸引以外，蒙古草原的游牧者同样会选择向西迁徙，寻找更为优质的草场。这个时候你就会看到，他们在东方所吸收的先进技术以及所形成的强大组织力，对西干草原那些各自为战的游牧部落是多么有优势。一批又一批从蒙古高原下来的游牧者进入哈萨克草原、入侵南俄草原，让整个欧亚草原深深地烙上来自蒙古高原的印记。

匈奴之后所有源出蒙古高原的游牧帝国中，公元6世纪崛起的突厥帝国，以及13世纪崛起的蒙古帝国，是最为成功的两个帝国。前者成功地让突厥语成为蒙古高原以西欧亚草原的通用语，后者则在历史上第一次也是唯一一次将整个欧亚草原统一在一个家族手中。

由于整个西干草原原本为白种游牧者所覆盖，在黄种游牧民族一次又一次的冲击下，西干草原在种族结构上出现黄白混血的趋势，这种情况在大中亚地区显得尤为突出。基本上越往亚洲方向，游牧者以及受其影响的绿洲定居者在种族特征上表现出越多黄种人的特征；越往欧洲方向，则呈现出越多白种人的特征。

反观欧洲方面，自罗马之后一直没有形成强大统一的帝国，这让游牧者可以凭借较小的规模，点对点地突破那些脆弱定居者的防线。在这种情况下，欧洲也就缺少了统一的动力。一旦那些在蒙古高原建立强大共识的游牧政权开始进入欧洲之后，已经习惯与小规模游牧者博弈的欧洲诸国，很快被这股巨大力量所震慑。

山地草原走廊

对于身处亚欧大陆边缘的定居文明来说，欧亚草原的"亚洲化"可不是一件好事。游牧者的个体作战能力是非常强悍的，但最缺乏的是组织能力，而定居者的情况则相反。曾经击败蒙古铁骑的埃及马穆鲁克骑兵，是史上单兵作战能力最强的骑兵。拿破仑曾经有过一个著名的论述：2 个马穆鲁克兵绝对能打赢 3 个法国兵；100 个法国兵与 100 个马穆鲁克兵势均力敌；300 个法国兵大都能战胜 300 个马穆鲁克兵；而 1000 个法国兵则总能打败 1500 个马穆鲁克兵。

那些在与万里长城的长期博弈中不断强化组织意识的游牧者，不仅对那些松散结构的游牧部落具有优势，更会顺着草原扩张，不间断地对草原所能触及的文明区施加压力。一旦这些远离长城的游牧者变得组织涣散，会有新的游牧者从蒙古高原下来，重新强化游牧者的组织力。

历史上，欧洲、印度、中国包括新月沃地——这几个大陆边缘的文明区都不同程度地承受着游牧压力。现在问题来了，以之前我们所划定的欧亚干草原范围，无论是欧洲游牧者还是亚洲游牧者，似乎不应该对南亚和西亚构成威胁。换个说法，地处西亚的新月沃地和地处南亚的印度并不与欧亚干草原接壤，而它们为什么也会一直遭遇来自北方的游牧压力呢？

类似的问题还有，为什么欧亚草原以西的欧洲核心区历史上所遭遇的游牧威胁要远小于东部的中国？诸如匈奴、蒙古帝国这样级别的游牧入侵，在长城两侧几乎是常态，而在欧洲却是几百年才会遇到一次，并且很快会消散。

想要解决这个疑惑，我们首先必须明确一个概念：欧亚干草原不等于欧亚草原。欧亚干草原之北，是分列于乌拉尔山脉两侧的西伯利亚，以及东欧平原的中北部。这一区域占据生态位的是北方针叶林。在这个方向，欧亚草原的边界线和欧亚干草原的边界线大体上是重合的，而欧亚干草原南部的情况就异常复杂了。

乔木生长对环境的要求比草本植物要高得多，气温太低、降水太少、降水太多、降水太不规律等都可能造成树木无法成林甚至无法正常成长。相比之下，构成草原主体的草本植物和灌木就皮实得多。在高大乔木无法成林的地带，那些原本被乔木抢占阳光的草本植物和灌木会自然抢占生态位，从而成就各种类型的草原。

于是你会看到，在分为雨季和旱季的非洲地区，树木同样难以适应半年大涝、半年大旱的反差，并因之生成热带草原；在同样不缺少降水的南美潘帕斯草原，却因为频繁遭遇雷电引发的野火而无法成林。更典型的案例是，你总能在一些不缺少降水的高山地区看到草场分布。

在海拔较高的山地，存在一条限制森林生成的海拔线，这条线被称为森林线。受纬度和降水量不同的影响，森林线的高度并不会绝对一致，从海拔 1000 米到 4000 多米不等。森林线以上，生态位会被草本植物占据；如果是荒漠地区的高山，边缘地区总是会有适合形成干草原的区域。

山地草原最精华的部分并不属于半干旱环境的干草原类型，而属于草甸草原。此类草原生成的地点一般相对于周边地势更为低洼，能够积聚更多水资源。由于水量丰富，草甸草原的牧草质量和产量都非常高，是游牧民族的向往之地。中国那些以风景秀美而闻名的草原，比如大兴安岭之侧的呼伦贝尔草原、天山腹地的伊犁草原核心区，都属于这种类型。中国古诗中所描述的"风吹草低见牛羊"的场景，指的便是此类草甸草原。

越是远离海洋的山地，越容易形成规模上占优的山地草原；反之，温度和降水都太充分的话，森林就会占据优势，最多在内部夹杂一点草场。鉴于山地结构及小气候的复杂性，这些藏身于山地中的草原并不像欧亚干草原那样容易辨识。当我们了解到，山地可以生成草场之后，我们便可以顺着亚欧大陆那些核心山脉的走势，将那些藏身于大陆腹地的山地草原走廊找出来。

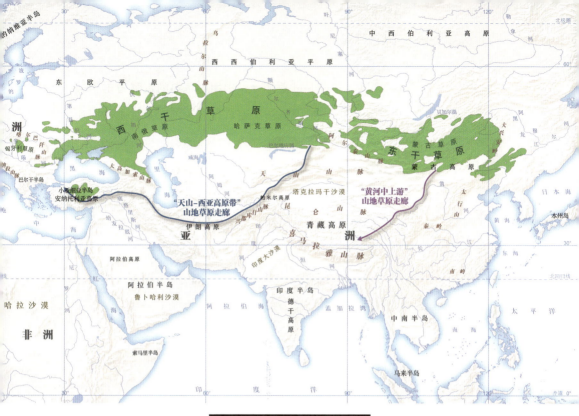

欧亚干草原与山地草原走廊示意图

　　之所以称为走廊，是因为马上游牧者不仅能够据此扩张自己的游牧范围，更能通过这些走廊渗透到离文明区更近的位置。现在我们要做的是，先用排除法，把亚欧大陆那些不适合承载游牧者梦想的山地给剥离出来。

　　首先，欧亚草原之北的区域可以排除掉，前面说过，由于温度和降水问题，这一区域整体被北方针叶林覆盖。只在靠近北极圈的边缘位置，因为太冷没有办法生长树木而让位给诸如苔藓、地衣、耐寒的草类和灌木一类的植物。这种类型的植物带并不被认定为草原，而是被称为苔原。

　　温度过低，没有树的苔原并不适合马的生存。想在这一地区利用这些耐寒植物过上放牧的生活，要依靠的是驯鹿一类的本地役畜。虽然苔原和驯鹿为人类贡献了"圣诞老人"这样广受欢迎的形象，但你显然无法把一群坐着鹿拉雪橇的圣诞老人和侵略性联系在一起。

在欧亚干草原的西端，也就是欧亚部分，山地对草原的贡献力是非常弱的。这片大陆与海洋的关系实在是太过亲密，以至于绝大多数山地拥有能够生成茂密森林的积温和降水。不过山地之于草原的影响也不是一点都不存在，整个阿尔卑斯山系内部可以分为几组山脉，最靠近大陆腹地的山脉是位于巴尔干半岛以北、南俄草原以西的喀尔巴阡山脉。

喀尔巴阡山脉呈反"C"状走势，内部又可以分为西、东、南三部分。这些山脉与阿尔卑斯山脉和巴尔干半岛山脉（迪纳拉山脉）一道，围成一个今天为匈牙利、罗马尼亚、塞尔维亚、克罗地亚、斯洛伐克等国家所共有的喀尔巴阡盆地。在盆地的东北部，离海洋最远的位置上生成有一块为匈牙利所有的草原。

这片与南俄草原隔喀尔巴阡山脉相望的草原，现存部分叫作普斯兹塔草原。位于阿尔卑斯山系内的部分，使得自欧亚干草原的游牧者有了深入欧洲核心区的跳板。当年匈奴王阿提拉正是以此为基地，自亚洲西进，令整个欧洲恐惧战栗。

再来看看欧亚干草原之南的山脉走势。沿着这个方向我们可以找到两条山地草原带：第一条是沿着天山山脉—西亚高原带延伸的草原走廊。来自蒙古高原的游牧者可以从欧亚干草原出发，顺着天山山脉西南而下，然后进入伊朗高原。此后或翻越阿富汗的兴都库什山脉进入印度，或向西进入小亚细亚的安纳托利亚高原游牧。

最早利用这条山地草原走廊的，是属于白种游牧集团的雅利安人。这些来自南俄草原、赶着马车的雅利安游牧者，于3000多年前在伊朗高原建立了波斯文明，同时进入印度河流域，毁灭了古老的印度文明，建立了以印度教及种姓制度为核心特征的印度教文明。

亚洲游牧势力崛起之后，同样利用天山—西亚高原山地草原走廊，将控制线延伸至西亚、南亚地区。雅利安人入侵之后，在印度建立王朝的大多数都是来自中亚的游牧者。而在安纳托利亚高原上依托山地草原带立足的奥斯曼土耳其人，祖先则是来自蒙古高原的突厥部落。

另一条山地草原走廊位于中国的中西部。在这个区位，黄河中游的鄂尔多斯高原、黄土高原西部，加上青藏高原内部那些适合草原生长的山地，连接在一起形成一条由蒙古高原向南一直蔓延至青藏高原的山地草原带。被中国人视为母亲河的黄河，上游可以视为这条山地草原带的中轴线。你会看到，上述在历史上经常被游牧者渗透的板块就位于这条中轴线的两侧。

基于这一特点，我们可以将这条山地草原走廊称为黄河中上游草原走廊。因为这个山地草原走廊的存在，来自蒙古草原的游牧者会经常性地通过走廊进入青藏高原北部建立统治（比如公元 4 世纪—7 世纪在青海地区建立统治的鲜卑吐谷浑部）。这使得中国文明在历史上不得不同时承受来自北方和西北方向的游牧压力。

第十九章
游牧压力下的中国和印度

黄土高原的森林草原

之前的内容中，我们曾经将欧洲半岛、印度半岛、阿拉伯半岛、中国以及中南半岛概括为亚欧大陆的五大边缘区。由于欧亚干草原及山地草原走廊的存在，除了被印度和中国保护在身后的中南半岛以外，其余四个边缘区无一例外地在历史上承受着来自草原的威胁。

在与游牧者打交道的问题上，中国与印度这两个古老文明是最为有趣的比照对象。二者都与游牧者打了超过 3000 年的交道，并在与游牧者的博弈中形成了自己独特的文明气质。文明积淀让两国在步入现代社会后，都不愿意也没有可能完全模仿西方。考虑到有那么多观察者认为，21 世纪将是中国和印度的舞台，我们有必要单独把这两个国家拉出来，就它们的游牧应对之法作比较，看看那些游牧入侵者给这两个古老文明各自带来了什么影响。

我们先来看看中国的情况。游牧者的存在并非只是给边缘文明区带去灾难，在马是大陆最重要交通载体的时代，游牧者在草原的行动客观上促进了各边缘地区技术和商品的交流。即便是压力本身同样也有它的用处，最起码能够为内部的融合找到一个二元对立面。

在将游牧压力转化为内部凝聚力的问题上，中国人是最有发言权的。中国人所呈现出来的高度集体意识，很大程度在于他们需要承受更高的游牧压力。这种"人祸"对于农耕文明来说并不比"天灾"更弱。"治水文明"在内部所营造出来的集体意识，被外部的游牧威胁一代又一代地强化下去。

基于欧亚干草原及黄河中上游草原走廊的存在，中国在历史上同时遭遇来自北方和西北两个方向的游牧压力。这些游牧压力具体是由黄土高原和它东部的华北平原来承受，长城亦是沿着这两个板块的边缘修筑。这当中华北平原只需要应对来自北方的游牧压力，而黄土高原则需要同时警戒两个方向。

古代中国的核心区指向的是位于长城以南那些适宜农耕的土地。在这些土地中，流域上对标黄河中游的黄土高原地缘地位最高，被认为是中国文明的发祥地。因为这个区位，这个如今已经位于现代中国版图中部的板块，在中国人的传统地理认知中被标定为西北地区。

这片黄土地完全成为中国核心区的时间，并不像很多中国人印象中的那么早。植被的分割线从来都不会那么泾渭分明。以草原和森林来说，过渡地带总会存在兼具二者特征的森林草原地带。如果一片土地的原始状态是阔叶林与草本植物（包括灌木）相间的森林草原地带，那么它将有机会使农耕与畜牧两种基本生产模式相容。

黄土高原的西、北部本质上就是这样一种情况。黄土高原地带内部还可以细分为几个板块，其中陕北高原、陇东高原、陇右高原以及山西高原北部，基本都处在这个模糊地带中。以原始植物群落结构来归类的话，我们可以将这个区间称为黄土高原森林草原地带。

大多数情况下，游牧者会更容易控制森林与草原的交会处。事实上，在中国的农耕文明还处在萌芽阶段时，控制这片森林草原的就是游牧者。中国文明的最初奠基者大概率是一群原本在这片森林草原地带放牧的牧

黄土高原地形示意图

中央戈壁

内

弱

水

阿　拉　善　高　原

狼
山

河

乌
兰

布
和
沙
漠

库

巴丹吉林沙漠

40°

贺
兰
山

鄂

腾　格　里　沙　漠

银川市

毛

河
西
走
廊

祁
连
山

大
通
山

乌
鞘
岭

大
坂
山

青海湖

西宁市

黄
水
河

湟
水

河

兰州市
陇中高原

土

洛

达
拉
河

黄

六
盘
山

渭

35°

阿
尼
玛
卿
山

黄

松潘高原

白
龙
江

渭

嘉

秦

汉

陵

江

岷
山

岷
江

江

江

四
川
盆
地

青
藏
高
原

100°

105°

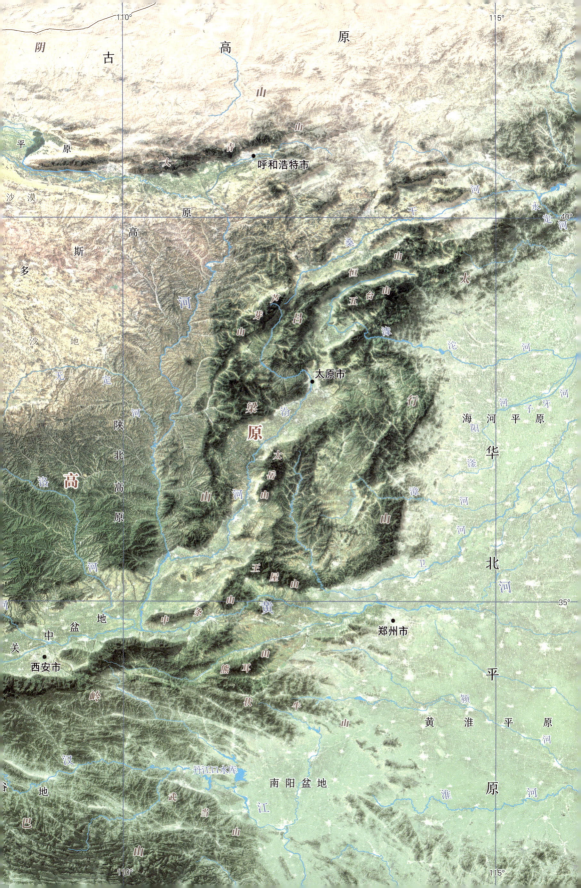

羊人，从中国历史、文化中都能找到证明这一点的线索，比如汉字中的"美"就是"羊"与"大"的结合（羊大为美之意）。

鉴于森林草原地带有农牧双重属性，以及农耕所带来的更稳定的食物收入，黄土高原游牧者会尝试在水温条件较好的河谷地带播撒种子，然后在作物成熟的时候算准时间回来收割。久而久之，便有部分游牧者意识到，农耕是一种比游牧更能扩张部落人口的经济模式。

这场发生在黄土高原森林草原地带的博弈注定是漫长的，为了对抗巨大的游牧压力，中国人所做的是尽一切可能，将那些可牧可耕的土地变为农耕之地。农耕属性的中国文明能够将这片森林草原地带彻底变成自己的核心区，除了感谢治水文明所带来的强大组织力以外，一定程度上还要感谢马是在欧亚草原西部被驯服的。

亚洲游牧者的后发之力给了东方农耕者以足够的时间打造文明，并凭借压倒性优势的资源和组织力赢得这场千年战争。直到 2000 多年前的战国后期，中国才将黄土高原的森林草原地带基本变成中国的一部分。代表中国完成这项工作的，正是随后统一中国的秦国。秦国也由此为自己已经足够强大的军队加入更多骑兵，并迅速统一中国。

统一中国之后，中央帝国的开创者——秦始皇（公元前 259 年—前210 年）很快下令做了一项历史性的工作——修筑长城。这道长城不仅将原本分布在北方、用以应对欧亚干草原游牧威胁的长城连接起来，还沿黄河中游河道向西南方向延伸至青藏高原的边缘。从地理角度来看，秦王朝开创的万里长城不仅将整个黄土高原和华北平原，与游牧世界割裂开来，更为中国在进入帝国时代后竖立起一面抵御游牧威胁的"帝国之盾"。

帝国之矛——河西走廊

万里长城作为一项伟大的人工建筑，很容易让世人感受到它的存在，被视为中国的象征。接下来我们要介绍的这条绿洲农耕带，在中国以外地区的知名度就没有那么高了。这条在2100多年前出现在中国版图中的走廊地带，有一个标定其方位与价值的名字——河西走廊。

从战略角度来看，控制河西走廊的意义甚至比修筑长城还要重大。秦王朝修建的万里长城虽然从北方和西北两个方向将游牧势力割裂在外，并确定了古代中国核心区在这两个方向的边界，但仅仅做到这点，中国并无可能形成当下的疆域。最好的防守是进攻，长城是战略防御思维的体现，想真正打败游牧者，一定要深入游牧者的舒适空间。

秦始皇离世70多年后，中国历史上第二个伟大帝王汉武帝（公元前156年—前87年），引领中国的农耕者越过长城，向率先建立草原帝国的匈奴人发起反攻。这次反攻中最大的收获是从匈奴人手中夺取祁连山北麓那些依靠高山之水而生成于沙漠中的绿洲，将之变成中国核心区连接大中亚地区、切断蒙古草原与青藏高原草原带的绿洲农耕带。

在中国的行政版图中，你会看到一个轮廓奇怪的省份——甘肃省。这个省份的奇特之处在于，它整体呈现为哑铃状，行政区中部是一条漫长的走廊地带。如果你去比照秦王朝所圈定的中央之国核心区范围，就会发现，这条走廊地带并不存在于秦朝的版图中。它就是在西北方向庇护中国2000年的河西走廊。

河西走廊北面为海拔1000余米的蒙古高原，南面为海拔4000多米的青藏高原，西与大中亚地区的核心——天山山脉相接，东与黄土高原隔黄河相望。前三个板块都是游牧者的舒适空间。如果从地理位置和降水来说，河西走廊本身也属于半干旱气候的亚欧大陆心脏地带，是它背后所依靠的祁连山脉帮助中国将农耕线延伸至中亚的边缘。

作为青藏高原的边缘山脉，海拔4000~6000米的祁连山脉，像所有位于荒原地带的高山一样，慷慨地用它收集到的降水滋润着山前低地。在这些高山雪和雨水的滋养下，原本应为沙漠覆盖的祁连山麓出现了几块绿

河西走廊地形示意图

蒙古

105°

木
仁 央 戈 壁 额
高 木 讷
仁 高
勒 勒

阿 拉 善 高 原

巴 丹 吉 林 沙 漠

40°

中 华 人 民 共 和 国

腾 格 里 沙 漠

龙 张掖
肖
山
金昌

石

羊
河 武威

郫
连
山 马
廊 鬃 黄
达 坂 山 河
山 峡

日 西宁 大 白银
月 湟
山 水 庄 浪
拉 黄 河
脊

羊 龙 山
永 峡
寨 河
刘家峡水库 兰州

定西

夏
河 洮

河

35°

山

河

105°

洲。当黄土高原森林草原地带变成农耕经济占优之地后，祁连山麓这几块绿洲形态草原成为蒙古高原游牧者连通青藏高原游牧区的主跳板。

换言之，秦王朝将中国带入大一统的帝国时代后，原本以黄河中上游河道为轴心的这条黄河中上游山地草原走廊，其连接点开始从黄土高原西、北部向西移到内流区属性的河西走廊。这种情况没有维持太久，在汉武帝委派他的天才青年将军霍去病从匈奴人手中夺取这条位于黄河以西的走廊地带之后，这位与秦始皇齐名的伟大君主旋即依托祁连山麓的几块绿洲建制武威、张掖、酒泉、敦煌四个郡（并称河西四郡），并凭借这条绿洲农业带打通了通往天山南北的丝绸之路。

今天你依然能够在中国甘肃省的行政版图上看到 2000 年前所建制的这四个行政区。如果说长城是中国人在北方竖立的一面抵御草原游牧者入侵的"盾牌"，那么延绵 2000 华里的河西走廊，则是一柄刺入大陆心脏地带的"矛"。其地缘政治价值体现在"以一条连接大中亚地区的农耕走廊，切断蒙古高原通过青藏高原的草原走廊"。

总体来说，中国人秉持的还是防御思维。或者说，他们深知那些没有办法种地的地方，并不是他们的舒适空间。事实上，汉武帝曾经为河西走廊构筑过一条面向蒙古高原的长城。事实证明，控制这样一条深入游牧之地的走廊地带，修一道墙肯定是不够的。最有效的办法是挖掘河西各绿洲的农耕潜力、迁入人口，并集全国之力保住它与黄土高原的连接。

即便做了最有效的战略部署，中原王朝也不总是能够控制河西走廊。好在即便是游牧者也意识到，将绿洲变为农田能够带来比草原更多的收益。所以，即便中国因为中原内乱而暂时失去对河西走廊的政治控制，这条走廊的农耕属性也不会被破坏。

毫不夸张地说，如果不是在长达 2000 年的时间中孜孜不倦地将河西走廊视为自己核心区的一部分，今天的中国是不可能成为一个半数领土身处亚欧大陆心脏地带的国家的。最起码被中国人视为"西域"的天山南北，将很难在风云变化的近代留在中国的范围内（1876—1878 年，中国最后一个王朝——清王朝，再次派军通过河西走廊收复在境外势力帮助下试图独立的天山南北地区）。

长城之于古代中国来说，价值无异于"帝国之盾"。鉴于河西走廊这柄刺入大陆心脏地带的"矛"在中央帝国时代所展现的价值，我们完全有理由授予它"帝国之矛"的称号，并将之视为一项奇迹的地缘政治工程。

印度的地缘屏障

为了应对游牧压力，秦皇、汉武两位君主在亚洲东部为中国打造了长城与河西走廊这"一盾一矛"。那么，身处大陆南端的印度，又有什么样的应对方案呢？中国、欧洲、印度是亚欧大陆三个最重要的边缘板块，三者比较下来，印度所处的南亚次大陆地理屏障应该是最为强大的。

这片倒三角插入印度洋的陆地，在地图上我们能感受到的最大压迫感来自北部的青藏高原。然而在历史上，印度却并没有遭遇过来自青藏高原的战争威胁。究其原因，是青藏高原与印度之间存在一道看不见的地缘结界。这道结界并不是矗立在两大板块之间的喜马拉雅山脉本身，而是海拔和温度。

提到海拔影响，大多数人脑海中会浮现出四个字——高原反应。海拔越高空气越稀薄，大部分人从低海拔地区骤然进入到 3000 米以上的山地高原时，会因低压低氧而出现心悸、胸闷、气短、厌食、恶心等生理反应，这种反应就是高原反应。很多人不知道的是，从高海拔地区下来同样会有低原反应——身体原本已经适应氧气稀薄的环境，骤然到了富氧的低海拔地区，会出现俗称醉氧的氧中毒现象，具体表现为疲乏无力、嗜睡、头晕、腹泻等。

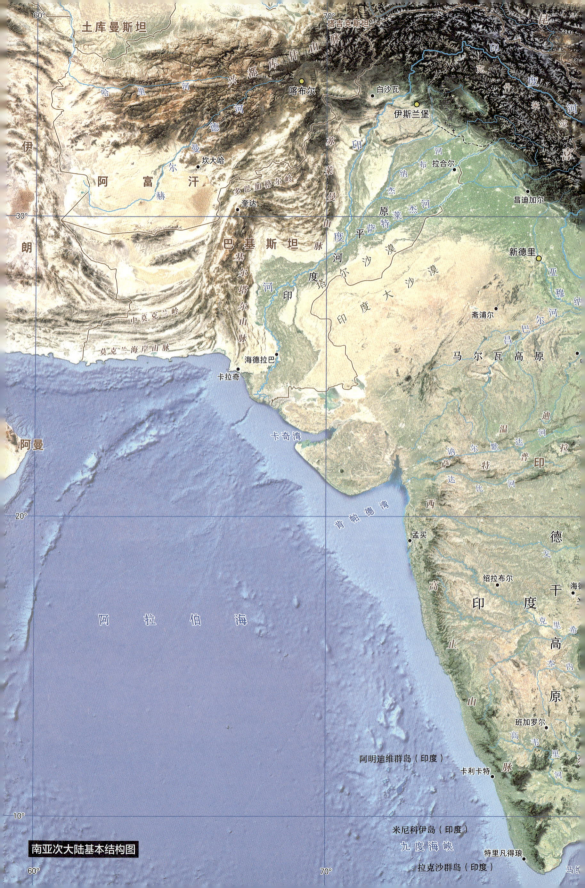

南亚次大陆基本结构图

高原反应和低原反应并非不可避免，办法就是逐渐适应。如果高低两大板块间是阶梯状过渡，那么往来于这两大板块的人类，将有足够的时间来缓解高原反应或低原反应。然而印度和青藏高原之间却完全不存在这样的过渡地形。印度北部与青藏高原对接的是平均海拔仅270米的恒河平原，直面的却是全球最高、平均海拔超过6000米的喜马拉雅山脉。

这就意味着，无论是来自恒河平原的统治者试图统治青藏高原，还是青藏高原的原住民骑着战马向恒河平原扩张，都面临着无法克服的生理障碍。相比之下，在青藏高原的另一面即面朝中国核心区的一面，情况就要好得多了。

中国地势西高东低，大致呈阶梯状，是中国地形的一大显著特征。中国地势第一级阶梯的平均海拔在4000米以上。从第一级阶梯外缘至大兴安岭、太行山脉、巫山和雪峰山之间是第二级阶梯，海拔1000～2000米。从第二级阶梯外缘向东是第三级阶梯，海拔多在500米以下。从第三级阶梯自然延伸到海洋中，水深不超过200米的部分是沿海大陆架。

此外，青藏高原内部亦呈现出西南高、东北低的走势。面朝恒河平原的一面海拔最高，面朝黄土高原的一面海拔最低。在东北方向，最低也是最有农业潜力的河湟谷地（现在是中国青海省的核心区），海拔只有2200米左右，并且直接与黄土高原对接。

这就意味着，从青藏高原到黄土高原，有足够的地理纵深和时间来缓解高原反应和低原反应。历史上，青藏高原与黄土高原的军事、政治往来要频繁得多，最终导致二者置入同一政治体之下。反观恒河平原与青藏高原，几乎是全世界海拔差最大的相邻板块，缺乏过渡地形，导致喜马拉雅山脉本身成为一条地缘政治分割线。

环境的影响无处不在。海拔差的结界作用，不仅反映在人对于氧气的适应力上，温度也会随着海拔上升而降低，平均海拔每升高100米，温度就会下降0.5℃～1℃。青藏高原的平均气温与印度相比，有冰火两重天之感，无论让谁去长期适应，都是非常困难的，尤其印度还是体感温度更高的湿热天气。历史上，蒙古帝国曾经一度扩张至印度半岛。不过这个史上最强大帝国扩张的速度实在太快，没能在中亚地区先适应火热的气候，很快就被印度湿热的气候"劝退"。

印度之于青藏高原的影响，主要由那些视艰险为考验的虔诚宗教信仰者来完成。青藏高原成为佛教信仰地区，并发展出高原特征鲜明的藏传佛教，是印度对这片世界屋脊影响的具体体现。然而印度在意识形态上的先发优势，没有帮助其在与中国对青藏高原影响力的问题上加分。

考虑到中国同样引入了佛教，而印度却在历史上几乎完全淘汰了佛教（现下印度只有数百万佛教徒），佛教这个源自印度的宗教反而成为青藏高原与中原封建王朝的黏合剂。从1300多年前中国历史上第三个伟大君主唐太宗派遣文成公主携带汉传佛教经典及佛像，前往时称"吐蕃"的高原政权和亲，到最后一个王朝清王朝的皇帝被藏传佛教视为文殊菩萨转世，印度一直在默默地帮助它的北方邻居做地缘政治融合。

不管怎么说，巨大的环境差还是让印度在历史上不用担心北部的高山会给自己带来游牧威胁。至于东部的中南半岛，这个完全与游牧世界隔绝的边缘板块则是五大边缘区中存在感最低的。曾经被西方人称为印度支那的中南半岛，历史上更多是作为印度和中国两个文明区的影子地区而存在于世界地缘版图中（"印度支那"这个名字的意思，所指向的便是印度与中国的接合部）。

真正能够威胁到印度的，看起来只有西北方向。欧亚草原的游牧者在进入西亚高原带之后，除了可以向西通过小亚细亚半岛站在欧洲人对面、向南进入新月沃地以外，还可以向东进入印度半岛。分隔西亚高原带与印度半岛的是平均海拔2000米左右的苏莱曼山脉和基尔塔尔山脉。在西亚高原带与印度半岛之间往来，并不存在高原反应或低原反应的问题。

种姓熔炉

历史上，无论是来自伊朗高原还是中亚地区的游牧者，大都通过开伯尔山口进入印度河平原北部，开启对整个印度半岛的征服。

纵观历史，最早这样做的是来自欧洲草原的雅利安人。这些赶着马车的游牧者在将伊朗高原雅利安化后，继续东进并占领印度河平原。在蒙古高原游牧势力崛起并覆盖整个大中亚地区的草原之后，那些来自温带亚洲草原的游牧者一批又一批地跨越开伯尔山口入主印度。包括印度最后一个王朝莫卧儿帝国也是由来自中亚的突厥游牧者建立的。

那么历史上的印度是如何应对这一批又一批游牧者的呢？答案是"躺平"。是的，你没有看错，就是不做任何有效抵抗的"躺平"。令人奇怪的是，一直处在躺平状态的印度，却在长达 3000 年的时间里延续了自己的文明内核。这些进入印度地区的游牧者，基本上会被融入印度文明。

一切还要从雅利安人的那次入侵说起。之前我们解读过的，公元前 3000 年出现在印度河流域的文明是"印度河文明"，而毁灭这个古老文明，在整个印度半岛建立以印度教为核心意识形态文明的正是雅利安人。

在人口稠密的印度河平原，从南俄草原一路扩张至此的这部分雅利安部落，遇到了一个前所未有的问题。古雅利安人在种族上是典型的白种人，与现在的欧洲人同源。基于印度雅利安人和欧洲人的渊源，印地语和欧洲各国的语言一起被归为印欧语，双方共同的祖先也因此被称为古印欧人。

然而，印度文明的创建者却是一群皮肤黝黑的原住民。这使得雅利安人在享受原住民所创造的财富时，极不愿意与这一文明的创造者进行种族融合。在这种情况下，雅利安人实施严格的种族隔离政策，这一政策就是著名的种姓制。印度雅利安人所使用的古老印欧语被称为梵文，在梵文中种姓一词的原意就是肤色和品质。换言之，种姓最初是以肤色和种族为标准划定的。同时，种姓制度也是一种社会分工。

最初属于雅利安人的种姓为第一等级的婆罗门、第二等级的刹帝利，以及第三等级的吠舍。其中，婆罗门属于控制意识形态的宗教祭司阶层（印度教最初也叫婆罗门教）；刹帝利属于贵族管理阶层；吠舍则是普通雅利安人，以从事工商业为主。被征服的印度原住民大部分属于第四等级的首陀罗，工匠、仆役、农民多属于这个阶层。此外，还有被排除在种姓制度之外、视为不可接触者的达利特（贱民）阶层，他们一般从事保洁、屠宰等看起来不那么洁净的职业。

印度教的教义和种姓制度后来扩散到南亚那些非雅利安民族中。所以，现在你并不能完全凭借肤色认定一个人的种姓阶层。相比于种姓制度的种族色彩，我们更关心的是这一制度存在的社会价值。能够进行更为细致的社会分工，是人类社会进步的一大标准。抛开种族色彩，古印度这种让民众各安天命的做法，客观上能够收到保持社会基本结构稳定的效果。

那么，那些在雅利安人之后入主印度的游牧者，会不会去打破雅利安人设计的种姓制度而另起炉灶呢？答案是不会，因为没有必要。首先，在尊重印度社会原有运行模式的情况下，入侵者只需要用军事实力确保统治权不被竞争者夺取就行了。与彻底改造印度社会相比，这显然是他们更擅长的。

其次，这些入侵者会自动被认定为刹帝利阶层。考虑到这些入侵者的肤色都较浅，且更关注世俗的统治利益，古印度将之默认为刹帝利阶层是非常合适的。同时，不去触动婆罗门阶层的利益、认可这一阶层在意识形态上的价值，对新"游牧刹帝利"统治印度原有的底层民众亦是非常有利的。

于是如大家在历史上看到的那样，雅利安人入侵之后，一批又一批入侵者都没有能够动摇印度教文明的根基。哪怕后来这些入侵者本身的信仰是应该非常排他的一神教，也不愿破坏印度原有的社会运行模式，最终为这座"种姓熔炉"所融合。

很难说中国人那种"左手持矛，右手持盾"的做法更可取，还是印度人这种用"种姓熔炉"应对外部入侵的做法更正确。不过有一点是比较公认的：来者不拒的印度成为著名的人种博物馆，中国人则在很大程度保持了单一种族特点。

当然，这并不是说更积极主动地与命运抗争的态度是无益的。如果你更关注双方在地缘政治上的表现，就会发现像我们之前提到的那样，面对压力，当下中国有半数领土处于原本非农耕核心区的大陆心脏地带；印度则几乎没有任何领土处在大陆腹地，甚至还在进入现代国家行列时分割掉印度河平原（巴基斯坦）及恒河三角洲（孟加拉）两个重要地缘板块。而这一切都将影响中国和印度两个国家在未来地缘政治舞台上的表现。

第二十章
欧洲双重的游牧压力

基督教之盾

很多人都相信，匈牙利人就是当年匈奴人的后裔。事实上，作为游牧者深入欧洲腹地的跳板，匈牙利草原在历史上不断为不同的游牧民族所占据，二者之间并不存在直接关系。不过，匈牙利人与游牧者之间的渊源是可以追溯的。公元 1000 年，在最后一批入主匈牙利草原的游牧者马扎尔人建立一个天主教国家后，这片草原成为从欧亚草原射向欧洲心脏的一支箭，华丽变为保卫欧洲基督教世界的"基督教之盾"。

多瑙河中游南北纵穿整个喀尔巴阡盆地。从原始植被来说，多瑙河以东以草原为主，也就是匈牙利草原所在；以西的潘诺尼亚平原则以能够被开拓为耕地的森林为主。匈牙利人所获得的回报，则是让基督教世界放心地把整个喀尔巴阡盆地尤其是西部的潘诺尼亚平原交给他们管理。

这就让马扎尔人原本脆弱的游牧经济有了稳定的后援，可以安心地成为带有游牧基因的定居者。即便现在我们看到的匈牙利的版图已经较其鼎盛时期有所缩小，但在地图上你依然看到匈牙利的国土横跨多瑙河，其首都布达佩斯称得上是匈牙利这一地缘属性的一个标志。这座欧洲历史名城实际是由多瑙河西岸的布达城和多瑙河东岸的佩斯城组成的。

13 世纪中期，西征的蒙古大军在席卷南俄草原后，分两路进军被喀尔巴阡山脉所拱卫的匈牙利地区。这场战争让匈牙利损失了近 1/3 的人口，也让蒙古人知道匈牙利草原不再是游牧者深入欧洲的跳板。在蒙古大军撤退后，匈牙利王国迅速重建，并将蒙古金帐汗国（蒙古帝国在南俄草原建立的汗国）的势力范围限制在南俄草原之上。

类似于归化游牧者，以之作为抵御其他游牧者的屏障，这在亚欧大陆属于常规操作。中国的汉王朝在反击匈奴时，几度归化靠近长城一带游牧的南匈奴人。当下的内蒙古、外蒙古形成，同样与历史上的这一策略有关。体现在当下地缘政治格局中，就是靠近中国核心区的内蒙古成为中国的一部分，戈壁沙漠及其以北的外蒙古则成为独立的蒙古国。

匈牙利并不是唯一一面由游牧者转换而成的基督教之盾。在马扎尔人到来之前，迁入喀尔巴阡盆地以及更南端巴尔干半岛的，是原本居住在中欧平原东部的斯拉夫人。在罗马时期，斯拉夫人、日耳曼人和凯尔特人并称三大蛮族。当日耳曼人在西罗马的废墟上建立王国时，斯拉夫人也开始南下，这部分南下的斯拉夫人遂被称为南斯拉夫人。

欧亚干草原的最西端，是延伸至喀尔巴阡山脉与黑海之间的多瑙河下游草原。公元 7—9 世纪，突厥种族的保加尔人进入这片草原，并与先期进入巴尔干半岛的欧洲斯拉夫人相融合，建立了保加利亚王国。公元 865 年，保加利亚将东正教定为国教，比匈牙利更早成为"基督教之盾"。

既然已经"脱亚入欧"，那么变化在所难免。千年之后观察这两个国家，我们会发现，匈牙利人在语言上还是保持了他们的原始属性，属于源自亚洲的乌拉尔语系；而保加利亚语则已经成为印欧语系下的斯拉夫语族的分支。共同点在于，你几乎已经没有办法在他们的体貌上找到黄种人的特征了。

除了马，还有骆驼

并不是只有骑在马上的人才有资格游牧，只是那些没有坐骑的游牧者很难受到世人关注。如果像在热带草原上牧牛的非洲原住民、在安第斯山脉放牧羊驼的印加人一样，缺乏机动能力，就很难让世人将之与脑海中固化的游牧者形象重合起来。

我们还有一个经常出现的错误认知就是，为所有生活在马背上的民族都打上游牧者的标签。南俄草原上的哥萨克、北美大陆那些学会骑马的印第安人，也经常被错误地称为游牧民族。事实上，骑在马背上的民族未必都是以游牧为生的，也有可能是集猎民族；同时也不是所有游牧民族在行动时都依靠马。

在荒原地中海生活的阿拉伯人同样属于游牧民族，不过他们的地缘属性与欧亚草原游牧者有很大不同。如果说欧亚草原上的游牧者是"骑在马背上的民族"，那么阿拉伯人则是"骑在骆驼背上的民族"。其实这个定义还不够准确，因为骆驼还分为两种——单峰驼和双峰驼。

单峰驼与双峰驼在动物学分类中都属于骆驼属，这个门类也只有这两大类。从名字和外观上，你可以很容易将它们区别开来。其中，单峰驼的适合环境为热带沙漠气候，主要分布在北非及阿拉伯半岛，包括同为热带沙漠气候的印度大沙漠；双峰驼的适合环境为温带沙漠气候，主要分布在以天山为轴线的大中亚地区。

我们不要认为所有的沙漠都是一样的。温带沙漠与热带沙漠最大的区别在于温差。热带沙漠并没有四季之分；温带沙漠的夏季虽然炎热，但冬季却非常寒冷。此外，温带沙漠地区的昼夜温差也更大，白天在太阳暴晒之下，地表气温最高能升到六七十摄氏度，夜间在风的作用下却可能降到零摄氏度以下。

中国新疆地区素有"早穿棉袄午穿纱，抱着火炉吃西瓜"的民谚，非常形象地描述了温带沙漠气候的特性。相比之下，热带沙漠夜间十几二十摄氏度的温度只能用凉爽来形容了。于是你会看到，双峰驼披有一身浓密的毛皮，并且体内拥有更多的脂肪，以应对寒冷的气候；单峰驼的体形看起来则要单薄一些。

值得一提的是，骆驼的祖先原驼是约1200万年前从美洲大陆跨越白令陆桥进入亚欧大陆的。今天智利南部依然生存有原驼。除此之外，原驼在美洲的另一个进化分支羊驼的知名度更高。可爱的形象加上比羊毛更细的绒毛，让这个南美特色原驼在世界上圈粉无数。

原驼的三个后代对新旧大陆的地缘生态造成了重要影响。羊驼几乎是美洲原住民所驯服的唯一一种哺乳动物。非常可惜的是，羊驼和它们在旧大陆的"表亲"相比，体形实在过小（虽然会让它们变得更可爱）。这些生活在安第斯山脉的可爱生物成年后的体重一般约为55千克，肩高最多1.3米。尽管印加人会勉强用羊驼充当役畜，但在山地中运输货物，这样的体形是没有办法充当骑乘工具的。

没能驯服骑乘工具，对美洲文明的影响是致命的。在西班牙人入侵印加帝国时，当骑着高头大马、身披盔甲的西班牙人出现在没有骑乘工具的印加人面前时，后者首先从心理上就崩溃了。以至于西班牙人仅用一支不到600人的小型军队就征服了一个人口上千万的国家。

在旧大陆，靠着适应热带沙漠环境的单峰驼，以及为游牧者量身定做的伊斯兰教，阿拉伯人在公元7世纪统一了从阿拉伯半岛到北非的整个热带沙漠区，包括成为大新月沃地的主人。不过在向欧亚草原扩张的过程中，阿拉伯人却遇到了困难。尽管阿拉伯人一度拿下伊朗高原，扩张到中亚两河流域，甚至与中国唐王朝军队打了一场胜仗（怛罗斯战役），但总的来说，阿拉伯人和他们的单峰驼都不太适应温差过大的温带沙漠气候。

反过来说，来自欧亚草原的游牧者想要靠着战马和双峰驼在阿拉伯半岛建立长期统治，同样存在不适应环境的问题。最终就像大家看到的那样，阿拉伯人和他们的单峰驼继续留在北非与阿拉伯半岛，而来自欧亚草原的游牧者后裔——波斯人、土耳其人、库尔德人等，则止步于西亚高原带。

地中海两端"矛与盾"的互换

以欧洲的历史来说，最早为爱琴海文明所沐浴的小亚细亚半岛，是应该成为第三面甚至第一面基督教之盾的。问题在于小亚细亚半岛与欧洲本土隔海相望，适合游牧的安纳托利亚高原又是山地草原走廊的西部终端。环境影响在古希腊文明时代就已经存在，一拨又一拨草原游牧者进驻小亚细亚半岛。区别在于，最开始是来自欧洲的游牧者控制这片高原，后来像欧亚草原的其他部分一样，被来自蒙古高原的游牧者控制。

应该说，小亚细亚半岛在历史上还是成为过基督教之盾的。罗马帝国在崩溃之前已经全面接受基督教。分裂之后，在西罗马故地上建立王国的日耳曼人，虽然也想继承罗马的政治遗产，但其内部的分裂性注定没有办法将法国、意大利、西班牙、德国等已经为日耳曼人所控制的区域统一起来。于是我们会看到，这片在地缘政治上被称为西欧的土地，在中世纪变成一个以罗马天主教为黏合剂的"松散政治联盟"。

在保有罗马的帝国属性、以古希腊故地为核心的东罗马地区即拜占庭帝国，建立了皇帝即为最高宗教领袖的政教合一体制。渐行渐远的双方，最终让基督教世界分裂为东正教和天主教两大世界。尽管如此，但不妨碍基督教和《圣经》在更高层面帮助整个欧洲统一意识。

作为地中海的主人，罗马帝国已经将安纳托利亚高原变成自己的疆土。基于其地处地中海东部，护卫这面基督教之盾的任务也移交给拜占庭帝国。回顾历史人们会发现，在世界跨入公元后第二个千年时，欧亚草原与欧洲的博弈发生了质的变化。除了匈牙利和保加利亚一个融入西欧天主教世界、一个依附拜占庭成为东正教国家一员以外，安纳托利亚的命运也发生逆转。

公元 11 世纪，被中国的唐王朝击溃而被迫西迁的突厥游牧者，开始渗透至安纳托利亚高原。1071 年，塞尔柱突厥人在一场关键性战役中击败拜占庭帝国，接替亚洲游牧者而控制安纳托利亚高原。公元 13 世纪，奥斯曼突厥人在安纳托利亚高原崛起，不仅统一整个荒原地中海，甚至攻灭延续千年的拜占庭帝国，使爱琴海和巴尔干半岛成为亚洲游牧帝国的一部分。

在伊斯兰教兴起于阿拉伯半岛之后，阿尔卑斯地中海与荒原地中海这两大板块的博弈，已然演化成基督教和伊斯兰教世界的对抗。迁徙至小亚细亚的塞尔柱、奥斯曼等突厥部落，也很快皈依这个根据游牧特点而设计的宗教。奥斯曼帝国的成功，让小亚细亚半岛反过来成为一柄刺向欧洲基督教世界的"伊斯兰之矛"。

世居于阿拉伯半岛的阿拉伯人，是伊斯兰教的创建者。在获得这柄意识形态利器之后，阿拉伯人很快建立几乎统一整个荒原地中海的阿拉伯帝国（公元 7—13 世纪中）。之所以说是"几乎"，就是因为小亚细亚半岛当时还处在东罗马属性的拜占庭帝国手中。不过阿拉伯帝国却从地中海的西北端跨越直布罗陀海峡，拿下了现在葡萄牙和西班牙所在的伊比利亚半岛。

到底是什么力量让阿拉伯人有机会绕过半个地中海，跑到伊比利亚建立数百年的统治呢？对比伊比利亚半岛的情况跟小亚细亚半岛的地理环境，我们就会得到启发。两个半岛的地理结构颇有几分相似之处，伊比利亚半岛腹地的梅塞塔高原与安纳托利亚高原一样，整体呈现为边缘高、内部凹陷的状态。这使得来自大西洋的水汽较难滋润高原腹地。

在伊比利亚半岛，降水最为稀少的区域还不是高原腹地，而是直布罗

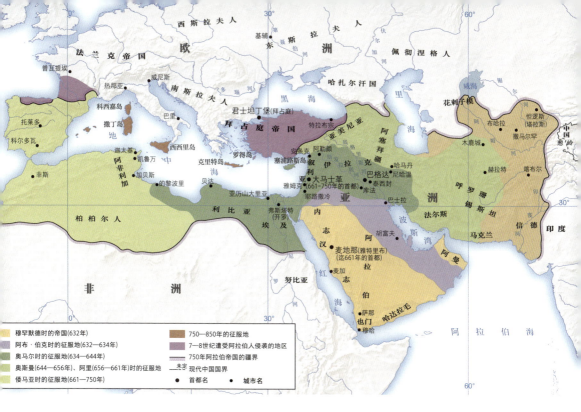

阿拉伯帝国示意图

陀东北部的地中海沿岸地区。这片被重重山脉阻隔的沿岸低地，降水量只有 200～300 毫米。看到如此荒芜的景象，你会很自然地想到这不是欧洲人而是阿拉伯人的舒适空间。这也是阿拉伯人在崛起之初就能在伊比利亚半岛站稳脚跟的原因。

为了斩断这柄新的伊斯兰之矛，欧洲的日耳曼天主教世界旋即在伊比利亚半岛掀起一场延至 15 世纪末方告彻底结束的圣战，史称西班牙光复运动（又称收复失地运动）。与欧洲在小亚细亚半岛不占优势一样，来自亚非荒原的力量在伊比利亚半岛同样受制于海峡的分割。

在海洋结界的作用以及西班牙人的努力下，伊比利亚半岛这柄刺向欧洲的伊斯兰之矛，还是变成了第三面基督教之盾；与此同时，逆转为伊斯兰之矛的小亚细亚在奥斯曼的经营下，不仅将巴尔干半岛变成了帝国的属地，更完全阻断了欧洲基督教世界与印度、中国等东方国家的交流。

于是就像大家在历史中看到的那样，在长达 7 个多世纪"收复失地运动"中成长起来的西班牙、葡萄牙两国，转身把目光投向大西洋，帮助欧洲开启了改变世界的大航海时代。眼界开阔之后，最起码基督教世界会认为，之前围绕地中海而进行的那些圣战已经完全不再是主要矛盾。

并没有消失的游牧压力

定居和农耕能够滋生文明，却不是人类生存的必要条件。对于旧大陆古代文明来说，居无定所的游牧者是挥之不去的阴影。这种阴影直到定居者打开工业革命大门后方告消散。你会看到，那些在古代令定居文明闻风丧胆的游牧民族已经完全不再拥有"上帝之鞭"的威慑力。很多游牧后裔在现代社会里给人留下的最深刻印象居然是能歌善舞。

如果要评论谁是欧洲草原游牧力量的终结者，俄国应该是没有争议的。鼎盛时期的俄国（苏联时期），除了直接控制了南俄草原、哈萨克草原以外，还将漠北蒙古草原置于自己的势力范围内。即便当下的俄罗斯已然失去哈萨克草原和整个中亚地区，但谁也不会否认，这个仍可以把从波罗的海到太平洋的旅程视为国内游的国家，依然是亚欧大陆心脏地带力量的代言人。

东欧平原分为南北两部分，被归类为东斯拉夫人的俄国人原本生活在北部的森林地带，依靠茂密的森林抵御游牧者的侵扰。公元 9 世纪末，东斯拉夫人在森林与草原的边缘建立了基辅罗斯。在苏联解体后，这个国家成为俄罗斯、乌克兰、白俄罗斯这三个东斯拉夫国家的共同源头。

公元 10 世纪末，在考察过东正教和天主教后，俄国人决定选择君权与神权更统一的东正教作为国教。这意味着俄国也和匈牙利一样，在公元1000 年左右的这个时间点上，成为欧洲抵御游牧入侵的基督教之盾。公元

13 世纪初，在蒙古帝国西征并在南俄草原建立金帐汗国后，俄国人被迫选择依附。直到整个欧洲凭借大航海时代和文艺复兴触发科学革命后，一切才发生逆转。

在欧洲开始与世界其他地区拉开技术代差后，俄国作为欧洲位置最靠东的成员，得以代表西方向南征服南俄草原、向东收割地广人稀的亚欧大陆心脏地带（包括中亚地区和西伯利亚），使游牧力量不再成为心脏地带的主宰，本身是不会有任何悬念的。

尽管亚欧大陆心脏地带现下还保有哈萨克斯坦、蒙古国这样继承古老游牧基因的国家存在，这些国家或多或少还有部分人口过着游牧生活（比例最高的蒙古国，300 万人口中有 40% 为牧民）。显而易见的是，这些草原游牧基因的继承者已经没有可能再骑着他们的战马，对周边的大陆边缘国家造成威胁。

相比之下，崛起于阿拉伯半岛与北非沙漠的阿拉伯游牧者，却并没有比当初他们建立帝国时的影响力下降多少。无论引发世人关注的是其居于欧亚非大陆连接部的枢纽位置，还是波斯湾海底占全球 2/3 比例的石油储量，或是对在文明竞争中落败心生不满者所发动的极端战争，你都必须承认，阿拉伯人在当今世界依然是一股不可忽视的力量。

在这片连接亚非的热带沙漠地带，阿拉伯人依然是绝对的主体民族。在 4.5 亿阿拉伯人中，甚至还有 2000 万～3000 万被称为贝都因人的游牧半游牧者，骑着独峰驼为整个民族保留着古老的游牧基因。

恶劣环境，看起来对阿拉伯人的存续起了很大帮助。即便在北非与阿拉伯半岛被奥斯曼土耳其帝国统治的那数百年间，能够耐受半干旱气候的突厥人，也没有想过到这片沙漠中替代阿拉伯人游牧。相比这片整体缺乏吸引力的荒漠，富庶的巴尔干半岛和印度会更容易吸引草原游牧者的目光。

然而这并非阿拉伯人成功的唯一原因，甚至不是重要的原因。整体环境的恶劣固然能够提高定居者驻足的成本，但整个荒原地中海并非都处于这种状态。最起码还有大新月沃地这样的农耕沃土存在。正常情况下，对于周边的沙漠游牧者来说，像古埃及、美索不达米亚这样的文明，应该具有更大的文化优势，即便被入侵也应该是文化落后的游牧者愿意融入后者的文化，就像绝大部分跨越长城、在中国核心区建立政权的游牧者那样。

对比沙漠游牧者和草原游牧者的历史，你会发现，草原游牧者最缺乏的是强大的意识形态武器。那些能够被草原游牧者接触的宗教，历史上曾经被引入到草原上。反观阿拉伯人，最为强大的对内整合、对外扩张工具，却恰恰是以伊斯兰教为表现形式的意识形态武器。这使得欧亚草原游牧者自身所创建的认知共同体，一般只能被称为文化，而亚非沙漠游牧者所创造的认知共同体会被世人公认为阿拉伯文明。

对于在历史上同时应对草原游牧者和沙漠游牧者双重威胁的欧洲来说，现实的情况是，草原游牧者的威胁虽然已经烟消云散，但植根于荒原地中海的游牧基因在强大意识形态武器的组织下，却依然对欧洲的地缘安全构成威胁。在欧洲将西方的概念外延到北美大陆，并且美国成为西方的核心之后，美国自然也必须站在欧洲面前，接受这一挑战。

第二十一章
神的世界

从"灵"到"神"

你显然已经注意到这一章我们要聊的是宗教。在开始这个话题前，我们先来提一下人与人之间交往的"信任成本"问题。这个成本我们也可以归入"犹豫成本"的范畴，相比之下，后者涵盖的范围要更广一些。回想我们每个人的一生，又有多少机会是在片刻的犹豫中错失的呢？这些机会很多时候并不是因为缺乏对人的信任，而是缺乏判断的能力。

无论解决的是哪种成本问题，有"文化"就是一个不错的解决之道。说起来，"文化"的含义还真是宽泛，但凡存在于人类脑海中的认知，都可以纳入文化的范畴。地缘要素可以分为两大类——物理要素和认知要素。这两大要素中的后者用"文化"一词来概括也未尝不可。

文化这东西是人类所独有的。在所有的文化中，宗教被很多人认定为最高层级的文化。像之前我们提到的马扎尔人、保加尔人等游牧者，被欧洲接纳为文明世界的一员，标志便是皈依基督教。在视宗教为最高级黏合剂的环境里，宗教带来的不仅是内、外信仰的统一，更是一套成熟的社会运行机制。当人与人之间的交往遵循一套彼此很熟悉的认知规则时，犹豫成本自然便会降低。

人类在历史上发动了无数次战争，在融合或者融入被征服地区时，宗教问题往往是首先需要解决的。要用几千字的篇幅就完全向大家解释清楚宗教是什么、现在的世界存在哪些教派、它们又在各自发挥什么样的影响力……是做不到的。不过，这并不妨碍我们从底层逻辑入手做一个大的归类，同时探究各大宗教最根本的区别。

那些在文明时期发挥作用的宗教，已经跟人类最初所信仰的原始宗教有了根本区别。区别在于，让人类信仰和感到恐惧的不再是"灵"，而是"神"。灵跟神的区别是什么呢？这么说吧，与灵相比，神更像人。说得再学术点，那就是神是"人格化的未知力量"。最初人类只是隐隐地感觉到，万事万物背后都由一只看不见的手操控。渐渐地，人开始不由自主地根据自己的形象，去想象这股神秘力量的存在。于是一个个像人一样有喜怒哀乐情绪甚至有人一般样貌的神便诞生了。

只有灵的时空，人类想跟这些神秘力量沟通，很大程度只能仰仗那些"通灵者"。亚洲草原游牧者在历史上信仰的萨满教便是这种性质。你会看到，部落中总会有一位被称为萨满的巫师，帮助部落成员与诸灵进行沟通。

风有风神，火有火神。当万事万物不再只是没有情绪、只会神秘存在的灵时，意味着宗教对人类生活的介入更加深入一步。那些人格化的赋予可以让人类感觉到与这些神秘力量之间存在些许相通的地方。单从这点来说，神倒是要比灵更加有温度。

"多神东方"与印度的神佛

有了人格力量，神祇们开始系统地为人类世界服务。有没有神或者神的世界是否完整，成为人类社会是否进入文明时代的标志。既然神是人格化的神秘力量，你看到的神的世界自然是设计者自身的影射，于是古希腊的神祇们会像希腊人那样也有七情六欲。作为主神的宙斯，他情绪良好时，天空就阳光明媚；当他流泪时，人间就开始下雨。宙斯甚至还会有众多情人，他住在希腊的奥林匹斯山上，而不是天上。

在那些情感相对内敛的国度，神的生活并不会像宙斯那般惬意，也会显得更不接地气。不过不管怎么设定，众多神祇共存是人类开启神世界时的共同特点。从万物有灵到万物有神，多神时代让人类的世界变得更加丰富多彩。这些异彩纷呈的神不仅在各自的世界凝结人类的共识，更让人类可以通过对他们的描绘扩展自己在文学、艺术方面的想象力。

既然有多神的概念，那就会有一神的概念。下面我们会说到，一神信仰是在多神信仰的基础上发展起来的。一直以来有"世界三大宗教"之说，包括基督教、伊斯兰教、佛教。这当中基督教和伊斯兰教属于"一神教"范畴，佛教属于"多神教"范畴。

印度教主要在印度传播，并不似同样起源于印度的佛教那样在亚洲东部广泛传播，这使之很难被定义为一个世界性宗教。要是仅以"多神""一神"两个基本特征来为长期承担人类进化职责的旧大陆（不包括黑非洲）划分神的领地，我们会发现印度、中南半岛、东亚等受印度教—佛教信仰影响很深的地区可以被归入多神世界。此外，青藏高原和蒙古高原这两个位于亚欧大陆心脏地带东部的板块，由于信仰藏传佛教，同样可以被归入多神世界。

需要的话，我们可以在旧大陆画出一条切割"多神"和"一神"世界的分割线。如果不是"西方"这个标签很大程度上已经与基督教世界重叠，这样一条神的分割线更适合用来划分旧大陆的东西方。你会发现，被这条分割线切割的两个世界，内部在很多认知上会有更多共通性。

为了与地缘政治层面的东西方区别，我们可以把宗教层面的东西方称为一神西方与多神东方。剥离宗教神圣而又绚烂的外表回到现实的话，神能够成为什么样的神，并不是由自己决定的，神祇存在的终极价值是为设计它们的人类服务。鉴于佛教起源于印度，与印度教亦有着千丝万缕的联系，如果想探究多神东方的认知特点，印度教是最好的研究对象。

从用宗教来设定社会行为规范的用处来说，延绵3000余年的印度教可以称得上一个典范。在印度教的教义中，世界、神以及人类都是由"原人"幻化的。婆罗门是从原人的头上生出的；刹帝利是从原人的肩臂生出的；吠舍和首陀罗则分别对应原人的腿与脚。当一个印度人接受这些教义时，很自然地就认可自己在这个世界上的位置。

值得一提的是，有观点认为，印度教并不能被认为是多神教，而应该是介于多神与一神信仰间的单一主神教。这是因为印度教信仰者往往只会选择某一个单神进行崇拜，不会对所有的神进行膜拜。事实上没有必要这样细分，这是因为印度人对某一个单一主神进行崇拜时，无须否定其他神的存在。

多神信仰的优点在于兼容。虽然对不同神的信仰同样会导致争斗，但从技术角度来说，多神信仰不具有彻底的排他性。一个新的宗教可以从其他宗教中借鉴形象。比如，古罗马神话中统御世界的众神之王朱庇特，借鉴的就是希腊神话中的宙斯；泰国人信奉的"四面佛"，其实就是印度教的梵天。

反过来，几个不同的宗教体系在多神意识下和谐共存，也完全不是问题。在中国家喻户晓的神话小说《西游记》中，本土的道教神仙能够与从印度引进的佛陀、菩萨和平共处。只要不是被吸纳的神本身过于排他，不愿意跟其他神佛共处，中国人绝不忌讳在自己的庙宇中为之安排一个位置，并享受同样的香火。

崇拜自己所崇拜的，同时尊重和承认别人所崇拜的，是多神信仰的生命力所在。现在让我们把视线转移到与多神信仰对立的一神信仰上来。要从宗教角度分割世界，你会发现，一神信仰才是现下信仰界的主流。可以说，除了刚才我们所解读的多神东方以外，整个世界几乎已经为一神信仰所覆盖。

在解读原始宗教时我们就已经意识到，人类脑海中出现的宗教意识，最核心的作用是帮助人类统一共识、减少彼此间的摩擦。从这个社会责任来看，多神信仰不具有彻底的排他性，一个宗教想与另一个宗教兼容，可以在自己的宗教体系中，为对方的神安排一个位置。

理想很丰满，现实却很骨感。就像中国的情况，虽说总体来说本土的道教和从印度传入的佛教相处得挺和谐，但是历史上却还是会时不时出现相互排挤的现象。

一神信仰在世界很多地方都出现过，比如印度的锡克教属于一神信仰。有时候亚洲草原游牧者所信仰的萨满教也会被归入一神信仰的范畴。在游牧者的萨满信仰中，苍天之神享有至高无上的权力，被称为长生天（在蒙古语里是"腾格里"的意思）。不过，萨满信仰属性本质还是原始宗教，万物有灵是其认知基础。

不管什么类型的宗教都会有主神存在，但并不能因为有主神的存在，就认定这是一神信仰。一神信仰的本质在于排他，认定自己所信仰的神是唯一的真神。

没有办法处在同一时空，还存在一个问题，那就是真正的一神信仰是要排除偶像崇拜的。这是吸取多神教教训而特别做出的一个设定，在由灵向神转变的过程中，人根据自己的形象设计出神的形象，并赋予其人类可以理解的情感，由此产生对神像的崇拜之情就是偶像崇拜。

这种做法让人类感到自己可以有机会与神进行沟通，却也让神"传染"了人的弱点。恐惧源自未知。换言之，一神教需要的是一个无所不能且无形的神。如果世间只有一个无所不能的神，并且不让无知的人类知道他的具象，那么对于神在世间的"代理人"来说，将会是最好的结果。

从排他性、去偶像化，以及对人类的影响力三项标准来看，犹太教、基督教、伊斯兰教可以并称三大一神教。人类在进化过程中看似出现过很多异彩纷呈的分支，但最终留存下来的诸人类种族却只是其中一支的后裔。历史上看起来矛盾重重的狭义三大一神教，实际上却是系出同门。

说起三大一神教之间的渊源，不得不提东非大裂谷在亚洲的延伸——西亚裂谷带。作为人类走出非洲后落脚的第一站，西亚裂谷带最为世人所熟知的地标，便是今天仍牵扯世界安全神经的耶路撒冷。大约5000年前，犹太人的祖先从美索不达米亚平原沿着新月沃地迁徙到耶路撒冷一带，创立了一神信仰的犹太教。

地域狭小而地形、气候又复杂的西亚裂谷带，并不适合发展出强势文明，却是一个多样性的摇篮。今天你可以在这条与地中海相接的山地中看到三大一神教的身影。除了犹太教立国的以色列之外，与之相邻的黎巴嫩则是一个由穆斯林与基督徒共治的国家（法律规定，基督教与伊斯兰教议员在议会议席上各占一半），更不用说三大宗教均将耶路撒冷老城奉为圣地。

作为狭义一神教的创建者，犹太人的命运在第二次世界大战后引起世人关注。感慨之余，人们不由得心生疑惑，到底是什么样的力量让犹太人能够在长达5000年的时间里保持强烈的民族认同感；现在全球犹太人总数不过1400万，是什么因素限制犹太民族人口的增长。

从耶路撒冷到地中海

作为一神信仰的最初版本，犹太教与后两个一神教的本质区别在于，其在用崇拜唯一真神（中文译为上帝）统一信众信仰时，还为之加上原始的血缘纽带。简单地说，一个人要想成为犹太人的话，除了信仰犹太教以外，还必须证明自己与犹太人的祖先存在血缘关系。

与世界绝大多数民族以父系关系来确认血缘关系不同的是，犹太人对血缘的认同源于母系。这意味着，一个犹太母亲生育的孩子可以被认定为犹太人，如果只是父亲是犹太人，则不符合原始教义。人类在进化过程中，是先经历母系社会阶段，再进入父系社会阶段的。从犹太教的这个原始设定也可以看出，这真是一个足够古老的宗教。

如此严苛的认定标准，无疑极大限制了犹太教的传播。从宗教进化角度来说，他们天才而简单的设定，实在是非常有利于将不同民族统一到宗教认同中的。当然这并不是说加上血缘认同这一标准，就没有办法扩大族群的规模。你会发现，同样坚持血缘认同的中国人成就了世界上人口最多的民族。

中国人的成功在于他们被半封闭于亚欧大陆的东部，能够按照自己的一套文明逻辑自我成长。不幸的是，犹太人所处的那片迦南之地却是旧大陆最复杂之所在。历史上的犹太人不仅在大新月沃地两端的美索不达米亚和埃及为囚、为奴过，更是被迫在整个亚欧大陆流浪。如果不是因为他们在意识形态上的强大，这个民族几乎没有可能在这个世界里幸存。

犹太人之所以有很强的信仰，是因为他们在很大程度上相信自己是被选定与上帝立约的民族。这份自信让犹太人至今屹立于世界民族之林，并发挥远超其体量的影响力。

负责打破这一血统藩篱、将犹太人所创立的教义，不受限地传播给其他民族的是基督教。公元初年——在地中海周边地区还是罗马帝国属地的时代，基督教以耶路撒冷为起点向整个地中海周边地区传播。事实上，公元元年就是以基督教最初的布道者（耶稣）的出生年份来认定的。

在基督教传播初期，秉持多神信仰的罗马帝国是将之视为异端的。不过对于罗马帝国这样一个环海而生、内部民族繁多的国家来说，一神信仰客观上是非常适用的。倘若罗马接受基督教的设定，那些种族特征与罗马神有着明显差异的被统治民族，将不再会怀疑罗马人的神到底能不能成为自己的神。

公元 4 世纪初，经过 300 年的考验之后，君士坦丁大帝代表罗马帝国承认了基督教的合法性，并赋予其国教的地位。事情发展至此，地中海周边地区似乎应该出现一片和谐景象。只是花了那么多时间来揭示阿尔卑斯地中海与荒原地中海在环境上的巨大差异以后，我们很难对此抱以期待。最终的结果就像大家在历史和现实中看到的那样，公元 7 世纪创建于阿拉伯荒漠中的伊斯兰教统一了整个荒原地中海，并将之与欧洲的博弈以宗教对立的形式维持至今。

与基督教一样，伊斯兰教并没有像犹太教那样自缚手脚，将传播对象与血缘关系进行捆绑。换言之，伊斯兰教虽然是阿拉伯人创立的，但任何一个民族都可以信仰，这就为伊斯兰教的传播奠定了基础。

创建伊斯兰教的阿拉伯人属于沙漠游牧民族，松散的游牧体使之比起那些定居民族来说，更需要宗教所赋予的力量来统一阿拉伯诸部。在此需求下，你会看到，除了严格禁止任何形式的偶像崇拜以外，伊斯兰教经典在设定上增加了非常多的禁忌性规定。

今天你能够感受到一神教 3.0 版在禁忌性规定上的坚守。诚然，这些禁忌性规定在全球化的今天显得有些不合时宜，甚至阻碍严格遵守这些教义规定的信众跟上人类社会变革的步伐。不过在它们创立之初，确实起到了很好地团结阿拉伯人的效果，从而帮助这些游牧者将整个大新月沃地的定居者反向融为阿拉伯—伊斯兰文明的一部分。

我们单纯通过欧亚草原游牧者与阿拉伯游牧者生存环境的比较可以看出，前者显然更有优势，后者所拥有的则是区位上的优势，正是身处地中海之滨，使得阿拉伯人有机会频繁接触更多宗教、文明样本，尤其是近距离从犹太教、基督教的教义那里取长补短，最终为世界呈现一个由游牧者创建的宗教。

第二十二章
中国人的信仰

"天人合一"中国

在很多方面，中国表现得很有独特性。这种独特性很大程度上是因为中国的体量实在是太大，其文明又延续至今数千年。要是一个弱小民族，或如古埃及、美索不达米亚文明那样绚烂过后消失于历史长河中，中国人那不为其他民族所理解的文明特征估计会被当成物竞天择后的失败样本。

在所有不被理解的特征中，中国人对信仰的态度是最容易被误解的。这种误解不仅存在于外国人眼中，也同样存在于中国人心中。无论是中国人还是外国的观察者，似乎都愿意将中国人的主体定位为无神论者。倘若将信仰窄化为宗教信仰的话，那更会得出中国人没有信仰的结论。

事实显然并非如此。一个民族若想屹立于世界民族之林，共同的信仰是不可缺失的。尽管人类文明发展至今，信仰已不能只用慑服于未知力量的宗教信仰涵盖，但不可否认的是，和谐的宗教信仰引领了人类文明。原本在贫瘠沙漠中游牧的阿拉伯人都能够凭借宗教信仰建立认知共同体、成为人类世界不可忽视的力量，我们就会知道宗教力量的强大。

中国既然能够被称为一个"伪装成国家的文明"，自然有着自己的信仰核心并且一定是由宗教信仰启动的。尽管世易时移，连很多中国人自己都相信自己是无神论者，但观察中国庙宇中那些和谐共处的各类神佛，以及嘴上说着自己是无神论者、进庙之后却并不忌讳给并不熟悉的神佛敬上一炷香的中国人，你会发现事情并没有那么简单。

若是笼统地将这个世界划分为排他性的一神世界和兼容性的多神世界，那么从不缺少神佛的中国是应该被划入多神世界的，就像上一章我们将中国及包括印度、中南半岛在内的整个季风区，以及蒙古高原、青藏高原认定为多神东方一样。然而与将各种想象中的偶像视为信仰对象的多神信仰者不同，中国人的信仰有一个非常鲜明的特征，那就是神与凡人之间没有不可逾越的鸿沟。以至于需要专门为中国人的信仰划出一个特别的门类，那就是以祖先崇拜为基石的人神信仰。

对于中国人来说，身后成为被社会普遍认可（尤其是经过封建王朝册封）的神，可以算得上最高荣誉。在由人到神的转变中，被中国人尊称为关公的关羽，就颇有代表性。这位生活在1800多年前的军事将领，被中国人认为集许多中国传统美德于一身，比如对职责的尽心竭力（忠）、对誓言和承诺的信守（义），以及身为一名武将所应该具备的勇敢精神与武力（勇）。

关羽的经历和优点，不仅让他在死后逐渐成为军人所崇拜的"武神"，更成为很多社团和商业组织所供奉的神。在这些关羽的崇拜者看来，像关羽这样由凡人升华而成的神，更能够明确表达他们希望自己的组织应该是用什么样的核心价值观凝结而成的想法。包括向所有成员表达，这并不是只有神才能做到的挑战。神也仅仅是因为他们还在身为人类一员时所做出的卓越表率而最终才成为神的。

对于绝大多数中国人来说，成为关羽这种级别的神是可望而不可即的。中国各地还有很多级别较低、只庇护一小块地方的"人神"。如果这位人神庇佑的是一座城市，他就会被称为"城隍"；如果他保佑的是一片土地风调雨顺，那他就会被亲切地称作"土地公"。此外，山有山神，水有水神，只要需要，中国人总能从自己所敬仰的古人中找出一位代表承担这份特殊的职责。

这类护佑一方的神，大大扩张了神世界的容量。只是能够成为这种保一方平安的小神，同样需要生前有造福一方的事迹。对于绝大多数普通人来说，这依然是一个遥不可及的目标。于是你会看到在中国宗教文化中还有一个特殊的群体——仙。

在表述神的时候，中国人往往会用"神仙"这样一个词汇。对于讲求用字精准的中国人说，绝对不会多用一个字。中国文化中的神与仙是有区别的。在中国人的设想中，天上应该也有一个与凡间一样的治理体系：但凡负有某种管理职责特别是经历过某种形式册封的才是神；那些并不负有这些责任、只是通过个人修行而拥有超自然力量的则是仙。

一般来说，神必然是需要拥有某种职责或者能力的，否则人类为什么要去敬畏神呢？将神的概念扩张为神仙是中国"人人皆可成神"宗教观的影射。对于认定人人皆有机会在异世界获得超自然力量的中国人来说，仙的价值在于让中国人可以摆脱神的职责束缚，单纯地摆脱生死的束缚。

人神崇拜在哲学上表现为"天人合一"思想。这里所说的天，可以指向天道、自然，也可以是原始信仰中代表最高未知力量的主神，就像萨满信仰的长生天一样。而中国古代最高统治者会自称"受命于天"（即由上天任命），这便是在向世人昭示权力的合法性。

不管用哪种形式表述出来，最终我们会发现中国人对于未知力量从来都不是只知道敬畏，而是认定可以通过自身的努力改变自己的命运。这种思维放在宗教中，是人人皆有机会修身成神；放在现实生活中，就是不屈不挠地改造自然、拓展自己的生存空间。

这种"天人合一""人定胜天"的思想，虽然在很多宗教看来有点对神不够恭敬，但对于人的心理来说，其实是有点"爽"的。从人的本性来说，谁又愿意自己的命运被其他力量掌控呢？于是你会看到，流行于中国网络世界的"修仙"小说，在西方世界也会赢得一定受众。可以说，正是这种"我命由我不由天"的基本设定，中国文化才得以用一种独特而异样的形式输出。

姓氏与祖先崇拜

尽管仙的存在，扩张了中国人在人神问题上的想象空间，但这条路径需要人基本脱离世俗生活，一门心思以得道成仙为目标。过程固然浪漫，但对发展社会生产力却是不利的。树立人人皆可成神的价值观，为的是维系中国社会生生不息的生命力。在这种期许下，宗教和信仰更应该为现实社会的存续做出贡献。于是我们会看到，绝大多数生活在中国价值观影响下的人，一生的终极梦想就是成为自己直系后代所祭祀的家神。

在当代中国很多地方，仍然保存有每年祭祀祖先的传统习俗。在这些祭祀者心中，祖先不仅是与自己血脉相连的人，更是能够庇护子孙安康的家神。历史上的中国人在"不孝有三，无后为大"观念的影响下，将繁衍子孙作为自己人生的头等大事。可以说，在繁衍子孙以及为后代付出的问题上，没有比坚持祖先崇拜信仰的中国人做得更极致的了。

每一个认同这一信仰的中国人，都认可祖先为后代存续所作的努力，同时又希望将这种血脉相连的信仰通过自己的后代延续下去。即便世易时移，祭祀仪式在很多家庭中已取消，但这一信仰所留下的烙印却没有被消除，并且在现在和未来继续维持着中国人的认同感。

一个最直接的表现是中国人依然非常重视自己的姓氏。在世界大多数地区，代表一个人家庭历史的姓会被放在名字后面。中国人则是一定要把姓放在最前头，这样做不仅代表着对祖先的崇敬，更是识别自己身世渊源的凭证。绝大多数拥有中国姓氏的中国人，只要愿意，就能把自己家族的历史上溯至数千年前，并在那些文明初始的年代，找到自己祖先与其他姓氏间的亲缘关系。

这种由姓氏溯源凝结而成的亲缘认同感，让中国人会有大家同是一家人的感觉。所谓"家是最小国，国是最大家"，在中国人看来，家庭与国家之间并没有本质的区别。那些在各个层面治理国家的政府官员，更像是一个家族的族长或者说大家长。中国古代地方官员经常会被治理之下的百姓称为"父母官"。他们在接受这个称号并掌控权力的同时，也意味着必须承担如父母疼爱子女一般的义务。

考虑到形成"家国"观念的中国人总数在当下已超过14亿，这着实是人类社会的一大奇迹。至于说中国人为什么能够在如此漫长的历史中维持这一认知，并且发展出如此体量，将是下一章要回答的问题。现在我们讨论的课题是，祖先崇拜信仰是如何产生的，与其他宗教信仰相比又有哪些特点。

祖先崇拜实际并不是中国人独有的东西，属于原始的万物有灵宗教观的一种。在人类开始将各种未知力量定义为灵时，很自然地也会希望逝去的家人能够以灵的形式延续血脉凝结而成的安全感，这种期待就演化成了祖先崇拜。可以这样说，每一个民族最初都经历过这样一个阶段。

在那些已经为幻想神灵所主导的地区，我们同样能够发现一些如活化石般存在的祖先崇拜痕迹。比如，在曾经生长了阿兹特克文明的墨西哥高原，原住民虽然在西班牙征服后改信天主教，却仍然保有阿兹特克文明残留下来的亡灵节。亡灵节是为祭祀祖先而设立的节日。在阿兹特克人看来，一个人会死亡两次：第一次是肉体上的死亡；第二次是亲人将其遗忘，这才是真正的死亡。

从宗教进化的角度来说，祖先崇拜算得上非常原始的信仰，进化层级最高的则是排他性的一神信仰。宗教进化的问题在于过多受限于血缘认同。你看用这一点自我设限的犹太人至今只有1000多万人口就会知道，这真是一个大问题。祖先崇拜在统一意识形态时会更为容易操作。这使得阿兹特克人的祖先崇拜信仰在历史上很快为天主教所取代。

让不同种族、民族的人类相信彼此的存在，都是由同一个拥有超自然力量的神安排的，比让他们相信拥有一个共同的生理和文化祖先要容易得多。当我们看到犹太人所创立的一神信仰被基督教、伊斯兰教引用后变成不受血缘限制的宗教，并发展出数十亿信众时，谁又能怀疑一神信仰的力量呢？

然而，人类不管怎么进化，以亲子关系为核心的血缘认同终归是最紧密和稳固的。即便在一神信仰占主导的地区，家庭依然是最小的认同单位。历史上，任何一个想完全消除家庭影响、让信众纯粹以个体形式慑服于某种宗教（或其他类型的意识形态）认知的努力，都以失败而告终。

从自然科学角度来看，人类对于血缘关系的重视源自人类的哺乳动物属性。哺乳动物诞生于2亿年前的三叠纪，是由恐龙所属的爬行动物演化而来的。直到6500万年前的白垩纪—古近纪灭绝事件造成绝大部分恐龙灭绝，哺乳动物和由恐龙演化出来的鸟类才成为地球上的优势物种。

就哺乳动物与鸟类的竞争来说，前者实际是有压倒性优势的；后者所拥有的飞翔技能，帮助其在地面之外找到生存空间。虽然鸟类在天空上拥有几乎独属自己的生存空间，但在可以预见的将来并不会出现"鸟人"这种智慧生物。本质上说，这是由鸟类和哺乳动物孕育后代时的不同特点决定的。相比鸟类，哺乳动物哺乳抚育后代的行为，会更有利于与后代建立亲密的情感纽带。

就建立亲密关系这件事来说，催产素发挥着重要作用。催产素是一种由大脑的垂体后叶分泌的激素，最显见的作用在于促进分娩、刺激乳汁分泌，哺乳动物能够形成比其他动物更深厚的亲子关系，催产素发挥了重要作用。这让哺乳动物属性的母亲更愿意与自己的孩子建立亲密关系。

亲子关系存续的时间越长，亲密关系就越稳固。比起其他哺乳动物，人类抚育后代的时间明显要长得多。一匹小马在落地之后，扑腾几下就能够在草原上用四肢行走。而人类幼崽想做到像他们的母亲那样两足行走，通常需要一年左右的时间；想要独立面对自然环境的挑战，更是至少需要十几年的时间。

这个被拉长的抚育过程，让人类得以建立比其他动物更为深厚的亲子关系。此外，催产素并不是女性的专利，男性同样可以少量分泌。在参与漫长的抚养过程后，男性与其后代的关系同样会因为生理和心理的作用而增强。同时，催产素的价值也不仅在于建立和谐的亲子关系。研究表明，在建立包括男女关系等各类社会关系中，催产素发挥着重要作用。

人体还有很多奥秘需要科学家慢慢探索，从医学角度来看，影响人际关系的激素也不只有催产素，比如在两性关系上，多巴胺的作用看起来会更大。即便不探究激素层面，我们每一个人也能够感受到，人与人、人与其他哺乳动物之间会更容易建立亲密关系，切身体会到生育和抚育行为对关系亲密与否的直接影响。

基于哺乳而产生的亲子及亲密家庭观念，帮助哺乳动物产生了有别于其他物种的社会性。当人类把这种亲缘关系与觉醒的宗教意识结合在一起时，就形成了祖先崇拜信仰。从这个角度来说，祖先崇拜信仰不仅是最原始的，也是最稳定的。一旦能够克服基数不足的问题，这一信仰所产生的力量将超过那些凭空想象的神。

由此我们还可以做一个有趣的设定。如果有一天人类真的发现了外星智慧生物，并且与之产生了竞争关系，"地球人"这个基于共同人类祖先而产生的身份认同，是否会很快压倒其他宗教而成为凝结全体地球人的意识形态呢？笔者认为答案是肯定的。特别是人类已经很明确地知晓，不管你的肤色如何、种族如何，祖先都是一小群生活在非洲的原始人类。不同种族人类彼此间的血缘距离，甚至还没有远到产生生殖隔离。

许多科幻电影中还会幻想，未来人类将不再通过怀孕的方式生育后代，以减轻人类母亲的负担。毫无疑问，如果人类有一天真的通过工厂模式生产和培育下一代，那么整个人类社会的价值观将会发生翻天覆地的变化。在所有族群当中，最依赖祖先崇拜信仰和家庭的中国人受到的冲击将最大。

可以说，这种科幻中的场景一旦出现，中国的文明也将和那些古老文明一样走向没落。做出这种看似有点危言耸听的假设，其意义在于希望人类（尤其是中国人）能够了解，自己在成为主宰世界的万物之灵后，还是需要对一些看似原始的属性和关系保有一颗敬畏之心。

这部分内容的价值，不仅在于解读中国人信仰的原始和独特之处，更在于希望人类能够意识到，基于人类作为哺乳动物的本性，家庭始终是人类发展的基础。无论信奉哪种宗教，无论高速发展的科技能够多大程度将人类从家庭生活中解脱出来，人类都不要做出试图破坏原始家庭关系的决策。

从这个角度说，中国文明将家庭放在重要位置、祭祀祖先的做法，却是对人性最大的敬畏。

外来宗教的本土化

中国人的祖先崇拜信仰，并不妨碍中国兼容并蓄地发展和吸收其他类型的宗教。事实上，从尊重多样性的角度来说，包容别的宗教存在才应该是正常状态。外来宗教不仅能够在中国找到生存之地，更有机会本土化成为主要宗教，前提是这个宗教的核心价值观不与中国人的人神信仰相违背，不让中国人觉得自己只能接受神安排的一切。

所有传入中国的外来宗教中，较为成功的是从印度传入的佛教。其原因在于佛教具备"由人到神"的特质，比如作为主神的如来佛，前世是佛教的创教者释迦牟尼，而这位令信众崇拜的佛陀原本是生活在喜马拉雅山麓的一位释迦族王子。

在佛教中，除了以如来佛为代表的佛陀以外，还有一种被崇拜的类型——菩萨。你会发现，绝大多数菩萨的衣着要比佛华丽得多，比如观音、文殊、普贤三位中国人最为熟悉的菩萨（除了认定"地狱不空，誓不成佛"的地藏王菩萨以外）。

之所以出现这种差异，是因为二者的原始身份不同。就最初的设计而言，佛是出家专业修行者的终极目标；如果你是生活在世俗环境的在家修行者，那么你成神之后可能达到的最高成就是"菩萨"。供养出家者和他的寺院是修行的一部分。考虑到早期有实力通过供养佛教寺院、表达向佛之心者都属于富贵之人，我们可以理解菩萨的造型衣着华贵了。

在以"普度众生"为己念的佛教思想中，普通人同样有成为神的可能性。除了佛、菩萨两种脱离生死的偶像类型以外，法力稍弱的罗汉是佛教信仰中的另一类被崇拜对象。在一些佛教分支中，罗汉是普通人修行后能达到的最高境界。这个被供奉的群体有五百罗汉的统称。

宗教在传播之中一定会做一些本土化的改良，以与这一地区原有的信仰适配。从佛、菩萨、罗汉三者在中国人认知中的存在，我们能够明显地感受到，他们的身世是与中国的人神观念相契合的。于是在佛教传入中国之后，修行不再是本土宗教道教的专利，成仙也不再是唯一的目标。

至于普通中国人，是完全不会去分辨其中的区别的。只要能够保佑现世之人，而且暗合中国人的人神观念，中国的宗教信仰者对那些各种称号的神都可以用同样虔诚之心奉上自己的香火。就像我们之前所说的那样，在中国的很多宗教场所中，佛教、道教的偶像乃至祖先的灵位都会有他们的位置。

这里顺便说下"庙"这个字。佛场在中国的宗教场所有庙和寺之分。佛教被引入中国之后，供奉佛教偶像之地常常被称为庙，因此很多人误以为庙的原意就是指佛教朝拜之地。实际上，庙最早单纯是用来指向供奉祖先的祭祀场所，谓之宗庙。这也是为什么后世祭祀关羽、孔子等凡人成神成圣的场所会被称为关帝庙、孔庙。

至于宗教场所的另一个代名词寺，最早则是一些政府机构的代称，如负责外交事务的鸿胪寺、相当于最高法院的大理寺。伊斯兰教和部分佛教的宗教场所在中国被冠以寺的后缀，都有官方认可的历史背景在里面。

上述背景既表明中国人对于宗教信仰所秉持的开放包容态度，同时也暗含着在中国这样一个更重视现实世界的国度，宗教信仰是一定要服务于政治的。

第二十三章
"特异文明"中国（上）

"海中地"地理观

无论从运行规则还是宗教的角度来看，现在的人类世界有如古代地中海世界的放大版，并且由西方文明设计的规则主导。从这个角度来说，与古代地中海世界、现代西方差异最大的中国算得上是一个特异世界了。

独特的人神信仰，只是中国文明特异性的体现之一。按照笔者原本的想法是用 1～2 章的篇幅来阐述中国文明的主要特异性，无奈这个"东方之东方"属性的文明实在有太多与西方的不同之处，却又有逻辑自洽的特异性，以至于即便是简单罗列，也还需要三章的篇幅。

无论从面积、人口、当下的影响力，还是世界对中国了解太少的角度来说，本书用 1/10 的篇幅来观察中国，客观上都不算偏爱。尤其是曾引领人类进步数百年的西方文明，当下遇到了发展危机和进步"瓶颈"。这种情况下，从硬币的反面观察中国特异文明的进化之路，对于西方来说，应该多少有些借鉴作用。

中国之所以拥有特异文明，首先是因为它的地缘格局正好与地中海相反，是一个独立的"海中地"格局。对于世界的描述，中国人有两个名词——"天下"和"四海之内"。从人类视角来看，天就像是一口铁锅一样笼罩大地，用"天下"一词来指世界很好理解。

"四海之内"就有点奇怪了。单纯从地理角度来看，无论是古代中国的农耕核心区还是现代中国的版图，都看不出这是一片被大海包围的土地，最多只能在东部及南部定位出东海和南海两片海洋（事实上中国人也的确这样命名了）。然而这并不妨碍古代中国人认定自己生活在一片四面有海的土地上。

由于海洋的存在，天下和四海之内所对应的范围其实并不完全一致。简单来说，天下的概念还包含大陆四周的海洋。由此古代中国人还推理出"天圆地方"的世界观来解释这一切。如果你见过在中国使用了超过 2000 年的铜币，就应该很容易理解中国人是怎么看待世界的了。按照天圆地方理论设计出来的铜币，整体外观为圆形、中间为方孔。圆形外观代表天、方孔代表地，方孔与圆形之间则是海洋。

在西、北两个方向，中国文明一直在承受着亚欧大陆心脏地带的压力，只是这片土地的荒蛮性从来没有让中国人感觉到文明上的危机。对于那些围绕中国核心区的荒蛮之地，中国文化也有一个特定的名词——"八荒"。那些入侵者不断融入中国文明，更是让古代中国人越发认定自己才是世界中心，并且相信西、北方向不会存在能挑战中国的文明，那些荒蛮之地边缘只能是海洋。

基于这一认知，古代中国人相信自己脚下的这片陆地在四个方向上都应该有相对应的海洋存在。于是我们会看到，在不同时期一些位于长城之北或者之西的海区甚至湖泊，被认定为传说中的北海或者西海（如贝加尔湖和青海湖）。

当然，一定要在人类内部找一些比中国还与众不同、拥有独特世界观的样本，那也不是一件难事。比如，复活岛上的原住民就一直认为自己所在的这个小岛是"世界的肚脐"，拥有独一无二的地位。既然中国人说的是"世界"，那就必须有足够的体量能够自成体系。即便这个异世界之外的世界毁灭了，它也能够按照自己的逻辑运行和发展下去。

古代中国人一直认定自己并不需要依靠对外贸易，就能够生活得很滋润。即便已经了解了地球的全貌，以及对外贸易的重要性，中国人内心依然相信，就算跟其他人类脱钩，也不是一件什么大不了的事。

自给自足、厚德载物的历史，以及近代被海洋文明挤压过的痛苦回忆，进一步强化了当代中国人的自成体系意识，希望能够将人类发展生产力时所涉及的每一个环节都在中国落地。

中国文明形成的地理成因

"海中地"的世界观以及一直到19世纪中叶都没有遭遇文明挑战的历史，让中国人形成了执着于自成一体、认定自己所拥有的就是最适合自己的观念。即使近现代被技术遥遥领先的西方逼迫打开大门，那些传播进来的先进技术，在初期也只是被中国认为是不堪大用甚至有副作用的奇技淫巧。

但仅有这种自成一体的自信是不够的，最起码不能被外来入侵者撕扯得四分五裂。前面我们已经了解到，作为世界其他地区尤其是地中海世界的比照对象，中国所拥有的治水文明属性是数以亿计中国人能凝结在一起的重要原因。就治水文明来说，我们还有一个疑问，那就是全球大部分地区都存在水患，为什么独有中国具有治水文明特色。

说到这儿就不得不提中国另一个独特的观念——风水。很多中国人在为住宅、墓地选址之前，会请风水先生"勘察"一下环境是否适合。剥离这层玄学的外衣，背后体现的是中国文明"天人合一"的观念，寄托着中国人期冀人与自然和谐相处的愿望。

我们姑且借鉴"风"和"水"两个字，来解读一下中国文明形成的地理大背景。很多关注中国文明的人会注意到，黄色在中国文化中具有特殊地位，最重要的地理单元——中国文明的政治起点是黄土高原、被视为母亲河的是黄河，连古代中国皇帝的专用色后来也固定为黄色。

其实这些在不同层面被突出的黄色源头都指向黄土。黄土高原上覆盖着一层平均厚度为 50～80 米的黄土层。这些风化而成的粉土沉积物，内部具有发育良好的管状孔隙，孔隙内还填充有比例不同的碳酸盐将这些黄土颗粒胶结在一起。

疏松特性使得生活在黄土地上的人类，凭借石器就可以很轻松地进行耕作。此外，这些进行垂直发育的孔隙在遇水之后还能把深层土壤所含有的无机盐自动输送到地表，促进植物生长发育。这些优点使黄土高原成为亚欧大陆早期农耕中心之一，通过种植粟米（小米）等作物，黄土高原开启了古代中国人的主粮革命，开始独立进入文明时代。

那么黄土高原那厚达数十米的黄土层是从哪儿来的呢？答案是亚欧大陆心脏地带，具体来说，是北边的蒙古高原以及西北方向的新疆北部。在地图上你会看到黄土高原的西北方向分布着一系列沙漠以及还未完全沙漠化的戈壁（如腾格里沙漠、巴丹吉林沙漠）。黄土是风化而成的土壤，在强烈而又干燥的西北季风的作用下，这些地区的地表岩石先是被风化成土壤，然后又被西北风经年累月地搬运至东南方向的黄土高原。

这些黄土被风搬运至黄土高原地区后，受高原上的山脉阻挡落地，最终形成了厚达数十米的黄土层。湿润东南季风则负责在夏季湿润这些黄土。这就意味着，无论是中国人更喜欢的从海洋而来的东南季风还是带来寒冷气流的西北季风，其实都在为这个文明的成长做出基础性贡献。后者在亿万年的时间里帮助风化心脏地带的岩石，并且把辛苦积攒的黄土输送至黄土高原；前者在每年温度最高的季节里为这片土地带来降水。那些浸润黄土层的雨水又通过黄土中的孔隙将深层的养分输送给地表作物。

如此得天独厚的条件，黄土高原爆发主粮革命并发展出农耕属性的文明是必然的。反观降水稀少同时还缺乏土壤的长城以外地区，却因此成为欧亚草原环境最恶劣的区域之一。古代中国人讲究"天道"，认为万事万物都有其运行规律，那些看似互不关联的事情之间都存在因果关系。从这个逻辑来说，历史上蒙古高原游牧者如此执着地"窥探"长城以南的黄土地，也算是一种天道轮回。毕竟这些黄土大都是地质时期从游牧者生活的半干旱地区风运过去的，留给他们的却是大片无法成就肥美草原的砾石和沙漠。

"风"把诞生于黄土高原的中国文明与草原游牧者的命运紧紧地联系在一起，不管这种联系是以战争还是贸易形式展现出来，它的影响是显而易见的。在延绵不绝的游牧压力下，中国文明内部变得越来越紧密，同时也在不断吸收游牧者从大陆另一端带来的新文化因子。

接下来聊聊"水"，中国风水中"水"的因素主要是通过那条发源于青藏高原、在黄土高原之上折转出四个90°大弯，然后通过华北平原注入海洋的"黄河"体现出来的。黄土高原并不是所有黄土的最终归宿，其疏松的特性不仅让人类更容易用原始工具开垦，同时也使得黄土很容易在黄河水的冲刷下被剥离、带入下游地区。这条大河之所以在2000年前被冠以"黄"的前缀，就是因为它的含沙量太高。

位于黄土高原以东的华北平原，几乎整体视为黄河下游地区。华北平原的地表土层大多数是河水从黄土高原上带入冲积而成的。甚至黄河干流本身，还直接覆盖过大部分华北平原，直接把黄土高原中西部的黄土输送到这片平原之上。考虑到这片平原的南北纵深约为1000公里，一条河流的下游河道能够在如此广阔的空间里打造冲积平原，看起来让人有点不可思议。

其实，黄河下游在每一个时期只会负责部分地区的平原堆塑工作。当下游河道被黄沙淤满之后，奔涌的黄河就会借助洪水的力量，掉转方向开发新的河道，或者侵夺其他河流的河道入海。等到这些新河道被淤高之后，再尝试新的路径。早在地质时期这一进程就已经开启，于是黄河下游犹如一条巨龙的尾巴，裹挟着黄土在北到燕山、南到大别山的区域里不断位移，最终成就这个长城以南最大的平原板块。

现在，我们可以从"风"和"水"角度找到中国文明形成的地理成因：首先，干燥凛冽的西北季风，在冬季将来自大陆心脏地带的黄土，搬运至黄土高原。接着，黄河又接力将部分黄土通过不断变道的下游河道，均匀地铺陈在下游的华北平原上。同时，夏季盛行的东南季风又在每年定期将来自太平洋的温度和水汽送至黄土高原和华北平原上空，在与温度更低的西北气流相遇后形成降水，落在这片黄土覆盖的土地上。在滋生万物的同时，为中国的文明奠定了自己独特的地理格局。

黄土地与红土地的融合

如果没有人为干预，现下我们看到的黄河水依然会遵循着它在地质时期形成的运行规律，周期性地在华北平原改道，同时利用这些泥沙不断地向海洋扩张。如此不稳定的水文结构显然不利于文明的发展，历史上很多突然消失的文明和文化都与水患有关。

中国文明的主体若是想从黄土高原走向华北平原，首先要解决的就是黄河水患问题，于是4000年前将中国带入"治水文明"时代的大禹出现。"大禹治水"在技术上的贡献在于用疏导的方式，解决黄河水泛滥的痛点；在文化上，不仅让中国人意识到集体力量的可贵，更奠定了人可以改变环境的信念。大禹去世之后，他的儿子旋即依托治水所成就的政治整合力，在黄河流域建立了中国第一个王朝——夏朝。

巨大的含沙量使中国人想只用一次治水行为就完美解决黄河改道问题的幻想破灭。为了制服这条时不时发脾气的母亲河，2000多年前的中国人尝试在河道两侧构筑堤岸，以期待洪水不再侵扰两岸那些已经开垦为农田的土地。然而，这只是一个治标不治本的方法，在堤岸的固定下，黄河下游的河床被不断加高。

一旦堤坝承受不了洪水带来的巨大压力，或是某个政权、军队出于政治目的主动决堤，奔涌而出的黄河水就会在华北平原上形成大面积的黄泛区。不断泛滥的黄河，让中国的治水文明属性不间断地在华北平原得到强化。历代中国王朝都需要调动全国的资源来治理黄河，这些资源不仅包括与黄河水患相关联的地区，也包括那些本身并不会遭遇黄河水威胁的地区。

地处温带的冲积平原，是最适合发展大规模农业生产的土地。中国在2200年前的初代帝国即秦王朝时期，就已经将东亚大陆几乎所有的大型温带冲积平原纳入中国这个版图中。如果说北方以长城为标志的农牧分割线限制了中国板块向北扩张的冲动，那么在中国最南端起同样作用的，则是一条虽然看不见但能明显感受到的温带和热带分割线。

就中国核心区的结构而言，可以划分为以黄河为轴心的北方地区，以及以长江为核心的南方地区。虽然同属温带季风气候区，但二者在很多方面还是存在差异的。比如，中国北方在温度上大体可归属为暖温带，中国南方则为亚热带气候；北方在西北季风和黄河的作用下，土壤主要为较为松散的黄土，南方的土壤则多为黏性较大的红壤；降水较少的北方地区主粮以粟米（后来是小麦）为主，降水较多的南方地区则以水稻为主。

考虑到中国南北的跨度较大，纬度又是影响气候类型的最重要因素，中国南北方存在一些地理差异实属正常。虽然有这些差异，但不妨碍南北两个区间共同成就中国这个国家。这很大程度上得益于中国历史上的一个特殊现象，那就是北统南。简单来说，无论是文明的传播还是绝大多数的政治统一，都是由黄河所贯穿的北方地区而起的，然后向以长江为主轴的南方地区传导。这使得中国文明内部在保持高度一致性的同时，没有形成南北对立的格局。

古代中国人极其重视脚下这片土地的属性，要是从土壤特性来看，这场地缘大融合是由黄土地向红土地进行的力量传导。当然，这并不代表在文明伊始中国南方地区就不存在独立发展出来的特色文化。只是从政治角度来看，中国南方这些异彩纷呈的文明因子，最终融入成形于中国北方的黄土文明之中。

　　造成这一现象的根源，首先在于结构松散的黄土地，要比黏性更大的红土地更容易开垦。前者的结构特点使之在石器时代就能够大规模开发；后者则要等到进入金属时代，尤其是成本更为低廉的铁器时代，才具备大规模开发的条件。其次，红土并没有黄土那样仅仅通过灌溉就能够将下层养分自动输送到表层的自肥效应。

　　中国南方地区的土壤总体偏酸性，有着肥力不足的缺点。那些成为优质农田的耕地是一代代中国农民不间断地用草木灰及人畜粪便对之进行改良的结果。这一方面证明中国人真是这个世界上最执着于种地的民族；另一方面也揭示了一个客观事实——当黄土高原与华北平原的核心区开始走向政治统一并形成最初的中国文明时，中国南方地区无论在生产力和人口上，都要较北方地区更为落后。

　　相比不断改道的黄河水，代表中国南方的长江河道要稳定得多。这条同样发源于青藏高原、流量和长度都超过黄河的大河，河道大都为山地丘陵所固定。更大的土壤黏性也保证了长江河道不会像黄河那样容易淤塞。就像中国人自己感知的那样，比起黄河水来，长江水要清得多。

　　然而这并不代表中国文明在华北平原所总结出的治水经验，在长江流域乃至更南方的珠江流域就不适用。要知道，那些最有利于开展农耕生产的土地总归是地势开阔的冲积平原。那些身处长江流域及其以南的平原地区同样容易遭遇水患的威胁。这意味着，中国北方在黄土地上总结出来的那些治水经验以及依托治水文化形成的社会治理体系，在中国南方的红土地上依然适用。

就将地理环境有明显差异的中国南北地区融合为一个有机整体的问题来说，不仅有治水文明这个内因在起作用，来自长城以外的游牧威胁也同样有重要影响。中国南方地区进入全面开发并且在文化和生产力上反超北方地区的节点，出现在 1700 年前的晋王朝时期。这个短暂统一中国的王朝，很快便在内部权力斗争以及游牧民族的攻击下分崩离析，不得不退守南方地区维持半壁江山。

伴随着晋王朝的南移，大量北方人口带着先进的文化和技术，进入中国南方那些未开发的土地。对于自视为世界中心的中国文明来说，精美的服饰和帽子是证明他们与周边野蛮存在文明差异的重要标志，这个文明中心南移的历史事件在中国历史上被称为"衣冠南渡"。

单纯从客观环境来说，亚热带气候属性的中国南方在降水和温度两项条件上，比之中国北方更有优势，土壤的肥力则可以通过积肥进行改良，就像刚才我们提到的那样。这意味着只要开发得当，中国南方的主粮潜力是要超过北方的。在"衣冠南渡"为南方地区注入开发动力后，中国南方在生产力和文化上很快就超过了北方。

不过，中国南方在经济上和文化上的崛起，没有让整个中国陷入不可逆转的分裂状态。至于为什么会这样，那就不能只从地理环境方面解读了。

第二十四章
"特异文明"中国（中）

"家国"式集体主义

"海中地"的认知、季风与黄河塑造中国"风水"，加上黄土地与红土地同属温带季风气候的特性，造就了中国独特的地理背景。如果仅说独特，世界上任何一片土地都有自己的独特性，重点在于中国人做了哪些努力，把自己打造成世人眼中的特异文明。

通过前面的内容我们已经意识到，治理水患、抵御游牧入侵，以及独特的"人神"信仰，帮助中国人延续了以家为基础的集体意识。视彼此为"一家人"的想法，让中国人在内部融合上做了很多优于其他人类族群的努力，取得了一些令人瞩目的成就。

中国人的"家国"式集体主义还形成了"大一统"观念。晋王朝因游牧者入侵而被迫南迁，导致中国经济中心南移的时间点与罗马帝国因日耳曼蛮族入侵而崩溃的时间点差不多。区别在于蜷缩于地中海东部、保留罗马正统的拜占庭帝国，千年之后为奥斯曼帝国所颠覆；而中国却奇迹般地屹立在世界东方至今。中国人始终相信"大一统"才是真正的常态，那些入侵导致的分裂在客观上反而强化了这种观念。中国王朝在一直重复、循环、涅槃，让这个文明早就习惯以百年为单位看待世事变化。如果在每次分裂后又重归一统，那么中国人很难不对自身文明的稳定性产生高度自信。

在中国漫长的文明史中，长城之外的游牧者始终是中国北方最大的压力源。游牧者对富庶农耕区的渴望，让即便是远离长城的中国南方居民也同样能够感受巨大的压力。

在游牧者的威胁下，经济重心南移的中国开始形成一种新的地缘融合模式：北方地区负责政治统筹及防御北方威胁，帝国的政治中心也设立于北方；而南方地区则更多负责发展经济，并在经济上补贴承担更多军事压力的北方。

对根据不同地区特点、不同需求进行地区间分工合作，中国人一直在做出努力。人类的社会性很大程度上体现为能够在内部进行有效的分工。中国这种自上而下调配资源的做法，虽然不适合世界所有地区，但是在有"家国"情怀、"大一统"观念的中国却完全不是问题。

四季轮转与中国人的经验传承

既然祖先崇拜信仰普遍存在于人类各族群的早期文化中，为什么只有中国人坚持了下来，并且发展成十几亿人口体量的"家国"？这件事如果想用一句话概括，那就是中国人实在是太依赖祖先留下来的经验了。

中国文化中有很浓重的"崇古"情结，在描述人心狡诈时，中国人经常会用到一个成语——"人心不古"，意指现在的人没有古人淳厚。历史上，每当有政治改革者希望改良已经举步维艰的运行体制时，也总会有以"祖宗之法不可变"为理由反对的声音。

中国人的"崇古"情结，首先与中国所处的气候环境有关。你有没有发现这样一个问题，从进化角度来看，人类文明总体存在一个发源于热带、兴盛于温带的规律？比如，人类最早的文明——古埃及文明和美索不达米亚文明，以及稍晚一点的印度文明——都置身于热带沙漠气候区。后来，引领人类文明进步的欧洲、中国以及美国都属于温带气候区间。

这意味着温度较高的地区因为太阳能转化的优势，容易开启文明，但当温带地区站在它们的肩膀上发展出属于自己的文明后，后者总能在竞争中占据优势。事实上，这一规律并不仅仅适用于热带与温带文明的竞争力比较，在温带文明内部这一规律也同样存在。

在欧洲大陆，古希腊、古罗马为欧洲文明奠定了基础，而当整片大陆进入文明状态后，站在欧洲政治舞台中央的却是阿尔卑斯山系以北的法、德、俄三国。至于东亚大陆，就像之前我们所解读的那样，中国的统一基本遵循着北统南的规律，成为经济中心的南方总是缺乏政治统一北方的动力。

同样的规律也适用于新大陆属性的美洲。你会看到，美洲三大文明中时间最早的是在公元前 1500 年形成于热带雨林的玛雅文明。反观被山地将环境温度拉低为温带气候的阿兹特克文明和印加文明，则崛起于公元14—15 世纪。而如果你对美国的南北战争有所了解，会发现在这第三个适合发展高级文明的温带区间，美国用它只有 200 多年的历史再次证明了低温度地区的竞争力。

当然，我们这里说的低温度只是相对的。如果已经像西伯利亚或者加拿大那样处于仅比极地温暖一点的亚寒带气候区，那就彻底没有竞争力了。换言之，这片土地最起码要适合大规模开发成农田，才具有参与文明竞争的基础。

与全年高温的热带地区相比，温带地区最大的气候特点是四季轮转。春天万物复苏，农夫可以在农田中播撒种子；夏季光照充足，能够让作物充分吸收和转换太阳能；等到天气转凉的秋季，就到了收获的季节；至于寒冷萧瑟的冬季，人类则需要依靠秋季储备的粮食，度过这个几乎无法生产食物的季节。

四季轮转让温带地区没有办法像热带地区那样"躺平"，必须对作物的种植以及粮食的储蓄做出细致的规划。于是温带文明在进化时会变得更有计划性和前瞻性，包括更有危机意识。这些特性让来自高纬度地区的竞争者，较之食物来源更为充足的低纬度竞争者，显得更加有进取心。

既然刚才在亚欧大陆两端以及北美大陆中部罗列出欧洲、中国以及美国这三个适合发展农耕及文明的温带区间，那么疑惑之处依然是，为什么只有中国人显得如此依赖祖先所留下的经验，并因此保留了祖先崇拜信仰，包括形成独特的人神观。

考虑到与旧大陆隔绝的北美大陆一直到哥伦布发现新大陆后才开启文明进程，真正能够与中国作比照的对象，其实就只有欧洲。造成这种现象的一个重要环境因素，是中国比之欧洲更适合开展农耕。更为寒冷的环境不仅让欧洲在农耕文化和人口总量两项指标上远远落后于中国，还因为整体资源的短缺造成更为激烈的内耗。

比较之下，中国不仅整体纬度较欧洲更低、拥有更高的积温，还在季风的吹拂下形成了最利于作物生产的雨热同期现象。这使得中国家庭完全可以依托一块农田就解决所有的生活问题。这种被称为小农经济的生活状态，在分工上呈现为男耕女织模式。体力充沛的男性家庭成员负责粮食作物的种植，以解决家庭的主食物来源；女性成员则利用蚕丝或者苎麻等植物纤维织造布匹、制作衣物。

无论是种植养蚕所需的桑树还是苎麻，都不需要占用最好的耕地。中国的农夫总能充分利用好每一寸土地。稳定带来了高人口增长率，为了养活日益增长的人口，中国人需要以更加精耕细作的精神提升农作物产量，以及开发更多的土地。做到这一切，除了需要依赖祖先所传授下来的经验，更要让每一个中国人都明白自己所得到的一切都是祖先一代代累积下来的，同时亦肩负着将这份经验传承下去的责任。

受四季轮转的温带气候以及精耕细作的农垦意识的影响，你会在中国文化中发现很多跟农耕和时令有密切关联的元素。中国的传统历法一般被认为是按照月亮的运行规律而编纂的"阴历"。阴历的问题在于不够精确，每隔一段时间就需要用闰月修正一次。于是中国人会在历法中加入按太阳运行规律而摸索出来的、更为规律的阳历元素。

那些用来指导农业生产的阳历时间节点被称为二十四节气。基于其对农业生产的重要性，中国人将这种兼具阴阳历特征的历法称为农历。节气在阴历中对应的时间点，每年都不尽相同。这就需要一代代中国人探索出规律并传承下来，而中国的官方也会在每年及时发布新的历法。这一切都让中国人既善于从生产生活中摸索和总结规律，又善于将这些规律记录下来传承给后人。

在传承经验这个问题上，中国人有着一种神圣的使命感。中国人尤其善于记录历史，如果你仔细研究中国的史书，就会发现它真正的目的并不是做客观的记录，而是试图将编写者对于事件的看法流传下去。史书的编写者相信，他们是在将先贤总结出来的人生经验传递给后人，以让后人可以少走弯路。

中医药是经验主义中国所制造的一项重要文化遗产。即便从科学角度来看这些验方的药效，也都是在千百年时间中用无数人体试验得出的经验总结与智慧结晶。

依赖祖先留传下来的经验，极大增强了中国社会的稳定性、强化了祖先崇拜意识，让中国得以用数千年时间发展成为一个拥有十几亿人口的大家庭。但不可否认的是，过于遵从祖先所累积下来的经验，也让中国在人类开启工业革命之时一度由于因循守旧而落后。

一个原因在于，凝固而讲究无为而治的中国文明在很长一段时间内并不认为需要精细数字管理，只需要凭借经验给出一个概数即可。我们阅读中国历史文献就会发现，那些出现在史料中的数字往往只是概数。比如，出于不浪费任何热量的目的，中国人会尽己所能地将各种可供食用的食材加工成适合食用的状态，并因此发展出品种繁多的中国美食。不过让一个西方人去学习中餐烹饪的方法，肯定会对食谱中那些诸如"少许""七成热"的词汇感到困惑。

精确的数字管理理念，恰恰是科学和工业时代所需要的。好在这个文明累积出足够强的韧性和足够多的优点，让其在经历一定的波折后，能够重新用自己独特的经验为人类进步做出贡献。

特异文明的"网络情结"

想在当代单找一种产品代表中国的制造力，那将是一件很困难的事情，因为当下这个世界的大部分商品都是中国人制造的。在中国人明白自己赖以维持竞争力的基础不再是那一片片农田而是工厂之后，原本在农田里耕作的"农夫"，很快在生产线上延续着他们精耕细作而又不失创造力的精神。

要是从古代中国寻找一件有中国特点的产品，范围会窄得多。瓷器、茶叶、丝绸将是最有力的竞争者。如果让笔者选一件最能代表中国文明特质的产品，笔者会选择丝绸。这一选择一定程度上是因为丝绸的历史最为悠久，最起码在 5500 年前中国人就已经用蚕丝织就美丽的丝绸，比瓷器和茶叶出现在这片土地上的时间要早得多。考虑到中华文明有 5000 年（大量考古证据也证明了这点），丝绸显然更有资格作为中国文明的代表。

另一个原因是整个西方的上层曾经长时间痴迷于来自中国的丝绸，以至于历史上的东西方贸易通道被称为丝绸之路。不过这都不是选择丝绸代表中国的主要理由，笔者选择丝绸的主要理由在于生产丝绸所需要的高超技艺，背后是中国人试图将一切交互编织成一个整体的"网络情结"。基于这一情结，中国人不仅创造性地将蚕丝变成了纺织材料，还编织出无数改变中国地缘结构的网络。

交通网是将各地区连接在一起的重要基础设施，罗马人从公元前 500 年开始修筑"罗马大道"，将罗马境内各主要市镇和军事基地连接在一起。200 多年后统一中国的秦王朝，也修筑了纵横中国的驰道。驰道建成之后，伟大的始皇帝嬴政亲自沿着这些道路巡视帝国，直至因病逝于这些道路之上。

不过，比起大多数强大帝国都会修筑的国道工程，中国人在构筑运河网上的努力更令世人瞩目。在罗马人开始修筑罗马大道的同时，争夺中央之国控制权的诸侯国便开始尝试利用运河连通原本互不相连的水系。吴国所挖掘的邗沟、魏国所构筑的"鸿沟"将原本平行东流的黄、淮、济、江四条核心河流串联在一起。

秦国在统一中国后，将运河延伸到中国最南端的大河——珠江。在了解过大禹在近 2000 年前所奠定的治水文明基础后，秦朝人能做到这一点并不让人意外。于是就像我们之前在解读治水文明时所说的那样，一个中国人在 2200 年前就可以从农牧交界处的长城沿内河航行至热带边缘的南海之滨。

相比主要依靠畜力的陆地运输，水运在自然经济时代有着无可比拟的优势。中国能够长久保持大一统意识，与他们在如此之早就编织出一张覆盖全部核心区的水运网有关。有了这张网的支撑，将首都定位在北京、替他的子民们抵御游牧入侵的明朝皇帝，可以从将近 2000 公里之外的杭州调运粮食了。更为让人称奇的是，这张 2000 多年前修筑的运河网至今仍然在部分地履行它的职责。

这并不是中国所编织的唯一一张"网络"，依托纵横国境的水陆交通网，中国很早就构筑了以驿站为节点、驿马为载体的快速通信网。一个被唐朝皇帝宠幸的贵妃，甚至能够及时吃到 1000 公里外的新鲜荔枝。考虑到这种中国特产的水果，常温下保质期只有两三天，而从中国四川省南部的荔枝产地到这位杨姓贵妃所在的都城长安，沿途道路均修筑于崇山峻岭中，这张通信网的高效实在让人刮目相看。

除了驿站以外，中国人最起码在 3000 年前已经知道在前线与后方之间布设烽火台，一旦有游牧者入侵，那些点燃的烽火便能够及时向后方预警。事实上，就算是被很多人单纯当作防御工事的长城，其本身也是一条交通线。沿长城修筑的道路，乃至长城本身可以让驻扎于沿线的军队快速向游牧者所选择的攻击点集中。

总而言之，为了维护"家国"的大一统性质，中国人一直在使用各种办法完善他们的基础设施。在中国开启工业化进程并以超乎寻常的速度发展经济时，各种带有"网络"属性的基础设施也在中国境内铺开。你会看到，中国人不仅打造出全球最大最先进的高铁网、电力网，还会看到中国拥有世界上最大、最成熟的移动通信网、物流网。

可以这样说，但凡能够组网的东西都是中国人的强项。从现代商业的角度来看，如果你的目的是把一些分散的节点连接在一起以提高整体的运营效率，那么在这件事情上总会有中国人构筑出其他人难以跨越的壁垒。

鉴于中国人在自己国家内所组建的各种网络是如此成功，并且这个拥有 960 万平方公里国土、14 亿人口的国家，可以完全凭借内部市场进行技术升级，包括探索盈利模式，中国人接下来要做的是，怎样把各种属性的网络触角向周边更多国家乃至全世界延伸。

虽然在中国以外地区并无可能推广中国文明的"家国"模式，但要是人类（如统一调配电力，以达到节能减排的目标）致力于建立某种层面的人类命运共同体，为什么不让中国人来完成自己最擅长的部分呢？

第二十五章
"特异文明"中国（下）

文字的诞生

人类的生死问题一直以来是一个重大课题。永生可以被视为一个意识保存的问题。关于意识到底是以什么形式存在，又是如何保存的，几乎是人类最渴望知晓答案的未解之谜。因为一旦知晓了问题的答案，人类就有机会摆脱肉身的束缚，让意识保留在存储器或者新的肉身中。

从技术上来看，我们每个人的意识世界都是专有的、独一无二的。人类对于各种事物的认知及承载这些认知的记忆，构成每个人独特的自我认知。以人类现在的技术水平而言，人脑究竟是如何承载这种独特意识的还不得而知，不过我们却知道一个文明想要把自己的印记延续下去，文字将是不可或缺的。

在文字被发明出来之前，人类传承信息的方式主要是口口相传。这显然是一种非常落后的方式，在传说过程中一定会加入很多想象的成分，让后人看着有如在阅读一部神话故事。于是，每个国家的历史几乎都可以分为两个阶段——传说阶段与信史阶段。

想靠传说支撑一个文明延续是非常危险的。危险之处并不在于加入了神话成分，客观上这些虚拟和夸大的部分对于凝结一个民族的自信心也是有益的，谁让人类的潜意识里都希望自己的出身卓尔不凡呢？真正的危险在于，那些口口相传的信息重要部分往往只会由少数人比如部落的祭司掌握。

一旦这些精英阶层出于某种原因被"团灭"，那这个文明可就走到尽头了。在承载文明的政治体被破坏后，文字则能够保存这个文明曾经创造的独特信息，尤其是那些历史记忆，可以帮助后人重建和延续文明。不要觉得这是危言耸听，看看只懂得结绳记事的印加帝国覆灭的下场，你就会知道毁灭一个文明并不像想象中那么复杂。

今天，印加文明虽然已从南美安第斯山脉消失，但当地大多数居民仍是印加人的后裔。只是他们要想知道祖先曾经创造的文明，基本就只能靠征服者留下的零星文字记录。反观中国人传承文明的独特之处，在于坚持使用一种独特的文字系统——表意文字。

文字总体可以分为两大类——表意文字和表音文字。所谓表意文字，是指书写符号不直接表示语音，每一个文字都能独立表达意思的文字。最典型的表意文字就是中国人的汉字。表音文字的书写符号本身是没有任何含义的，只用来表达对应的音节，组合在一起则能够表述人类的口语，最常见的就是各种类型的字母。可以说，除了汉字以外，世界上绝大多数正在普遍使用的文字都是表音文字。

人类不同文字系统之间，也存在进化关系。最早人类是通过绘画来记录信息的。欧洲那些绘制于数万年前的岩画，表明人类早在旧石器时代晚期就开始做这件事。当人类掌握了熟练的绘画技巧后，简笔画属性的图画文字就诞生了。人类如果想刻画一头牛，并不需要画得太像，而只需要把牛的主要特征勾勒出来，让观者意识到是在说牛即可。

对于文字形成来说，这一简化意义重大，毕竟除了那些名词属性的文字以外，人类还需要创造一些记录动作乃至情绪的文字，这就需要设计者使用足够简单的笔触。当图画文字形成体系，某个简化的图案代表特定的意义，并在一定范围内被接受（哪怕与原始形象相去甚远），仍带有图画文字特征的象形文字便诞生了。

早期各文明所使用的文字都属于象形文字，比如古埃及象形文字、中国商代的甲骨文，以及代表美洲文明的玛雅文字。需要说明的是，并不能简单地说表意文字就是象形文字。象形文字在沿着表意的道路进化下去后，会越来越淡化原始的图案性，用一些标准化的符号（如汉字的偏旁部首）组成文字。甲骨文之后的中国汉字，就很难再用象形文字来概括了。

表意文字的最大问题在于，文字内容与语言没有直接关联，认识这些文字是一回事，把它们读出来又是一回事。于是生成于地中海周边的表意文字系统，尝试在文字中加入表音符号。比如，苏美尔人的楔形文字、古埃及人的圣书体，发展成熟后都有表音的符号加入。

地中海周边地区民族结构异常复杂，由此导致语言亦呈现多样性。尽管苏美尔人和古埃及人的文字已经成熟到可以完整表达人类想表达的意思，但学习起来的难度是显而易见的。看看汉字在非中国地区的普及程度有多低，我们就能够理解这一点了。于是从公元前 1700 年左右起，地中海周边地区民族就开始尝试将这些表意文字中的表音符号剥离出来作为字母，用以拼写自己的语言。

大约在 3000 年前，地中海贸易者属性的腓尼基人借鉴苏美尔和古埃及文字中的表音符号，创造出由 22 个字母组成的腓尼基字母。这套字母被认为是世界上绝大部分表音文字的鼻祖。后来的希腊字母、拉丁字母、阿拉伯字母等通行于不同族群中的字母，都可以溯源至腓尼基字母。

中国汉字的力量

类似的演化过程，中国人其实也并不会陌生。在东亚地区，汉字曾经是中国周边国家的官方文字。不过，就如我们刚才说的那样，这种表意文字学习起来难度实在太大了。于是你会看到，那些受中国影响的东亚国家如日本、韩国、越南，最终创造或引入表音符号，以让自己的口语能够更容易转化为书面用语。

最早做这一尝试的是日本。为了给乐谱注音，中国人曾经选取部分汉字的片段作为音符。公元 10 世纪前后，前往中国学习的遣唐使借鉴唐代乐谱中的音符，创造了平假名和片假名两套表音文字系统，用以表达那些汉字难以表述清楚的日语口语。而在中国人看来，日本假名的书写风格与中国的草书和楷书如出一辙。

字母和表意文字易于学习，也利于传播，人类现下所使用的文字大都源自腓尼基字母，又从另一个角度证明，这个世界本质是古地中海世界的放大版，再次证实中国才是那个主流世界之外的特异文明世界。

适合的才是最好的。中国之所以在漫长的历史中没有淘汰看起来颇为"原始"的汉字，是因为汉字不表音的特性正好符合中国人的大一统观念。在如此广袤的国土上，即便是中国人也很难做到语言的统一。直到今天，中国境内仍然有着数量繁多的方言，在一些地形以山地为主的地区，甚至会有"十里不同音"的说法。

关于一种语言到底应该被认定为方言还是独立的语言，很多时候其实是一个政治问题。方言与语言的差别很多时候就只在于一条国境线。如果一个国家被长期分割为两个政治体，其中一方或双方便总会在相同的语言中寻找细微的差异，借此彰显自身语言的独立性；反之，如果处在同一政治体内，通常这些差异就不会被放大，只会被认定为方言或者口音的问题。

在一些中国学习者看来，欧洲那些主要语言之间的差异并不会比中国的方言更大。倘若中国文字也采用表音方案，那么这些能够准确表达方言发音习惯的文字，几乎不可避免地会发展出各自独立的文字系统，进而阻碍一个中国的认知。

从利用语言和文字促进统一的角度来说，欧洲大陆可以算得上一个反例——那些用不同字母甚至同一字母拼成的各种语言强化了欧洲各民族的独立性。虽然欧洲人认为这种多样性才是值得骄傲的，但依然无法掩盖一个现实—— 一旦欧洲不再是世界的中心，需要齐心协力与外部世界竞争时，这种分裂性必然成为很大的掣肘。

就像今天的互联网世界实际只存在两个十亿级的世界——英文互联网和中文互联网，欧洲如果想在这个培养未来技术的虚拟世界中彰显自己的力量，首先要面临的就是用哪一种文字的问题——法文、德文、意大利文？没有人能够知道答案。

反观中国人，早在 2200 年前就已经解决了这个问题。秦始皇将中国带入统一的帝国时代前，这个已经延伸了 2000 多年的古老文明经历了史称春秋战国的大分裂时期。这段列国相争的历史长达 5 个半世纪，足以让相互攻伐的诸侯国在原本统一的汉字基础上，进化出字形差异甚大的分支来。

统一中国后，秦始皇按照秦人的书写方式统一了已经渐行渐远的汉字，这一举措被称为"书同文"。此后 2000 年间，中国虽然仍然多次陷入分裂状态，但一直到今天，汉字系统本身没有再出于政治原因而大分裂过。这使得两个中国人即便相隔万里，语言虽有很大差异，但却完全可以通过文字沟通思想。

值得一提的是，即便当下的汉字系统已经变革为简体字和繁体字两个系统，但汉字那奇妙的表意特性，以及两种字体间的传承关系，使得无论是从小接受哪一种汉字教育的中国人，都可以很快读懂另一种文字体系所写文章的意思。

从这个意义上说，"书同文"可以说是秦始皇对中国文明所做出的最大贡献。表意文字的属性加上"书同文"的设定，以及中国人对传统的坚守，造就了中国文明一个绝无仅有的特点—— 一个受过中等教育的中国人可以读懂写就于 2000 多年前的文章，并从中体会祖先的思想和智慧。

这对于中国文明的传承来说，无疑又增加了一条牢固的纽带。对于那些使用表音文字的民族来说，由于每一个语音的变化会在文字上实时体现出来，一般人想读懂古文献几乎是不可能的。因此，他们对于祖先的记忆以及崇敬心理也很难像中国人那般深厚。

想在文明层面找出一个与"书同文"重要性相仿的举措，那应该就是"语同音"了。在中国古代，都城地区所使用的方言会被定性为官话，如果你立志成为一名官员，那么学习官话是必不可少的步骤。鉴于中国各统一王朝的都城基本都在北方地区，即便改朝换代，也不至于让官话有明显的变化。历史上中国的官话还有很多其他称呼，比如"雅言""正音"。这些称呼无一例外地都在突出其正统性。这种在统治阶层通用的语言与汉字一样，都强化了中国的统一性。

在信息交流效率远高于古代的今天，中国汉字仍然意义重大。中国从 20 世纪 50 年代开始以"普通话"为标签，让全体中国公民学会使用这一通用语。普通为普遍、通用之意，从这个命名上也可以看出这一"语同音"举措所希望达到的效果。应该说这项工作还是卓有成效的，以至于中国有些地区已经提出了保护方言的口号。除了统一以外，中国文明内部也还是需要多样性来维持整个文明的活力。

当下世界很多地区也都在进行"语同音"的工作，比如印度，同样在做"印地语"的推广工作。从世界范围内的适配性以及印度的近代史来看，用殖民时代留给印度的英语做通用语看起来会更合适。

一个国家的通用语承载的不仅是提高内部交流效率的任务，更兼具标注民族身份的使命。从这个角度来说，印度试图用"印地语"取代英语地位的努力是可以理解的。只不过在内部结构相对松散的印度，这种努力注定要比中国遇到更多的困难。

对于中国来说，没能在古代社会推广"普通话"，很大程度是受制于交通和通信设施。此外，在一个民众极少无序流动的社会，针对统治阶层推行通用语已经达到目的。

实际上，学习汉字某种程度上也是统治阶层的专利。在汉字传入受中国文化影响的周边国家后，这一特点更加明显。这也是无法与东亚其他国家的本土语言相对应并且学习难度偏大的汉字能够长时间通行于这些国家的原因。而这些国家已经意识到，受教育者的范围应该扩大，文字应该更能够顺应本土语言时，应不可避免地转向表音文字。

在人类越发重视多样性并知晓多样性力量的今天，世界还有中国这样一个执着于返璞归真的特异文明，其实挺好的。

中国科举制度与"人和"思维

行文至此，你已经发现中国文明的很多独特之处，在于其保留了人类文明的很多原始成分，并借助天时、地利将之发展到现在这种让任何势力都无法忽视的庞大体量。中国人相信，这些原始属性能够帮助自己保持比其他民族强得多的稳定性。

你甚至能够在中国文化中发现一些石器时代的留痕。玉在中国文化中占有非常重要的地位，被视为中国精神的代表之一。美石为玉，所谓玉，其实就是精美的石头。玉文化之所以在中国形成，实质上是因为东亚地区比之旧大陆的另一端，要更晚进入金属时代。

这使得中国人必须在石器的帮助下完成更多生产力和文化的进步。以中国人认定的 5000 年文明史来说，能够明确属于青铜时代的是公元前1600 年建立政权的商朝。这意味着石器在 1000 多年的时间里帮助中国文明搭建了最初的架构，进而在中国文明中留下无法湮灭的烙印。

即便在中国人已经完全意识到工业和科技力量的今天，你依然能够发现他们固执地保留一些优秀传统方法，比如经验凝结而成的中医、中药。有时候这种固执是因为中国人希望在所有现代科技突然失效的情况下，他们仍然能够有应对方案。你会看到，中国一些地方会遴选一些拥有数学天赋的孩子，训练他们使用"珠心算"这一中国式计算方法，来启发他们的智慧。

以底层逻辑来说，中国人如此固执地保留人类文明中的一些原始成分，在于中国文明认为，保持人与人之间关系的稳定性至关重要。中国人把这种稳定的人际关系称为"人和"。中国人把自然和社会运行的规律称为"天时"，把地理优势称为"地利"。在中国人看来，"天时不如地利，地利不如人和"。

家和万事兴。基于长幼有序的家族管理规则，每个中国人在其年幼时都需要严格遵循长辈的教导和管理。在他们成人并婚配后，随着后代的生育，自己也终有一天会升级到家庭管理金字塔的顶端。中国家庭内部上升通道的另一个重要特征是女性同样有自己的空间，有机会在成为长辈后，对家庭和家族内部事务拥有一定话语权。

对于一个由多个小家庭所组成的大家族来说，依然会存在谁继承家族管理权的问题。这个问题在世界范围内，通常是由"长子继承制"来解决。总而言之，只要在规则上稍加规范，在一个以血缘为联系纽带的家庭和家族中，上下通道就会自然形成。

在整个国家的管理上，古代中国王朝同样复制了这种管理方式。中国的皇帝必须视百姓为自己的"子民"（意为像孩子一样的人民），地方官员会被治下百姓称为"父母官"。然而，仅这些还不足以让中国文明得到它梦想的稳定性，一个所有类型社会都必须面对的问题是如何为整个社会选择管理者。

现在我们回到国家的管理上。从社会管理和人类进化的角度来说，负责为人类社会规划未来、行使管理职责的，必须是整个社会中最有才能的精英人士。换言之，人类社会所遵循的都是"精英治国"理想。唯有如此，才能保证整体一直处在进化中。

绝大多数古代文明会将社会分为两个阶层——贵族属性的统治阶层和平民属性的被统治阶层。权力是在人数较少的统治阶层内部通过或和平或武力的方式传递的。问题在于，这种将大多数人排除在外的模式并不利于将人类个体中最有才能者推向管理者的位置。

如果一个社会的上下通道没有被真正打通，或者说大多数人从出生那一天起就失去了进入上层社会的机会，那么这个社会的运转必定是不够稳定并缺乏竞争力的。秦朝在开启统一中国的进程时，已经意识到国家的有效运转不能仅依靠人数较少的贵族，而必须让全体国民都看到凭自己努力转变身份的可能性。

公元前356年，一位名叫商鞅的改革家帮助秦国设定了新的运行模式。商鞅所设计的制度可以让一个底层农民有机会通过自己在战场上的表现实现阶层跨越。而那些原本享有世袭权力的秦国贵族，如果没有军功，就不能跻身管理阶层。打通上升通道的秦国，此后仅用不到150年就统一了中国。

此后的中国文明在打通上升通道的意识上，与世界其他文明有了本质的区别。帝国时代的中国，权力不再由世袭贵族阶层掌控，帝国官员的选拔开始面向全体国民。唯一的问题在于，秦国那种以军功来考评能力的方式并不适合和平时期，未能及时做出调整的秦朝也很快因为矛盾的累积而崩溃。

秦王朝灭亡之后，统一中国的汉王朝曾经试图采用"察举"的方式选择人才，即由地方官员通过对治下百姓的考察，将有德行和才能者推荐给中央政府。问题在于这种做法缺乏客观标准，很容易形成新的利益集团，并垄断官员的选择权。

最终的解决方案出现在公元6世纪末。再次统一中国的隋王朝推出通过考试来选择人才的科举制，考试的内容则是各类经官方认证，有利于维持中国式价值观和管理理念的知识。尽管三年一次的科举考试，每次只能选择数百名官员进入帝国的官僚体系，却为全体民众树立了"知识可以改变命运"的信心。那些虽然未能跻身官僚体系却已经掌握知识的读书人，在中国民间同样可以受到最高等级的尊重。

"万般皆下品，唯有读书高"的价值观取向，对中国乃至整个东亚的影响极其深远。世界迈入工业时代的节点时，中华民族和受其教育观影响的其他民族只需要把学习的内容从单纯过时的古代经典转向科学技术与优秀传统文化并举，就能够迸发出惊人的力量。这种学习能力和学习欲望，让中国特异文明追上世界文明的步伐并焕发出旺盛的生机与活力。

第二十六章
东西方文明治理原则的差异

"对人不对事"的东方文明

无论你怎么定义东西方的范围，有一点是可以明确的——东西方文明在认知上存在很大差异。我们不要以为在信息交流无比顺畅的 21 世纪，这些认知差异就会自然消失。海量信息的存在并不代表一个人对信息的吸收面就一定会更广，大多数人所关注的信息，会习惯性地被自己的兴趣引导。这种现象被称为信息茧房，意指人类在了解信息时犹如盲人摸象一般，会下意识地窄化。

于是你会看到，一些精于算法的互联网企业会利用这一点而大获成功。当你在一个 APP 上点击过自己感兴趣的话题后，类似的话题会一直被推送到你面前，在让你潜意识里以为其他人也与你兴趣相投的情况下，你就困守在自己的认知层次了。

就文明的互相了解来说，这种现象同样明显存在。一个固定刻板的印象形成后，这个印象之外的信息就很难被关注了。于是人类会看到，文明与文明之间、国与国之间的误会，没有随着信息时代的到来而变得更小。如果说本书能有什么价值的话，笔者希望能够用超越世俗的新视角，为消除这些误会做出微不足道的贡献。

找到东西方文明的核心差异，是一件十分困难的事，毕竟"西方"视角下"东方"的概念一直模糊不清。在古希腊和古罗马时代，埃及会被视为东方的成员；在冷战时期，核心区明明在东欧平原的苏联同样被归于东方。看起来唯一能够确认的，就只剩下中国被归于东方，什么时候都不会有争议。

在西方人看来，东西方差异很大程度被认定为尊重个体的"自由主义"与要求民众绝对服从的"威权主义"之间的差异。而在中国人看来，这一差异应该表述为愿意为他人做出牺牲的"集体主义"思维与只关注个人利益的"自由主义"思维的差异。

任何体系能够长久运行下去，必须有其内在的平衡性。看过前面几章对中国文明特点的解读，相信很多人会有全新的认识。而中国人也不必担心在自由主义道路上越滑越远的西方文明缺乏自我修复能力。

抛开那些各自认为失之偏颇的主观看法，单纯从集体与个体责任的角度来认知东西方文明的本质区别，责任的有限性与无限性看起来是一个不错的标准。我们已经知道，中国看似缺乏西方式制衡的社会运转机制，很大程度上是在"家国"的社会框架下，迫使官员们在拥有权力的同时必须承担家长式的责任。

当然，这里说的家长式指的还是中国式家长。在中国人的理解中，家庭成员之间的义务是没有限定期限的，还会以祖先崇拜的形式世世代代延续下去。如果在一个标准的美国家庭来看，一个孩子在成年之后就是完全独立的个体。如果父母不愿意为之付出更多，并不会有更多社会压力；反过来说，孩子将来也不用对父母承担无限赡养责任。

无论中国式家庭与美国式家庭对家庭成员间责任的看法，还是东西方文明对个体和集体权利的看法，最终都牵扯到一个责任划分的问题。简单地说，西方文明在社会生活各方面呈现出"有限责任"，而东方文明则表现为"无限责任"。

"无限责任"在中国治理文化中显得尤为明显。中国在进入互联网时代后产生了很多新名词,"社死"便是其中之一。"社死"的全称为"社会性死亡",意指一个人因为某一道德污点,而在网络上被"公开处刑",进而陷入名誉扫地、无法再进行社会往来的困境。

"社死"虽然是一个新名词,却并不是一个新现象。即使在当下的中国,一个官员如果在任内染上污点,他也很难在其他领域(如商业)从头再来。对于中国的官员来说,最能带来"社死"风险的是叛国和贪腐。以中国人的"家国"观来看,这无异于背叛家庭和损害家庭利益。

在中国人的家庭观中,掌握权力的家庭成员有义务用他手中的权力为后代谋福利。官员为他们的过失承担责任也就可以理解了。基于"无限责任"文化,中国式政府在行为上更像是一个"家长式政府"。虽然你不能完全指望,用这种"无限责任压力"就断绝官员的腐败,但不可否认的是,这一文化让底层民众拥有问责官员的权利。

祖先崇拜信仰让掌握权力的中国古代士人极为重视身后名,如果在史书中被记录为一个"奸臣",那么就是一个中国人所遭遇的最大耻辱。翻阅中国的史书,你会发现"无限责任"价值观可以用一句话来概括——对人不对事。"奸臣"的定性不仅会让当事者世世代代背负骂名,更会因此而抹杀其在世时所做的那些有益贡献;反之,如果一个人在"大节"上能守住,那么即便他做了一些不合乎次一级道德标准的事,也可以忽略不计。

非黑即白的忠奸划分法,以及"大德不逾,小节不拘"的评价方式并不能完全准确地评估一个人。不可否认的是,这种超越生死的监督文化,终究还是为中国文明找到一个可以自洽的运转模式。

权利与义务总归是对等或者说需要平衡的,一个缺乏制衡的体系并不可能长久。通过上述内容可以明白,在中国权力不像一些西方观察者认为的那样缺乏监督；恰恰相反，责任的要求在很多时候会更加严格。

"对事不对人"的西方文明

相比中国文明的价值观，西方文明对权利和义务的关系，所持有的是"有限责任"的态度。你一定看到过美国及欧洲国家的一些国家领导人，在私德有亏的情况下仍被选民宽容地允许留在任上。而一个政客在任期结束后利用自己的人脉进入商界获益，看上去也没什么不妥。

用"对事不对人"这句耳熟能详的语句来概括西方文明的"有限责任"性，相信大家会更容易理解。无论是政府还是个人，在做任何一件事情时，这件事情本身是独立的存在。一如当代企业在开展某一个项目时，往往会针对该项目成立一个项目公司。所有牵扯其中的人与事要围绕项目本身进行，不管项目以何种方式终结，其产生的责任与义务都被限定于此。

"有限责任"也好，"对事不对人"也罢，本质上都是一种源自贸易行为的价值观。欧洲地缘结构过于破碎的特点，使得无论是国与国之间还是国家内部都很难做到无限追责。将各方视为平等的贸易主体，就事论事地运用贸易规则来维持彼此关系的文化，看起来最适合这种环境。

公元 11 世纪末到 13 世纪末这 200 年间，西欧的天主教国家以"圣战"为名，以耶路撒冷为目标，在东地中海展开了 9 次远征，史称"十字军东征"。通过观察十字军东征事件背后的逻辑你会发现，它的策动者更像是在进行一笔投资：那些崇尚武力的日耳曼裔国王向继承古罗马商业基因的威尼斯、热那亚等城邦国家贷款、租用船只和舰队，然后用包括战俘在内的战利品来偿还贷款和租金。

鉴于资本在其中所起到的重要作用，你会发现，作为资本代表的威尼斯等国主动策动十字军东征，甚至将矛头指向拜占庭这个基督教国家。类似的情况同样出现在大航海时代。大英帝国的扩张史，完整地展现了西方国家是如何用贸易规则来指导政治的。你会看到，被称为皇家海盗的英国海盗可以从王室领取私掠许可证，前提是将王室视为投资方，并上缴一定比例的战利品；大英帝国在东方的扩张，是倚仗企业性质的东印度公司来推进的。

不过，要说到用制度的形式把西方文明的贸易属性固定下来，那还要感谢荷兰人的创新。16世纪后期，在原为西班牙帝国属地的尼德兰地区，商人们为了摆脱西班牙的王权统治，开启了一场延续80年的独立战争，由此建立的独立国家就是后来的荷兰。鉴于荷兰是一个由商业力量主导形成的国家，并且生成于人类开启全球化视野的大航海时代，这个国家得以将西方文明的商业属性发挥到极致。

荷兰人对人类文明的贡献主要有两个：一是开创了现代意义的股份公司；二是创建了证券交易所。由于不需要像英国那样经过王权特许，荷兰的商人在创建属于自己的荷兰东印度公司时，采取了完全的集资入股模式。股份协议约定投资以10年为一期清算。在此期间，出资方不得撤资退出，只有在10年到期后才可以退出或加入新股东。

如果荷兰人只是做到这一步，那只能说是一次平凡无奇的创新。毕竟以出资额计算股份比例以及收益的做法，在世界范围内普遍存在。创建之初，有125个持股人的英国东印度公司实际上也算是这一种模式。问题的关键不在一个企业是否拥有股东，而在于有没有自由进入和退出的机制。

这就牵扯到荷兰人最大的创新——证券交易所。由于荷兰东印度公司创建时约定的是10年清算一次，其间如果有股东想套利退出，或者有新的投资人想加入就会遇到麻烦。即便是将清算期缩短也无济于事，毕竟市场行情瞬息万变，而商人们要做的就是利用信息差获利。

虽然可以通过订立契约来进行股份的转让，但这种缺乏机构背书的做法无疑会增加交易中的犹豫成本以及法律风险。于是荷兰人想到设立证券交易所，来进行规范的股权及其他有价证券交易。人们可以凭借自己对市场的判断，在阿姆斯特丹的证券交易市场出售和购买这些有价证券。

荷兰人在证券交易上的创新，帮助他们成为现代意义上股份公司的创建者。在此之前，东西方所创立的企业没有明确过有限责任这个概念。大多数投资行为会自动绑定投资人自己的声誉及家庭财产。荷兰人将股份证券化并自由交易的做法，客观上使责任变得有限。

一个人的投资风险，以自己购买证券时投入的资金为限。即便这家企业的经营活动造成更多损失，也只是会让企业破产，而不会让证券持有者负有连带责任。可以说，荷兰人的证券交易所不仅在投资层面极大激活了市场，更将西方文明中一直就有的有限责任属性制度性地呈现在人类面前。

人类的进步来源于不断的创新，创新亦同样要遵循达尔文的进化理论。一次成功的创新背后必定有无数失败的尝试。建立一项不因一次失败而否定一个人的制度，可以极大扩充创新的基数。可以说，西方文明正是凭借在制造多样性上的优势率先开启了科学及工业革命，并将优势延续到今天。

总的来说，西方文明对责任的有限性，能够提高整个社会的容错率，让奇思妙想更容易涌现。稳定和创新都是人类社会所需要的，你很难认定哪个是对的、哪个是错的。好在这个世界从来不是非黑即白的存在，一个稳定的社会同样可以打造自己的创新机制；而一个崇尚有限责任的社会也同样可以让所有人明白，有一些红线是不能触碰的。

法与律

谈到东西方文明的本质区别，除了对责任的有限性和无限性定性不同以外，对"法／律"的理解也非常重要。你应该注意到，"法律"这两个字在这里并不是作为一个词出现，而是被符号分割成两个单独的字。简单地说，中国文化中的法与律以及西方所说的法律，三者间的内涵并不一样。

现代社会所通行的法律源于欧洲，被分为大陆法系与海洋法系两种。前者以法国在 19 世纪初所颁布的《法国民法典》为代表，后者则以源于日耳曼习惯法的英国普通法为源头。海洋法系由于主要在英国及以美国为代表的英国前殖民地中使用，又被称为英美法系。

看到海洋法系很容易让人觉得它与大陆法系是完全对立的两种法系。二者的确有许多区别：大陆法系有完善的成文法典；海洋法系则以遵循传统、判例和习惯为判案依据，缺乏成文法典而著称。然而，拨开表层迷雾你会发现，它们其实都是海洋文明的产物。

我们一直在说海洋文明的基础是贸易。在贸易行为中，参与者无论身份贵贱高低，本质上都是平等的，并以契约约定彼此的权利和义务；唯有如此，才能保证贸易行为的可持续性。一旦一方试图用强制力破坏贸易规则，那么他将承受被整个贸易体系摒弃的风险。即便是拥有强大军队的君主，也不能承受这样的风险。

更大的问题在于欧洲国家本质为模块式结构，看似统一的国家内部没有形成类似中国自秦王朝以来的"大一统"结构。一个欧洲中世纪的国王，可以是另一个王国下属地区的领主。如此错综复杂模块式的政治关系，唯有视彼此为平等的契约关系，方能做到杂而不乱。

欧洲文艺复兴时期，源自希腊神话的正义女神朱蒂提亚的塑像出现于欧洲各地法院的门口。女神左手持剑、右手持天平，意指用天平衡量诉讼双方提出的证据，并以此为标准，判断应该对哪一方（用剑）实施惩罚。除此之外，司法女神还有一个显著的特点，那就是被蒙住双眼。西方法律体系无视社会身份、视诉讼双方为平等民事主体的特点，让其选择正义女神作为司法的守护者。

基于这些地缘背景，大陆法系和海洋法系实际都遵循着相似的立法原则，包括私有财产神圣不可侵犯、契约自由原则、公民的民事权利平等原则等。鉴于是欧洲开启了科学和工业革命，其所打造的法律体系也相应地与这两项革命相适应。或者反过来说，正是有了保证个体和财产自由的法律原则，欧洲文化才会显得如此多样性。

这同时也意味着，一个西方文明以外的国家想跨入科学和工业创造的新文明阶段，以大陆法系或海洋法系为蓝本设计自己的法律体系，成为必不可少的工作。假如印度人非要摆脱海洋法系的束缚，以古代印度所遵循的印度法系为原则设计国内法，是没有办法完成现代化进程的。

我们现在谈谈中国文化中的法。法这个汉字最早写作"灋"，由代表公平如水的"氵"与在古代中国神话中能够明辨是非的神兽——廌组成。在中国文化中，法的含义更为广泛，更应该被理解为"方法"而不是狭义的法律。中国历史上，改变一个国家的基础运营方式的改革会被称为变法。

用以治理中国社会的手段与行为方式如税收制度、人才选拔制度甚至道德标准等，都可以被视为法的一部分。身处这个社会系统中的人和事整体互相制衡，共同完成社会的平衡。换言之，中国人认定的法是帮助社会良性、平衡运转的世间之法。

既然中国文化中的法并不仅仅是狭义理解的法律，与西方的法律概念存在明显区别，那么中国乃至那些被西方统称为东方的地区，它们用来约束社会行为的规则又是什么属性呢？从古巴比伦的《汉谟拉比法典》到中国古代改革家商鞅所制定的《秦律》，你都会发现一个共同点——这些古代东方文明所制定的法律本质上是律而非现代人所理解的法。

法的最重要原则是平衡关系，而律则是为自上而下的管理而服务的，其核心在于行为约束。商鞅在执掌秦国国政之后做出的一项重要改革就是改法为律，以另一位改革家李悝在魏国制定的法典——《法经》为蓝本，设计了《秦律》。将侧重平衡和公正的法变更为侧重自上而下管理和约束的律，一字之差体现了中国古代法律体系与西方法系的本质区别。

如果以《秦律》及商鞅变法为理由，说中国早在2300多年前就开启了现代意义上的依法治国进程并不正确。倘若以刚才的解读来定义，商鞅所做的更应该被称为依律治国。明确和赏罚分明的律法，对于自上而下维持中国社会结构的稳定有着积极作用。此后历朝历代也都参照《秦律》，设计了以"律"为后缀的法律，如汉律、唐律、明律等。

直到中国最后一个王朝——清朝覆灭，开始以欧洲大陆法系为蓝本重新设定司法体系后，中国方结束自己的律治时代。以现代治理及技术发展的要求来说，恢复律治文化显然是没有必要的。人类世界是由不同的板块和个体组成的，地中海世界基于贸易和利益磨合出来的这些规则更有利于人类的多样化。

不过这并不代表律治就会从人类文化中消失。相较于法，律在运用时会更容易提高效率。今天，我们仍然在一些需要自上而下管理的组织中看到律的存在。比如，中小学教师用来管理学生的，并不是赋予学生平等权利的法而是纪律；在需要极高运转效率的军队，其内部关系的稳定更是依赖下级对上级绝对服从的纪律。

即便从国家治理角度来说，律治也同样会在特定时段发挥积极作用。比如，当一个国家进入全面战争阶段，无论原本是什么机制，想要在内部挖掘最大潜能，都必然进入自上而下、统一调配资源的战时体制。这时候个体的利益变得无关紧要，而这种战时体制的运营规则其实就是律。

第二十七章
通往中国之路

半条"丝绸之路"的开通

我们已经花了不少篇幅来解释东西方文明的差异。因为地理隔离,生活在地球各个角落的人类,在长达数千年的时间里独立或半独立地进化出各种类型的文明、文化。从人类进入新石器时代探索进入文明之路算起,各文明独立进化的时间至多也就两三万年。这段时间还不至于产生生物层面的基因多样性,但却足以丰富人类的社会基因。

从进化的角度来说,人类倒是要感谢这些将他们隔离开来的地缘结界。若从开始就把人类限定在一个环境单一、彼此交流没有障碍的区域里,人类文明估计还进化不到现在这程度呢。只是这样的进化过程,注定会产生不少被淘汰的牺牲者。以结果论英雄的话,我们会发现当下的人类世界实际只剩下四种主要文明形态——基督教文明、伊斯兰教文明、印度文明以及中国文明。

每一个幸存者都可以在旧大陆找到其对应的独特区间。基督教文明对应着地中海以北的欧洲;伊斯兰教文明覆盖着从北非到西亚,再到中亚的干旱、半干旱地区;印度文明主导着南亚次大陆的热带季风气候区;中国文明则一如既往地在太平洋东南季风的沐浴下，自成一体于东亚。

就"发现世界"这个问题来说，上述四个幸存者各有贡献。在本章，我们先来说下与中国和印度有关的发现。突破结界的努力也是发现世界的过程，这一努力首先体现在亚欧大陆诸边缘地区的连接上。人类很少专门为了获取某项知识或者观赏风景而长途跋涉，尤其是在交通不便、物质匮乏的古代社会。能够互通有无的贸易行为，是地缘交流的动力。

商品则是知识的最好载体。通过来自异域的商品，生活在不同地区的人能够知道在地球的某个角落，拥有与自己不一样的文化和生产力。亚欧大陆的边缘地区聚集着最多的人类及最多的文明。倘若身处亚欧大陆边缘的新月沃地、印度、欧洲、中国，彼此知道对方的存在，并且可以进行正常的商品交流，那么我们可以说人类对世界的概念最起码能够扩张到整个亚欧大陆。

当然，这种说法无疑是忽视了那些人迹罕至的地区，以及生活在那里的人类。只不过鉴于工业时代以前人类的交通能力，肯定是没办法做到面面俱到的。能够在主要文明间互通有无，已经足以推进人类的进步。

考虑到旧大陆西部麦作文明影响下的新月沃地、印度、欧洲三个板块之间地理接近，最起码在 5000 年前就已经有密切的商品和技术交流，只有中国一直孤独地在大陆东端自成体系。可以说，问题的关键是远在大陆东端的中国如何与地中海—印度洋地区的文明进行贸易往来的。

19 世纪六七十年代，德国人李希霍芬前往中国考察。在经过 4 年的考察后，这位地理兼地质学家以严谨的学术态度出版了《中国——亲身旅行的成果和以之为根据的研究》一书，他从科学的视角提出了很多创新性观点，比如前面提到的中国黄土的"风成论"。

在李希霍芬所有的观点中，最为世人所知也是影响最大的是"丝绸之路"。通过李希霍芬和后来研究者的实地考察，以及对东西文明的文献研究，穿越亚欧大陆心脏地带、连接地中海世界与中国的陆上贸易通道开始以"丝绸之路"为名出现在世人眼前。受益于中国人对记录历史的执着，我们可以比较清晰地知道这一切是怎么发生的。

李希霍芬认为，这是一条由中国人于公元前114年—127年开启并推进的贸易通道。关于它是怎么出现的，其实答案已经出现在之前的内容中。为了反击因长城而统一在匈奴旗下的游牧者，以武力著称的汉武帝派军攻下连接大中亚地区的河西走廊，并且向天山以南延伸中国的控制力。

温度受纬度影响最大，整个大中亚地区依纬度大体可以分为南、北两个区间：北部包括现在的哈萨克斯坦、吉尔吉斯斯坦，以及中国北疆地区的草原游牧区；南部包括现在的乌兹别克斯坦、中国南疆地区等板块在内的绿洲农业区。19世纪末，控制中国以西的沙皇俄国显然注意到这当中的区别，遂将以哈萨克草原为核心的北部区域命名为草原总督区（南部则为土耳其斯坦总督区）。

在现代中国部分，天山山脉本身成为一条农牧分割线，天山以北地区（北疆）在工业时代以前一直以游牧经济为主；天山以南为塔克拉玛干沙漠所覆盖的塔里木盆地（南疆），经济上依托的是沿盆地边缘分布、靠着高山雪水滋养的绿洲农业点。

在以农耕为基础的中国文明看来，与塔里木盆地边缘那些绿洲农业小区达成共识、包括供给驻军，要比在北部草原区容易得多。于是我们会看到，在汉武帝反击匈奴的战争中，天山以南围绕塔里木盆地边缘生成的那些绿洲小国成为汉王朝的属地。这就让汉王朝可以从身处黄土高原腹地的帝国首都长安沿河西走廊、塔里木盆地边缘的绿洲农业点，将自己的控制线一直延伸到天山与青藏高原交会的帕米尔高原。

要是给亚欧大陆寻找一个地理中心，帕米尔高原应该是最合适的。亚欧腹地最重要的几条山脉包括天山山脉、昆仑山脉、喀喇昆仑山脉、兴都库什山脉，都在帕米尔高原交会。平均海拔4000米的青藏高原被世人称为"世界屋脊"，那么平均海拔超过4500米的帕米尔高原则可以称为"屋

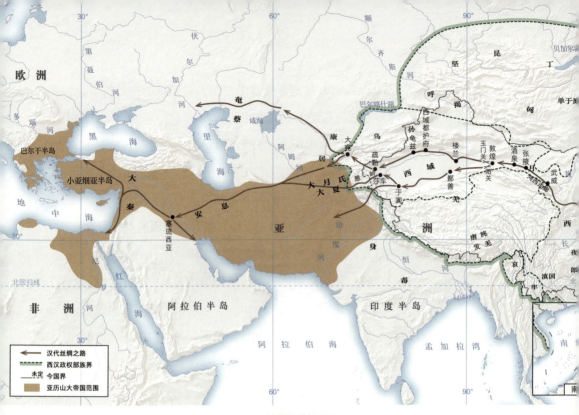

丝绸之路示意图

脊的屋脊"。

基于山脉会结的特点，帕米尔高原得到另外一个地理名称——帕米尔山结。而在中国的史书中，帕米尔高原还有一个浪漫的名字——葱岭。一条贸易通道能够畅通，是否遵循共同的规则非常重要。汉帝国将势力范围延伸到葱岭以东，保证了丝绸之路东段的贸易安全。

考虑到汉帝国的控制力，并没有延伸入葱岭以西地区，即便是后来在天山北麓开辟出丝绸之路新线路的唐王朝同样没有做到这点，这意味着就打通丝绸之路这项工作而言，中国人完成的只是一半的工作量。

我们千万不要小瞧这"半条丝绸之路"的开拓。以中国那种执着于自成体系的文明气质来说，对长城以外的土地原本是没有想法的。对抗游牧

274

入侵的地缘政治需求加上丝绸之路上的贸易活动，能够为中国在河西走廊以西的存在提供经济上的支撑，使得自汉武帝之后，中国人在心理上能够将葱岭以东地区视为自己家国的一部分，并一直为此而努力。

对丝绸之路的经营，让中国在进入现代国家序列时得以有半数领土处在长城以外的亚欧大陆心脏地带。这也成为当代中国独特的地缘优势：既可通过这些延伸入大陆腹地的领土打造陆地交流的丝绸之路经济带，又可通过开发原本被自己所忽视的海洋优势拓展海上丝绸之路。

从长安城到亚历山大城

公元前 338 年，帮助秦国富国强兵的商鞅因与新君主之间的矛盾而被处死。不过，秦国并没有因为这位改革者的死，而终止能够将秦国整合成一部耕战机器的商鞅变法。沿着商鞅的设计，秦始皇终于在公元前 221 年完成了中国的统一。也正是有了秦王朝的对内整合工作，一个世纪之后的汉武帝才能够汇聚中国之力，将控制线延伸到葱岭。

对于中国人来说，葱岭仿佛是世界的分割线，翻越这个高原就可以进入一个中土势力难以触及的独特世界。既然遵循共同的规则非常重要，那么汉王朝所开辟的丝绸之路无论是通往印度还是地中海文明圈，在葱岭以西都会遇到同样的问题，那就是这片异彩纷呈的土地有没有出现过类似的政治整合。

商鞅死后 4 年，远在大陆另一端的希腊发生了一桩足以影响世界格局的大事件。来自马其顿的国王亚历山大，在统一希腊之后代表西方文明对东方发起了一次史无前例的远征。这场伟大的征服为亚历山大赢得了"亚历山大大帝"的称号。

从公元前 334 年到前 324 年，年轻的亚历山大征服了代表亚洲文明的小亚细亚和新月沃地、代表非洲文明的埃及，最终在印度停下脚步。这意味着，这位西方历史上最伟大的征服者仅用 10 年时间就把旧大陆西部、南部最核心的几个文明区统一在一个帝国之下。

亚历山大敢于这样尝试，是因为此前来自伊朗高原的波斯人已经自西向东完成过一次类似的征服。除了未能征服希腊以外，鼎盛时期的波斯帝国与亚历山大帝国的版图基本一致。而这个帝国的创立者因此赢得了"居鲁士大帝"的称号。可以说，正是有了波斯人在地中海以东的整合工作，亚历山大才敢于如此劳师远征。

尽管亚历山大死后他所建立的这个横跨欧、亚、非三大洲的帝国很快就分裂了，但这次征服行动无疑从政治层面验证了上述板块之间长久以来密切的地缘关系。帝国崩溃之后，亚历山大的政治遗产并没有消失。那些希腊籍将领分割了他在亚非所征服的土地。

其中，从小亚细亚东部到印度河流域包括新月沃地在内的亚洲部分，以叙利亚为中心建成了塞琉古帝国王朝；埃及部分则建立了希腊化的托勒密王朝；爱琴海地区则分裂为马其顿王国（安提柯王朝是马其顿王国的第三个奴隶制王朝）和色雷斯王国。换言之，亚历山大大帝虽然年仅 33 岁就结束他辉煌的一生，但他亲手打造的横跨亚、非、欧诸文明区的希腊化世界并没有随之消散。

事实上，以亚历山大帝国内部如此复杂的结构来说，这种政治分裂应该是常态。整个事件的重点不在上述地区是否统一，而是从东地中海到印度的广大地区就此可以在一个共同文化的指导下，深入开展贸易和文化交流。

希腊文化留给亚非的地缘遗产主要是通过在征服过程中相继建立的 18 座亚历山大城市体现出来的。亚历山大大帝和他的继承者们建立的这些城市，分布在被征服地区的各个核心板块。最为著名的至今依然保有亚历山大之名的城市是位于埃及尼罗河口的亚历山大港。

除此之外，阿富汗第二大城市坎大哈同样是一座拥有 2300 多年历史的亚历山大城。坎大哈这个名字的本义为"伊斯坎达尔之城"。而"伊斯坎达尔"则是亚历山大大帝的阿拉伯语名。鉴于亚历山大在希腊以外征服的地区后来为伊斯兰文明所覆盖，绝大多数亚历山大城的名字已经失去原本的面貌。

亚历山大城是用来安置希腊征服者的城市，这些按照希腊文化建筑的城市不仅是征服者用以控制周边地区的支点，更是诸文明区之间的贸易纽带。这标志着旧大陆西部的地中海—北印度洋地区因为亚历山大的征服而置身于同一世界观中。

有趣的是，鉴于亚历山大的马其顿方阵的那个时代处于西方军队武力值的巅峰，与之同时代的秦国军队正是中国战国诸侯中的最强者，在网络上，一直有马其顿方阵与秦军强弱比较的争议。显然，这样的争论是永远不会有答案的。相比之下，人们容易忽视的是东西方两位伟大君主——亚历山大大帝和汉武帝，在打通东西方贸易通道这个更有意义的问题上，实际上达成过一场跨越时空的合作。

当汉帝国将控制力延伸到葱岭时，虽然距离亚历山大东征已经过去2个多世纪，但他亲手缔造的希腊化世界却依然通过亚历山大城及那些希腊化王国而存续至这一时间点。这就保证在葱岭以西地区已经有成熟且统一的贸易规则。

虽然两位伟大君主扩张的本意都不是为了贸易，却并不妨碍他们的所作所为在客观上打通了一条东西方常态化沟通的贸易通道。从0到1永远是最难的，有了这一个东西方文明共同努力形成的良好开端，即便后来丝绸之路相关国家再次陷入分裂状态，凭借从东西方通道获益的记忆，也会促使各相关国家和地区为贸易的恢复做出积极的贡献。

换言之，一定要为丝绸之路的开通寻找做出最大贡献者的君主的话，不应该只有汉武帝，还应该包含亚历山大大帝，乃至为亚历山大帝国奠基的居鲁士大帝。"希腊化世界"与"中国化世界"在葱岭的对接，让"地中海"世界观与"海中地"世界观终于因丝绸之路和贸易而连接在一起。这使得人类的世界观得以在 2000 年前就全面覆盖撒哈拉以北的旧大陆。

需要说明的还有两点。一是丝绸之路因中国和希腊的扩张而对接形成之前，东西方之间并非不存在商品和技术交流。无论在东方还是西方，都能够在丝绸之路被打通之前，就找到一些交流的证据。只不过那些在丝绸之路开通之前流通于大陆两端的商品，并非明确从一地输送到另外一个地区。它们流通到终端，有可能会跨越数代的时间。这种流通并不能被描述为贸易行为。

二是丝绸之路的具体路线并非只有一条，并且这个名称后来成为以中国为起点、通向亚非欧地区贸易通道的统称。比如，横穿欧亚干草原、由游牧者所掌控的贸易通道会被形容为草原丝绸之路；以南海、印度洋航线为基础，连接红海乃至波斯湾的海上贸易线，被称为海上丝绸之路；而以中国西南为起点，向南绕过青藏高原进入印度的通道，则会被标注为南方丝绸之路。

印度与中国之间

想从亚历山大所打通的世界，找一个负责与中国建立常态化联系的板块，印度应该是最合适的。从位置上来看，印度所处的南亚距离中国所处的东亚，肯定要比地中海周边地区更近。同时，印度地区除了后来单独分裂为巴基斯坦的热带沙漠气候区以外，今天印度与孟加拉国所覆盖的部分都与中国一样属于季风气候区，并且同样以水稻和小麦两种作物为主食。

更为重要的是，从印度东北地区向东穿越缅甸北部，再向北即可进入中国西南的云贵高原。这样一条绕过青藏高原的通道，使得中印之间的交通并不需要横穿游牧者控制的亚欧大陆心脏地带。

历史上，这样一条通道的确存在，它就是刚才我们提到的南方丝绸之路。如果当年就有大批旅行者，那么他们所面临的威胁不仅是游牧者。这条南方丝绸之路遇到的问题与草原和沙漠覆盖的亚欧大陆心脏地带正好相反，那就是雨水和山地都比较多。在这种环境下生成的原始森林，对人类的威胁远比游牧者更大。以至于缅甸西北部的原始森林核心地带被当地人称为野人山。

第二次世界大战中，为了与占领东南亚的日本侵略者作战，身为同盟国成员的中国向缅甸派出一支远征军。在遭遇失败后，中国远征军试图沿着南方丝绸之路向西撤入英国盟友所控制的印度。不幸的是，这些中国军人低估了恶劣环境的威胁，最终有大约 5 万人将生命永远留在这片原始森林中（约占整个远征军总数的一半）。

历史上，南方丝绸之路并非中印之间的交流主线。旅行者想从印度前往中央之国的核心地带，一般是向北进入大中亚地区，沿汉武帝打通的丝绸之路向东进入中国。若是从中国出发前往印度，那么旅行者会先向西穿越河西走廊，然后从大中亚地区折转入印度。这一路线让古代中国人认定印度在自己的西方，以至于那些前往印度拜佛求经的僧侣和他们的信徒，会将佛陀所居住的那片天称为"西天"。

除了沿丝绸之路进行直接交流以外，中印两国的影响还在东南亚地区交会。整个东南亚地区可以分为两部分——大陆属性的中南半岛（包括越南、柬埔寨、老挝、泰国、缅甸五国）和群岛属性的马来群岛（包括马来西亚、印度尼西亚、菲律宾、新加坡、文莱、东帝汶六国）。

如果一定要给两大文明找一个具体的交会点，那么泰国南部的克拉地峡至马来西亚北部看起来最合适。中南半岛的最南端有一条狭长的、向赤道方向延伸的陆地——马来半岛。这条半岛的最窄处就是克拉地峡。而马来半岛与马来群岛（具体说是苏门答腊岛）之间的海峡，就是著名的马六甲海峡。

马六甲海峡是沟通印度洋与太平洋的咽喉水道。长久以来人们在讨论，是否要在克拉地峡再挖通一条运河，以减少对马六甲海峡的依赖。对于早期航海者来说，克拉地峡的作用还真有可能大过马六甲海峡。

人类对于海洋的探索需要一个过程，在还不熟悉海洋的情况下，沿海岸线航行是最为安全的。理论上，来自印度和中国方向的商船在各自沿海岸线探索中南半岛的海岸线后，很快就会发现一个问题——风没了，这一现象牵扯到一个地理概念——赤道无风带。

在以赤道为轴心的南北纬 5°之间，由于地表温度水平分布过于均匀、水平气压梯度小，这一纬度区间风力很弱。在依靠风帆远航的时代，赤道无风带就是水手的噩梦，哪怕在无风带依然可以通过洋流及人力驱动船只前行。观察地图后你会发现，马六甲海峡正好处在赤道无风带中，克拉地峡则位于无风带之北。于是，早期沟通两大洋的商船会在克拉地峡至马来西亚西北部的吉打一带，采取"海—陆—海"联运的方式转运货物。

换句话说，马六甲海峡成为东西方海上交通枢纽的时间，比大多数人想象的要晚。不幸的是，最善于记录历史的中国人对出海远航毫无兴趣。历史上，他们对于东南亚最感兴趣的部分是与其大陆相连的越南北部。这片土地在历史上曾几次归属中国，最终还是获得了独立。

文化一旦脱离原来的土壤，就容易水土不服，尤其中国文明这种对环境要求很高的家国文化。比如，中国文化的重要组成部分中，用来指导农业生产的二十四节气在热带季风气候区就很不适用。不能从祖先的经验中获益，又怎么能让生活在中南半岛的人类与黄土高原的华夏先民们产生共鸣呢？

正是因为东南亚与南亚在环境上有更多的相同点，历史上佛教、印度教这两种源出印度的宗教可以随着贸易的推进在东南亚地区传播。即便今天在马来群岛和马来半岛部分为伊斯兰教所覆盖的情况下，大陆属性的中南半岛依然生活着众多的佛教徒。

第二十八章

阿拉伯文明的传播

游牧者的宗教

能够将内部结构最为松散的沙漠游牧者凝结成一股强大的合力，伊斯兰教的力量可见一斑。在阿拉伯帝国崛起之前，包含埃及在内的大新月沃地被来自伊朗高原的波斯萨珊帝国所征服（简称"萨珊波斯"）。原始属性为雅利安游牧者的波斯人，早在公元前 6 世纪就建立帝国，并因和希腊人在爱琴海的战争而为世人所知。

波斯文明的主要宗教被称为琐罗亚斯德教，公元 3 世纪后演化出摩尼教。这些源出波斯的宗教被冠以拜火教等名，以对"火"和"光明"的崇拜而著称。严格来说，波斯人所信仰的既不能算是一神教，也不能算是多神教，而是一种独特的"二元论"宗教。其教义认为，这个世界一直存在善与恶、光明与黑暗两大体系，只不过为人所崇拜的是"善神"，并且善神终将取得胜利。

结合地理位置我们会有一个有趣的发现，地中海东部地区诞生了系出同门的三大一神教（犹太教、基督教、伊斯兰教），印度成为旧大陆多神教的保留地，夹在二者之间的波斯高原则生成介于二者之间的"二元论"

宗教认知。

可惜这个世界本身也是"二元"的，夹在一神和多神世界之间，波斯人的宗教并没有生存空间。对于定居者来说，游牧者本来有军事上的天然优势，有了一神教 3.0 版加持的阿拉伯人，很快征服了波斯人的疆土。

定居是文明积累的基础，对于阿拉伯人原本的游牧属性来说，他们是难以创造属于自己的文明的。当波斯文明成为阿拉伯文化嫁接的砧木后，蜕变便产生了。在阿拉伯人的宫廷里，来自波斯的官员构成了官僚体系的主体，波斯积累了上千年的文明因子被整体注入阿拉伯文明。

这种文明嫁接行为普遍存在于人类社会。不过，很多时候，文明程度较低的征服者会或主动或被动地融入文明程度较高的被征服者中，就像历史上那些跨越长城的征服者一样。如果征服者的文明程度较低，却拥有强大的意识形态武器，他们就会有机会站在被征服者的肩膀上创造属于自己的文明。

从这个角度来说，3000 多年前征服印度的雅利安人以及 1300 多年前征服伊朗雅利安人（波斯人）的阿拉伯人，凭借自己在宗教上的独创性做到了这点。在拥有伊斯兰教这件意识形态利器，并通过嫁接波斯文明形成独特的阿拉伯文明之后，阿拉伯人并没有停止扩张的步伐。撒哈拉沙漠覆盖的北部非洲当下已经成为阿拉伯世界的重要组成部分。这让很多人会误以为，这一地区原本就是阿拉伯人的牧场。

实际情况并非如此，考虑到古埃及这个人类最古老的农耕文明一直横亘在非洲东北部，可以想见，不管北非与阿拉伯半岛的地理环境有多少相似之处，在阿拉伯帝国扩张至北非之前，尼罗河以西地区的游牧者应该会形成独立属性的民族。这些生活在古埃及以西的游牧者被称为柏柏尔人。

公元 640 年，阿拉伯人攻占不久前刚被萨珊帝国吞并的埃及，很快向西扩张，将柏柏尔人和他们的牧场纳入自己的帝国。考虑到这两个民族之间有那么多共同点，以及伊斯兰教强大的融合力，在后来的历史中，柏柏尔人渐渐融于阿拉伯文明之中。目前在整个北非地区，只有 1400

万～2500 万人在使用柏柏尔语（阿拉伯语的使用者则十倍于此）。

考虑到这一地区已经完全阿拉伯化，自我认定为柏柏尔民族的人口数字会更低。有一种观点认为，柏柏尔人是 1 万多年前从阿拉伯半岛迁至北非的，并形成单独的民族集团。从种族角度来看，柏柏尔人与阿拉伯人的确系出同源，语言上则同属于闪含语系。不管最初的迁徙方向如何，这为北非和阿拉伯半岛的地缘融合奠定了基础。

柏柏尔人在拉丁语中为野蛮人之意，鉴于旧大陆的各定居文明总是时不时地遭遇游牧者的威胁，将游牧者称为野蛮人已经成为一种通例。这种认定不光针对沙漠游牧者，同时也针对欧亚草原上的骑马民族。既然伊斯兰教能够将沙漠游牧者整合在一起，自然也适用于亚欧腹地那些半干旱地区的游牧者。

从地缘政治上来看，中亚南部那片适合开展绿洲农业的两河流域，一直是波斯人向北扩张的方向。征服波斯之后，阿拉伯帝国顺势向中亚地区扩张。这时，来自东方的唐王朝正好代表中央帝国再次扩张到帕米尔高原。两大文明甚至在天山北麓进行过一场史称怛罗斯之战的战役，以明确双方的势力边界。

尽管阿拉伯人与中国人在中亚地区进行过一场战争，但没有让两个核心区相隔万里的帝国交恶。帕米尔高原两侧再次由两大帝国分别治理的客观事实，让丝绸之路的交流再次进入一个繁荣期。伴随着大量由西域引入的商品以及文化（包括承载这些文化的民族），古老的中国也对外展现出自己开放的一面。

对于阿拉伯文明来说，这次向北扩张获得的最大收益应该是伊斯兰教在整个大中亚地区的传播。如果不是欧亚草原西部的南俄草原属于欧洲基督教文明的辐射范围，东部的蒙古高原和青藏高原在中国文明和印度文明的共同影响下形成藏传佛教，这个由阿拉伯人根据游牧生活特点而设计的宗教就很有可能成为整个欧亚游牧区共同的信仰。

金盐之路

阿拉伯文明在旧大陆的扩张并不仅限于亚欧大陆。文明的传播与生物的迁徙一样，是不会限定方向的，除非它们在某个方向遇到难以逾越的障碍，才会停下脚步。阿拉伯文明在北非的扩张大家也很清楚。基于北非与阿拉伯半岛既同属热带沙漠气候区又地理相接，两大板块一直到今天稳定地被统称为阿拉伯地区。

旧大陆的概念包含欧、亚、非三大洲，地缘政治学家麦金德曾经将这片孕育了世界主要文明的大陆称为世界岛。然而，真要从孕育文明以及彼此间互联互通的角度来定义世界岛这个概念，北非或者说撒哈拉以南的黑非洲地区是很难被涵盖进去的。

作为与亚欧大陆心脏地带并立的两大地缘结界之一，撒哈拉沙漠的结界效应比前者要更加强烈。毕竟撒哈拉给人的印象只有一眼望不到头的漫漫黄沙，而亚欧大陆心脏地带还有延绵的草原，可供游牧者驰骋。甚至依靠高山雪水滋养的山前绿洲，像中国人这样如此彻底的农耕民族，能够把控制线延伸到帕米尔高原。

不过撒哈拉沙漠的结界效应再强，也阻挡不了人类的脚步。古埃及人沿尼罗河上溯，在努比亚地区寻找矿藏和奴隶；阿拉伯人跨越红海与埃塞俄比亚地区进行贸易，并不是人类突破撒哈拉结界所作的唯一努力。我们不要忘记阿拉伯人宠爱的单峰驼，它可是能在热带沙漠中顽强生存的。

在阿拉伯人骑着单峰驼扩张到北非，并且同化了与之人种、语言同源的柏柏尔人之后，向西非方向打通商路的工作也随之展开。地理上的西非指的是撒哈拉沙漠与几内亚湾之间的这片土地（包括尼日利亚、马里、加纳、毛里塔尼亚等国）。非洲的整体轮廓有点像一柄斧刃朝西的斧子，斧头与斧柄之间包夹而成的这个 90° 海湾便是几内亚湾。

穿越撒哈拉并非做不到，但形成稳定的联系却需要理由。西非地区到底有哪些让人垂涎的特产，我们可以通过四个地区名——胡椒海岸、象牙海岸、黄金海岸、奴隶海岸看出来。欧洲人在开启大航海时代、由海路绕过撒哈拉沙漠进入几内亚湾后，西非南部的几个沿海地区得到上述四个名称（对应现在的利比里亚、科特迪瓦、加纳、贝宁等几内亚湾北部国家）。

欧洲人如此执着地沿非洲海岸线南下，是因为他们已经从阿拉伯人贩卖而来的上述特产那里得到撒哈拉之南存在这样一片物产丰富土地的信息。这些物产中黄金尤其容易引发人们狂热的冒险精神。事实上，在西非地区，黄金并非只是出产于南部的黄金海岸。北部贴近撒哈拉沙漠的马里、几内亚、布基纳法索等地，历史上都蕴藏着丰富的黄金。

食盐是阿拉伯人和柏柏尔人商队用来交换黄金等西非特产的主要商品。人体对盐的依赖是一个众所周知的常识，这些白色的晶体并不像很多人想象的那样，只是由海水蒸馏而来的。考虑到大多数人所生活的区域远离海岸线，其实大多数食盐是来源于大陆腹地。即便是现代，人类所食用的盐也只有20%多来自海洋。

沧海桑田，很多地质时代的海洋后来变成了陆地。原本融化在海水中的盐开始以卤水（高含盐量的地下水）的形式存在于地下或者地表。对于试图用食盐交换黄金的阿拉伯人和柏柏尔人来说，他们要做的工作更为简单，因为撒哈拉沙漠的太阳早就把残留在沙漠腹地的卤水蒸发成现成的盐。

于是，在长达上千年的时间里，来自北非的游牧者在做着同一件事情，那就是骑着骆驼进入撒哈拉腹地，将那些取之不竭的盐运送到西非地区，然后换取黄金、奴隶等西非特产送往地中海周边地区。而通过与他们的贸易，欧洲人隐约知道了在撒哈拉以南还有一片资源丰富的土地。

这条以黄金、食盐贸易为主线的，穿越撒哈拉沙漠，连接西北非、北非地区的贸易通道，我们可以称为金盐之路。由于这条交流通道的存在，西非地区北部得以从地中海文明吸收文明因子，创建属于自己的文明国家。自公元7世纪起，西非北部与商道对接的区域先后崛起了加纳、桑

世界岛与阿拉伯文明分布示意图

北

拉普捷夫海

中西伯利亚高原

西西伯利亚平原

东欧平原

蒙古高原

帕米尔高原

伊朗高原

阿拉伯高原

撒哈拉沙漠

阿拉伯海

孟加拉湾

几内亚湾

印度洋

| 世界岛核心区 | 世界岛心脏地带 | 阿拉伯国家及地区 |

海、马里等带有文明性质的土著政权。在提到黑非洲文明时，上述三个国家通常会被作为代表。

黑非洲北部与撒哈拉沙漠相接的热带草原被称为苏丹草原。苏丹草原与沙漠之间存在一条由草原向沙漠过渡的中间地带。这条东西横贯整个非洲的中间地带被称为萨赫勒地区。对于习惯热带草原气候的黑非洲原住民来说，萨赫勒地区过于干旱；而对于阿拉伯人和柏柏尔人来说，这片能够生长灌木和稀疏草丛的半荒漠土地已经足够养活他们的骆驼。

于是，适合滋养沙漠游牧经济的萨赫勒地区包括与之相接的部分热带草原地区，在阿拉伯商队的不断开拓之下，渐渐在宗教上成为伊斯兰教覆盖区。在欧洲人突破海岸线、向黑非洲腹地拓展贸易之路和传播宗教后，我们会看到，在非洲中部已经明显形成一条以伊斯兰教和基督教为表现形式的信仰分割线。

这意味着，在地中海周边地区延续了几千年的阿尔卑斯地中海与荒原地中海的地缘博弈，通过贸易行为传导到黑非洲，以至于今天发生在黑非洲北部的战争或多或少有着宗教色彩。

季风航线

在亚历山大大帝和汉武帝的共同努力下，横贯亚欧大陆且能将贸易触角延伸至埃及的丝绸之路得以打通。只是人类要全面发现世界，仅靠打通陆地贸易通道肯定是不够的。历史上，丝绸之路曾因政治动乱而多次中断，即便商人们已经摸索出成熟的商道，却也不能控制政治因素。比较而言，海洋的人为阻力就小得多。只要有足够的航海能力，你就能够抵达任何拥有海岸线的地区。即便目标区域不临海，亦可通过海路完成最艰难的部分。

说到通过海洋发现世界，对世界史稍有了解的人肯定会想到欧洲人的贡献。从公元15世纪起，欧洲人便开启了对海洋的征服。在大航海时代，人类第一次完整地了解了世界。而在欧洲开启大航海时代之前,那些原本在热带沙漠中饲养骆驼的阿拉伯人,其实已经开启自己的大航海时代。

阿拉伯人的大航海时代,是在印太(印度洋和太平洋)海域展开的。更准确地说,是北印度洋和中国南海地区。作为一个沙漠游牧民族,阿拉伯人的原始属性中并没有海洋基因。不过作为一个能够穿行于最干旱地区的民族,阿拉伯人文化天生有贸易基因。

包括新月沃地在内的绿洲农业区,彼此间如果想要进行贸易,沙漠游牧者的单峰驼是最好的工具。就像欧亚草原上的马上游牧者,同样会凭借他们的机动优势进行贸易传递。在阿拉伯人以宗教为黏合剂黏合在一起之前,位于阿拉伯半岛西侧、红海之滨的麦加和麦地那,已经成为阿拉伯人的贸易中心。

当阿拉伯—伊斯兰文明控制整个地中海以南、以东地区,包括伊朗高原时,这些沙漠游牧者得以站在古埃及文明、美索不达米亚以及波斯文明的肩膀上,将自己的贸易基因与海洋结合起来,让阿拉伯文明成为能够海、陆两线扩张的文明体。这种转变足以证明:只要拥有足够长的海岸线,这都是可以做到的。

与欧洲基督教世界在地中海的博弈,是阿拉伯人必须变成航海者的原因之一。而更具有吸引力的,是来自亚洲季风区的商品。在陆地贸易通道的"培养"下,中国的丝绸、瓷器,东南亚的香料,印度的黄金等,成为欧洲人和阿拉伯人所渴望的奢侈品。鉴于以丝绸之路为代表的陆地通道总为战乱所中断,并且运力不足,如果阿拉伯人能够开拓一条经过印度、东南亚连通中国的贸易航线,其中所蕴含的巨大利益则不言而喻。

如此一条穿透北印度洋及中国南海的航线,仅靠沿海岸线航行是很难完成的。以南亚、东南亚、东亚这三个阿拉伯人贸易的目标区域来说,我们会发现,这三个板块最大的共同点是属于季风区。不同之处在于,北印度洋在夏季开启西南季风,冬季开启东北季风;中国南海则在夏季先后受

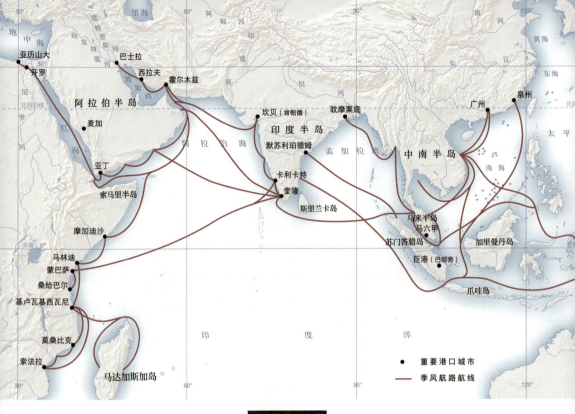

季风航线示意图

太平洋和印度洋东南和西南季风影响，冬季为西北季风所控制。

　　每年如期而至且方向固定的季风，为印太地区的航海者提供了一种可能性：从阿拉伯半岛出发的航海者可以在夏季借西南季风扬帆起航，横穿北印度洋前往南亚和东南亚进行贸易；到了冬天，再借助东北季风回到阿拉伯半岛。如果航海者的野心足够大，还可以穿越马六甲海峡，进入地处赤道无风带的马来群岛进行贸易，等到第二年夏季再借助季风，抵达中国南端的港口城市广州等。

　　我们粗略计算一下，完全依托季风从印度洋西海岸航行到中国南海岸，差不多需要3年时间。如果你有兴趣去研究中国航海史的巅峰之作——郑和下西洋事件，将可以用郑和7次往返印太航线的经历和时间节点，验证我们前面的分析。

虽然季风需要等待，但好在整条航线所经历的地区都是主粮高产、人口密集的区域，有足够多可供商人们赚取利差的商品。不过，单是一支船队去完成如此漫长的旅程，周期还是有点漫长。因此大多数时候，往来于印度洋—南海航线的商人们只负责其中一段，以接力的形式打通东西方海上丝绸之路。

参与这场贸易接力的不只有阿拉伯商人（包括从属于阿拉伯帝国的波斯商人、犹太商人），来自印度和中国的商人同样试图从中获利。之所以将打通"季风航线"的功劳记在阿拉伯人名下，是因为在整条航线上都可以看到阿拉伯人的存在。相反，中国商人和印度商人就只会往来于自己家门口的海区。

商人们一般会以马来群岛为贸易终点。这里人口最多、位置最靠南的大型岛屿，是今天印度尼西亚首都雅加达所在的爪哇岛。现在，中国人形容忘记一件事，通常会用两句话来形容：一句是"抛到九霄云外去了"；一句是"丢到爪哇国去了"。在古代中国人看来，位于马六甲东南的爪哇岛已经是像九霄云外一样遥远的地方了。

考虑到阿拉伯人直到公元 7 世纪才依托宗教的凝聚力走出沙漠，建立横跨亚非的帝国的，他们应该不是季风航线的发现者。不过阿拉伯人的这次整合工作却打通了中国人和印度人一直没有贯通的印度洋—南海贸易通道。其意义与亚历山大大帝将葱岭以西地区整合成一个"希腊化世界"一样。

前面我们说了，阿拉伯帝国崛起之时，中国正处在一个强大王朝——唐王朝的统治期间。其间，大量来自阿拉伯帝国统治区的商贾前往中国贸易，成为唐王朝开放、包容的象征。地处南海之滨的广州，历史上一直是中国最重要的海上贸易窗口。根据史料记载，仅仅在唐朝末年的一场动乱中就有十余万常住广州的"胡商"失去了生命。

这些中国人口中的胡商基本来自阿拉伯帝国（包括阿拉伯人、波斯人、犹太人），由此可以看出阿拉伯商人在东西方贸易中的影响力。这一事件也证明了强大而稳定的政权对于贸易和交流来说是多么重要。一旦人类不再遵守秩序，弱肉强食的丛林法将会使人类实现双赢的可能性降低。

另一个能凸显阿拉伯文明沿海上丝绸之路扩散的证据是，在阿拉伯商人的影响下，马来群岛（包括马来半岛）地区的大部分土著居民自12世纪开始，先后从佛教、印度教以及原始宗教改信伊斯兰教。目前，以伊斯兰信仰为主的国家与地区包括马来西亚、印度尼西亚、文莱三个国家，以及菲律宾的南部。

与这一宗教在大陆的传播大多伴随着硝烟与政治扩张不同的是，马来群岛地区信仰的改变并没有武力的成分。对于那些从印太贸易中获益的土著首领来说，当他们意识到整条航线为阿拉伯商人所主导时，与之信仰共同的宗教有助于减少贸易中的犹豫成本。

最大的问题是，马来群岛地区的气候类型为热带雨林气候，生活在这一地区的人类刚接触为热带沙漠气候设计出来的一些宗教元素时，最初应该有些不适应，比如女性成员的包裹头巾行为。不过我们千万不要小瞧了人类的适应性，在强大的意识形态面前，人类总能将一些自我约束行为在心理上认同为不可或缺的习惯。

相比之下，基本处在季风航线之外的中南半岛，整体上没有出现这一转变，至今仍以佛教信仰为主。只有越南中部的占城地区，因其处在从马来群岛到中国的航线中间，可以为往来的阿拉伯商人提供中继，而在公元11—13世纪一度由佛教、印度教转而信仰伊斯兰教。

占城在历史上的这一信仰反复过程，从另一个侧面验证了中国南海周边地区能够帮助相关地区融入阿拉伯人编织的世界性贸易网，是这些地区原住民愿意接受新的宗教信仰的主动力。

第二十九章
大航海时代的开启

香料贸易的启示

阿拉伯人凭借在北印度洋和中国南海延续数百年的贸易行为，让他们对海上丝绸之路的贡献并不亚于为这条商路提供最多商品的中国。与此同时，随着阿拉伯帝国向亚欧大陆心脏地带的扩张，伊斯兰信仰成功地在伊朗高原以北的大中亚地区传播。这就造成这样一个现实：如果已经基督教化的欧洲人再想获取来自中国以及整个亚洲的奢侈品，无论是走海路还是陆路，必须经由穆斯林商人转手。

并不是说这些信仰相同的国家和民族一定会在行动上保持一致，只是说共同的意识形态会让彼此更容易结成同盟。在奥斯曼突厥人打造出一个跨越欧、亚、非三大洲的帝国并成为伊斯兰世界的主导者后，你会看到，无论是身处黑海之北、源出蒙古钦察汗国的克里米亚汗国，还是印度尼西亚苏门答腊岛上的亚齐苏丹国，在面临俄国人和葡萄牙人的挑战时，都会主动向奥斯曼寻求帮助。

考虑到两个一神教世界在地中海的结构性矛盾，你可以想象，整个欧洲被抬高价格乃至中断东方贸易的风险有多大。在这种情况下，在奥斯曼

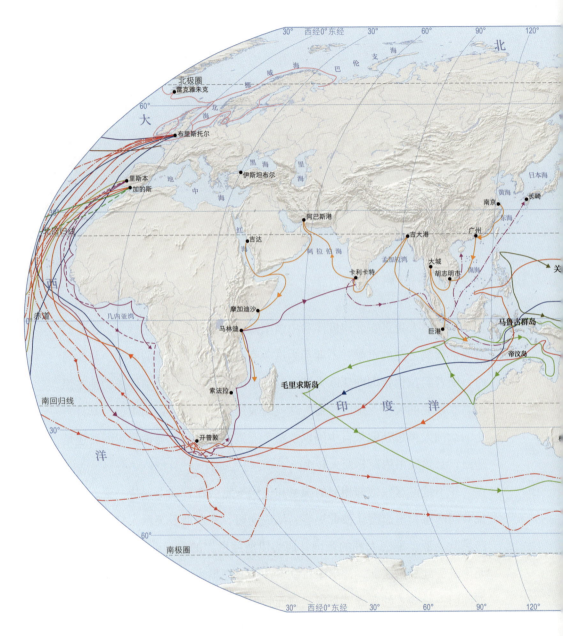

大航海时代主要探险者及路线

示意图

图 例

—— 挪威人（公元793—1000年）	
—— 郑和（公元1405—1433年）	

—— 达·伽马（公元1497—1499年）　　—— 麦哲伦－卡诺

—— 德雷克（公元1577—1580年）　　----- 迪亚士（公元14

—— 塔斯曼（公元1642—1644年）　　—— 卡波特（公元14

—— 韦斯普奇（公元1499—1502年）　　—— 卡蒂埃（公元15

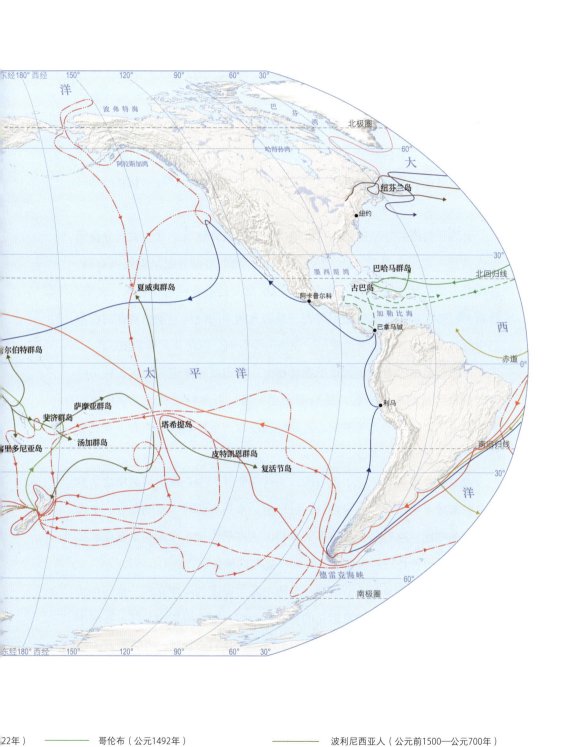

東经180° 西经　150°　120°　90°　60°　30°

洋

波弗特海

巴芬湾

北极圈

哈得孙湾

阿拉斯加湾

大

60°

纽芬兰岛

纽约

西

30°

墨西哥湾

巴哈马群岛

北回归线

古巴岛

夏威夷群岛

阿卡普尔科

加勒比海

巴拿马城

海

尔伯特群岛

太　平　洋

赤道 0°

利马

萨摩亚群岛

斐济群岛

塔希提岛

里多尼亚群岛

汤加群岛

皮特凯恩群岛

南回归线

复活节岛

洋

30°

德雷克海峡

60°

南极圈

东经180° 西经　150°　120°　90°　60°　30°

22年 ）　——— 哥伦布（公元1492年）　　　　　　　　——— 波利尼西亚人（公元前1500—公元700年）

------ 哥伦布（公元1502—1504年）　　　　　　——— 库克的第一次航行（公元1768—1771年）

——— 葡萄牙人的远征（公元1430—1480年）　　—·—·— 库克的第二次航行（公元1772—1775年）

—·—·— 葡萄牙人的远征（公元1509—1514年）　　—··—·· 库克的第三次航行（公元1776—1779年）

帝国尚没有拿下君士坦丁堡时，以葡萄牙为代表的欧洲开始尝试从大西洋方向寻找新航路，绕过北非、西亚以及中亚，前往富庶的季风区进行贸易。

来自中国的丝绸和瓷器，不是欧洲探险者热切希望获得的商品，黄金和香料才是水手们的最爱。对于黄金我们很好理解，直到今天，这种贵重金属都是财富的象征；但香料成为欧洲人的主要目标，看起来就有些匪夷所思。

天然香料指的是从动植物中提取出来的香成分物质。这些香成分物质可以刺激味蕾或者嗅觉，让人感觉到愉悦。地中海世界很早就使用香料，古埃及人的生活中充斥着各种香料，古埃及人会用香料制作香水、食物、药物，包括在宗教仪式中使用熏香。最为人所知的使用场景出现在制作木乃伊的时候，埃及人会大量使用"没药"等香料，以防止尸体腐败。

普通人熟悉的香料场景是用在食物上，在印度和东南亚地区，种类繁多的香料会被磨成粉末状，然后混合在一起，与各种食材炖煮制作成咖喱。对于热带地区的人类来说，过高的温度会严重影响食欲，有了香料加持，食物会变得更加可口。

大多数香料是从植物中提取的，而这些能够产生芬芳物质的植物，绝大多数来源于热带、亚热带地区。可以说，水热资源越丰富的地方，生物越具有多样性，越容易生成更多的香料。这也是为什么印度和东南亚地区能够奢侈到用各种香料混合在一起制作咖喱这种食物。

亚历山大大帝及其手下将领在东地中海与印度之间建立的一系列希腊化国家，让香料得以通过常态化的贸易行为输入地中海周边地区。在地中海世界进入罗马时代后，得益于罗马的强大，我们会看到，在古罗马人的生活中，香料已经成为必需品。即便是驻扎在不列颠的普通罗马士兵，也能够享受到丁香、黑胡椒等来自亚洲的香料。

每当欧洲文明变得强大时，香料的价格就变得亲民。后来，英国在征服印度的过程中还把咖喱端上普通英国民众的餐桌，逐渐将咖喱推广成为一种世界性食物。虽然因为欧洲文明的阶段性强大，让香料有机会在欧洲成为普通消费品，但它依然是一种容易晋升为奢侈品的商品。

问题的关键在于，欧洲人在受到香料的诱惑并爱上它们的味道后发现，欧洲纬度实在太高，无法引种这些让人沉醉的香料。当你对某样商品上瘾却又在供应链上受制于人时，即使付出高昂代价也在所不惜。

小小的香料在历史上展现出的影响力，给我们最大的启示是"需求是可以被创造的"，那些容易让人成瘾的东西，尤其容易创造出市场。就像19世纪的大英帝国找不到中国人感兴趣的商品时，竟然用比香料更容易成瘾的鸦片平衡对华贸易逆差，进而悍然发动了鸦片战争。而当一种商品能够对经济、政治生态造成重大影响时，意味着它在这一阶段将成为影响人类世界的地缘要素。

人类在每一个阶段会有不同的需求，动态地观察哪些商品阶段性地成为地缘要素，有助于找到人类在不同时期的矛盾焦点。比如作为工业时代血液的石油，在自然经济时代显得无足轻重。而在人类进入信息化时代的今天，芯片比其他任何一种商品，都更容易引发一场战争。

但是一些在旧时可以影响世界的需求，今天看起来已经完全不能掀起波澜。最典型的例子是历史上曾经在世界各个角落都发挥重要影响力的食盐，如今沦为一种普通商品，谁又会因为争夺食盐去发动一场战争呢？

从"死亡之角"到好望角

香料只是东西方贸易的一个缩影。欧洲比世界其他任何一个地区都渴望拥有更多的贸易，说到底是因为欧洲的环境既过于单一又过于寒冷，即便完成了统一也没有办法满足人们所有的需求。相比之下，中国的情况就要好得多。一方面，中国的地理地貌足够复杂，并且早在2000多年前就已经将疆土扩张到热带的边缘；另一方面，中国的绝对体量以及丰富且独特的物产使得周边地区愿意主动纳入以中国为主导的贸易体系。

在整个陆地和海上丝绸之路都被穆斯林商人控制的情况下，欧洲人如果想通过海路绕过这条贸易封锁线抵达印度和中国，他们最先想到的一定是向南绕过非洲。虽然从欧洲北部穿越北冰洋看起来也是一种选择，但是维京海盗应该会用他们的亲身感受告诉后人：为了对生命负责，还是从更温暖的南方寻找新航线更为稳妥，最起码沿途找到补给点乃至欧洲人感兴趣商品的概率要高得多。

最早做这一尝试的欧洲国家是地处伊比利亚半岛西侧的葡萄牙，看看葡萄牙与大西洋相接同时被西班牙完美切断与大陆其他国家联系的位置，你就应该理解葡萄牙人为什么有动力和条件做这种尝试了。理论上，葡萄牙人只要沿着伊比利亚半岛和非洲的大西洋岸线南下，便能抵达非洲最南端的好望角。之后只要绕着这个非洲之角，就能够进入印太地区。

你肯定没有想到的是，葡萄牙人在开拓东方航线时居然会受到撒哈拉结界的影响。一艘船能承载的补给品显然要比驼队多得多。既然阿拉伯人和柏柏尔人都能够用沙漠之舟穿越沙漠腹地，那么葡萄牙人看起来并没有理由失败。问题的关键不在于葡萄牙人需要做多少准备，而在于他们不知道要做哪些准备。

早在古希腊、古罗马时代，由地中海西出直布罗陀海峡、向南探索非洲西海岸的尝试就已经开启。非洲的西北边缘横亘着阿特拉斯山脉，这条略成西南—东北走向的山脉，能够为非洲西北海岸带来 500~1500 毫米的降水。这些降水不仅可以为阿拉伯人和柏柏尔人在撒哈拉西北端的生存奠定基础，也让那些从地中海驶出的古代商船有可能沿非洲西海岸去探索非洲的尽头。

然而离开了阿特拉斯山脉的庇护，情况就变得异常艰难甚至让人绝望了。撒哈拉沙漠是一条从大西洋延绵至印度洋的沙漠带，其南北纵深达到了 1300～1900 公里。想象一下，当你驾驶着一艘船满怀着希望沿非洲海岸线南行时，首先映入眼帘的是一眼望不到头的荒芜之地，你还会有多少勇气继续探索下去呢？

位于西撒哈拉西北海岸、阿特拉斯山脉西南方向的博哈多尔角，是大航海时代前欧洲历代航海者所能抵达的最南端。航海者看到博哈多尔角，也就意味着进入被撒哈拉沙漠完全覆盖的海岸线。这种绝望感让古代地中海航海者将博哈多尔角称为"死亡之角""世界的尽头"。

人类最大的恐惧源自未知。葡萄牙人之所以敢于尝试突破死亡之角，寻找新的世界尽头，是因为他们和西班牙人一样，是"收复失地运动"的一员。在与伊斯兰政权长达数世纪的博弈与贸易过程中，葡萄牙和西班牙比欧洲其他任何国家都能真切感觉到，撒哈拉以南有一片能够出产黄金的土地。

之所以选择在 15 世纪去做这件事，是因为这场收复失地运动已经接近全面胜利。葡萄牙海军甚至还在 1415 年攻占了穆斯林在西北非最重要的港口——直布罗陀海峡之南的休达港（今为西班牙属地）。这意味着阿拉伯人将没有可能西出直布罗陀海峡，去干扰欧洲人在非洲西海岸的探索行动。

更为强大且在地中海拥有漫长海岸线的西班牙，没有成为大航海时代的开启者。这个在收复失地运动中成长起来的欧洲强国，更热衷于在地中海和欧陆争霸。相比西班牙，只拥有大西洋海岸线且被西班牙切断与欧洲大陆联系的葡萄牙，如果不想成为西班牙的附庸甚至一部分，唯有冒险开辟新航线这一条生路。

1420 年，在休达之战中从穆斯林俘虏和商人口中明确知晓金盐之路的葡萄牙恩里克王子，向葡萄牙国王和罗马教廷请命，成为为欧洲开拓新航路的领导者。经过 20 多年的努力，恩里克王子派出的探索船队终于突破了西撒哈拉那片荒芜的海岸，抵达了非洲西海岸的另一个标志性海角——

佛得角（今塞内加尔首都达喀尔所在地）。抵达佛得角，标志着葡萄牙人就此进入一片生活着大量黑皮肤原住民的热带草原海岸。基于这一特点，葡萄牙人将撒哈拉以南的西非地区命名为几内亚，意思为"黑人的土地"。

对于葡萄牙和整个欧洲来说，从博哈多尔角到佛得角并不是把死亡之角的概念南移，而是代表着打开希望之门。香料、谷物、象牙、黄金乃至可以被贩卖充当奴隶的原住民本身，都能够为葡萄牙人带来丰厚的利益。这意味着即便再无官方的支持，葡萄牙商人们也有足够的动力继续沿非洲西海岸线探索，直到到达这片大陆的最南端。

成功突破西撒哈拉那片沙漠海岸后，葡萄牙人在黑非洲西海岸的探索行动又持续了 40 多年。1488 年，葡萄牙航海家迪亚士在非洲最南端经历过一场风暴后，意外发现海岸线开始由南北走向转为东西走向。沿海岸线航行一段距离后，迪亚士确认他已经找到非洲最南端的陆地，并将这个海角命名为风暴角。在他回到葡萄牙复命之后，当时的葡萄牙国王认为这一发现意味着葡萄牙打通了通往印度和中国之路，遂将之改为好望角。

由于在这场风暴中船队遭遇了重大损失，迪亚士本人并没有进入印度洋。9 年之后（1497 年），另一位葡萄牙探险家达·伽马受命带领一支由 4 艘船组成的船队，绕过好望角并最终抵达印度西海岸。伴随着好望角航线的开拓，西方终于不再需要依靠它的对手传递来自东方的商品和信息。

在随后的时间里，凭借贸易和武力，葡萄牙人在非洲东海岸、印度、马来群岛地区乃至中国澳门布设了一连串贸易据点，并且经由教皇的认证，将整条航线所涉及地区划为自己的势力范围。

新大陆与三角贸易

现在人类所看到的世界格局在运行规律上有如古代地中海世界的放大版，而欧洲所代表的西方又是世界格局的塑造者，葡萄牙人那条将大西洋、印度洋、太平洋串联起来的贸易线，有学者称为"世界的发现"。

当然，这种从强者视角认定的"发现"，肯定会让那些被发现地区的人感到不满：你来与不来我都在那儿，凭什么说我是被你发现的呢？而从为世界找到新交流通道的视角，认定葡萄牙人的发现，也有其道理。因为在葡萄牙人之前，的确没有人类能够围绕着非洲东西海岸航行。

葡萄牙人的发现不光为欧洲找到绕过传统陆地、海洋贸易通道，直连印度洋和太平洋地区的新航路，更让由欧、亚、非三洲所组成的旧大陆概念变得清晰和完整。如果想寻找一个比这个意义还大的地理大发现，那只能是哥伦布对新大陆的发现了。

在历史书中，哥伦布被标注为"意大利航海家"。这个疯狂探险家更准确的身份是热那亚人。西罗马帝国为日耳曼蛮族所拆分后，意大利半岛作为旧帝国的中心，有两个特别的属性被保留了下来：一个是由罗马教廷所保留下来的基督教属性；另一个则是由威尼斯、热那亚等城邦国家所保留下来的海洋贸易属性。

当欧洲必须从穆斯林商人手中购买东方商品时，像威尼斯、热那亚这样以地中海为贸易舞台的城邦国家，是客观上的受益者，为了维护自己的贸易利益，它们甚至会和在宗教上有矛盾的对手合作。而在葡萄牙人打通新航道之后，在拥有整个欧洲最熟练航海经验的意大利航海者中，已经有人意识到地中海时代即将谢幕，大西洋才是对外贸易的希望所在。

哥伦布就是其中的代表，此时意大利正在经历文艺复兴的思想启蒙运动。很多人相信人类所处的这个世界并不是一个平面，而是一个球形。对此深信不疑的哥伦布认为，除了像葡萄牙人那样绕过非洲去往印度以外，还可以径直向西横穿大西洋，以中国及日本为目标，开拓新的航路。

为了完成自己的梦想，哥伦布花了十几年时间游说那些拥有大西洋海岸线的欧洲主要国家，包括已经先行一步的葡萄牙以及彼此一直纠缠不清的英国和法国。不过葡萄牙人已经沉醉于印太航线所带来的巨大利益，并不认为还有必要投资新航线；英国正在经历王朝更迭的内部战争；法国则在为争夺意大利而在欧陆开启战端。这些国家都对哥伦布的航行计划不感兴趣。

最终接受与哥伦布达成合作意向的是，既有地理优势又有足够动机与葡萄牙竞争的西班牙。这次合作所产生的直接成果，便是新大陆（具体来说是加勒比周边地区）的发现。一个广为人知的错误是，哥伦布认定他已经抵达亚欧大陆的另一端。考虑到自己眼前的一切，与《马可·波罗游记》中所描述的中国相去甚远，但气候上与传说中的印度一样，同属热带地区，哥伦布相信他所登陆的大陆应该是印度，并将新大陆的原住民命名为印第安人。以至于日后欧洲国家在描述真正的印度时，不得不将之称为东印度。

无论以冒险程度还是发现的成果来说，哥伦布都应该享受更高的荣誉。这不仅是因为旧大陆的人类此前对大西洋彼岸是否真的能够有一片陆地一无所知，更因为这在技术上一直被认为是一个几乎不可能完成的任务。要知道，纬度过高的欧洲之所以有机会成为一片文明之地，根本原因在于其恰巧处在一条位于北纬 35°～65° 之间的西风带中。

西风在滋养欧洲的同时，也让欧洲人难以借助风力进入大西洋腹地探索。需要说明的是，在人类的奇思妙想下，通过高超的操作技巧以及让帆船的航迹呈现 Z 字形，帆船是可以实现逆风航行的。只不过这种航行方向显然是低效并用来应急的。仅仅依靠如此低效的航行方式，去挑战一片未知的海洋，依然会让乘坐帆船横渡大西洋的想法看起来有些让人不可思议。

葡萄牙人的前期探索，为哥伦布的冒险奠定了技术上的基础。大气在不同的纬度遵循着不同的环流方向。探索这些环流的规律，以及利用它们进行远洋，能够让帆船时代航海者的远航成为可能。与位于西风带不同的是，大西洋在纬度较低的北纬 5°～30° 区间盛行的是东北风。由于这股东北风会有规律地在这个区间南北移动，帮助人类完成横渡大西洋的贸易，在西方被称为信风。

博哈多尔角这个古代欧洲人眼中的死亡之角，正好已经进入信风控制的区间。葡萄牙人对死亡之角和西撒哈拉海岸的突破，让欧洲人有机会借"东风"前往大西洋腹地探索。于是人们看到，哥伦布和后来往来于大西洋两端的航海者会遵循一个基本的航行规律：先从欧洲出发，沿海岸线航行至盛行东北信风的非洲海岸线，然后再向西借助东北信风抵达美洲，最终从美洲东北方向切入西风带回到欧洲。

这条连接新、旧大陆三角形的航线，日后还催生了著名的三角贸易。前往美洲的贸易者会先前往非洲，用欧洲制造的产品换取奴隶，再将奴隶送往美洲的种植园，然后将美洲的农产品带回欧洲。尽管三角贸易因为浸透黑奴的血泪而被后人诟病，但客观上不得不承认，欧洲人成功地利用他们探索出来的地理知识，在数百年间打造了一个可持续的贸易循环系统。

第三十章
拉丁美洲与美洲文明

教皇子午线

作为大航海时代的先行者，葡萄牙和西班牙必定会更有机会在那些非欧洲地区留下自己的脚印。今天这两个国家留下的地缘遗产，主要是通过覆盖大半个美洲大陆的拉丁美洲展现出来的。不过最初他们的野心可不止于此。说到这儿，就不得不提一下著名的教皇子午线。

在哥伦布为西班牙发现新大陆后，西、葡两个天主教国家于1494年在罗马教廷的主持下，在大西洋腹地画出一条切割世界的经线，这条经线就是教皇子午线。在教皇子午线的分割下，西班牙不再觊觎葡萄牙在黑非洲的利益，以及绕过好望角前往印太地区的航线；葡萄牙也放弃了对新大陆的开拓权。

随着探索的深入，这条画在平面地图上的分割线遇到了多重挑战。最大的挑战在于地球并不是平面的，而是一个球形。其实教皇子午线的局限性早有体现，要知道哥伦布能够歪打正着地发现美洲大陆，便在于他相信地球是圆的。尽管他没有能够抵达真正的印度，但很快麦哲伦帮助西班牙和人类证明了这一点。

受限于视野，绝大多数古代人类都相信大地和海洋都处在一个平面上。偶尔会有人感到困惑，为什么远洋归来的航船仿佛是从海天相接之处升到海平面上。早在2000多年前，喜欢研究数学的古希腊人已经有学者做出地圆说的判断。

在为欧洲带来思想解放的文艺复兴时期，地圆说就日渐流行。大航海时代开启之后，对于那些试图发现世界的航海者来说，地球是平的还是圆的，显得尤为重要。显而易见的是，在一个球体表面移动与在一个平面上移动，遵循的数学原则是完全不一样的。最直观的例子是，你在平面地图上按照"两点之间直线最短"原则标定出来的航线，在球面上大多数时候并不成立。

科学讲究实证，即便人类再相信地球是圆的，甚至能计算出地球的大小，总还是需要有人亲自去验证一下。想验证地球是圆的，理论上并不困难，无论是地平说还是地圆说的支持者，都认同陆地是被海洋包围的。地圆说的支持者只要先沿着哥伦布的航行方向抵达美洲，然后再一路向西对接上葡萄牙人开拓的印太航线，最后能够回到欧洲，即可验证这一点。

为西班牙做到这一点的麦哲伦与哥伦布一样并不是西班牙人，其国籍是西班牙的竞争对手葡萄牙。这种人才基于理想在不同国家自由流动的情况，2000多年前在中国最著名的大分裂期——春秋战国时代也出现过。帮助秦国强大的商鞅，与秦国的很多官员一样都属于非秦国人的"客卿"。受益于这种开放性，春秋战国时代一直被认为是中国历史上的思想黄金期，诞生了很多影响深远的学派。

1519年，麦哲伦的船队离开西班牙，3年后剩余的船只回到西班牙，完成了这次史无前例的创举。从地缘政治角度来看，麦哲伦的这次航行最大的意义并不在于发现了能绕过美洲大陆的麦哲伦海峡，而是登陆马来群岛东北端的菲律宾。由于菲律宾并不处在通往中国的航线上，葡萄牙人当时没来得及发现和登陆这片土地。

在为西班牙服务之前，身为葡萄牙人的麦哲伦曾经希望葡萄牙能支持他的环球探险。与拒绝哥伦布的理由一样，葡萄牙国王仍然认为没有必要开辟一条新东方航线，来影响自己的既得利益。与其说是麦哲伦成就了西班牙，倒不是说是受到哥伦布的发现鼓舞的西班牙，一定会寻找一位代表，帮助其向西找到真正通往东方的航道。

然而麦哲伦的环球探索却给画在大西洋中心的教皇子午线"出了个难题"。一条直线固然可以完美切割一个平面世界，但对于一个球面来说却是困难的。当你把东西半球用两张地图变形展现出来后，你会发现，教皇还应该在地球的另一面再画定一条分割线，以让代表教廷向全球传教的两个天主教国家能够完美瓜分世界。

按照葡萄牙人的想法，整个中国、印度以及二者之间的东南亚，都是自己所开拓的天然贸易领地。西班牙人横穿太平洋在菲律宾的登陆，却打破了这一默契。好在在麦哲伦帮助西班牙抢先"发现"菲律宾之前20年，一支前往印度进行贸易的葡萄牙船队曾经因为风暴的影响，意外登陆位于南美洲东北部的巴西。

按照旧教皇子午线的认定原则，应该是西班牙完整拥有整个新大陆属性的美洲，而在亚洲及黑非洲开拓贸易及殖民地的权力是由葡萄牙独享的。要是西班牙人以"谁发现，谁占有"为理由坚持对菲律宾的所谓主权，那么葡萄牙人也可以向教廷要求对巴西的主权。

最终在教廷的调解下，双方于1529年重新立约调整了不能完美解决的问题——旧教皇子午线。巴西成为葡萄牙的殖民地，菲律宾则成为西班牙的领地。虽然西、葡两国并没有如愿瓜分整个世界，日后有更多的欧洲国家加入发现和分配世界的行列，但这一举动无疑在向全体人类昭示一个现实——欧洲人主导世界的时代来临了。

西班牙人的选择

众多竞争者的参与，让西班牙和葡萄牙瓜分世界的想法落空，不过在拉丁美洲，这个愿望却还是基本实现了。在疯狂的殖民时代过去后，欧洲人发现在撒哈拉以北的旧大陆所做出的改变其实是非常有限的。中国、印度、阿拉伯这些生命力顽强的文明地区，依然在遵循着自己的轨迹运行。

但是，美洲、大洋洲这两片新大陆的情况就完全不一样了。欧洲人的到来彻底改变了一切。从这个角度来说，当初在教皇主持下被排除在整个旧大陆贸易之外的西班牙，反而是幸运的。能够在美洲这片土地上按照自己的意愿去肆意打造出一个"新西班牙"。反观领土和国力都不占优的葡萄牙，在东方的利益很快就被荷兰、英国这些后来者侵蚀。如果不是葡萄牙得到了巴西，我们很难找到一个葡语区，来验证葡萄牙曾经的辉煌。

西班牙和葡萄牙在美洲的殖民，共同将墨西哥及其以南的绝大部分土地纳入拉丁美洲的概念。这个年轻的地缘板块有三个主要特征：一是曾经为西班牙和葡萄牙殖民地，并且是最核心的殖民地；二是宗教上已经成为天主教世界的组成部分；三是官方语言为拉丁语系属性的西班牙语或者葡萄牙语。

现在问题来了——西班牙曾经视整个美洲为自己的当然领地，如果说把巴西的利益让给葡萄牙，是因为在太平洋彼岸的菲律宾得到了补偿，那么最终没有在美国和加拿大侵略成功，而只是将拉丁美洲的北部极限设定在墨西哥，却又是为什么呢？

要知道西班牙在北美的竞争者——英国人，在哥伦布发现新大陆一个多世纪后，艰难地在北美东海岸建立第一个殖民点詹姆斯敦（1606年），一直到18世纪70年代美国独立战争打响，欧洲殖民者的移民区也只限定在北美东部地区（包括在加拿大东部殖民的法国）。

对于骨子里浸透着商业基因的西方人来说，贸易利益才是他们所追求的。至于殖民，那只是建立贸易帝国的副产品。如果目标地区有足够大的利益，原住民又足够弱势的话，随着外来人口的迁入以及对原住民的同化，最终就会展现出字面意义上的殖民状态。

新大陆便符合这两个特点。拥有优先选择权的西班牙，将整个新大陆当时最精华的部分给选定了。要是按照现在的情况，大家肯定会觉得美国在北美中部所占据的这片土地才是天选之子。然而在西班牙人登陆美洲时，那些已经生成成熟文明并创造出大量财富的土地，才是最值得期待和征服的。

众所周知，美洲有三个原生文明。这三大文明位置最靠北的阿兹特克文明位于墨西哥高原。今天墨西哥首都墨西哥城，就是建立在阿兹特克人的旧都——特诺奇提特兰之上的，墨西哥与美国的边境地带横亘着以"奇瓦瓦沙漠"为核心的一系列荒漠，阻滞了文明向北传播；玛雅文明分布于墨西哥东南部的尤卡坦半岛，以及中美洲一带的热带雨林中；而印加文明则沿着南美西侧的安第斯山脉扩张自己的文明。

换言之，西班牙在美洲的殖民是围绕着这三大文明而进行的。这些土地不仅有大量可供驱使的人口，更为重要的是，还有探险者最渴望得到的贵金属。在弗朗西斯科·皮萨罗代表西班牙王国征服印加帝国时，他曾经要求印加臣民用黄金堆满一间长 22 英尺、宽 17 英尺、高 9 英尺的房间，以赎回他们的皇帝；阿兹特克文明所处的墨西哥高原则存储有世界上最多的白银。

如此多现成的财富，让拥有先发优势的西班牙人并不太愿意突破美墨边境的荒漠地带，去北美做拓荒工作。只是在英、法等强势扩张者进入北美后，才派出少量殖民者去美国中西部宣示主权。一旦后者以武力相威胁，无论是西班牙还是独立后的墨西哥，都无力做出有效的抵抗。

实际上，西班牙愿意把巴西让给葡萄牙，同样是因为这片土地看起来相当鸡肋。提到巴西的地理环境，大家首先想到的是全球最大的雨林——

亚马孙雨林。直到今天，亚马孙雨林的很多地方还散布着原始部落。以至于葡萄牙人的殖民工作主要是在巴西东南沿海地区进行的，甚至今天，巴西大部分人口也就定居于沿海而不是表面看起来挺有开发潜力的亚马孙地区。

将没有生长文明和大量人口、没有金银矿的巴西让给葡萄牙，并不会给西班牙造成损失。相反，占领菲律宾这样一个身处太平洋之西的据点，却可以让西班牙将整个太平洋视为自己的内海，并觊觎东方贸易。

美洲文明的毁灭

从人类进化的角度来说，生长于美洲的玛雅、阿兹特克、印加三大文明显然是失败者。这种失败源于新大陆与旧大陆的彻底分离状态，使得新大陆的人类没有办法从旧大陆的技术进步中吸取养分。以至于身着胸甲、骑着高头大马，甚至带着火枪火炮的西班牙人出现在他们面前时，这些被征服对象首先从精神上就崩溃了。

尽管美洲文明已经整体消失，他们所生长的地区现在只能以拉丁美洲这个带着欧洲烙印的地缘标签立身于世界之林，但是这些失败者的产生和消亡过程同样能够给人类以很多启示，包括生出一样旧大陆所不曾具有的文明基因。

在旧大陆，大河文明和贸易文明相辅相成，共同拉动了旧大陆文明的进步。然而，南美三大文明却很难归类为两种类型。印加文明的基石是安第斯山脉上的梯田；阿兹特克人会在湖上建立浮岛，将城市和农田建在浮岛之上。这些独特的农耕形式以及他们所培育出来的独特作物品种，对旧大陆是相当有益的补充。

至于玛雅人，他们通过焚烧原始森林来平整土地（同时为土地积肥）并在雨季到来之前播种玉米的做法，也只停留在原始的刀耕火种阶段。能

地图标注：

北美洲　墨西哥湾　佛罗里达半岛　巴哈马群岛　大
尤卡坦半岛　大安的列斯群岛
加勒比海
巴拿马地峡　小安的列斯群岛　西
科
安　诺里奥　圭亚那高原　亚马孙河口
迪　科平原
第　内格罗河
勒　亚马孙河
斯　亚马孙平原
拉　的的喀喀湖　南　美　洲
山　巴　西　高　原
山　巴拉那河
脉　那
系

太平洋

大西洋

科隆群岛
（加拉帕戈斯群岛）

- 公元400—600年的玛雅文明区
- 16世纪前期的阿兹特克文明区
- 16世纪前期的印加文明区

中美洲文明分布示意图

够通过如此原始的农业方式发展出文字、宗教以及城市这些文明要素，让很多原本只着眼于旧大陆文明样本的研究者意识到，人类还拥有更多的可能。

过于封闭使美洲文明的升级速度远低于旧大陆文明的根本性原因是，除了地理上无法与旧大陆文明进行交流以外，美洲诸文明内部同样缺乏常态化的交流。玛雅人创造的象形文字并没有流传到印加帝国，已经开始尝试青铜器冶炼的印加人也没有把这一技术传导给玛雅人和阿兹特克人。

缺乏役畜尤其是马，是美洲文明内部缺乏交流的重要原因。从自然环境来看，拥有大片温带草原的美国中部是美洲最适合驯化役畜和马的板块。只可惜马的祖先虽然与人类一样，曾经通过白令海峡抵达美洲，但起码在 2 万年前就已经在这片土地上灭绝了。事实上，即使北美大草原上的原住民有马，对三大文明之间的交流也促进不大。毕竟这片草原不是处在三大文明之间，游牧者没有办法像在欧亚草原上那样，将生长于不同环境下的文明串联起来。

当然，无意识的文明因子转播肯定是存在的。玉米是玛雅人的主食，在印加人的食谱中玉米同样占据着重要地位。而这种金黄色的主粮却是在阿兹特克文明所处的墨西哥高原上被培育出来的。此外，在欧洲人登陆北美大陆时，北美地区有些原住民部落也已经开始种植原产于墨西哥的玉米、南瓜等作物。被称为美国精神源头的"五月花号"货船，在登陆北美后，英国移民从原住民部落学习了这些南美作物的种植方法。

被封闭在山地、高原以及原始森林里的美洲文明，同样没有发展海洋贸易的需求。最早在海边看到欧洲人船舶的原住民们，甚至无法理解这些船是从另一片陆地来的，而只能认定它们是从天上降临下来的。

大河型文明能够扩大文明的规模，贸易型文明能够加深人类的交流。两种条件都不具备，且在总体文明样本上又少于旧大陆文明，这些因素累积在一起，使得美洲文明全面落后于旧大陆文明，并在遭遇降维打击后从历史上消失。

此外，美洲文明如此彻底地消失，还可以让人类意识到一个在旧大陆已经被验证过无数次的悖论：越文明、越有组织性的人类群体，越容易被自上而下地征服。在南美三大文明中，最成熟、人口最多的是以秘鲁为核心的印加文明。据保守估计，这个文明在被征服时已经有 600 万人口和 20 万军队。而作为印加帝国征服者的弗兰西斯科·皮萨罗，队伍里只有不到 180 人以及 60 多匹马。

这次征服可以说是史上最夸张的征服，但却并非孤例。看看身为旧大陆文明代表的印度，曾经多少次被人口远少于他们的入侵者征服，就应该明证。一个有稳定运行机制的社会，就像一具被大脑控制的人体一样，一旦大脑被控制，那些原本被大脑控制的机体将很容易顺从地为新政治意识服务。

哥伦布大交换

新旧大陆的地理隔绝不仅造成两片大陆的文明差距，还成就了更丰富的生物多样性。在哥伦布打通两片大陆的海上交流通道后，一场对两片大陆乃至整个世界的生态平衡造成深远影响的物种交换事件随即发生。考虑到哥伦布的发现是这一切的开端，这次物种交换事件被命名为"哥伦布大交换"。

旧大陆输入新大陆的物种是很全面的，除了新大陆原本没有的牲畜、作物以外，还包括人类本身。作为主动移民者的欧洲白种人，以及以奴隶身份被贩卖而来的非洲黑色人种，加上黄种人属性的原住民，使拉丁美洲成为新的种族大熔炉。与身处旧大陆的印度花费上千年时间将三大种族融合进同一文明不同的是，拉丁美洲完成这一进程不过数百年。

在滋养过美洲文明的墨西哥、秘鲁等地，种族融合主要发生在欧洲白种人与黄种原住民之间。其中，覆盖阿兹特克与玛雅两大文明的墨西哥，有90%的人口为印欧混血；农业更发达的印加文明，则为现代秘鲁留下将近一半比例的原住民后裔，以及将近40%的印欧混血人口。

此外，在原住民稀少但温度上适合开拓热带种植园的巴西，黑色人种和白色人种成为融合的主体；阿根廷、智利这种原住民稀少同时又与欧洲环境相仿的温带地区，则迁入更高比例的欧洲裔白色人种。

尽管拉美地区内部的种族融合进程还在继续，甚至不同人种比例的国家还有相互歧视的现象存在，但不可否认的是，这种融合已经形成具有很高辨识度的拉美民族特征。以至于在尤其注意种族分类，且因经济和文化优势吸引大量人口迁入的美国，在做社会调查时会专门做出一个拉丁裔的族群分类（并长期将之视为有色人种）。

相比之下，美洲原住民包括动物对旧大陆的输出就显得乏善可陈了。除了偶尔见于动物园或者家庭的羊驼以外，生活在旧大陆的人很难见到来自美洲的原生动物性物种。不过，这并不代表为人类文明做出多样性贡献的美洲对美洲以外的世界就没有贡献了。

恰恰相反，美洲文明对人类的贡献是极为重要的。民以食为天，在工业技术发展到可以直接在工厂中用碳元素合成食物，或者直接把叶绿素植入人体、让人类晒晒太阳就可以获取能量之前，生长在土地中的粮食作物始终是人类食物的主要来源。

美洲文明的贡献在于为世界提供了数量繁多的高产作物，包括位列全球五大主粮之列的玉米、土豆，在非洲和亚洲热带地区广泛种植、被誉为第六大主粮的木薯，以及红薯、南瓜、花生等可以充当主粮补充的作物。如果再加上咖啡、可可（巧克力的原材料）、烟草等深度融入人类生活的经济作物，我们说来自美洲的作物养活了世界一半人口并不为过。

一个公认的事实是，随着大航海时代的开启，以及美洲作物在旧大陆的传播，全球人口出现了爆炸性增长。以最"以人为本"的中国为例，在美洲作物传入中国之前，中国的人口一直未能突破亿级关口，而到 18 世纪末，中国人口数量则突破了 3 亿。

发生在欧洲的"爱尔兰大饥荒"，同样可以证明美洲作物的影响力。土豆在传入欧洲之后，很快便因其高产性和高适应性成为餐桌上的主角。在已经将土豆作为唯一主食的爱尔兰地区，曾在 19 世纪中叶发生过一场巨大的主粮危机——爱尔兰人赖以生存的土豆因霉菌感染而大面积绝收。这场灾难使得 100 多万爱尔兰人（占当时爱尔兰总人口的 1/4）死于饥荒，另有 100 多万爱尔兰人漂洋过海迁入美国（德国裔因此成为美国最大的族群之一）。

除了人类看得见、摸得着的这些动（包括人类）植物物种交换以外，人类肉眼看不见的病毒与细菌等初级生物，同样迎来一场交换"盛宴"。水手们带入旧大陆的天花病毒被认为是美洲原生文明毁灭的重要推手。由于历史上完全没有经历过此类病毒的"洗礼"，美洲原住民唯有经历残酷的自然选择，方能保留下能够适应的个体。背后的代价，则是大量人口的死亡。

对于美洲地区尤其是人口密度较大的城市来说，旧大陆病毒的传入好比发动了一场生化袭击，使得那些生活在城市中承载文明因子的少数精英阶层大量死亡，进而使得文明传承被破坏。此外，源自非洲的疟疾、黄热病等传染病也让美洲原住民遭遇了一次又一次的生存危机。

归结下来，"哥伦布大交换"给人类的启示在于两点：一是每一次不同世界的融合与碰撞将为人类带来新的机会。在宽容地看待那些负面影响后你会发现，人类正是在这一次次技术交换中让文明实现进步升级。二是即便是被视为落后的文明，它所独自发展出来的多样性因子，也会为人类文明的总体进步做出贡献。

第三十一章
打开"现代"之门

什么是现代

我们已经花了很多篇幅讨论人类的历史，笼统地说，这些逝去的时光都可以称为古代。然而这种定性看起来又有些不对劲，时间都是单向流逝的，"上一秒即历史，下一秒即未来"，如果你把昨天称为古代，也肯定是有问题的。

与古代这个概念相对应的是现代。在对古代定性模糊的情况下，现代的认定自然也不可能清晰。比如，你说一个中国人出生于 1654 年，将中国最后一个王朝清王朝带入繁荣昌盛期的康熙皇帝是古代人，肯定是毫无争议的。可是一位教师要是跟学生说，物理学的鼻祖牛顿也是古代人，那肯定会让人感到诧异。其实，牛顿出生于 1643 年，甚至比康熙皇帝还大11 岁。换言之，二人处于同一时代。

很多人在回首自己的一生时，会寻找一个关键节点，将自己的人生分为"不成熟"与"成熟"两个阶段。成熟的标准有很多，每个人的认知和具体的事件节点都不太一样。有的人是在告别单身的时候成熟的；有的人是在初为人父母时成熟的；也有的人是在遭遇巨大挫折后成熟的；等等。

无论哪一种成熟，其共同点在于：对待这个世界的看法发生了颠覆性变化，并且认为自己已经能够认清生活的本质。这种变化若归结于为一句话，那就是"世界观"发生了根本性改变。对于整个人类来说，同样有这样一个成熟的过程。是否对这个世界的运动规律有全新的认识，成为古代与现代的分割点。

回头看刚才举的例子，我们看牛顿不会觉得是古代人，是因为作为现代人，我们在看牛顿所身处的环境以及他的言行时，并不会有恍若隔世的感觉。要是有机会与牛顿来一场穿越时空的对话，我们也不会存在认知上的壁垒。

这种现代感与古代感交错混杂的感觉，是人类发展的一种必然。对于具有多样性且缺乏交流渠道的世界来说，不同地区的人类在发展进程中会存在巨大的认知代差。时至今日，我们说人类已经跨入现代之门，但这个进程却花费了几个世纪的时间。

值得玩味的是，成熟与否其实是个相对概念。如果有一天人类的认知发展到可以用新的颠覆性逻辑来解释和改造世界，那么未来的人类看我们所处的时代，也会有古代感。就像青铜时代对比石器时代无疑是个巨大的进步，但在今天的人看来都属于极其落后的生产力。

从文艺复兴到科学革命

相比大陆文明，海洋文明成为更容易帮助人类跨入现代化的节点。内部看似杂乱却因为充分竞争而几何级数增加试错机会的西方，在最近几百年推进技术革命和创新，就能让我们深刻地感受到这一点。

具体到重塑世界观这个问题上，发端于意大利的文艺复兴正是一切的起点。在大航海时代开启之前，欧洲的海上贸易主要是通过地中海来完成的。受益于历史背景以及地理位置，位于地中海腹地的意大利是欧洲海洋文明属性最强大的地区，也是文艺复兴的发源地。

当西欧因日耳曼入侵而进入生产力和文化均出现倒退的中世纪时，在希腊继承罗马遗产的拜占庭帝国以及被伊斯兰信仰统治起来的亚非地中海世界，其文明并没有出现倒退。这使得意大利以东的文明地区依然生产丰富的商品，对处在黑暗中世纪环境下的西欧地区产生了强烈的诱惑。

在这种情况下，内部高度分裂的意大利地区客观上成为东西方贸易的节点。那些来自东方的商品，在经由威尼斯、热那亚、佛罗伦萨等以贸易立国的城市国家输入西欧诸国的同时，也壮大了这一地区的商业力量。

早在公元12世纪有观察者注意到，意大利很多地区的组织结构已经不再以教会及世俗贵族为中心，而是以商人和贸易作为基础。比如，威尼斯作为势力最强的贸易城邦，威尼斯人虽然信仰天主教，却不受罗马教廷的约束。威尼斯教会的主教是由参议院提名，再由执政官通知教廷（教皇有否决权，但没有推举候选人的权力）。

贸易的本质在于从不同地区、领域的交流中获利。为了保持竞争力或者说基于与生俱来的逐利性，商人成为最富创造力的群体。在拥有财富并掌握一定话语权后，这些源自商业力量的创造力，也在向艺术、文学、哲学等领域传导。一个更为宏大的客观需求是，商业力量需要一套能逻辑自洽的新世界观，来挑战被教会和世俗贵族把持的旧权力架构。

拜占庭帝国的衰弱为这一需求提供了契机。《圣经·旧约》里说，"日光之下并无新事"，西方文明的海洋贸易属性，在古希腊、古罗马时代就已经奠定。而自视为罗马正统的拜占庭帝国，完整地保留了那些在西欧已经中断的文化传承。由于领土和势力范围不断受到奥斯曼帝国的侵蚀，大量希腊化的东罗马人从公元14世纪开始，带着希腊和罗马时代流传下来的典籍和艺术品迁居意大利。

"旧瓶装新酒"模式总是要比另起炉灶来得省事。古典文明的回归，让那些试图建立新世界观的意大利城邦只需要以复兴古希腊、古罗马文化为名，从那些回流至意大利的古老思想中吸收与自身特点相适应的部分，就可以打造出一套成熟的新世界观。这也是这场贯穿公元 14—17 世纪的欧洲思想文化运动会被称为文艺复兴的原因。

文艺复兴对欧洲文明的影响是全方位的。最大的影响在于借由这场思想解放运动，人类开始用科学的态度去剖析大自然的运行规律。数学、天文学、物理学、化学、地理学、现代医学等属于自然科学领域的学科出现并受到重视，逐渐成为人类知识的核心。

在历史上，人类固然获得了许多技术突破，依靠这些突破所提升的生产力一步步地从猿变成了人，并让自己看起来更文明。不过这些技术进步的取得，更多依靠的是经验的累积，没有形成一个系统、完善的知识体系。

科学与技术的区别在于，科学可以提炼出一套行之有效的理论，来推进技术的发明；而技术的出现，却未必一定经过科学的推导。在拥有科学意识之前，很多技术是在随机试错过程中被意外发明出来的。比如说，中国人在 1000 多年前发明的黑火药配方，很可能是炼丹士在寻求长生不老药时的产物。

在文艺复兴运动开启后，西欧迎来了发现世界的大航海时代。世界因欧洲人的“地理大发现”变得完整，但这种发现并不意味着人类因此一定会有本质改变。除非欧洲文明能够凭借它们的先发优势，做出有益于人类进步的变化，否则这些被“被发现”地区厌恶地称为殖民的行为与历史上那些造就文明退步的蛮族入侵没有本质区别。唯一的好处只能说是让被征服地区的交流变得更加密切，就像蒙古人在亚欧大陆的征服，客观上同样让旧大陆两端的交流变得更顺畅。

好在大航海时代之前，地中海和文艺复兴运动帮助欧洲人孵化出最初的科学意识。这些科学意识的产生让欧洲人在外海的探索变得不那么盲目。比如，哥伦布对新大陆的发现便源于他对地圆说的坚信。反过来，一个接一个的地理大发现也为科学意识在欧洲的普及提供了平台。

一个显而易见的现实是，仅依靠对上帝的信仰，并不能帮助航海者们规避海上的风险，以及发现新世界的全貌。唯有依靠数学、天文学等科学手段，才能做到这一切。当人类在探索自然规律的过程中懂得用科学理论来指导实践并用实践来检验理论时，意味着人类终于变得成熟了。这种成熟给人类带来的最大收益是人类用科学手段找到了摆脱资源困境的方法。

可以这样说，在生产力落后的古代社会，不同地区的人类都处于"内卷"状态。1798 年，英国政治经济学家托马斯·罗伯特·马尔萨斯提出著名的"马尔萨斯陷阱"，认为人口按几何级数增长，而生活资源只能按算术级数增长，所以人类不可避免地要周期性面临饥荒，多增加的人口总是要以某种方式被消灭掉。

这一理论看似可以解释为什么古代人类史几乎就是一部战争史，然而当人类用科学手段开启现代化大门、能够用工业化手段呈几何级数生产产品时，"马尔萨斯陷阱"其实已经不复存在。正如笔者在第十章提到的那样，当下的世界虽然还会不时传出某个地方出现粮食危机，但这些危机的产生并不是人类无法生产供给 70 多亿人口的粮食，而仅仅是内部地缘矛盾所引发的失衡问题。

发现把蛋糕做大的方法——客观上让人类不再把眼光局限于自然经济条件下的那些资源，当属西方文明对人类做出的贡献。从这个角度回顾文艺复兴、大航海时代等发生在欧洲的历史事件，我们能够更深刻地理解它们在人类发展史中的意义。

天主教世界的变革

既然问题牵扯到世界观的变化，作为人类最重要的意识形态——宗教肯定是绕不过的。我们说过，宗教是人类跨入文明阶段的重要标志。有了宗教的助力，不同的族群才能跨越血缘的束缚被凝结在一起。在欧洲人征服世界的过程中，宗教发挥了重要的作用。在西班牙、葡萄牙、法国等西欧天主教国家的海外扩张过程中，受命于罗马教廷的传教士"如影随形"。

很多时候，那些抱着虔诚信仰的传教士，比抱着寻找黄金和财富目的的殖民者更早地深入目标地区，去向土著居民传播宗教信仰。大多数时候，殖民者是乐意看到这种情况的，毕竟传教士们的工作能够帮他们消除土著居民的敌意。

为了让政治上呈松散状态的西欧能够在一定意义上统一，位于罗马的天主教教廷成为中世纪西欧名义上的最高权力机构。在中世纪的西欧，国王们只有被教皇加冕才能获得合法地位；民众需要上缴 10% 的收入给教会（名为"什一税"），以供给掌控意识形态的祭司阶层。包括后来西班牙、葡萄牙两国瓜分世界，也需要一条"教皇子午线"来进行权威认证。

当然，就像国王也不总是所在国家最高权力掌控者，时不时会被权臣架空一样，中世纪的罗马教廷和教皇经常会被强势的君主架空，甚至按照后者的意愿选任。只是这并不影响我们对整个西欧中世纪权力架构的认定。在此环境下，神权与贵族阶层的权力互为依靠，形成了被固化的权力架构。这种情况与印度文明将权力固化在代表神权的婆罗门阶层与代表世俗统治权的刹帝利阶层别无二致。

在没有开拓新航线之前，中世纪的欧洲呈现出高度"内卷"状态。有限的资源使得居于统治地位的僧侣和世俗贵族阶层一直在强化其垄断力，普通民众亦难以在凝固的社会环境中找到改变命运的机会。大航海时代的开启，为欧洲天主教世界展开了广阔的获利空间。那些来自欧洲以外的财富和机遇不仅让相关国家的教会和贵族们获益，更让普通民众找到了摆脱"内卷"的机会。

作为基督教三大教派中最晚出现的新教，正是在这一背景下出现在人类文明史中。基督教曾在 11 世纪分裂为以罗马教廷为中心的天主教，以及以君士坦丁堡为中心的东正教。后者与前者最大的区别在于，由国家元首兼任最高宗教领袖，也就是俗称的政教合一。

如果再往深处探究的话，你会发现，无论天主教还是东正教模式，都有两个共同的特点：一是代表意识形态的神权，与代表世俗统治力量的贵族阶层紧密结合，共同占据权力中心（只不过结合的方式不同）；二是民众与"神"的精神沟通必须通过专职的神职人员。为了摆脱这两个阶层的控制，基督教世界发生了第二次分裂。

由于西欧天主教世界是地理大发现时代的最大获益者，这次新的分裂实质变成了天主教世界的分裂。那些从文艺复兴时期就开始累积的矛盾，在大航海时代开启后的16世纪初引发了一场宗教改革，基督教新教成为能够与天主教、东正教分庭抗礼的第三股势力。

基督教新教并不是一个教派，而是包括16世纪从天主教中分裂出来的路德宗、加尔文宗、圣公会等二级教派，以及在后来历史中不断分化出来的更多教派。不过能够归结为一个一级教派，总归是有共同特点的。就基督教新教来说，尽管新教诸教派存在专门的神职人员，但即便是隶属于同一教派的教会之间也不存在从属关系。事实上，在新教的基础理论中，神职人员的存在意义与天主教、东正教并不一样，更多只是起辅助作用。

颠覆旧世界观的"去中心化"

作为摆脱罗马教廷控制的产物，"去中心化"是新教最大的特点。这一思维的产生与当时作为祭司（僧侣）、世俗贵族阶层以外的第三等级（以商人群体为核心的普通市民）希望通过自身努力实现阶层跨越的心理是分不开的。

从技术上来看，任何对教义理解的差异都有可能产生一个新的教派。以基督教来说，即便是天主教、东正教内部，也会存在很多互不隶属的教团、教派。问题在于，不是每一个新教派的产生都能引起一场改革甚至革命。新教势力能够在16世纪获得宗教改革的成功，与大航海时代的开启有着直接关系。

一个教派、一个意识形态的成功与否，取决于其能否获得一定范围内的政治承认。简单来说，必须在一个国家或者地区成为官方承认（最起码是默许）的普遍信仰。从欧洲地缘政治角度来看，最终从天主教世界分裂出来改信新教的国家地区有英国、瑞士，北欧国家（丹麦、挪威、瑞典、芬兰、冰岛），以及德国北部。

观察这些国家和地区在地图上的位置后你会发现，除了瑞士这个位于意大利、法国、德国三方交界之地的山地小国外，绝大多数选择新教的欧洲国家和地区都呈现两大特点：一是远离罗马教廷；二是拥有大西洋海岸线。这两个地缘特点决定了这些新教国家既无法像西班牙、法国等留在天主教世界的国家一样对罗马教廷施加影响力，又有开展海外贸易及扩张殖民地的基础条件。

在西班牙、法国等国有条件与罗马教廷进行深度利益捆绑的情况下，上述国家和地区的统治者如果要摆脱在天主教世界的不利地位，最好的选择就是借助这场宗教改革，让自己国家的教会脱离罗马教廷的控制。

值得一提的是，正是由于背后的这层政治需求，在当时的很多新教徒看来，以英国为代表的选择新教为国教的欧洲王国进行的是一场不彻底的宗教改革。比如，原本接受罗马教廷领导的英国教会，整个教会管理体系被保留了下来，只是更名为圣公会（英国国教）并接受英国君主为最高宗教领袖，一如当年的拜占庭帝国对东正教的定位。

这种不彻底的"去中心化"，或者说另立中心的做法，显然不能让希望得到完全信仰自由的"第三等级"满意。于是从16世纪开始，那些希望清除英国国教中天主教徒、认准"人人皆祭司"的宗教改革者，以"清教徒"自称，并在试图改革英国国教失败后，将视线投入大洋彼岸的北美地区，希望在这片全新的土地上建立自己心目中的理想国。这便是美国诞生的宗教背景。

人类之所以能够脱离动物群体，在于可以通过意识形态及其他组织方式形成合力。正因为如此，无论东方还是西方在发展文明时，整体倾向于"自上而下"地强化组织力。相反，欧洲的文艺复兴运动、宗教改革运动，以及后来18世纪源起于法国，以反对君主专制、反对教会为特征，建立共和体制为目标的"启蒙运动"，都呈现出"自下而上"改革的特点。

有人说西方文明较之东方文明，具有更为丰富的多样性。然而这种多样性更多体现在地缘政治层面，即西方在政治和文化结构上更为破碎。上述在欧洲延绵几个世纪的一系列运动，实质上是将这种西方文明原本含有的多样性基因扩散至每一个个体身上，从而激发个体的创造力。由此带来的一个后果是，今天在世人面前所呈现出来的西方强调个人自由。

无论这种强调个体自由的"去中心化"思潮是不是人类文明的常态，它所造就的多样性井喷现象都帮助人类掌握了科学的力量，最终让人类的生产力以"工业"的形式爆发式增长。我们还是那句话，这世上最难的是从0到1。从这点来说，无论最初的动机是什么，这些开创性的探索行为对人类都是积极的贡献。而这也让西方文明所覆盖的区域较早迈入"现代化"的大门。

第三十二章
英美文明的崛起

次生文明

你是不是觉得很奇怪，为什么会有一个"英美文明"的概念出现。西方文明是一个很笼统的概念，西方在地缘政治上的分裂性使其内部价值观一定不可能完全保持一致，并会演化出很多独具特点的次生文化来。如果一个次生文化在某一阶段进化到比原生文明还强大，尤其是具备很多独创特质的话，那么我们就可以给它冠以"文明"的后缀了。

不同的环境加上时间的沉淀，是次生文明诞生的基础。以这些条件来看，拉丁美洲看起来倒是挺符合的。不过新文明能否诞生，说到底还是跟政治有关。基督教如果不是被罗马帝国吸收，并在随后成为欧洲诸国共同的信仰，基督教文明这个概念便无从说起；阿拉伯人如果不是凭借伊斯兰教的整合建立过庞大的阿拉伯帝国，同样也不会有阿拉伯文明。

文明与国家的形成相辅相成，一个国家未必有独特的文明，但一个文明必定曾经依附于某个强势政治体（相对于周边地区）。从这个角度来说，如今在政治上呈松散结构的拉美地区只能说是形成了独特的拉美文化，还不能视为成长出拉美文明。假设在今后的历史中，拉美地区出现了一个可以进入世界舞台中心争雄的政治体，甚至将拉美地区所信仰的基督教作为与天主教、东正教、新教三大体系并立的新教派，人类也许意识到地球上出现了一个新的文明形态。

在生成次生文明的道路上，日本是一个处在临界点的国家。美国地缘政治学家萨缪尔·亨廷顿在他的书中，将日本单列为独立的文明。在东亚国家看来，日本只能算是中国文明所衍生出的次生文化。考虑到日本曾在20世纪上半叶强势成为世界地缘政治舞台上的主角，第二次世界大战战败后又长期位居全球第二经济强国（目前居于美国和中国之后），在全球范围内拥有很高识别度的日本，的确有底气认定自己为独立文明区。

说日本在生成文明的道路上还处在临界点上，是因为文明还有外溢性。简单来说，需要有明显改变其他地区文化属性的输出。仅仅让被输出方喜欢你输出的商品或者文化是不够的，就像当年的欧洲人喜欢来自中国的瓷器和丝绸，也不能认定中国成功地进行了文化输出；反之，当中国在东亚的邻国愿意引入中国的政治制度、文字等文明因子时，中国文明便有了外溢性。

不幸的是，日本文化虽然已经具备独创性，一些文化特点也受到了其他地区人类的喜爱，但并没有进行过体外复制。实际上现在的日本文化非但没有外溢，反而呈现出"加拉帕戈斯化"现象。所谓"加拉帕戈斯化"，指的是在孤立生态圈独自进行适应性进化，丧失了与其他地区进行基因交流的能力。由此带来的最大风险是，这个独立进化体系一旦与其他地区形成代差，就很容易面临被淘汰的风险。

说起来，"加拉帕戈斯化"现象的来历是与进化论有直接关联的。加拉帕戈斯群岛是位于太平洋东侧的一组热带群岛。1835年，达尔文在考察这片岛屿时，发现这里的动植物为适应自然环境，在每一个小岛上独立进化出不同的形态和习性。这一发现为达尔文的进化论奠定了基础。

当世界因为地理大发现而连为一体时，欧洲以外很多文明面临着"加拉帕戈斯化"的问题，典型的如全封闭状态的美洲文明，以及半封闭状态的中国文明。前者的加拉帕戈斯化现象过于严重，导致很快被征服者带来的先进技术淘汰；依靠巨大体量及文明积淀涉险过关的后者，则在主动打开国门、拥抱世界后，迎来了自己的高光时刻。

无论从哪个角度来说，英国看起来开创了一种拥有独特属性的文化。这个身处亚欧大陆西端的岛国，比起在东端存在的日本，历史机遇要好得多。我们可以近距离观察、跟进西班牙和葡萄牙所开启的全球发现之旅。更为重要的是，英国与欧洲大陆有明显差异的岛国环境，使之原本具备一些与欧洲大陆不同的政治、文化特征。

当英国于全球范围内扩张出史上最强大的殖民帝国——大英帝国时，英国的这些独特属性随即在全球范围内生根发芽。而当脱胎于英国殖民地的美国接过大英国帝国的衣钵、继续站在全球权力之巅时，以英、美两国为标签的"英美文明"便已成形。

将英美文明从西方文明这个大概念中剥离出来，其意义并不仅在于给这个文明一个历史定位，更在于就现下人类世界的走向来说，原本同属于西方范围的欧洲大陆与英美等欧洲大陆以外的海洋国家之间的鸿沟势必会越来越深，或者说二者会有意无意地强化自己的独特属性。

在这种情况下，我们应该探究，已经"脱欧"（退出欧盟）的英国，以及一度与欧洲盟友关系紧张的美国，到底是因为什么越走越近？能够被纳入这个文明体的又有哪些国家？它们之间政治关系的升级将对世界地缘政治的走向有什么样的影响呢？

最纯粹的海洋文明

对于欧洲人来说，地理大发现时代有如把欧洲的范围扩张到全世界。那些欧洲以外的殖民地、贸易利益，只是欧洲内部博弈的外延。殖民地的存在使得欧洲国家之间的实力对比不再仅限于本土。一个善于经营海外殖民地的国家将比它的竞争对手更有竞争力。

英国是这场殖民扩张的最大受益者，也可以说英国的国际地位因为大航海时代的开启而获得了最大的提升。抛开那些小片殖民地不说，殖民时代的英国曾经在包括美国、加拿大在内的北美地区，以印度为核心的南亚次大陆，以及澳大利亚所在的大洋洲大陆，占据全面优势。鼎盛时期的大英帝国，一度控制着这个星球上将近 1/4 的陆地（约 3400 万平方公里），被认为是人类历史上统治范围最大的帝国。

与英国在那个时代争雄海外的，是西班牙、法国、荷兰这几个地处欧洲大陆的大西洋国家。德国、俄国这两个缺少直面大西洋海岸线的欧洲强国，同样不愿意缺席这场盛宴。尘埃落定后你会发现，大英帝国的成功最关键的一个底层因素，恰恰在于它不是一个大陆国家。

对于一个岛屿型国家来说，海洋就是天然的边界。这让岛屿型国家或者说海洋国家可以不用在陆地边界投入资源。事实上，对于有陆地邻国的国家来说，在军事上的投入有相当部分是浪费的。如果你跟邻国关系紧张，就必须在陆地边境线上投入大量的人力物力，而这些投入是没有办法产生直接收益的，甚至在战争时也不会起到预想的效果。

第二次世界大战之前，为了阻止德国入侵，法国人在德法边境耗费巨资，用了 12 年时间（1928—1940 年）修筑了著名的马奇诺防线。但开战之后德军却从法国的邻国入手，绕过马奇诺防线出现在法军的后方，使这条防线彻底成为摆设。

类似在陆地边界陈兵百万、空耗资源的案例，在历史上还有很多。相比之下，有海洋为天然屏障的海洋国家却可以集中力量发展海军。只要你的海军足够强大，就可以将对手的海岸线视为自己的边界线，并且通过对海上贸易航线的控制获利。

于是你会发现，在典型性海洋国家，陆军的地位往往是很低的。英国陆军没有能够像英国海军、空军，甚至历史上某些殖民地警察部队那样，获得"皇家"的荣誉称号；日本之所以能够在亚洲率先崛起，在于其举全国之力打造海军；而在现代美国的海外作战任务中，海军陆战队的出镜率比之美国陆军要高得多。

离岛属性的英国并非开始就能正视自己的岛屿属性。受欧洲地缘政治特点的影响，15世纪前的英国国王在法国等欧洲大陆国家拥有很多头衔和领土。为了维护自己的主权完整，法国与英国在历史上展开过一场延绵百年的战争，史称英法百年战争（1337—1453年）。

这场战争结束之时，正逢大航海时代开启。此后的英国放弃在欧洲大陆扩张的想法，转而将目光投向新世界。为了抑制竞争者，英国同时调整了自己在欧洲的外交原则，即自己并不谋求欧洲的领土，而是致力于让欧洲列强互相牵制。这一被称为"大陆均势政策"的外交原则，直到现在还是英国维护霸主地位的终极手段。如果有一天，英国衰弱为多极世界的普通一极，那么你将会看到，身为"英美文明2.0版"的美国将以旧大陆为舞台践行大陆均势政策。

与摆脱大陆情结、拥抱更广阔海洋的英国不同，具备先发优势的西班牙以及一直在各方面与英国相爱相杀的法国，则一直没有办法放弃在欧洲大陆称霸的执念。最经典的事件出现在19世纪初，为了获取军费支撑欧洲战事，拿破仑将位于美国中部的路易斯安那、总面积约214万平方公里的土地出售给新生不久的美国。

如果你对美国的扩张史更了解的话，应该会知道这并不是美国用钱换得的唯一领土。从俄国手中购得的阿拉斯加、从西班牙手中购得的佛罗里达，让美国领土能够拓展到寒带和热带两个区间，并由此在北冰洋和加勒比海获得更多的话语权。

我们在生理上有一种现象叫作感觉补偿——人的某种感觉能力丧失之后，其他感觉能力就会获得突出的发展。比如一个人要是失明的话，听觉往往会变得比之前更敏锐，以帮助他适应这个黑暗的世界。这一现象背后的原因是资源总体是有限的，顾此就要失彼。

英国这种战略性放弃在欧洲大陆的直接利益，转而专注于海外扩张的做法，使得它在那个时代建立了庞大的海上帝国。即便这个帝国已经随着 20 世纪中叶的民族解放运动而土崩瓦解，这种长达数百年的扩张还是给正在运行的人类世界留下了深深的烙印。从地缘基本面来看，英语在客观上成为世界通用语言是其最大的收获。这不仅使曾经让法语成为欧洲上层通用语的法国耿耿于怀，更在人类开始于互联网上再造一个虚拟世界时，帮助美国自然拥有了大量外部市场，并据此成为互联网时代的领导者。

如今，那些主要依靠英国及欧洲移民建立的新国家（包括美国、加拿大、澳大利亚以及新西兰），与英国一起承载着英美文明的核心价值观。由于美国接棒英国成为史上最强大的政治体，并依然与英国维护着最深的地缘关系，更让英美文明这个纯正的海洋文明体自我感觉人类文明的进化已经走到"历史的终点"。

英美文明的独特之处

无论人类文明的进化史有没有被终结，英美文明无疑为人类做出了贡献，并且呈现了非常大范围的外溢性。虽然在呈现多样性特点的人类世界并不存在一套可以放之四海而皆准的价值观、政治制度以及经济模式，但是客观上要承认作为海洋文明的集大成者——英美文明的很多属性更具有可推广性。

我们会看到，当下仍有 50 余个前英国殖民地身份的国家和地区愿意留在延续英国影响力的英联邦之中，其中甚至还有 15 个国家依然奉英国女王为国家元首。

以判决先例作为判案依据的英美法系，是其有别于其他文明的主要特点。那些英国前殖民地之所以愿意留在英联邦，一个很重要的原因是它们已经习惯用英美法系的指导原则来规范自己的社会生活。

尽管英美法系的存在是英美文明的一大特点，但是这一独特法系的存在未必会让英美文明比其他文明更具法治精神。那些愿意留在这个体系内的国家，除了习惯性的路径依赖以外，还有着很现实的需求——毕竟英美文明在全球范围内有着重要影响力，留在这个圈子里，就能与这个圈子里的国家和地区遵循共同的法律和贸易准则。

当然，如果英国作为前宗主国总是试图通过法律等手段对相关国家直接施加政治影响力，那么类似英联邦这样的组织将很快会名存实亡。1688年，英国爆发反对君主专制制度，要求将国家最高权力转移至议会的"光荣革命"。次年，英国通过著名的《权利法案》（全称为《国民权利与自由和王位继承宣言》），从法律层面建立了君主"统而不治"的君主立宪制。

君主立宪制存在的核心意义，在于人类世界需要一个凝聚点来整合个体的力量。从这个角度来说，无论是集权力更强的东方君主还是受到更多约束的西方君主，在身居君位时都会认为掌控最高权力是上天赋予的当然权力。君主立宪制则从法律层面打破了这一定律，让君主的使命变身成为终结国家意识的象征。至于最高权力，则交由更具广泛代表性的议会来行使。

历史上的英国（准确地说是英格兰），君主曾长期来自欧洲大陆。比如在光荣革命后，被迎入英国创建汉诺威王朝的乔治一世（1660—1727年）就来自德国，这位接过英国王冠时已经54岁的国王，甚至不会说英语。对于需要把君主之位交给一位"外国人"的英国来说，限制君权并由贵族及其他精英阶层，共同在议会行使最高权力，有着很强的现实意义。

当人类开始工业革命、工商业资本的力量越发强大之后，那些仍希望通过君主的存在来提升国家凝聚力（并因此拒绝共和制）、不约而同地效法英国的国家成为君主立宪制国家。

君主立宪制激发了英国各阶层的主观能动性，此后英国的海外扩张进入了高速发展期。建立于每块殖民地上的议会，都能够近距离地决定自己所在地区的各项政策，甚至包括当时欧洲最为敏感的宗教政策。以美国的前身——英国在北美东海岸建立的"十三殖民地"来说，属于欧洲各基督教派的移民都可以在此找到立身之地。

在这个问题上，作为欧洲大陆性代表的法国提供了一个相反的对照组。为了获得北美的毛皮及渔业资源，法国将殖民扩张的重心放在加拿大东部，与英国殖民地南北相邻。想建立稳固的统治，迁入足够数量的人口是必需的。问题在于，法国为了建立一个"纯洁"的新法兰西，固执地要求只有笃信法国国教天主教的信徒才能移居加拿大。

等到 18 世纪中叶法国与英国的矛盾激化并在北美大打出手时，生活在加拿大的法国人也不过 5 万。同时期秉持开放态度、从欧洲各地吸收人口的英国殖民地人口却已逾百万。如此巨大的人口差距，对于法国来说毫无胜算。

权力下沉让大英帝国可以投入最少资源、运营更多的殖民地，同时也让英国更注重通过自下而上的经济贸易联系而不是自上而下的政治管控来经营海外殖民地。这一方面让英国殖民地日后在脱离大英帝国的统治时，大都已经拥有独立运行能力；另一方面也能使它们依然愿意留在这个并不会对它们自身独立造成实质影响的体系。

考虑到《权利法案》及君主立宪制对英国由一个岛国变成日不落帝国属性的"大英帝国"起的决定性推动作用，回溯历史的话，1689 年这个时间点倒是挺适合作为英美文明的起点。君主立宪制终究还是有它的局限性，毕竟世袭传承的君主就算再怎么虚位，也是一种权力的垄断。

如果说英国在 17 世纪末的权力下沉之举开创了这个文明的 1.0 版本，那么在《权利法案》诞生 100 年后生效的《美国宪法》，则将这个海洋文明引向了 2.0 版本。美国这个 2.0 版本在于立法、行政、司法权力分别由国会、总统、联邦法院行使。互相制衡的设计让美国成为现代共和制的始创者。这一模板在此后相当长的时间内成为那些希望迈向现代化进程国家的仿效对象。

毫无疑问，作为一项制度的开创者，英国和美国都用它们在经济、政治舞台上的成功验证了这些创新的合理性。需要注意的是，开创者是经过长时间磨合、结合自身特点才打造出适合自己的体制。

对于英美文明以外的其他西方文明国家来说，学习英国乃至美国等后来居上者的创新，并不存在不可逾越的障碍；反之，对于那些文明和历史背景完全不同的国家来说，很难通过仅仅嫁接政治制度这一类上层建筑就迈入发展的快车道。

一个经常被笔者用来举例的现实是，如果你把代表世界七个主要发达工业国的"七国集团"加上一度与之组成"八国集团"的俄罗斯，与 20世纪初代表世界最强力量的"八国联军"作对比，我们会发现，一个世纪过去后，除了已经分裂的奥匈帝国被英美文明圈的核心成员加拿大取代以外，那些西方以外的国家并没有哪个真正因为单纯地向西看而跻身发达工业国家行列。

第三十三章
工业时代的来临（上）

化学能的解放

我们花了那么多篇幅从人类的意识形态、组织形式等方面解读人类的变化，是时候回到物质本身，看看到底有什么办法让人类不再那么"内卷"，起码不要总是为了吃饱肚子争来抢去的。在寻找问题出路之前，我们先思考一个看似没什么关联的问题：为什么在历史上叱咤草原、沙漠，成为无数定居者噩梦的游牧者，后来都悄无声息地退到舞台边缘了呢？

想要击败游牧者，最重要的一点是逆转游牧者与生俱来的军事优势：一是马带来的机动力；二是骑射技术带来的远程攻击力。表面看这是因为定居者发明了更厉害的武器，骑兵的冲击力再强，也没办法与坦克抗衡；箭射得再准、再密，也挡不住马克沁机枪的扫射。不过要是往深层次探究，真正让游牧者军事优势荡然无存的原因，是定居者找到了释放新能量的办法。

这场事关能量的革命还有一个更广为人知的名称，那就是工业革命。区别在于，过往对工业革命的理解，多是从机器及社会变革角度切入。这次我们则从获取、利用能量的角度切入，看看到底是什么力量的释放支撑了这场革命。

工业力量在战场上的可怕之处，本质在于它可以把更多的能量储存在武器之中，由于在使用过程中会产生大量热量，这种自带能量的武器被称为热兵器；在热兵器出现后，那些在古代战争中所使用的常规武器则被称为冷兵器。考虑到冷兵器是在使用过程中将人的力量转换为攻击力，使用过程中并不会发热，以冷、热来划分兵器时代，很容易让人理解。

冷兵器时代的能量转化模式非常有利于游牧者。以游牧者最擅长使用的弓箭来说，这几乎是冷兵器中最重要的武器，其优点在于可以进行远程攻击，缺点是必须在张弦蓄能的同时完成瞄准和发射工作。一个士兵需要训练很长的时间，才能成为一名能高效发射的弓箭手。定居者同样可以利用专业的训练成为合格的弓箭手，但不管怎么做也无法对冲游牧者那融入生产、生活方式的训练优势。

于是定居者们发明了以弩为代表的带有机械设计的远程攻击武器，甚至创造出可以集合数人乃至数十人之力做发射准备的神臂弩、抛石机等远程武器。这些远程攻击武器的特点是能够将蓄能、发射的动作分解为两个完全独立的过程，进而大大降低训练难度。然而，这些加入机械成分的远程武器，很难同时具备效率与射程优势。想让箭或者石块射得更远，就必须增加蓄能时间（比如抛石机）；想射得更快，射程又不可能太远（比如连弩）。而一个训练有素的弓箭手，则可以更加平衡地兼顾这两点。

更关键的是，无论是弩还是抛石机，本质只是在战场上蓄积人力。从能量转化角度来说，人的力量可以被归类为生化能。食物在人的体内经历一系列生化反应，然后通过力气的形式释放出来。人类在工业革命以前利用的能源，绝大多数都属于生化能，无论这些生化能以何种形式呈现，都是利用蓄力转化出来的。

可以这样说，只要人类的生存还处在依赖生化能阶段，生产力水平就不可能有质的突破，定居者亦无法拥有对游牧者的压倒性优势。好在太阳辐射到地球的能量并非只短暂存储于动植物体内，人类很早就发现燃烧一些黑色的石头或者液体（煤炭和石油），包括将一些奇奇怪怪的矿物质粉末混合在一起，就会产生燃烧和发热现象。

贮存于煤、石油等物质中的能量，需要经由化学反应（比如燃烧）释放出来，这样的能量被称为化学能。广义来说，生物体细胞把有机物氧化，分解产生能量的过程也属于化学能的释放。不过就像我们刚才说的那样，这种依赖生物体转换的能量更应该被单独归为生化能。

人类要想突破能量运用的瓶颈，就必须学会有效利用生化能以外的化学能，也就是狭义的化学能（如果不特别说明，此后行文中所指的化学能都指向狭义的化学能）。事实上，在人类还没有掌握科学的方法、只能凭借经验摸索前行的时代，已经有过类似的尝试。比如说，生活在中国四川地区的人们很早就发现，为抽取盐卤而开凿的盐井中会冒出一些可以燃烧的气体，这些后来被命名为天然气的能源被古代中国人巧妙地用来蒸发卤水，从而获取珍贵的食盐。

为了争夺生存空间，人类会把自己对这个世界的发现以及创造力运用在争夺利益的战场上。历史上东罗马帝国曾经以石油为基本原料，加上一些助燃剂研制出名为"希腊火"的秘密武器。甚至有人怀疑，是这些能漂浮在海面上燃烧的希腊火帮助东罗马帝国在长达千年的时间里抵御来自东方的进攻。

然而，无论是用天然气来熬煮食盐还是用石油来制造希腊火，都只是单纯地将化学能转换为热能。从这一点来说，与燃烧植物没有质的区别，也无法从根本上改变战场上的力量对比。直到中国人"不小心"发明了黑火药，人类算是在能源的利用上看到了创新使用方法的曙光。

用硝酸钾、硫黄、木炭粉末混合制成的黑火药在被点燃之后，能够瞬间产生大量的氮气、二氧化碳等气体。如果燃烧是在空间狭小的金属管中发生的，气体膨胀所产生的巨大推力可以把装填于火药之上的"子弹"

（比如铁砂）射向被攻击目标。由此人类发明了火枪、火炮等以化学能为驱动的武器，开始进入热兵器时代。

革命性的变化不仅在于发射方式上，更在于热兵器能够把武器蓄能过程放置于后方。决定战场走势的核心力量不再只是直接投入战斗的士兵，而更多考验的是后方的生产和运输能力。只要有足够的弹药储备以及能够保障士兵基本生存的粮食，一支用黑火器装备起来的部队甚至能够在旷野中对抗数以十倍计的冷兵器时代骑兵。

时至今日，人类所设计的远程武器越来越精巧，发射效率和威力也越来越高。总的来说，这些武器的发射原理与最初的黑火药武器别无二致，除了电磁炮等正在研发中的新型武器以外，都是利用燃料燃烧后瞬间产生的高压气体推进发射物。换言之，是黑火药把人类带入了热兵器时代。

热兵器的制造和改进需要大量更为细致的分工配合以及技术研究。这一切不是生产方式简单的游牧民族所具备的，在人类从科学角度发掘更多的化学能并利用工业系统将更多的化学能运用到战场上后，冷兵器时代和游牧者的军事优势便被那些化学能彻底终结。

有一个小小的方法可以测出你过往对这场化学能革命或者说工业革命的意义理解是否深刻。当你在审视一场近现代战争时，不再单纯指责人数占明显优势的失败者不够努力，而是将评判重心放在武器装备的比较上，意味着你已经对于到底是什么力量在最近 300 年来驱动人类进步有了较深的认识。

化石能源

就目前的情况而言，化石能源是人类在工业时代所发现的最重要的能量来源。所谓化石能源，指的是古代生物化石沉积而来的一次性能源。石油、天然气、煤炭是大家比较熟悉的三种化石能源。在生化能时代，绝大多数能够为人类所用的能量本质上是由植物通过光合作用所转化的太阳能，通过被人类、牲畜食用，乃至直接燃烧的方式再次释放出来为人类所用。

这种通过农业转换太阳能以获取能量的方式，迫使人类整体过着"一日不作，一日不食"的日子。即便是善于精打细算和储蓄的中国人，也会因为一场灾害，不得不将自己可怜的储备消耗殆尽。正是因为看不到利用传统农业释放人口增长压力的可能性，马尔萨斯才悲观地认为，无法被养活的人口总是要以某种方式被消灭掉。

人类迈入工业时代的技术标志是成熟于18世纪的蒸汽机。通过燃烧煤炭、蒸发蒸汽驱动活塞，蒸汽机将煤炭中所储存的能量变成了可以运用在矿场、交通、纺织、粮食加工等众多工作场景的动力。这些来自化石能源的化学能彻底取代生化能成为人类的主能量来源。

如果把思路扩展一下，你会发现，游牧者的另一项优势——机动优势同样败于这场能源革命。无论是最初燃烧煤炭的蒸汽机车，还是后来用汽油、柴油内燃机驱动的汽车、坦克，其能量转换方式与热兵器并没有本质区别，无非是通过蒸汽机、内燃机等机械设备把能源物质变成了高压气体，再用来驱动交通工具罢了。

将生化能以外的化学能转化为动能的做法，改变的绝不仅仅是战争的形式。在蒸汽机帮助人类完成了这从0到1的跨越之后，更多用来释放能量的机械在科学的指导下被设计出来。能量来源的多样化尤其是对化石能源有效利用方式的出现，让人类骤然获取了之前完全无法想象的能量。

这些能源需要通过机器，而不是像作物、牲畜那些通过土地，转换成能够为人类所用的形式。机器的使用是工业时代的主要特征。广义的机器包括人类在自然经济时代手工打造的那些机械，比如运用在军事上的弩机、抛石机，运用在生产场景的水车、磨坊等。狭义的机器则指在工业革命后出现的那些复杂机器，比如蒸汽机、起重机、电脑等。

二者的区别在于现代机器能量转换的过程，一定包含有新的能量形式，而不只是简单地将生化能或者自然力（风力、水力等）转换输出为动能。举个例子，水力发电机与水车虽然都是利用水力，但发电机能够将水力转化为电力，人类再用其他机器将电力转换输出。水车则只能将水的力量即时使用在磨粉、灌溉等场景。

我们换个角度来看，化石能源相当于把古代生物在亿万年的时间内转化的太阳能一下子拿出来供人类使用。想象一下，一个吃了上顿没下顿的人突然继承了亿万家产，这样的感觉真的只能用暴发户来形容了。

没错，进入化石能源驱动时代的人类，就是这么一个"暴发户"。而这个暴发户一直在做的，就是发明各种机器，开采、利用这些储存于地下的能源。只可惜，在贪婪享受上天赐予的化石能源、几何级数提高自己的生活质量后，人类蓦然发现燃烧这些地球储备所产生的二氧化碳，让地球出现了温室效应。数据表明，仅仅在 20 世纪，地表的平均温度就已经攀升了 0.6℃。

时常会有人说，历史上地球的温度一直都在变化中，地球总归会自我调节的。温室效应未必就是碳排放引发的。问题在于，地球上温度的每一次大变化都会对生态平衡造成强烈影响，甚至会出现生物大灭绝现象。如果放任温度继续上升，最直接的影响就是南北两极所储存的巨量冰雪融化，从而导致海平面上升，大量沿海平原消失在海面之下。

人类显然不愿意也不能承受这样的风险，尤其这些沿海平原往往是经济最发达、人口密度最大的区域。此外，在地球上从来没有出现过因人类大量燃烧化石能源而升温的情况。既然这件事情是人类引起的，又会对人类的生存造成直接影响，那么在人类已经通过消耗化石能源完成物质和技术原始积累的情况下，是时候做一些能够让生态维持原有平衡的工作了。

农业现代化

相较于地球 46 亿年的历史，人类几千年的文明史、几百万年的进化史实在是过于短暂，地球乃至这个星球上的生态体系客观上不会因为人类的作为而毁灭。从这个角度来说，人类今天的那些拯救地球之举，与其说是在拯救地球，倒不如说纯粹是为了自己。就像人类会按照对自己有利与否，将一些动物划分为益虫或者害虫，其实大家都是在这个世界上求生罢了，从自己的角度出发又何谈有益或有害呢？

对于生物来说，生存始终是最重要的。人类也不例外。如果工业革命只是让人类坐上更快的车，开发出更高效的战争武器，那么这场革命的价值将大打折扣；反之，要是这场革命能够让人类的粮食产量突破天花板，养活更多的人口，那它的价值就大为不同了。

好在工业革命虽然不是为了改进农业技术而发生的，但工业力量以及触发这场革命的科学思维却必然会在农业层面有所体现。我们最直观的感受是，随着农业机械的普及，大量的劳动力可以从农业生产中解放出来。人类在新石器时代所经历的那场农业革命，最大的贡献在于通过主粮的规模化生产，将部分劳动力从食物生产工作中解放出来。假如当时的人类还是只能像动物那样，每一个个体终其一生在为填饱肚子而奔波，自然就没有力量去创造和发展那些让人类成为万物之灵的文明因子了。

有了机器的助力，人类还可以开垦更多的土地、修筑更完善的水利设施。除此之外，科学思维还帮助人类完成了一个重大发现，那就是什么是肥力。土壤是农业生产的要素之一，人类肯定在还没有正式迈入农业文明阶段就已经发现，同一品种的植物种植在不同的土壤中会出现截然不同的生长状态。于是那些更容易生长植物尤其是作物的土地，会被认为更为肥沃。

刀耕火种的原始农业方式，除了用火烧毁森林以获得平整的土地以外，还有一个重要作用就是用草木灰增加土壤的肥力。发现草木灰与肥力的关联并不难，人类很容易就发现，那些被野火焚烧过的土地上的植物的生长状态异常地好。而用这种方式获得土地后，人类很快又发现，随着时间的推移，作物的生长状态越来越不好，只有燃烧新的森林获得新的田地，才能让粮食产量恢复到原有的水平。等到被放弃的土地自然长满植物之后，再通过烧荒的方式重新耕种。

这种不断开拓新土地、放弃旧土地，以获取肥沃土壤的做法，在有计划地规范后被称为轮耕。然而，无论是无节制地焚烧森林还是有计划地轮耕土地，带来的严重后果都是土地的严重浪费。在这种情况下，似乎只有尼罗河下游的埃及人受到上天的青睐，他们只需要等待泛滥的河水为下游河道两岸补充肥沃的土壤，然后趁"河神"不注意的时候完成耕种和收获工作即可。

绝大部分地区的人并没有古埃及人那么幸运。于是几乎在每一个农业地区，农夫们自然发现动物的粪便以及一些有机物在经过发酵处理后，可以像草木灰那样促进植物生长。在这一认知下，早在罗马时代欧洲的农民就已经尝试用禽畜的粪便、酿酒的残渣以及被粉碎的草木等混合在一起制成肥料，补充土地的肥力。

在为土地补充肥力的问题上，没有比中国人做得更极致的了。在农业时代的中国，几乎没有任何粪便和草木灰会被浪费掉。即便是城市人口所产生的那些"无用有机物"，也会被农民不辞辛苦地运送到农田之上。

无论是草木灰还是粪便，看起来都是生命所产生的废弃物。植物生长被认为是把一种"无用"有机物变成"有用"有机物的循环利用过程。于是在 19 世纪初，当人类试图从科学的角度解读植物生长所需的肥力从而而来时，自然被接受的观点是植物生长依靠的是诸如粪便、落叶一类的腐殖质，本质是一种"生命力"的循环。

从 19 世纪 40 年代开始，来自南美沿海地区的鸟粪，成为欧美各国争夺的目标。在一些人迹罕至的小岛上生存着大量的海鸟，经年累月积累了甚至能够深达 10 米的矿化鸟粪。那些被开发出来的鸟粪被运往美国等地的农田，用以肥沃土壤，提升粮食产量。

鸟粪岛的发现，看起来让人类在补充土壤肥力的问题上找到了一条和化石能源相似的突破之路。那就是将自然界储存起来的腐殖性肥料开发出来，给当代人类挥霍。不幸的是，海鸟粪的储量比起煤炭、石油来要少得多，其他动物显然也没有办法如此集中地排泄它们的粪便。仅仅几十年的时间，这些鸟粪资源就被消耗得差不多了。

好在人类开始尝试长途运输鸟粪来改良土壤的同时，对肥力来源的研究也获得了突破性进展。化学家们发现，植物生长所需要的碳元素来自空气中的二氧化碳；所谓腐殖质提供的"肥力"，其实就是它们所含有的氮、磷、钾等矿物质元素。

当人类用科学的目光发现什么是"肥力"时，就能够摆脱对腐殖质的依赖，可以从那些看起来与生命无关的无机物中合成被植物吸收的肥料。这些元素广泛存在于一些矿藏中，利用化学方法将之提炼、合成出来的肥料，就是大家所熟悉的化肥。而在化肥的生产过程中，化石能源又提供了不可或缺的动力。

正如大家所看到的那样，在化石能源和化学肥料的共同作用下，人类摆脱了自然经济和经验认知的束缚，突破了几千年来未曾突破的天花板。这种有科学和工业助力的农业新形态，我们可以称为农业现代化。

第三十四章
工业时代的来临（下）

人口又爆炸了

地理大发现引发的哥伦布大交换，尤其是美洲高产作物的全球扩张，让人类迎来过一次人口大爆炸。农业现代化所带来的粮食增产，无疑会让人类的人口再次出现爆炸。不过要是光把人口增长的原因归结于现代农业，肯定是不够公平的。在这个问题上，现代医学同样功不可没。

在只能凭借经验医学治疗疾病的古代社会，相当比例的人类很难活到身体发育完全的成年阶段。以我们提到过的给古代中国带来最后一个盛世的康熙皇帝为例，妃子们总共为这位帝国统治者生育了 55 个子女，其中能够活到成年的却只有 32 个，比例还不到 60%。

能够享有最好医疗资源的皇家情况尚且如此糟糕，普通人在古代社会的境遇就可想而知了。仍以中国为例，20 世纪上半叶，有 20% 左右的婴幼儿在不满周岁的阶段就会夭折。2020 年，这个比例已经下降至 5.4‰。

在所有影响人类寿命的疾病中，感染性疾病造成的死亡率是最高的。一个在现代人看来很不起眼的伤口，在缺乏现代医学的古代社会，受伤者因感染问题而死亡的可能性非常大。直到 1928 年英国科学家亚历山大·弗莱明发现第一种抗生素——青霉素，这个困扰人类寿命的难题方看到被解决的曙光。

14年后在德国、美国等国科学家的接力努力下，批量生产青霉素的方法被研制出来。第二次世界大战结束后，随着青霉素以及各种抗生素在世界范围内的普及，数以亿计的生命被挽救。至2020年，世界人口数量增长至将近76亿，而1950年这个数字才刚刚超过25亿。这意味着仅花费70年时间，有了现代农业和现代医学助力的人类，就把自己的人口数量增长了3倍。

受这个前所未有的人口增长速率以及对马尔萨斯人口论恐惧的影响，一些自身尚未完成工业化进程的国家尝试用或强或弱的计划和引导手段，主动限制人口的增长。对于一直受困于耕地数量及生产力瓶颈而人口自然死亡率又被现代医学大大降低的地区，这种做法的初衷只是不希望看到，将来有一天需要用残酷战争手段"消化掉"所谓多余人口。

然而，当从工业时代的视角去看待如何养活人类的问题时，我们发现情况并没有那么糟糕。换言之，一个地区只要能够实现农业现代化，并且对口粮自给足够重视，那么依靠现有技术是完全可以做到口粮自给的。此外，就像我们之前说过的那样，即便人类没有办法全面实现农业现代化，现下从农田中获取的能量也足够供给全人类。

另一个现实是，在一个完成工业化进程的地区，人类要当心的反而是人口增速下降，以免造成未来劳动力供给不足的问题。这个已经被无数人注意并担忧的问题，说到底还是一个经济问题。在自然经济时代，人力是第一生产力。无论对于农耕者、游牧者还是大航海时代的商业殖民者来说，人口数量的多寡都会影响他们的整体潜力。一个家庭能够拥有多少人口尤其是男丁，将决定这个家庭所处环境的社会地位。

当那些贮藏于地球中的化石能源和矿石成为驱动人类进步的主动力，而被科学思维武装起来的人类越来越懂得人脑比人力更有用时，不再视人力为第一生产力的这部分人，重视孩子数量的"动力"会不足，转而更愿意把资源用在提升自己和孩子知识水平上。于是就像大家看到的那样，越是工业发达地区，人类对教育的重视程度越高，生育意愿就越低。

这也能够解释，为什么在一些发达地区可以依靠福利政策拉动一部分民众的生育力。毕竟在高福利政策引导下，对于一些无力或不愿参与竞争的家庭来说，每一个孩子可以为家庭在经济上做出贡献。在这种情况下，"人多力量大"的古老定律依然适用。

教育可以兴国

在工业时代，人口优势的核心已经不再是数量，而是素质。相较于单纯统计人口数量，通过比较各个层次的受教育人口数量，更容易判断一个国家的潜力。倘若有这个认知，你会发现，"教育兴国"并不只是一句口号。

通过教育行为传授的知识可以有很多种，就步入现代化社会这个课题来说，自然科学无疑是最重要的。纵观历史我们会看到，最迟在公元9世纪初，中国人便已经发明了黑火药，将之运用到武器上的时间也不会晚于公元1000年。然而正如大家所看到的那样，游牧民族依然在此后延续了数百年的军事优势，甚至历史上最强大的游牧帝国——蒙古帝国亦兴起于黑火药武器被发明后的13世纪。

发现一种新型能量物质以及它的使用方法，与将它变成一件具备绝对力量的工具是两回事，这需要一个漫长的渐进式过程。比如，研究者发现秦国在统一中国的时候，铁制工具虽然已经普及，但是秦军的大量装备却仍然是当时更容易批量生产的青铜武器。热武器从出现到成熟，同样经过长期的进化过程，并没有马上在战略层面转变为压倒性优势。

成吉思汗的军队在攻陷一座城市之后，会专门留下那些身怀各种技能的工匠，并用他们制造的工具让蒙古军队变得更强大。问题的关键不在于游牧者能不能直接获取那些有机械含量的武器，也不在于能不能俘获那些懂得手工制造工具的工匠，而在于定居者仅凭经验累积制造出来的黑火药武器、手工机械并不足以对游牧者形成无法逾越的壁垒。

只有当这种发明创造的能力是由一个知识体系创造出来、工具的制造需要复杂社会分工才能完成时，真正的壁垒或者说与竞争者之间的代差才会形成。还是那句话，游牧这种生产生活方式注定无法承载过于复杂的知识和生产体系。当定居者通过科学和工业革命将技术发明和制造业变得越来越复杂时，游牧者仅仅通过武力和模仿获得这个体系的某一个环节无法让自己变得强大。

类似的竞争并不只是出现在定居者和游牧者之间，文明之间的竞争同样适用这一逻辑。19世纪中叶，被西方文明强行打开国门的中国，在目睹巨大的技术代差之后，曾经痛定思痛学习西方的先进技术，由此展开了一场被称为"洋务运动"的工业化进程。

通过购买西方产品、兴建工厂，包括派出少量留学人员学习西方先进技术，延绵30余年的洋务运动取得了一定效果，甚至让已经满目疮痍的清王朝一度出现了中兴的假象。清王朝倾力打造的"北洋海军"成为中国融入世界和重新崛起的标志。悲剧在于，正如无数中国人在历史中看到的那样，1894年爆发的中日甲午战争不仅葬送了清王朝的中兴梦，也让中国人的文明复兴梦不得不再延迟一个多世纪。

通过复盘这段历史你会发现，问题的根源在于，这个按照自身逻辑运行数千年的农耕文明，只是以"中学为体，西学为用"的态度，去获取西方已经创造出来的技术。一个关键问题是中国没有为负责选拔人才的科举制度注入科学的基因。那些试图成为帝国管理者的知识分子依旧通过熟读虽然饱含中国式智慧但与科学和工业无关的典籍方能打开上升通道。

在那个技术日新月异的年代，制度缺失不仅让中国无法真正开启工业化进程，即使花再多的钱买进技术和工厂，也很快会再次被拉开代差。相比之下，曾在1000多年前虚心学习中国文明的日本，却因更彻底地学习西方，而成为亚洲第一个完全工业化的国家，并且在战场上让中国人认识到落后就要挨打的道理。

当然，更全面、系统地学习强者并不代表要放弃自己的文明内核。事实上，即使是当初如此尽心融入西方文明的日本，其文化也依然带有很高的辨识度。

多灾多难的中国，经过长期的艰辛探索后，同样找到了适合自己的发展道路，在不否定自身文明内核的前提下，成功搭建起了适合自己的知识及工业体系。知识体系的搭建是通过学校教育来完成基础部分的。中国学校的学科设计从侧面反映中国人是如何改良自己的文明、让这个古老国度迈入现代之门以及融入世界的。

中国的学校会教授很多课程，不过有三门功课被称为主课，分别是语文、数学以及英语。这三门课程中，语文不仅用母语教学，还肩负帮助学生了解中国文明内涵的职责。尤为引人注目的是，一些对现代生活看起来意义不大却承载祖先智慧的文言文，在语文教学中占有一定的权重。

数学作为自然科学之母，可以帮助中国人养成基本的科学认识。在准备以"改革开放"的形式拥抱世界时，中国人喊出了"学好数理化，走遍天下都不怕"的口号。如果你去观察中国这40年来的经济快速发展，会发现理工科人占据了相当大的比例，以至于在总结中国这几十年所取得的经济建设成就时，有将其治理特色认定为"工程师治国"的说法。

相比语文教育和数学教育，英语教育的主课化长期在中国饱受诟病。将一门非母语的语言提升到如此重要的地位，的确让很多人感到困惑。尤其受文明自豪感的影响，中国人的民族自尊心是如此强烈。不过这在客观上却又是必需的。鉴于西方文明给人类带来了科学与工业的客观事实，学习英语成为中国人融入世界、了解世界先进技术的钥匙。

此外，这一定位体现了中国文明中务实的一面，以及融入世界的决心。由此在现下造成了一个局面，那就是当西方世界因为中国的崛起而意识到它们需要了解这个古老文明时，发现中国人对世界运行规律的了解程度要远远超出西方对中国的了解。

人类的进步源泉在于不断学习各种信息。广义来看，用不同形式表达出来的所有信息，都可以被称为"语言"。从这个角度来说，中国人基础教育中的语文教育可以被认为是在学习自己的"文明语言"；数学教育是在学习探索自然规律的"科学语言"；英语教育则是在学习向世界敞开胸怀的"世界语言"。

事实上，这三门主课的排序还是有细微区别的，这点可以从中国人在考试时往往按照语、数、英的顺序安排时间看出。首先，在经历过艰难探索的中国人看来，"只有民族的，才是世界的"，只有了解过自己文明的历史才会懂得扬长避短；其次，只有学习科学语言，才能让自己彻底摆脱自然经济的束缚；最后，通过学习英语，让中国人以开放的态度拥抱世界。

这三门主课，让立志跟上人类现代化进程的中国文明，同时具备与"祖先、科学、世界"交流的能力。于是我们会看到，在用"文明语言""科学语言""世界语言"为中国文明的新知识大厦奠基之后，仅用40年的时间中国就以举世瞩目的经济发展成就，成为全球GDP总量排名第二的国家。

工业化与城市化

在人类还只能指望驯化植物、动物，直接或间接地将太阳能转换为食物时，农业无疑是最重要的产业。今天，生活在地球上不同地区的人类发展还非常不均衡。有些地区的农业人口超过人口总量的70%，但在一些工业化发达地区，农业人口已经降低到1%。发达国家的示范作用意味着，如果不是因为内部竞争制造的不平衡现象，以现在人类所掌握的技术，完全可以将绝大部分人从农业生产中解放出来。

脱离农业生产的人口，绝大部分会生活在城镇中。城市的产生与壮大可以说与人类文明的发展息息相关。作为人类的一种聚居形式，区分城市与农村的最重要标志既不是城墙也不是人口数量，而是人口成分的多样性。

农业有一个很重要的特点，那就是对人口的高束缚性。即便是看似居无定所的游牧生活，在一定时期内也会在某一区域的草场固定游牧。人与土地的高依附性，加上生产方式的简单化，使得一个地区的农业人口在地缘属性上高度趋同，甚至有着清晰的血缘关系。

我们一直在强调，多样性对生物和人类社会进化有着多么重要的推动作用。农业人口的上述特点难以让农业地区显现出多样性特征，进而产生改变生产、生活方式的动力。以至于那些用猎奇的心态去边远地区旅游的城市居民发现，他们心目中香格里拉的某处小山村还保持着运行了千年的原始生产生活状态。虽然这种发现让发现者有看到一片净土的感觉，但显然这种凝固性并不能对人类文明的进化做出贡献。

一个城市无论是以宗教、政治、军事还是经济为纽带凝结起来的，它在客观上都拥有更多的社会分工，吸纳更多复杂来源的人口。那些在不同分工下各自努力的人，所产生的信息会在城市中高效交流，成为人类进步新的驱动力。文艺复兴运动在佛罗伦萨、威尼斯、热那亚等意大利城邦的诞生，便是城市活力的一次集中体现。

大量人口聚居于城市，对人类文明进步所产生的积极作用，使得一个地区的城市化水平客观上成为衡量文明程度的重要标志。然而，高城市化率却并不等于高工业化率。在对比一个国家或地区经济和社会发展水平是否较高时，人们会发现，一些人均收入和城市化水平都较高的国家或地区并没有进入"发达国家"行列。

究其根源，在全球化的今天，一些体量较小的国家有机会凭借矿产资源或者旅游资源，过上富足的生活，并且享受技术进步带来的便利。但是对于人类整体以及那些肩负更多责任的大国来说，工业化程度始终是衡量国力的最重要标志。

从历史进程来看，工业化算是商业文明的产物。贸易的本质在于互通有无，出于对利益的追逐，商人们不仅会在不同的地区贩卖已有的商品，也会想尽办法创造新的产品。正是在这股原动力的驱动下，人类的工业化进程才在西方文明体系中开启，还诞生了"工商业"这个不去刻意区分工业和商业的名词。

然而，这并不代表那些自身并不带有明显商业基因甚至在历史上非常排斥商业的文明，就没有机会赶上工业化的进程。再一次拿我们国家举例。如此重视中国的数据，是因为仅在 40 年前，我国还有超过 80% 的人口生活在几乎完全没有现代工业迹象的农村。

当下大多数年龄超过 50 岁的中国人，他们童年最迫切的需求就是把肚子填饱，对未来的最高期许也只是"楼上楼下，电灯电话"。如果那个时候有人告诉他们，未来有一天人们要面临肥胖的困扰，可以用一部移动通信工具随时与身处世界各个角落的朋友联系，街上甚至能够跑着无人驾驶的汽车……他们一定会认为那是在痴人说梦。

一个人口占人类总量将近 1/5 的国家，能够在短短 40 年的时间里以超过 9% 的速度实现经济增长，即便是最苛刻的观察家，只要他不是偏执狂，就必须承认这个古老国度在现代化进程中一定做对了什么事。

中国人的成功在于知晓工业的力量，以及可以依靠科学和工业，在解决困扰中国人数千年的温饱问题后，将原本倾注于农田之上的精耕细作热情移植到打造完整工业体系的方向上。在习惯自成一体的中国人看来，这是一件事关国家富强和文明安全的大事。就像前面我们在剖析中国发展规律时所认定的：无论何种立场的中国人，潜意识里都认为中国应该具备成为一个世界的所有要素。

从维护世界安全的角度来看，有中国这样一个可以在全球化之外再造一个内循环工业体系备份方案的国家并不是坏事。一如在"新冠战争"中，中国的工业体系及生产的商品为世界各国经济发展提供了有力支撑。更为重要的是，中国经济发展的体量够大，以至于仅仅凭借内循环就有机会促进技术进步，甚至产出一些只能在中国式规模化基础上才能裂变的技术进步（比如高铁、电力技术）。既然已经追赶上工业化进程的中国能够在技术和安全上为人类做出新的贡献，那么不管过往引领人类进步的西方文明如何看待中国这种对工业化的执着追求，也不管它们是否理解中国文明实现强大的方式与海洋文明有着截然不同的底层逻辑，笔者都很乐见人类在整体迈向现代化进程时存在中国这样一个独特样本。

第三十五章
工业改变生活

给轮子加上机器

人类之所以能够脱离动物的范畴成长为万物之灵，在于能够创造和使用工具改造这个世界。每一次能够被冠以"革命"之名的技术进步，都会推动彻底改变人类生产、生活方式的新型工具的产生。单纯从量上来说，工业革命带给人类的技术创新实在是太多了。不过正如我们前面所解读的那样，工业革命的本质是人类找到了释放新能量的方法。因此，那些跟转化能量有关的机器更具有关键性。

烧煤的蒸汽机是第一次工业革命的标志。遵循这个规律，能够燃烧石油制品的内燃机应该是第二次工业革命的标志。内燃机的工作原理是，将从石油中分离出来的汽油、柴油等液体燃料置于机器内部燃烧，然后用其释放出来的热能通过活塞直接转换为动力。

无论是最初燃烧煤炭的蒸汽机还是后来的内燃机，其能量转换方式与热兵器并没有本质区别，无非是将输出的动力用在别的场景罢了。在所有的应用场景中，交通场景是最为广阔的。无论是蒸汽机带动的火车还是内燃机带动的汽车，给轮子加上机器的做法彻底改变了人类的交通运输方式。

单纯比较蒸汽机和内燃机的价值，内燃机的意义会更大些。相比需要架设锅炉、将水变成蒸汽才能进一步转换动力的蒸汽机，内燃机的一大优势是可以做得很小，所以汽车这种可以由单人操作、自由行驶在路面的交通工具得以出现。相比之下，火车虽然运力大、速度也不慢，但必须遵循固定的轨道行走，这就让它的机动性大打折扣。

我们经常会在影视作品中看到一些场景：骑乘战马的勇士追赶火车，并且通过控制司机而夺取整列火车的控制权；通过破坏轨道，让整个铁路交通瘫痪；等等。仅从军事角度来说，蒸汽时代看起来对古代社会的终结还是不够彻底。等到不需要依附于轨道的汽车出现以后，战马和游牧民族的机动优势便无可挽回地被内燃机彻底终结了。

从技术角度来说，作为更先进的能量转换机器，那些可以用到蒸汽机的使用场景，也可以用内燃机替代，就像我们在回顾火车的发展史时会看到内燃机车取代蒸汽机车的情况一样。值得注意的是，内燃机替代的只是蒸汽动力系统，并不是铁路的全部。如果要找一样能够完整展现工业进化史同时又容易让普通人理解的产品，火车及其所指向的轨道交通系统依然是一个非常直观的风向标。

这是因为铁路网的建设极为考验一个国家的治理和工业能力，并且能够对一个地区的地缘结构造成重大影响。在现代社会，铁路的价值与古代社会的水运相当。古代的重要城市大多数会与大河或者海洋相邻，以利用水运承担大部分运力。而在铁路兴起之后，我们会看到一些现代城市完全是因为地处铁路交会点而兴起，甚至取代周边那些历史更悠久的城市，成为区域政治中心（比如哈尔滨、郑州、石家庄等省会城市）。

想让蒸汽机技术在交通上大规模应用，除了设计出蒸汽机车，还需要配套建设轨道交通网。这使得以火车为代表的轨道交通系统进入成熟期和升级换代期，客观上会有一个时代的时间差。英国发明家瓦特在 1776 年发明了第一台有实用价值的蒸汽机。人类大规模铺设铁路，利用蒸汽机车改变交通运输方式，则要推后到19世纪中叶。

也正是在这个世界各主要国家大举兴建铁路的时间点，内燃机被发明了出来。换句话说，人类的出行方式是在第二次工业革命开启后被彻底改变的。世界也因为交通效率的提高，在第二次工业革命时代变得更加一体化。

"衣食住行"是人类生存于这个世界上所需要解决的四个基本需求。陆地交通工具并不是机器时代的唯一受益者，依靠机器驱动螺旋桨的水上航行也摆脱了风帆的束缚。此外，人类开始侵入鸟类的舒适空间，"给机器插上翅膀"发明了飞机这种交通工具。在法国作家儒勒·凡尔纳创作的小说《八十天环游地球》一书中，生活在19世纪下半叶的主人公花了80天时间环游了世界，而今天借助最先进的喷气式客机，这个时间可以缩短到2~3天。

遵循上述规律，如果有一天普通人感觉到自己的出行方式被彻底改变的话，那么他其实已经置身于这个新技术时代了。

又一件"魔法武器"的诞生

以第三者的视角来观察的话，第一、二次工业革命对人类社会的影响有着很大的不同。各种机器的运用是工业时代的重要特征。在第一次工业革命中，机器基本运用在公共和生产领域。比如，大家熟悉的出现在第一次工业革命中的纺织机、蒸汽机，虽然人类的生活会受益于这些发明，但你肯定没办法想象这些机器会放在自己家里使用。第二次工业革命就不一样了，大量直接供家庭和个人使用的应用设备的出现，直接从消费层面改造了人类的生活方式。

几乎每一次技术革命都会经历类似两个阶段。比如，在青铜时代初期，铜作为一种珍贵的材料，只能用在制作兵器、奢侈品（包括礼器、饰物等）上，资源也被控制在少数贵族手中，后期才有足够的资源制作可供家庭和个人使用的生产工具；又如，将人类带入信息时代的电子计算机，在 20 世纪中叶刚被研发出来时，是专门用来为军队服务的。半个世纪后，随着个人电脑的普及，普通人才能直观地感受到生活是如何被信息技术改变的。

那些集合了工业创造力、可以被归入家用机器范畴的工具，比如电视、冰箱、空调、扫地机器人、电脑等，绝大部分都有一个共同特点——依靠电力驱动。为此，这些在家庭中为我们服务的机器被统称为家用电器。

电的意义在于能够让机器以更加直接的形式服务于普通人类。19 世纪末，电灯成为人类迎来的第一件家用电器，此后电成为人类所掌握的最重要的能源形式。所有这一切的改变，发生在第二次工业革命时期。正因为电对人类生产生活方式的改变更大，内燃机才没有成为第二次工业革命的标志。这个被开启的新时代被称为电气时代。

电是一种很奇妙的物理现象，人类很早就通过天空中的闪电了解到它的存在。只是在通过科学知道电是怎么产生的之前，人类只能把电理解为一种超自然现象。关于"电"是怎么变成一种可以被运用到人类生活方方面面的能量，相信只要接受过基础教育的人，都应该有所了解。这部分内容的重点在于帮助我们更深地理解电之于人类的意义。

要是从人类进化史的角度来看，能够与掌握"电"这种能量形式相媲美的就只有控制"火"了。我们在前面讨论过，在人类进化之初，将学会用火的人类形容为掌握了一件"魔法武器"，那么电之于人类来说，同样是一件新的"魔法武器"。如果一个古代的能工巧匠穿越到现代，你带他去了解蒸汽机甚至内燃机的工作原理，以这位工匠的认知水平应该能够很快理解"火—蒸汽—活塞"三者之间的关联；不过要是想让他了解发电机和电动机的工作原理，那可就得从头进行科普了。

电之于人类来说，最重要的意义在于这是一种拥有广泛应用场景的终极能量形式。怎么理解这句话呢？简单来说，我们可以把任何一种能源比如化石能源、风力、水力、太阳能乃至人力、畜力，通过发电机转换为电能，然后再利用各种"电器"，将之转化为光、热、动力等多种形式，运用到生产生活的方方面面。

时至今日，人类设计出来的电器越来越复杂（比如电脑），所能完成的任务也越来越多样化，以至于如果我们跟别人说电灯是电器，估计听的人会怀疑一下。事情就是这样，从 0 到 1 的时候总是看起来特别简单。从技术普惠的要求来说，电灯的确帮助人类迈过了电气时代的门槛。

其实，我们不要小瞧电灯的价值。自然经济时代的人类，大都遵循着"日出而作，日落而息"的生活规律，以最大限度地利用日光。电灯的出现，以及可以将各种能源转换为电能的发明，并不会改变一天只有 24 小时的客观事实，却可以让人类在时间的分配上拥有更高的灵活度。很多时候我们并不需要增加资源，而只是想办法更灵活、有效地利用现有资源，就可以让自己的生活得到改善。

为了与大家印象中的家用电器区分开来，我们可以把广义工具属性的电器命名为电驱机器。可以这样说，现在人类还在使用的那些依靠其他能量形式驱动的机器，在技术上都能被电驱机器所取代。如果还没有被取代，那只是因为技术障碍暂时未被克服，或者成本较高。

事实上，这一进程早已在悄然进行。回顾轨道交通的发展史，你会看到，内燃机时代同样也成为历史，火车机车的主流变成了电力机车。而在当下，为了完成节能减排的目标，汽车作为内燃机最大的使用场景，同样不可逆转地被电驱汽车取代。

被"电"改变的信息交流方式

人类社会的进化或者说技术的进步有赖于两点：一是多样性；二是信息交流。多样性能够产生更大的试错基数；交流则不仅可以让某地创造的最优解的技术传播到其他地区，而且可以让不同路径的技术尝试发生碰撞，以产生新的技术创新。

机器驱动的交通工具虽然让人员、物资的流动大大提速，但就信息交流的要求而言显然是不够的。从人类的需要来说，信息的传递必须具备更快的速度。唯有如此，才能对即将发生的事情做出预判。历史上，人类发明了烽火台、信鸽、信号旗等快过交通速度的信息传递方式。

19 世纪上半叶，当火车和铁路出现在人类的生活中时，人类发现，自己需要一种新的信息传递方式，让信息能够在火车驶到一站之前，就把消息传递过去。法国人曾经尝试在铁路沿线布设一系列高塔，用灯光和旗语接力传递信息。然而，这种信息传递方向虽然能跑过火车，却受地形、天气、人为的影响太大。过高的维护成本以及不能传递复杂信息的短板，使之注定不可能跟上铁路扩张的步伐。最重要的是，这个方案太过于传统，无法跟上火车和工业时代的加速度。

理论上，电的传输速度与光速是一样的，约为 30 万公里 / 秒。鉴于赤道的周长也不过 4 万公里，人类要是有办法用电来传递信息，信息传递的速度可以远超人类能够制造出来的任何交通工具。理论上，信息发送方可以通过沿铁路线架设的电线发送含有不同信息的电流信息，信息接收方在接收到信息后，再通过对应的解码方式翻译成人类可以直接阅读的语言信息。

这项技术就是现在看起来有些古老的电报技术。早在 18 世纪中叶，人类已经意识到可以尝试用电来传送信息，难点在于怎样用足够简单的电报技术来传送。19 世纪 30 年代，伴随着铁路规模的快速扩张，两次工业革命的引领者英国和美国几乎同时研发出可以商用的电报技术，让铁路用电来传输信息的难题得到解决。

电报的研发应用使之成为通信现代化中那个从 0 到 1 的"关键先生"。此后人类很快将电报线铺向全球，包括通过海底电缆连接新旧大陆。19 世纪末，当美国决定在加勒比海与西班牙开战时，这个正在走向蓝海的国家已经能够通过海底电缆，向其驻扎于海外基地的舰队发出同步夺取菲律宾的指令了。

电作为一种能量形式，不仅能够通过电线传输，在有线电报技术落地的同时，人类也发现了电磁波的存在。尽管用电磁波传输能量效率非常低下，但传输到接收方的能量却足以把发报方希望传递的信息清晰表达出来。19 世纪末，在有线电报技术落地 30 年后，无线电开始走入人们的生活。

相比有线电报，无线电技术受基础网络设施的束缚要小得多。从这个层面来说，其进步意义相当于汽车之于火车。更重要的是，无论汽车、火车还是有线电报，都必须依附于地面，而无线电技术则让人类在天空和太空中同样能够进行即时信息交流。可以说，如果没有无线电，就算研究出在动力上可以把人类送上天空和太空的飞行器，人类也没办法真正让世界变得更立体。

0 和 1 的力量，当人类学会使用电线和无线电

电报只是一个开端，此后人类又发明了电话、传真、互联网等以电为基础、进行远距离信息交流的方式，并同样遵循着先有线、后无线的技术升级方向，在三维世界拓展人类的生存空间。在人类可以将越来越复杂的信息传递出去的今天，人类甚至已经迎来了以信息革命为核心的新技术革命。

回到电报出现的时代，我们会发现，这项革命性技术出现的意义不仅在于找到了让"电"这种能量形式服务于通信技术的方式，更在于找到了解锁信息结构的终极密码。让我们把视线拉回到 19 世纪 60 年代，看看最初的电报到底是用什么方法设计出来的。

比起结构复杂的象形文字，字母文字有一个优点，就是能够凭借仅仅26 个字母就拼写人类的语言。19 世纪中叶，在人类意识到可以用电来传输信息时，最开始想到的解决方案是架设 26 根电线，然后按照文本的单词和字母排列顺序，依次向对应字母的电线发送电流信号。

这个方案看起来很像字母打印机，只不过比起单人可以操作的字母打印机，用 26 根电线在世界范围内传输电信号的方法实在过于复杂，成本也过高。想要真正把商用变成普惠技术的话，人类需要用更简单的编码方式来传递信息。

刚才我们说了，英国和美国在 19 世纪 30 年代几乎同时找到了电报的解决方案。其中，英国人的解决方案叫作电磁电报机。电和磁在特定环境下会发生转换的电磁效应是电磁电报机被发明出来的理论技术。利用这一效应，人类可以用电磁针的偏转角度来测量电流的大小。如果电流发送方在电线的一头，接受方在电线的另一头，那么可以通过观察电磁针的偏转角度，再配合对应的密码本来传递和解读信息了。

相比英国人，美国人的解决方案更为简单。这就是 1835 年由美国画家塞缪尔·摩尔斯发明出来的"摩尔斯电报机"。摩尔斯电报机的发明重点并不在于电报机本身，而是找到了一套简单的编码方式，按照这一方式编写的密码就是著名的"摩尔斯密码"。

摩尔斯密码的简单之处在于它只需要传输两个电流信号：持续时间为0.1 秒的短码——点（.），以及持续时间为 0.3 秒的长码——画（-）。将字母和数字用不同排列顺序的"点"和"画"来表示，利用一些提前设定的规则（比如，用不同的间隔时间来区分要发送的是单词还是数字），就可以进行完整的信息发送了。这个编码方式如此简单，以至于大家对电报的最初印象很多来自影视剧中无线电报机的"嘀嗒"声（"嘀"为代表点的短音，"嗒"为代表画的长音）。

比起要依赖电流本身传输信号的电磁电报机，摩尔斯密码的应用场景要大得多。它不仅可以使用在无线电信号的传输上，更可以利用其光照、敲击、旗语等一切你能想到的方式传输信息。简而言之，只要你能发出两个不同的信号，就有机会向同样熟悉摩尔斯密码编码规则的人发出信息。

从原理上来说，摩尔斯密码归属于只用 0 和 1 两种状态表达信息的"二进制"代码。众所周知，计算机技术的底层逻辑就是二进制。虽然中国人早在几千年前就利用二进制原则来设计"八卦"，甚至有观点认为德国数学家莱布尼茨在 1679 年发明二进制时的灵感来源于中国的八卦，但用二进制代码准确表达信息，摩尔斯密码才是真正的先行者。

每一次技术革命都会在不经意间，为下一次技术革命埋下火种。从这个角度来说，摩尔斯密码的发明虽然与后来的计算机技术没有直接联系，但却为人类跨入用数字解读世界的信息时代打开了思路。

第三十六章
新世界岛的强势地位

新世界岛

人类世界是在大航海时代和哥伦布发现后逐渐趋于完整的，从发现、交融后产生新的社群文化体，再到世界进入新常态化阶段，前后花费数百年时间。其间，除了新生出前面已经解读过的拉丁美洲板块，还造就了美国这个实力强大的国家。

要说美国的出现给这个世界带来的最大创新，应该就是让世界的重心首次转移到了被麦金德称为"世界岛"的旧大陆之外，以至于我们必须用"新世界岛"这个概念来凸显美国的地缘特点。这个定位其实可以拆成"新""世界""岛"三个特点来进行解读。

从渊源上来说，美国脱胎于英国殖民地。然而，仅仅将美国视为英国在北美的再造又是失之偏颇的。美国的领土组成有前英国、前法国、前西班牙、前俄国殖民地；欧洲裔美国人中，人口最多的是德国裔，其次是爱尔兰裔、英格兰裔、意大利裔、波兰裔、法国裔、苏格兰裔……虽然脱胎于英国殖民地，但美国的建国理念与政治架构的设定又与法国引领的启蒙运动息息相关。

无论从哪个角度来看，美国像是欧洲人合力在新世界最有利于发展文明、最接近于白纸的土地上，用 200 多年时间再造的"新欧洲"。这样一个"新欧洲"或者说"新西方"之于老欧洲来说，其最明显的优势在于它没有那么沉重的历史包袱，可以说是用欧洲近代三大思想运动（文艺复兴、宗教改革和启蒙运动）所释放的力量从零塑造的理想国。鉴于欧洲是科学和工业革命的发源地，站在欧洲肩膀上的美国自然有机会凭借它的"新"成为世界中心。

之所以把美国定位为"世界"，首先是因为它的面积。美国与同处温带区间的中国一样拥有 900 多万平方公里的国土面积，这个数据只比 1016 万平方公里的欧洲小一点。欧洲的最大问题是过于分裂，共有 48 个国家和地区。巧合的是，这个数字与美国本土联邦州是一样的（除夏威夷和阿拉斯加两个"海外州"）。设想一下，如果美国的 50 个自治州都是主权完整的国家，或者像美国内战时南方所希望的那样分裂为两个国家，美国是否还能够取得今日的成就呢？

相当于一个大洲的国土面积，源自世界尤其是欧洲的人才、人力资源，美国得以在 19 世纪末成为世界工业总产值最高的国家，此时距离美国建国才过去 120 年。值得一提的是，取得这个成就主要所依靠的并不是美国海洋优势，而是可以独立于旧大陆之外的内循环体系。

并不是说拥有足够的国土面积就能够成为一个"世界"，我们可以参考与美国渊源一致、面积相当的加拿大和澳大利亚。这两个国家最大的问题在于受环境影响，没办法承载太多的人口。不过，人口数量同样不是重点，如此迅速打造出一个新世界的重点在于内部要容忍足够的多样性。这也是为什么我们会在回顾历史时，将以欧洲为核心的古代地中海文明圈定位为"世界"，而把中国这个看起来各项数据都能与地中海世界匹敌却一直遵循单一运行逻辑的古代中国称为"独特世界"。

作为西方海洋文明的集大成者，美国内部无疑具备举世公认的多样

北 冰 洋

亚 欧 大 陆 中 心 地 区

俄 罗 斯

美 国

东
边
缘
地
区

日
本

世界岛西外围地区

中华人民共和国　　缘

南边缘地区　　　地

印 度　　　　　　区

东边缘地区地缘利益区

世界岛南外围地区

印 度 洋

澳 大 利 亚

太 平

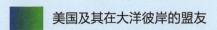
美国及其在大洋彼岸的盟友

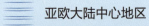
亚欧大陆中心地区

各地区的边缘利益区

以亚欧大陆为中心的各

北 冰 洋

地 缘 利 益 区

西边缘地区

欧盟

岛中心地区

美 国

世界岛东外围地区

英国

大

西

洋

西边缘地区地缘利益区

世界岛地缘利益区

南边缘地区

地缘利益区

性。无论是联邦制的国家组成方式还是拼盘式的种族结构，无不体现着这个新世界对多样性的包容。这一特点让美国可以从全球范围内吸收人才，以继续维持自己的多样性特点。所谓"美国梦"，就是那些怀揣梦想踏上这个新世界的人，认定在这里能够找到属于个人的机遇。

凭借"新世界"的定位，以及对全球人口的强大吸引力，直到第一次世界大战之前，美国所秉持的都是一种"孤立主义"的态度。对于这一时期的美国来说，海洋更多是一种摆脱旧大陆尤其是欧洲影响的屏障。纯粹就这种执着于自成一体的态度来说，与其说美国是在复制欧洲，倒不如说它是在效仿中国，毕竟后者已经用了几千年时间专注于内循环。

只是作为西方文明的一分子，这个国家从开始就带着强烈的海洋属性。经由两次世界大战，已经在经济、科技和军事实力上占据绝对优势的美国，终于决定彻底拥抱自己的海洋属性。具体来说，美国放弃了孤立主义，并在第二次世界大战后将全球海洋作为自己的天然势力范围，以自我为中心设计世界的运行规则。

尽管我们将美国定义为一个新世界，很长一段时间以来美国也是按照一个理想新世界要求来定位自己的，但是当美国决定开启以自己为主导的全球化进程时，相比于旧大陆的体量，美国在全球地缘政治格局中看起来更像是一个岛屿，就像英国之于欧洲。

一如百年战争之后的英国，不再谋求在欧洲直接获得领土。具有"世界岛"属性的美国同样不会谋求将旧大陆的某一个地区变成美国的第51个州。那样只会让美国背上不堪重负的包袱，与其摆脱旧世界掣肘的立国初衷相违背。用军事、政治、经济手段合纵连横，让美国海军成为全球海洋的主宰者，将能够保证美国利益的最大化。

可以这样说，既像"世界"又像"岛"的属性，让美国成为一片进可攻、退可守的天选之地。自身能够成为一个世界的好处在于，假如有一天美国的霸权不可延续，不能再对旧大陆施加现在的影响力，它也可以退而求其次地回到新大陆，用孤立主义的姿态维持世界一极的地位。只不过这个一极不再是唯一的一极，而是多极世界的一极。

当然，已经见识过全球化好处、骨子里又浸透海洋基因的美国，应该不会真的完全退回到孤立主义状态。不过你不得不承认，地大物博的确是美国的底气之一。比如，长期以来作为耗能大国，美国展现在世人面前的是石油进口国形象。事实上，美国本土石油储量能够排名全球第 11 位，全面开采的话足够供应自己的需求。仅仅出于战略安全原因，美国对国内很多产油区发布禁采令。

美国这种在地缘政治层面可以攻守转换的"新世界岛"属性，也为观察家们判断世界权力结构是否调整提供了一个风向标。如果美国试图重新塑造立足于本土的产业链，包括开采更多的本土资源，就意味着美国在维系世界一极地位上变得没有之前那么有底气了。

消费与创新

现代经济学认为，投资、出口、消费是拉动经济增长的三驾马车。以这三个经济增长点来说，美国之于世界经济最大创造并不在于其在投资和出口上做出了多少示范效应，而在于建立了一个依托消费拉动经济和创新力的模式。可以说，美国为人类创造了一种前所未有的消费观。

消费的广义定义是"利用社会产品来满足人们各种需要的过程"。用来拉动经济的消费，更多是指生存需求以外的需求，在分工细致的当代社会，这一需求基本都是通过商品经济来满足的。以此标准拓展思维的话，你可以认为，吃食物是为了生存，把食物做得更精美、用更漂亮的器皿摆陈出来是消费；将人类的脑力放在制定法律、制度上，是为了整个社会的有效运转，放在文学、艺术等精神层面的产品上就是消费。

一个没有消费观念的人类社会实在是太乏味了。笔者能理解过着清苦生活、轻视文化教育的斯巴达人所做出的选择，但最终为人类留下丰富物质和文化遗产的，却还是更加崇尚消费的雅典人。事实上，即便是在绝大多数人类为温饱而忙碌一生的古代乃至原始社会，真正促进文明进步的动力，也是那些基本需求以外的消费需求。

文字的诞生对人类的意义不言而喻。我们会看到，在旧石器晚期，原始人类已经尝试在洞穴的石壁上绘画。如果没有这些看似与生存无关的浪漫举动，人类也无法将图画符号化，并最终进化为成熟的文字。更不用说我们之前曾经提到过的，承载人类文明记忆的所谓"古董"，绝大部分是那些古代社会的奢侈品。

你很难说，用一件绘满青花图案的精美瓷碗吃饭就一定比用一个朴实无华的陶碗吃饭会让食物变得更加香甜可口。即便不考虑前者更有可能让使用者得到精神层面的享受，将一件商品做得更加复杂和细致，也能创造更多的工作机会。

我们一直说，从进化论的角度来看，这个世界是否拥有更多的活力，取决于多样性基数的大小。这种多样性需求不仅体现在能直接促进技术进步、生产力发展的方向上，那些以绘画、音乐、舞蹈、文学等形式表现出来的精神需要同样是这个多样世界的一部分。人类在通往更美好生活的道路上，需要更多促进生产力发展的创新。这些创新既包括实物工具的创新，也包括诸如法律、有限责任公司、证券交易所等体制层面的创新。

这些创新的产生又有赖于人类的想象力。问题是，如果总是特别务实地把想象力圈定在那些可以直接拉升生产力的创新上，人类就很难拓宽自己的想象力边界。一个最典型的例子是，如果人类不去将那些超自然力幻想成神灵的力量，就不可能产生宗教，更没有可能凭借宗教所凝结的共同意识，让人类进化出有别于动物的社会性。

可以说，人类在哲学、艺术、文学这些精神层面上消费的时间和资源，最大的作用不在于满足人类的精神需求，也不仅是因为它能够增加消费力进而拉动经济，而是能够拓宽人类的想象力边界。你也不知道有哪些看似虚无缥缈的想象方向，会触动人类的技术神经。

这种不确定性也是生而为人的一种快乐吧，毕竟人类的进化原本就是各种随机事件的组合。我们在这里总结规律甚至一定程度上预测人类未来的发展方向，并不代表要失去对这种随机力量的敬畏之心。

说起人类各层面的需求和想象力被激发出来并相互作用，文艺复兴时期可谓最有代表性。无论你关心的是艺术史还是科学史、宗教史，抑或是近现代政治制度的起源、经济模式创建，都可以在这个思想全面解放的时代看到激动人心的变化。

达·芬奇应该说是文艺复兴时期各种创新力交互作用的一个缩影，他是创造了《蒙娜丽莎》《最后的晚餐》等传世名作的画家，同时在天文、物理、光学、力学、机械、医学、军事技术等诸多科学领域具有开创性的成果。回顾历史我们会看到，正是文艺复兴时期的思想解放，帮助人类找到了开启现代之门的钥匙。而这个时代也为后世留下了那么多开创性的人物和创新。

我们回到美国为人类树立全新消费观的话题上来。如果说在物资匮乏的古代社会，消费对经济和文明进步的拉动作用主要是由身处社会金字塔上层的一小部分人来执行的，那么美国所引领和示范的这场消费革命则让生活在各阶层的人类都有机会通过商品经济和消费这一行为，为人类的整体进步贡献自己的绵薄之力。

我们不妨来回顾一下两次工业革命的差别。前面提到，第二次工业革命有一个显著的特点，那就是机器不再只是作为生产工具，而是伴随着汽车、家用电器走进了千家万户。在用科学打开化石能源这座能量宝库后，如何让人类过得更舒服，成为技术进步的主要推动力。

"文艺复兴"式的多层面创新交融模式，在美国这个新世界里也放射出更强大的力量。这个极度甚至过度崇尚个体自由的国度，给了每一个人发挥想象力的自由。有利于思想开放、技术创新的环境在美国的建立，带来了两个重要影响：一是很长一段时间以来，"美国梦"成为相当一部分人实现梦想的代名词，人类世界顶端的人才开始向美国汇集；二是从19世纪后期尤其是第二次世界大战之后，人类大部分重要创新成果源自美国。

铸币税

海洋文明的经济基础可以用商品经济来概括，美国作为海洋文明的代表，看起来商品经济应该异常发达。事情看起来也的确如此。不过，如果美国的优势仅仅体现为贸易本身，比如可以为世界提供最高科技、最多数量的商品，或者成为世界最大的消费市场，以让其他国家必须仰其鼻息，那这个国家还没有办法形成人类历史上始无前例的霸权。

让美国成就霸权的力量来自货币，称为美元霸权。我们要想知道美元霸权是如何形成的，还得从贸易的本质说起。以物易物是人类最初的贸易形式，随着交换物品种类的增多和贸易行为的常态化，人类需要一种能够被所有人认可的价值，并且用具有稳定性和稀缺性的商品充当中间商品。这种商品最好还能够很容易被切割成小块，或者本身就是形状相似的小块，方便交换不同价值的商品。

这种中间商品所承担的功能就是"货币"功能。最早，贝壳曾一度因为具备上述属性，而在内陆地区成为货币。在亚欧大陆的很多地区，都能够找到出土的贝币。中国文字中的"宝贝"一词，显示了这种海边特产曾经具有的重要地位。不过，贝壳这种理论上能无限生成的"生物货币"显然不具有真正的稀缺性。

相比之下，黄金看起来像是天然为成为货币而生的了。这种一直到今天都因其稀缺性而为人类所渴望的金属，其最大的特点就是稳定，很难与其他物质化合。除了稳定以外，黄金的另两个特点是密度大和延展性好。通俗地讲，这是种"既重又软"的金属。这两个看起来有点矛盾的特征，加上强大的稳定性和稀缺性，让黄金成为穿越古今的硬通货。此外，同样有稀缺性的白银以及可以用来制作生产生活工具的铜等金属，都曾经在历史上具有硬通货的属性。

值得一提的是，善于用文字来记录信息的中国人很早就把金属的硬通货属性在汉字上体现了出来，创造了"钱"这个用来代指货币的汉字。至于不再珍贵的贝币，则悲剧性地和钱的另一半组合成为代表价值低下的"贱"字。如果你对汉字有所了解的话，会发现"钱"和"贱"之间的区别，仅仅在于一个有"金"，一个有"贝"。

为了方便在贸易中使用，货币在进化过程中曾经完成过两次技术升级。一次是将稀缺的金属铸造为成色、大小均一的标准化钱币，比如铜钱、银元、金币；另一次则是发行纸币。从原始属性来说，后者相当于金属货币在外流通的账本。每一张纸币的发行，必须与一定数额的硬通货储备相对应，以让纸币持有者能够方便地从金融机构兑换回真正具有货币价值的硬通货。

仅仅认为钱是纸上的数字、无视它只是硬通货账本的想法，带来的经济后果是相当可怕的。在近现代历史上，滥发纸币造成货币大幅贬值、纸币的购买力甚至无法覆盖制作成本的案例比比皆是。对于消费者来说，失去了购买力的纸币就算印得再精美，它的使用价值也不如一卷可以帮助人类清洁身体的卫生纸。也许你可以看到，每当现代人类觉得钱快买不到东西时，就会优先把它们换成一包包的卫生纸囤在家里。

每个国家或者政治体出于自身流通需要，都会发行货币。作为一种货币，需要在货币发行者所管理的区域内，具有对应的购买力才会有存在价值。从这个角度来说，一个国家和地区发行的货币可以算是国家出产的一种特殊商品。

在大家还习惯于用金属货币的年代，金属的硬通货属性使得一名商人在收到一个陌生国度发行的货币时，很容易从它的成色和重量判断出它的价值，从而让交易进行下去。然而到了纸币时代，情况就变得复杂起来。正如我们刚才所说的那样，纸币本身的实用价值趋近于零，它的价值高低取决于为它背书的发行者，是否拥有稳定的兑付能力。

让商人和普通消费者去随时判断那些政治背景各异的货币是否有稳定兑付能力，是不现实的。在这种情况下，生活在地球各个角落的人类，要是想在低犹豫成本的情况下开展国际贸易，最好的办法就是找一种各方都认可、发行方又拥有最强兑付能力的纸币，来充当所有货币的中间货币。

我们可以把这样的中间货币称为国际货币。如果将货币视为一种特殊商品的话，它的价值就像在以物易物的过程中黄金所起到的作用一样。在人类普遍认同黄金价值的情况下，任何属性的商品都可以兑换成黄金，然后再用黄金这种媒介商品去兑换自己所需要的其他商品。

综合我们所罗列的要求来看，第二次世界大战后成长为一个全球化国家并在冷战后成为唯一超级大国的美国，成为国际货币发行者的角色。1944 年 7 月，在第二次世界大战的最终结果已经不可逆的情况下，为了建立战后国际金融秩序，美英等西方主要国家在美国新罕布什尔州的布雷顿森林镇召开会议。

这次会议建立了以美元为中心的"布雷顿森林体系"国际货币体系，而美国所做出的承诺则是将美元与黄金以 35 美元兑换 1 盎司黄金的比价挂钩，以保证美元的硬通货属性。这种将美元视为黄金账本的做法，还为美元在中文中赢得了一个"美金"的称呼。

如此建立的国际货币体系虽然在技术上看起来很稳定，但在实际操作中存在诸多问题。其中，最大的问题在于，美国作为一个经济体，受自身经济规律影响，无法长期稳定自己的黄金储备。然而，基于全球贸易的需求，客观上又需要一个类似美元这样的中间货币。在这种情况下，美国在

1971 年宣布美元与黄金脱钩，导致布雷顿森林体系崩溃。此后，美国还是凭借自己的强大实力维持了美元的国际货币地位。

关于美国是用什么样的金融手段维持美元国际货币地位的，并不是我们所讨论的重点。一个显而易见的事实是，货币发行者美国一定会通过这个权利获益。这种收益被形象地称为铸币税。

有鉴于此，如果一个国家所发行的货币能够在国际贸易体系中获得普遍认可，成为国际货币，那么它也就能够从世界经济中收割铸币税了。与历史上那些通过扩张领土压倒竞争对手的帝国，或者像荷兰这种单纯以贸易为手段扩张全球影响力的国家相比，美国这种打造一个全球化的金融体系并收割铸币税的方式要显得更"高级"，也更轻松。

第三十七章
进击的"大脑"（上）

一场事关"脑力"的革命

每个时代都会有结束的一天，只不过技术从逐渐成熟到全面影响人类的生活需要一段时间，人类往往在某个时代开启一段时间后，蓦然回首才会发现自己已然处在一个新时代了。按照我们之前的解读，人类已经历了两次工业革命，接下来如果要迎来一个新时代，那开启的就应该是第三次工业革命了。

机器是工业时代的重要标志。今天，人类仍然在不断推陈出新各种服务于人类的机器。然而，真让你说对当下这个世界最直观的感受，最具代表性的画面既不是 1936 年卓别林在电影《摩登时代》中在工厂流水线之侧所展现的工作场景（虽然这种场景仍然存在），也不是马路上川流不息的私人轿车，甚至不是人类突破地球引力奔向太空的壮举，而是越来越多的人类通过电脑、手机进行信息交流。

当下这个时代虽然还在不断制造各种机器，但以计算机为内核的机器，在制造逻辑上却已经发生了根本性改变。你是否发现，人类过往发明的工具从石器到弓箭，从马车到汽车再到电灯电话，凡此种种都是在单纯执行操作者的大脑所发出的指令，并没有哪样工具能够分担大脑的功能，除非你一定认为算盘这类辅助计算工具能做到这一点。

人类文明不过数千年，这点时间完全不够大脑进化出什么来，至多只能想象一下把那些最聪明的人挑选出来，然后像选育动物一样一代一代地把他们的聪明基因固定下去。可惜真要执行这样一个人类改造计划，这些聪明的大脑必定是参与者。他们中的绝大多数并不会想把自己当成实验对象，何况有更好的办法能来解决这个问题。

如果说人类最初想到拿石头、木棍做工具，是在为手找一个"外挂"，那么为什么不能靠自己的聪明才智为大脑也找一个"外挂"呢？于是，计算机这种能部分充当大脑角色的新型机器就被研发了出来。这种由二进制语言设计出来的机器，不仅可以进行数值计算，还能有它自己的运行逻辑和程序，同时具备存储功能。这使得计算机被人们称为"电脑"（如果算盘具备上述功能，那它也可以被认定为人脑"外挂"）。

从底层逻辑来看，人类大脑的主要功能就是处理所接收到的各种信息，并计算出最合理的解决方案。电脑的诞生给人类带来了一场事关"算力"的突破，让人类在技术进化的道路上不再只是依靠人脑提供的算力，其意义好比工业革命之前，只能依靠人力和畜力等生化能改善生存环境的人类，找到有效利用化石能源的方法，从而引发一场能源革命。

电脑这种"外挂大脑"的发明，相当于人类挖掘出一个算力能源，并且这个算力能源还是可再生能源，不像化石能源那样总是让人类担心有用光的一天。回想一下，工业革命给人类带来了什么样翻天覆地的变化，你一定会为这些"额外"算力即将给人类生活带来的变化感到心潮澎湃。

事实上，只要你生活的地区不是特别落后，手边能够有一台智能手机，就已经能够感受到计算机对人类生活的根本改变。将这样一场与过往工业革命有着完全不同改变逻辑的突破，冠以第三次工业革命之名，多少有点压低了这场革命的意义。如果工业革命的本质是一场能源革命，那么这些"外挂大脑"的诞生,更应该被视为一场"脑力革命"。

我们感性地看,拥有部分大脑功能的计算机不再像过往人类发明出来的那些工业机器一样毫无生命感。我们将计算机视为正在进化中的机器人,看起来会更好理解。正面来看,机器变得越来越聪明,可以让人类从很多工作中解放出来。此外,人类不免还会有一丝担心,计算机某一天会不会以"机器人"的形式反过来取代人类。

把"外挂大脑"们连成网

就现在的情况而言,这些"外挂大脑"还不至于对人类的生存构成威胁,它们还是在忠实地履行人类所要求的计算任务。仅仅做到这一点,它便足以将人类带入新的时代了。这个时代就是大家已经很熟悉的概念——信息时代。

单从让地球上各地区能够快速进行信息交流这件事来说,出现在第二次工业革命时期的电报、电话就已经做到了。通过那些铺设全球的通信线路以及无线电信号,人类第一次在信息交流层面感觉到大家生活在同一个世界。

只是在那场工业革命中,电这种终极能量形式对人类生产生活方式的改变更为底层,冠以电气时代会更能准确定义那个时代的特点。这就像第一次工业革命所促发的新时代会被称为蒸汽时代一样,在那场革命中,是蒸汽机帮助人类打开了化石能源的宝库。当人类已经知道,把通过各种途径所获取的能源转换成电能,然后通过那些被电驱动的机器服务于人类时,终于轮到信息技术做主角来改变这个世界了。

作为信息技术的节点,第一台计算机诞生于 1946 年的美国宾夕法尼亚大学。这台占地 170 平方米、重量达到 30 吨的祖母级计算机虽然可以让人看到解放人脑算力的曙光,但是如此体量显然没有办法普及。直到

1971 年，世界第一台计算机微型处理器在美国的硅谷诞生，局面发生改变。微机即微型计算机的出现，让计算机这种"人脑外挂"走入一般性企业及家庭成为可能。

人脑与人脑之间只有交流才能够碰撞出火花，电脑同样如此。单台电脑只能为它的操控者提升算力，如果能够把所有的电脑用线路连接起来，让这些电脑和背后操控它们的人类能够借助电流和信息的传送组成一个虚拟社会，这对人类生产生活方式的改变将是根本性的，相当于另造了一个世界。

将电脑连接起来的网络就是现在已经走进千家万户的互联网。1969年，美国军方首次将4所大学的4台主机连接起来，点燃了互联网时代的火种。随着一个个软件、硬件技术问题的解决，现在已经不需要笔者多加解释，沉浸在互联网世界的人类，就已经能够深刻感受到，自己的工作和生活是如何被互联网改变的。

将这些"外挂大脑"连接成网，除了计算机需要足够小型化，用互联网将每一台独立的电脑连接起来以外，还需要解决一个重要的问题，那就是如何把人类语言转换为电脑语言。我们不要忘记，如今的计算机并不具备独立思考能力，它们需要接受人类的指令才能进行工作。与其说是互联网把一台台计算机连接起来，倒不如说是把一个个带有"外挂大脑"的使用者连接起来。

这看起来不应该成为一个问题，人类既然已经把计算机研发了出来，自然会知道怎么使用它。问题是如果计算机的操作方式过于复杂，不能让普通人迅速学习和使用，那么无论是计算机本身还是互联网的应用，就很难被称为一场革命。这就像飞机尽管已经诞生了一个多世纪，也的确在生产和公共交通领域做出了重要贡献，但要论起改变人类生活的意义，并不如可以供普通大众操控的汽车来得深刻。

另一个可供参考的案例是照相机，在傻瓜式操作模式出现之前，摄影只是属于少部分摄影师的专利。照片也被人类视为记录某些重要时刻的特殊工具，没有像现在这样渗透人类的日常生活。换言之，人类需要一种傻瓜式电脑操作系统，将人类世界与互联网世界连接起来。

只有每一个普通人都有机会方便接入互联网，一个信息高速交换的新时代才算真正来临。从这个角度来说，比尔·盖茨和他所创建的微软公司在 1990 年推出的 Windows 3.0 系统称得上是一个里程碑。这个操作系统在商业上的成功让普通人使用计算机和上网成为可能。对于大多数人来说，Windows 系统几乎成为电脑操作系统的代名词。

靠"人"吃饭的新时代

回溯历史，第一台计算机诞生的 1946 年、互联网诞生的 1969 年，或者微型计算机被研发出来的 1971 年都可以被视为信息时代的开始。不过从笔者个人来说，还是更愿意把 1990 年认定为互联网元年。这不是说 Windows 3.0 系统诞生之前或之后那些围绕计算机和互联网的技术创新就不重要，而是因为这个新时代有着与过往时代截然不同的运行逻辑。

讨论这个问题之前，我们先来回顾一下之前人类所经历的农业革命和工业革命到底有什么本质不同。在集猎时代，把石制工具和火作为"外挂"的人类，生存方式本质上和杂食性动物比如灵长类动物和熊没什么本质区别。依靠光合作用转化太阳能的植物是人类和其他动物生存的基础。以此来说，这一阶段的人类可以说是"靠天之饭"。

农业革命所带来的主要变化是用农业技术获得了相对稳定和高产的食物。然而，要是从获取能源的角度来解读，这一时代的人类还是"靠天吃饭"。无非是通过选育更高产的农作物、驯化更容易为人类所用的牲畜，提高转化太阳能的效率罢了。

到了工业文明时代，人类不再靠天吃饭了。工业的本质是人类把地球母亲花了亿万年时间储存于地下的矿物、化石能源挖出来为己所用。相比用农作物来转换太阳能，人类获取能源的效率得到了几何级数的提高。通俗地讲，其特点就是进化到了"靠地吃饭"的境界。

理解了这一点，我们会更加明白为什么石油在当下这个世界的权重如此之大，为什么人类只花了那么短的时间，就超越过往人类几千年的累积。毕竟人类进入文明时代，开始用技术改造这个世界才几百年，地球储存这些资源可是花了多少亿年的时间。

信息时代的变化在于，人类社会进化的重点已经不再是如何索取自然资源。虽然伴随着技术的自然进步，人类仍在开发更多的资源以及研究更先进的机器，但是我们必须承认的现实是，无论是农业时代还是工业时代，人类在有效配置资源这个问题上存在着因信息沟通不畅而产生的浪费问题。

举一个大家都容易感受到共鸣的案例。出租车是城市交通的重要组成部分，传统的出租车运营方式是司机驾驶着车辆漫无目的地在城市道路上"巡游"，而乘客所能做的通常也只是尽量站在能让司机看得到的地方等着。尽管有些司机和乘客会聪明地计算在什么地点和时间更容易遇到对方，但在这种配对方式之下，大量的时间和燃料毫无疑问被白白地消耗掉了。

为了解决这个问题，出租公司想过用电话预约的方式，只是这种低效沟通方式与出租车需要具备的快速性相违背。这个问题最新的解决方案是，通过带计算机属性的"智能手机"以及移动互联网将乘客的需求与位置合适的司机在后台的计算中心配对。这样的话，双方都能够通过手机上安装的 APP，清楚地知道整个交易的信息，进而最大限度地减少等待时间。

与之相类似的案例还有电子商务。在电子商务平台上，无论是企业还是个人都可以通过互联网寻找目标客户以及商品。虽然在网上购物的方式，会让部分女性觉得缺少了逛街的乐趣，但互联网的高交互性让世界的交流变得更加顺畅，拆快递的期待感也足以抵消实体店的诱惑。

对比人类之前所经历的时代，你会发现，信息时代的最大特点在于能提高人与人之间的交流效率，进而减少资源的浪费。这好比之前人类只是在盲目地"开源"，终于有一天发现"节流"也是生产力。在人类找到新方案解决能源问题之前，就让互联网来承担改善人类世界的使命吧。

在这个全新的时代，"人"而不是机器成为问题的关键——与其说互联网连接的是一台台计算机，倒不如说被连接的节点是一个个在操控机器的人。于是历史像一个轮回一样，工业时代的机器让"人"不再成为第一生产力。互联网时代却像农业时代一样，再次让"人"成为第一生产力。

对于一个国家或者独立的互联网世界来说，互联网人口的数量将影响它在这个新时代的地位；对于那些想在这个新时代有所作为的互联网企业来说，用户规模则是最重要的指标。正是在 Windows 3.0 的帮助下，人类世界（而不只是少数专业人员）得以突破与互联网世界之间的结界，真正进入信息时代。

从 PC 到智能手机

对于一个用心体会世界变化的人来说，他肯定会感叹现在所生活的这个时代，变化实在是太快了。刚才我们还在讨论到底应该把信息时代的起点放在 30 年前还是 30 年后，转眼间这个时代已经升级到 2.0 版，甚至还在往 3.0 版升级。为了便于理解，我们可以把这样一个信息大时代再细分为几个具有不同特点的"时代"。

Windows 系统带来的信息时代 1.0 版，可以被称为 PC 时代。PC 是个人计算机的英文缩写。在这个时代，个人计算机走进千家万户，成为像家用电器一样的标配，以及每个人在工作中都可能使用的办公用品。当你意识到，自己不必再穿着鞋套到专用机房里才能接触到计算机、孩子们会逃学一头钻进网吧通宵玩游戏时，你就已经处在这个时代了。

请原谅笔者这种站在发达地区视角的说法，毕竟地球上 70 多亿人口中的大部分还没有办法做到这点。只是现在我们讨论的是人类的上限问题，所以从一个人类观察者的角度来说，必须暂时把视线放在最先进的这一群体身上。即便是暂时还没有直接进入这些先进时代的地区和人类，在客观上也会受益于这些技术进步。

"个人"能够接入互联网是 PC 时代的特点，也是信息时代的标志。单就帮助"个人"接入互联网的问题来说，PC 时代解决得还不够彻底，而且没有办法解决彻底。道理很简单，即便个人电脑在家庭成为像电视一样的标配，即使电脑已经成为必不可少的办公用品，你也很难做到人手一台。就算做到了人手一台，个人电脑的固定性也没有办法让你随时随地使用它的算力，包括在互联网上冲浪。

不能随时随地上网真是件令人头疼的事情，这让人类还没有办法意识到虚拟世界的不可或缺性。好在我们一直说人类的技术进步是呈加速状态，仅仅在 PC 时代开启后的第 17 个年头（2007 年），乔布斯就用苹果手机和 iOS 系统将人类拉入能够移动上网的 2.0 版信息时代。

考虑到智能手机在硬件上的贡献，我们可以将这个时代称为智能手机时代。相比之下，笔者还是更愿意将之称为移动互联时代，以突出人类在这个时代可以不受时间和空间限制、随时随地接入互联网的特点。尤其是在这个新时代，智能手机并不是唯一的移动终端。比如，交通工具同样可以通过内置芯片联网，将自己的位置信息上传至移动网络。

不管怎么说，智能手机的出现仍然具有划时代的意义。乔布斯并非第一个尝试研发智能手机系统的人，现在的智能手机市场也正如大家看到的那样，还有安卓系统在与之分庭抗礼。准确地说，它和比尔·盖茨的贡献都在于率先成功打造能够让普通大众流畅上网的系统。区别在于，除了软件系统以外，乔布斯在硬件层面的创新同样具有里程碑意义，是他让智能手机以今天的样子出现在大家生活中的。

考虑到乔布斯和苹果电脑在 PC 时代也是耀眼的存在，包括提出将个人计算机定位为"数字中心"这种触及信息时代内核的先进理念，我们应该对在两个信息时代中都做出卓越贡献的先行者致以更高的敬意。当然，这完全不代表其他科技创新者就不重要。事实上，在这个快速升级的大时代，越来越多的个人有机会用自己的聪明才智，书写属于自己的传奇。

不是每个人都能成为"关键先生"，但如果你真的体会到"人"在这个时代的价值，同样应该为自己的存在感到骄傲。智能手机和移动互联网让每一个人都可以成为信息世界的一个节点。一方面，人可以通过智能手机随时随地从网上获取信息；另一方面，个人所发出去的每一条信息甚至每一次操作都会成为互联网海量信息的组成部分。

在这个用网络把人类紧密连接在一起的世界里，人既是信息的受益者，也是信息世界的搭建者和动态组成部分。对于现在的很多人来说，一部能上网的智能手机可以说相当于自己的器官了。

当每个人在技术上都具有接入互联网的可能性时，人类接下来要做的看起来就只是提高智能手机的普及率以及互联网的覆盖率，包括研发运行速度更快的手机、传输速度更快的网络。实际上，人类也的确在这么做。以移动通信技术来说，是在 3G 时代开启移动互联网大门的，现在已经进化到了 5G 时代，数据传输速度较之 3G 时代提升了上万倍。

负责提供算力的手机芯片，同样经历了算力几何级数飞跃的过程。现下随手拿出一部智能手机，它所能提供的算力都超过当年美国在执行阿波罗登月计划时计算机主机所能提供的算力。

第三十八章
进击的"大脑"（下）

万物互联

将每一个人变成信息世界的网络节点，并不是信息时代想象力的终点。不要忘了，人虽然是这个世界的主宰者，但并不能主宰全部。有好事者计算过，把地球上所有人叠加在一起，也不过能够堆成一个高六七百米的金字塔，还填充不了科罗拉多大峡谷的1/10。

人类的成长史就是一部不断了解和改造这个世界的历史。想了解这个世界，光靠用眼睛去看、用手去摸是远远不够的。为此，工业时代的人类发明了不少工具，以帮助人类获取这个世界的信息。诸如用温度计测量体温、用测速仪去测量速度等司空见惯的举动，都是为了帮助人类了解这个世界。

在人类研发出互联网这个信息交流平台后，那些与人类生活密切相关的信息需要通过数字化成为信息世界的一部分，再经过那些"外挂大脑"属性的计算机处理，才能让这个世界变得更加完整。鉴于人类已经可以通过操作系统把自己所需要表达的信息通过计算机汇入互联网，这件事情看起来并不复杂。

空调的生产厂商肯定很希望收集到事关用户使用习惯的信息，工厂的管理者也会希望随时接收到那些机器的运行数据。理论上，人类只需要按照之前的方式在物理世界收集信息，然后再输入计算机就行了。只是相比物理世界每时每刻都在产生的海量信息，人类的这种做法显然是非常低效的。就像 Windows 3.0 诞生之前，人类与互联网之间的信息交流，只能依靠少数专业人士。

要是那些需要向互联网上传的信息，能够自主做到这点就好了。说起来，智能手机不就是这样吗？就算我们睡觉的时候，那些安装在手机里面的程序也会根据我们的授权，自动上传各种信息。这些程序的操控者会根据这些信息，用算法判断出使用者的潜在需求，从而精准推送商品。

为人类认为需要收集数据的每一件物品安装上能接入互联网的传感器，这就是现在已经被广泛认可的"万物互联"概念。只要不断电、不断网，理论上那些传感器可以不间断地工作。对比之下，人类上传信息的效率要低得多。更何况人们对于从互联网获取信息这件事从来都持多多益善的态度。要说到把自己视作隐私的信息贡献出去搭建信息世界，人们的想法却是反过来的。

对于以"物"为中心的时代来说，人类需要解决的问题还有很多。最大的问题在于，你需要各种类型的传感器来帮助那些没有自主思考能力的物品上传数据。与这个体系的复杂程度相比，做到人手一部智能手机反而要容易得多。虽然人类全面进入"物联网时代"看起来还需要时日，但在日常生活中，将物理对象联入互联网的尝试已经不鲜见。

比如，大家已经很熟悉的网络摄像头就属于物联网概念范围。在没有并入网络之前，那些在各处独立运行的摄像头只是单纯的摄录储存机器。想要在录像资料中寻找自己需要的信息，通常只能靠人工回放肉眼识别。如果这些摄像头所监控到的画面能够通过网络实时上传到中央处理器，然后通过自动比对筛选出所需要的信息，负责公共安全的警察肯定会非常开心。配合人脸识别等依托算力而开发的技术，可以帮助警察更容易获取在公共场所犯罪的证据。

在所有事关物联网的使用场景中，打通制造端与消费端的壁垒，前景看起来最为诱人。一方面，人类可以在商品制造过程中，用传感器和计算机打造出自动化程度更高的生产线，这一愿景被称为"智能制造"；另一方面，零售终端的商家也可以在电子商务的基础上，更准确地收集消费者的需求并传递到工厂。

我们以"衣食住行"人类四大基本需求的"衣"为例，工业时代以前的人类想要获得一件合身的衣服，通常的做法是找裁缝量身定做，通过这种方法做出来的衣服虽然合身，但效率却很低下；工业时代的做法则是把人类的身材划分为几个档，比如 S、M、L 和 XL，然后再按照这些基本模板设计制作成衣。

首先，这种做法的问题在于，那些标准的模板无法准确适合每一个人。其次，商家只能凭借自己对潮流和客户需求的判断，来提前生产各种款式的成衣。一旦判断失误，就会导致产品积压，进而造成资源浪费。在物联网的连接下，消费者的个性化需求将能迅速传导到制造端，在自动生产线上进行小批量甚至单件的个性化生产。最终通过同样接入物联网的物流系统，快递至客户手中。

本质上，信息时代是在打造一个通过互联网连接的虚拟世界，其存在价值在于这个虚拟世界收集的信息越多、运行得越高效，就越能降低物理世界的资源浪费。物联网不仅能够像移动互联时代那样打通"人与人"之间的结界，而且能够打通"人与物""物与物"之间的结界。

当然，你也不能指望物联网能够帮助人类进入大同世界。正如大家所看到的那样，尽管信息传播在互联网世界的速度可以快到和光速一样，但技术和地缘政治的障碍还是依然存在的。如果地球人基于政治目的，人为地将共享属性的互联网分割为相对独立的系统，或者没有办法让互联网和终端设备惠及更多的地区，那么无疑将拉低这个系统的实际作用。

不过就像人类仅仅利用化石能源的一小部分，就已经足以让人类的生活有了质的突破，万物互联的愿景就算是部分实现，也将把人类带入一个新的时代。

"新概念汽车"的风向标作用

每一个时代都会有一些代表性的工具诞生。作为代表性工具，一方面需要能够尽可能多地展现这个时代的技术特点；另一方面使用场景也要有足够的广度。综合来看，汽车将很有可能成为最能展示万物互联时代特点的工具。这里说的汽车显然不是在第二次工业革命时期已经引领过一次风骚的传统汽车，而是更符合后工业时代及信息时代特点的新概念汽车。

之所以用"新概念汽车"这个笼统的名称，是因为暂时找不到更合适的词来标注。就已经明确的方向来看，新概念下人类的主力陆地交通工具，将集合新能源技术、智能驾驶、物联网概念于一体。它的成熟不仅会改变人类的出行方式，还会在社会治理层面造成深远影响。

"新概念汽车"的出现首先是基于人类长久以来对化石能源枯竭的担忧。地球用了亿万年积攒下来的太阳能储量虽然庞大，但正如我们一直说的那样，人类的进化呈加速度状态，对资源的消耗也相应呈加速度状态。

从善意上来说，地球没有办法按过往的资源消耗方式，来满足全体人类过上现代化生活的需求。其次是燃烧化石能源所带来的污染问题。无论从能源安全还是碳排放的角度来看，人类已经不得不对自己的能源结构"做一次大手术"。

当下，这一手术的重点并不是一下子就完成对化石能源的替代，而是减少直接燃烧化石能源的终端设备。举例来说，在寒冷的冬季，人类传统的取暖方式是用炉子燃烧木柴或者煤炭。每一个炉子都会成为一个污染源，并且几乎没有办法减少污染物的排放。如果采用集中供暖的方式，即便提供电力资源的发电厂仍然是用煤炭做燃料，也会因为污染源集中而更容易治理与监督。

第二次工业革命让人类意识到，"电"是一种最适合人类应用的二级能量。就算人类有一天找到能完全替代化石能源的新能源，最终也是需要转化为电再为终端设备提供驱动力的。将汽车电器化的意义，不仅在于它可以让汽车在使用时做到零排放，从而保护使用地区的环境，还在于它对基础设施建设的推动作用。

可以这样说，人类在节能减排问题上能走多远，取决于清洁能源对化石能源的替代比例，绝大部分形式的清洁能源必须转化为电的形式为人类所用。汽车保有量巨大且使用范围较分散，如果大部分汽车能够做到电器化，最直接的影响是带动电网的建设和升级。因新能源汽车普及而成长的电力网络，又将为最终的能源革命夯实电力网络基础。于是以电力汽车为代表的新能源汽车便成为这场能源结构调整的风向标。

使用新能源并不是新概念汽车之于传统汽车的唯一变化。在人类极度依赖那些"外挂大脑"所提供算力的情况下，人类更大的野心是让汽车本身智能化。就是说给汽车安个计算机大脑，从而做到无人驾驶。

如果你认为机器人不一定要求具有自我意识，那么我们完全可以把拥有自动驾驶功能的汽车视为一个"汽车机器人"。单纯给汽车安上计算机大脑，还不是人类想象力的终点。在一个以计算机和网络为核心的新时代，汽车智能化的最终目的并不是让汽车变成擎天柱，而是让它们成为整个网络世界的信息节点。

将汽车用互联网连接起来的意义在于，可以将它们与整个交通系统有机融合起来，在互联网和中心计算机算力的加持下，进行统一调度。在这个问题上，计算机和互联网已经展现出强大的威力。比如，现在大家出行已经能够通过在线地图估算出最合理的路线，以及大致时间；通过网约车平台，乘客和司机也能够尽量减少等待时间。

无论是在线地图还是网约车平台，目前所能做到的也只能是根据所监控的实时交通状态，对路线和时间进行估算。倘若在马路上的每辆汽车都能够做到自动驾驶，并在中央处理器的指挥下调配合理路线，相信不用再多分析其中的意义，你也能意识到人类社会的运行方式将出现质的改变。

将汽车认定为计算机信息网络的节点，而不仅是带了"大脑"的汽车，你会发现，这场颠覆传统汽车形式的革命，最大价值在于让汽车成为物联网世界最重要的那个"物"。如果这些自重基本超过一吨且拥有高速移动能力的机器，能够安全地在网络的组织下有序运行，那么万物互联时代也就真正来临了。

数字货币

由计算机和互联网搭建的虚拟世界，为人类创造了很多前所未有的使用场景。其中，以网络游戏、短视频等精神产品最为典型。以至于很多人表示只要有食物和网络，就可以一直宅在家里。不过对于人类社会的管理者来说，"宅文化"并不是他们关心的重点；政治家们更关心的是虚拟世界在社会治理和经济上的推动作用。

将传统的线下业态转移到线上是最常见的做法，被形象地称为"互联网＋"。电子商务、在线教育这些新业态的产生，算是"互联网＋"的典型代表，对促进商品和教育信息的传播也起到了积极作用。可惜并不是所有"互联网＋"的做法都会受到鼓励，数字货币的产生就存在着很大的争议。

随着人类的交易行为越来越依托互联网，未来货币会不会消失呢？如果是传统意义上以纸币为主要表示形式的货币，那答案是肯定的，就像纸币取代黄金、白银这些实物货币一样。说到底，货币的本质是一种交易各方都认可、价值和物理形式相对稳定的中间商品，而纸币则是这种中间商品的记账形式。既然人类可以把所有的文字和数字都记录在存储器上、流通于互联网中，为什么不对使用场景最为广泛的货币也这么做呢？

事实上，在信息时代来临之前，在一些金融发达地区，信用卡、支票等记账形式就已经很大程度取代了现金。这种不同于信息时代的数字货币形式，我们可以称为模拟数字货币。对于承担社会治理职责的国家治理机关来说，这样做的最大好处不在于节约成本，而在于能够监控交易过程。

将货币数字化并通过互联网流通，能够更好地做到这点，甚至可以做到自动记录每一笔数字货币的流通路径。一旦在交易过程中出现争议，数字货币的记账功能能够提供有力的证据，从而降低全社会的信任成本。

既然货币数字化看起来是利国利民的，那现金这种东西的消失就是必然的了。需要指出的是，人类总是会受困于旧有的舒适空间。那些在模拟数字货币层面做得越成功的国家和地区，在推动数字货币问题包括与之相配合的电子支付时，却未必有足够的动力进行自我革命，哪怕它们拥有足够的数字技术。

现在问题来了，数字货币应该由谁来发行？看起来不应该是个问题。在大家的印象中，货币当然是国家来发行的。代表国家行使这一职权的中央银行可是受政府管理的，也可以对国会负责。总之，货币的发行及政策制定一定是国家意志的体现。

然而现阶段一提到数字货币的概念，大家脑海中第一时间浮现的应该会是 2009 年诞生的比特币。与传统意义上的货币不同的是，比特币并不依靠特定机构发行，而是通过特定算法计算产生的。通过加密设计以及分布式数据库来确认、记录交易行为，比特币可以做到不需要中心机构管理，便可保障所有权和流通性。

更为重要的是，比特币的总数是有上限且明确的，这看起来能够避免纸币发行被中心权力机构控制而引发的超发和贬值现象。同时，其交易和持有的匿名性也让比特币可以置身于监管之外，形成匿名交易体系。

由国家发行的货币可以称为法定货币。为示区别，我们可以将由各国央行发行的数字货币称为法定数字货币，或者央行数字货币；以比特币为代表的依靠加密手段实现去中心化的数字货币，可以称为加密数字货币或者加密货币。

比特币的设计除了显示出其数字货币的属性以外，更重要的是让货币回到了其出现时的最初状态，那就是单纯在交易中成为各方认可的中间商品，而不是会被中心机构收取铸币税的财政工具。这是否就是货币在信息时代的最终宿命呢？或者说人类在信息时代，是否还需要法定货币呢？

就是否还需要法定货币这个问题来说，答案是肯定的。这个问题表面看是货币的问题，实际是人类还需不需要国家和政府的问题。无政府主义作为一种哲学思想由来已久，核心思想为否定包括政府在内的一切权威机构，提倡个体自由结合，建立运行有序的和谐社会。然而通过梳理人类的历史我们已经发现，正是国家的产生才帮助人类进入文明阶段。

发行法定货币并维持它的稳定，是国家功能的主要组成部分。虽然总是有执政者过度收割铸币锐的冲动，包括错误地运用货币工具造成经济危机，但没有中心机构为货币信用背书，将会造成更大的灾难。现实生活中，看看被多少人视为创新偶像的埃隆·马斯克如何随心所欲地用几句话影响加密货币的走势，我们就知道去中心化后会迎来更公平的环境只是一种幻想，更可能面对的是弱肉强食的丛林法则。

既然人类未来的金融秩序仍然将由法定数字货币来支撑，数字和互联网技术并没有改变游戏规则，而只是在提高金融秩序的运行效率，那么是不是说非法币属性的加密货币就没有价值了呢？那倒也未必。

一件物品的价格高低，取决于它包含多少人类劳动。人类获取贝壳过于轻松，因此贝壳最终退出了货币行列；获取黄金需要付出大量劳动和资源，决定了黄金的贵金属性。要是从这个角度来说，加密货币看起来好像又有点价值，毕竟把这些加密货币算出来，要花费大量的算力和电费。只是人类为什么一定要把它们算出来呢？尤其在通过节能减排让资源更有效利用已经成为人类共识的当下。

如果你不再将所谓加密货币视为货币，而只是一种稀缺资源，你会发现它仍然有机会拥有价值。稀缺性和易交易性客观上可以让加密货币拥有部分货币属性，就像人类现在依然可以用黄金、钻石等商品绕过法定货币体系的监控进行交易一样。需要注意的是，这种能够摆脱监管、为一些非法行为提供支持的做法，注定会被各国政府限制。

事实上，将加密货币与黄金画等号并不准确。因为黄金的稀缺性是由它在地球上的储量所决定的，在人类真的发明炼金术之前，其在地球上的稀缺性一直延续。加密货币则不同，比特币固然可以用算法限定总数，而人为制造比特币的稀缺性，但利用比特币的设计规则，人类同样可以设计出跟比特币一模一样有稀缺性的加密货币，并且可以无限复制这一模式。

这也是为什么那些模仿比特币设计出来的所谓加密货币会被称为空气币。这些空气币在现实世界的对价与稀缺性无关，而只是跟营销手段有关。更为悲剧的是，即便黄金不再承担货币的职责，它在现实生活中也有很多应用场景。最起码作为首饰戴在身上，的确看起来很漂亮。要是人类不再相信加密货币能够给他们带来真实的财富，那一串串储存于硬盘中的代码将毫无实用价值。即便是具有法定货币属性的法定数字货币，其代码本身同样不具有任何价值。唯一让那些代码产生价值的是背书者的承诺——它们能够从现实世界中换取实物。至于到底选择相信国家的背书还是丛林的背书，其实都是个人自由。

第三十九章
新二元世界

"西方的西方"与"东方的东方"

生物进化在进度上从来都是参差不齐的。在关注那些异彩纷呈多样性的同时，我们的目光总是会不自觉地落到那些能够创造更多可能性、引领人类进步的地区或群体上。这就好像在"更快、更高、更强"奥林匹克精神前提下，无论怎么强调体育的精髓是参与，人们的目光总是聚焦于有实力争夺金牌的运动员身上。客观来说，这没有什么问题，这些顶级运动员所挑战的极限并不只属于自己，而是在拉高人类整体的运动与生理上限。

我们必须承认的一个现实是，人类的绝大多数进步是在应对竞争压力的过程中，而不是合作产生的结果。看看包括计算机、互联网在内的重要发明首先诞生于军事领域，你就会知道竞争固然会带来消耗，但也会大大激发人类的创造力。

纵观历史，人类文明总是以东西方并立的形式呈现出来。每一个时代会有遵循不同路径进化的东西方代表矗立于地缘政治舞台中心。然而一直以来，东方与西方也只是一个相对概念，一个欧洲视角的存在。2500 年前，波斯文明与古希腊文明是东西方的代表；冷战时期，地理上发端于欧洲的苏联，却又被认为是东方阵营的核心。

鉴于地球是圆的，这些地缘政治上的东西方认定很难得到地理层面的认可。直到地理大发现时代，人类用经纬线给地球表面画格子，局面才开始好转。两条在二维空间的线只要不平行，总归是会相交的。有了南北向环绕地球的经线，以及东西向环绕地球的纬线，地球表面任意一个点都可以拥有自己的数字坐标。

拥有数字坐标的关键，还在于给经纬线编号，这就牵扯到哪里是起点即哪里是 0° 经线和 0° 纬线的问题了。这当中赤道的地位是由地球自转轴决定的，天然成为 0° 纬线以及南北半球的分割线。不过，具体到经线上，却是没有这样的客观规律可行，理论上任何人都可以声称自己脚下的某个点与南北两极的连线是 0° 经线（又称本初子午线）。

历史上，不止一个国家以自己国家主要天文台所在的地点来确定 0° 经线。大家都把自己作为划分经度的起点，显然会造成很大的沟通障碍。这就像大多数国家已经采用公制单位（比如米、千克）统一度量衡时，英美等国家却还在固执地采取英寸、英亩、加仑这种英制单位，迫使彼此在看到对方的数据时必须先在脑海中或者计算器上做道数学题。

在 1884 年美国华盛顿举办的国际经度会议上，除了一直与英国不对付的法国仍坚持以"巴黎子午线"作为 0° 经线以外，绝大多数与会国同意以穿越英国格林尼治天文台的经线，作为 0° 经线。这从一个侧面显示了英国在海洋上的优势。好在刚才提到的公制单位是由法国人制定的，在这场面子之争中算是扳回了一局（1911 年，法国还是接受了将格林尼治子午线作为 0° 经线）。

0° 经线的划分对时间的统一至关重要。不同地区迎来太阳照射的时间点不尽相同，这就使得地球表面存在着时差。如果不用统一的标准确定经线，就会造成时间的混乱。与此同时，这一划分还附带解决了东西方的地理划分问题。此后，本初子午线以西的经线被称为西经，对应的半球也因此称为西半球；以东的经线被称为东经，用来标定的自然就是东半球了。

不过，考虑到用这条经过陆地的本初子午线切割的世界会让少部分欧洲和非洲的土地成为西半球的一部分，最终在地理层面，本初子午线以及它在地球另一面对应的对向子午线（180°经线）并没有成为东西半球的切割线。更少切割陆地的西经20°、东经160°经线成为东西半球的分割线。这样，整个亚欧大陆、非洲大陆、大洋洲大陆就被划入东半球，美洲大陆则独占西半球。

不得不说，这个地理上的东西划分，在地缘政治上还真是挺有象征意义的：中国成了"东方的东方"，美国则成了"西方的西方"。

人类整体利益倾向于多元模式

就现阶段而言，人类的创新将主要集中在美国和中国两个板块。作为一名人类进化观察者，笔者可以算是最兴奋的。兴奋之处在于这两个国家除了面积、纬度相仿以外，实在是有太多不同之处了。一个"最东方"的国度与一个"最西方"的国度，彼此的关系像一个硬币的正反两面。

当它们沿着各自的运行逻辑取得令人瞩目的经济和科技成就时，无论彼此如何定位与对方的关系，世界都是因为它们的努力而变得更加完整。西方文明固然在最近几百年取得了令人瞩目的成就，但无论这一模式在初始设计上表现得多有活力，运行日久都会不可避免地产生越来越多的混乱因素。

物理学家们将代表体系混乱程度的参量称为熵，熵增加的过程称为熵增。虽然熵增之后系统的总能量表面上看不变，但可用的部分却会减少。这是一个不可逆的过程，一个体系孤立运行的时间越久，熵就会越高，一切努力看起来都是在抵抗熵的增加。从历史上那些璀璨文明和强大帝国的消亡过程中你都能够看到这一特点。

不破不立，将旧体系彻底打破再从头开始，是重新焕发活力的方法之一，哪怕重新建立的体系依然遵行着旧的运行规则。中国文明能够延续数千年，很大程度就是如此。回溯历史我们会看到，从秦始皇统一中国建立中央集权体制后，再强大的中原王朝寿命也未能超过 300 年。一旦接近这个数值，无论皇帝和立志改革的大臣们有多么努力，"其兴也勃焉，其亡也忽焉"的周期律都会如魔咒一般地降临。

"重复"是中国文明最被诟病的一点，尤其是近代被西方用工业力量撞开大门之后。然而"重复"并非没有积极意义，一个文明的延续时间越长，那么它被消除的难度就越大。每一次破坏重组后都能浴火重生的经历，让中国人很难不对自身文明的生命力产生自豪感，甚至产生一种其他文明形式都是过眼云烟、唯有"中国例外"的自信。

通常语境下，中国人说自己是"中国人"，第一层总是基于文明的认同，第二层才是法律和政治意义上的认定。历史上那些割据王朝所争夺的焦点，往往是谁能够成为这个文明的代表。

基于中国人深埋于骨子里的文明认同感，对于中国人来说，国家的概念从来不只等同于政权。这迫使为政者除了关心自身的政治利益以外，还必须坚守一些超越现实政治的原则，方能获得这个文明的认可。

为了给出现在科幻小说中的机器人制定行为准则，美国科幻作家艾萨克·阿西莫夫曾制定出"机器人学三准则"。这三条准则的逻辑关系可以帮助我们总结出中国文明的"治国三准则"。需要说明的是，并不是说每一个中国政治参与者都能够做到下面这三条，只是说但凡行为举止能够符合这些标准的中国士人，就可以不用担心身后名。

第一条：为政者必须认可大一统是中国的常态。

第二条：为政者的行为必须让后世获益，除非实现的方式与第一条相矛盾。

第三条：为政者必须以民为本，以满足人民的物质需求为己任，除非实现的方式与前两条相矛盾。

比起原地破坏一个旧世界后再打造一个新世界，更为理想的做法就是寻找一片全新的土地，抛弃旧熵增的影响，升级打造新体系。美国就是这样一个国度——这个站在西方文明肩膀上的全新国度，不仅取得了令人瞩目的经济、科技成就，而且骄傲地认为自己已经掌握"普世价值"。

这种心态被称为"美国例外"。"美国例外"观点的持有者认为美国与美国人在世界上地位独特，拥有其他国家无可比拟的优势；同时这些优势不仅可以帮助美国走向强盛，还可以在世界范围内进行推广。冷战结束后，这种心态达到顶峰。以至于相当多的国家和美国一样，相信历史已经终结，人类已经不可能找到比美国模式更好的模式了。

鉴于美国和西方文明现阶段的优势地位以及这些年的"推广工作"，这里我们已经不需要去展开美式"普世价值"的内涵。客观上，美国的确发展出一种独特的文化，并且有足够的外溢性，使之认为自己已经成就一种独特甚至例外的文明。

首先时间上来说，作为一个文明，美国的立国时间还太短。将它与英国的历史联系起来，从广义西方文明中剥离出"英美文明"的概念，可以帮助我们意识到西方文明内部的分化。有人固执地认为美国用 200 多年时间就创造出一种全新且能普世的文明，却显得不够尊重客观规律。

当然，这并不代表美国文化不能升级为一种独特的文明，事实上，它已经在很多方面证明了自己的创造性与生命力。只是如刚才我们所解读的那样，一个体系无论运行得多么成功，都没有办法违背熵增定律。对于还处在曲线高峰的美国来说，它还没有机会验证自己在低谷期的生命力是什么样的。

换言之，人类可以用 200 多年甚至更短的时间创造一个强大国家，但想证明自己已经成为一个有生命力的文明，低谷和时间是必须经受的考验。从这个角度来说，急于向全体人类展示其文明先进性的美国，应该被视为一个"伪装成文明的国家"，或者说正在发育的文明。

其次，从生物和人类社会进化的角度来说，我们已经花了很多篇幅来证明多样性的重要性。无论美国模式有多么大的优势，依靠一种模式来引领人类社会进化的想法本身就不够尊重客观规律。更大的问题在于凡事都是有利有弊的。某个特点可能有利于发展某项技术，但在发展另一项技术时却会成为障碍。

最现实的案例是，人类在信息时代需要收集足够多的信息进行大数据计算，以推导出最有效率的方法。然而，美国模式中对个人自由的过度推崇，却会在客观上阻碍信息的收集；反观在集体主义思维浓厚的文明体中，对信息收集和大数据计算工作的推进，人为的阻力要小得多。

既然一种模式没有办法尝试所有的路径，那么从人类整体利益来看，出现二元乃至多元并进的局面，是一定好过"一超"独大的。

第四十章
欢迎来到未来

终极能源与"2.0 版电气时代"的意义

在用了 20 多万字回顾人类的成长史后，我们可以静下心来想一想，人类在未来将会面临哪些翻天覆地的变化。

什么样的变化称得上翻天覆地呢？简单来说，当一个普通人有幸穿越到未来的世界时，发现那个世界正在以一种自己无法想象的方式运行着，那么这个变化程度就达到了。以当下的情况举例：如果一个人从 30 年前的中国穿越到现在，他一定会惊奇地发现，智能手机、电子支付和互联网等超出自己想象的新生事物彻底改变了中国。

在可以预见的未来，人类肯定还会经历这样的变革。最让人期待的将是一场能源革命。从能源角度看，工业时代的开启是因为人类掌握了用化石能源替代人力和畜力的能力。不过化石能源属于"不可再生能源"，人类一直希望找到一种终极能源，彻底解决能源问题。

就目前人类的认知来说，核电站——更准确来说是"热核电站"，看起来最有机会承担这一使命。

核能利用有两种形式：核裂变与核聚变。核裂变的技术使人类制造出原子弹，核聚变的技术则制造出了氢弹。此外，人类还利用核裂变技术研发了核电站。核电站发电利用的是核裂变释放出的热能，将水变成蒸汽推动汽轮发电机。核电本质与火力发电无异，只不过核电站不会向空气释放污染物。

虽然利用核裂变原理建造核电站的技术已经相当成熟了，但这一技术在充当"终极能源"时却会遇到两个问题。首先，核裂变需要消耗以铀为主的核燃料。核燃料与其他矿产一样，储量是有限的。尽管有研究者认为地球上的铀资源足够人类用上几千年，但就人类当下对未来生活场景的展望来看，对能源的需求将会呈现出几何级数的增长。任何"不可再生能源"，都不能被寄予厚望。

更大的问题则在于安全隐患。提到核裂变技术，很多人就会想到原子弹爆炸和切尔诺贝利、福岛核电站等震惊世界的核电站事故。核裂变技术在发电的时候虽然不会对周边环境造成污染，但会产生核废料，而且一旦发生核泄漏事故，还会造成广泛和无法控制的污染。

这好比单从事故率上统计，飞机称得上最安全的交通工具了。然而，空难的无处逃生感，却让很多人对这一出行方式心存恐惧。

为了打消人们的疑虑，核电站对于选址都有非常严格的要求，同时设计有很强的安全冗余。即便如此，很多国家为了安定民心还是从法律上彻底取消了核电站的建造计划。这意味着，即使核燃料真的能供人类几千年使用，在可以预见的将来，人类也不可能依靠这种类型的核电来解决能源问题。

相比之下，人类正在努力攻关的可控核聚变发电技术，会更符合终极能源的定义。为了与利用核裂变技术建造的核电站进行区分，期待中的聚变电站被称为"热核电站"。氢的同位素氘、氚被认为是热核电站的最佳燃料，它们在海水中的储量巨大，可谓取之不尽。同时运行安全，也没有污染环境的问题。

"万物生长靠太阳"，太阳的能量来源于其核心部分的核聚变反应。研发"热核电站"的项目，也因此被称为"人造太阳"。只是"人造太阳"的研发难度不是一般地大，以至于被戏称为"永远还要五十年"。

那么，在得到终极能源之前，人类就不能以其他形式开启一场能源革命了吗？当然不是。

化石能源不可再生，而且它在燃烧过程中会排放出大量导致气候变暖的二氧化碳以及对人体有害的废气，这是亟须解决的问题。有人说，地球已有几十亿年的寿命了，人类工业活动所造成的这些影响，远不及地质时期的那些气候环境变化。诚然，这种说法是没有问题的。只是人类关心的并非地球的命运，而是人类自身的命运。换言之，过度燃烧化石能源并不会造成地球毁灭，却会直接影响到人类自身命运。那些地球积攒了亿万年的化石能源，固然能够让人类踏上发展的快车道，但它们所产生的负面效应，同样需要由享受这些成果的人类承担。

为此，当下的人类社会正在努力用清洁能源取代化石能源。太阳能、风能、氢能、地热能等可再生能源被人类寄予了厚望。

这些清洁能源最终会以电能的形式服务于人类。同时，那些暂时还没有被替代的、污染较大的化石能源，也会先转化为电能输送到终端市场，以便于集中治理污染。比如，中国北方地区正在推进的"煤改电"采暖工程就是如此。为了降低采暖地区的冬季污染，很多居民开始使用电器采暖。而事实上，在目前阶段，这些电能主要还是由火力发电厂用煤转化的。

与100多年前由第二次工业革命所启动的"1.0版电气时代"相比，由清洁能源启动的"2.0版电气时代"，覆盖面要广得多。各种生产、生活工具（比如汽车），都将电器化。这场革命也将为与"电"相关的行业，比如电池、储能、电力带来巨大的商机。

在可以预见的未来，人类将在很大程度上以清洁能源替代化石能源，从而保护已经变得很脆弱的环境。只是这种变化虽然有革命性质，并且改变很多行业命运（包括创造新的行业），但这种替代行为却无法让人类获取更多的能源。或者说，还不至于带来本章开头所提到的翻天覆地的改变感。

好在"2.0 版电气时代"还可以被视为"终极能源时代"的准备阶段。正如我们一直所强调的那样，无论什么样的能源，最终都将以"电"的形式服务于人类。"2.0 版电气时代"的价值在于让人类逐步全面做到"工具电器化"，并铺设可以应对更多、更复杂电力需求的加强版电网。一旦得到终极能源，只需作为电力生产端接入成熟的电网系统即可。

精算时代

一直以来，人类都在寻找更合理的方式以分配这个世界的资源。那些所谓的体制之争，从本质来说可以算是资源分配模式的不同。有的国家更相信计划的力量，有的文化更相信市场的力量。丛林法则仍然在人类的认知中拥有广泛的市场。

在资源层面审视人类的进化，人类一直以来就在做两件事——开源和节流。培育高产作物以更多吸收太阳能，找到利用化石能源的方法等都属于"开源"；用管理和交流优化资源配置则属于"节流"。在通过清洁能源开启新时代，以及追求终极能源的过程中，新的"节流"革命同样在启动当中。

这次用来节流的工具就是"算法"。人脑外挂属性的"计算机"，终极进化方向就是要越来越像人脑，以至于有"人工智能"一说。这里说的"算法"通俗点讲，可以被认为是计算机模拟人脑运行的方法，代表着用系统的方法描述解决问题的策略机制。这些策略机制的设定，未必会是模仿人类的思考逻辑，但最终的目的都是让一切的决策，变得更加智能化、拟人化。

以我们所展望的"2.0版电气时代"来说，与上一次电气时代最大的区别，并不是"电器"的覆盖面更广，而是电力的调度以及电器的使用"智能化"。那些渗透在生产、生活方方面面的传感器，会将各种数据传导回中央处理器，然后通过算法计算出最合理的资源分配方案。

现下那些已经习惯于使用互联网的人类，已经对算法的力量不再陌生。正如前面多次提到的那样，人类在使用互联网时所留下的每一处痕迹，都成为大数据的一部分，并由算法加以分析判断出我们的需求，以更精准地推送需求。

抛开侵犯隐私的担忧，不断推陈出新的算法，在客观上显然是有利于节约资源的。仍以"2.0版电气时代"的需求为例：白天是用电高峰期，夜晚尤其是深夜的用电量则少了许多。基于此，很多国家和地区都会采取白天和深夜不同的定价方式，用价格手段来调节电力的需求。

这种不平衡同时也造成了巨大的浪费。绝大部分电力是即发即用，没有条件进行储存。即便随着新电气时代的推进，人类研发出更多、更先进的储能设备，也只能储存很小一部分电能。于是你会看到，发电厂到了晚上会主动降低产能。水电站甚至会利用电价的差异，在夜晚用发出来的电蓄水，然后再在白天发电卖个高价。

无论哪种做法，显然都是对资源的浪费，而放在更高的视角，这种浪费问题并非没有统筹解决的方法。地球表面是存在时差的，中国人吃午饭的时候，多数美国人已经进入了梦乡。从理论上来讲，如果全球电网被连接成一张"智能电网"，之后再通过算法进行动态调节，由此避免的产能浪费，就可以让全球电力供应水平有质的提升。

算法想要全面渗透这个世界，还需要有相应的算力作为支撑。而当下的计算机技术还不足以打造一个由算法来主导的世界。好在这个问题并非无解，与"人造太阳"一样还处于初始研发阶段的量子计算机技术，为算力问题的解决提供了方向。

当然，受地缘政治因素的影响，就算有了量子计算机和足够智慧的算法，类似在全球范围内依靠算法调度资源的想法，在可以预见的将来还是很难实现。正如历史上所发生的每一次变革一样，总会有具备足够技术能力和规模的国家和地区，率先在某一个区域做到这点。就像西方能够代表人类率先整体跨入工业时代一样。

这意味着，我们在预测未来时，可以将算法和算力作为重要的参考指标。计算机算力越强，在社会运行中算法的渗透率越高，那么这个国家就越"先进"，也越有可能在地缘政治博弈中占得优势。而人类社会整体，也必将进入一个"精算时代"。

展望这一前景，最让我们担心的是，人类设计的算法会不会让计算机具备真正的人的思维，并因此而产生支配人类的想法。事实上，这一场景已经被无数科幻作家在他们的作品中描绘过了。阿西莫夫最初设计"机器人学三准则"时，电子计算机甚至还没有诞生。

可以肯定的是，不管被人工智能、算法支配的可能性有多大，人类都不可能因为这种担心，而去迟滞让这个世界变得更加智能化的进程。这意味着，接下来算力和算法将成为最重要的工具，成为指导这个世界运行的核心力量。至于这股力量到底是掌握在政治家、资本家还是其他什么力量手中，那倒是不一定。

以人类社会运行的规律来说，这股力量总归是掌握在少部分人手中的。在"机器"真的具备意识，并产生了支配人类的想法之前，人类内部的运行模式并不会有本质的变化。

人类改造计划

虽说人类的进化史是一部对环境的改造史，但人类最想改造的还是自身，包括让自己变得更漂亮、更强壮、更聪明、更长寿。只可惜，在绝大多数历史时期，人类在改造自身的问题上能做的并不多。

直到基因技术的出现，一切才算有了转机。

1953 年，美国科学家沃森和英国科学家克里克发现了 DNA 双螺旋的结构，将遗传学的研究深入到了分子层次，开启了分子生物学时代。在此之后，人类终于找到了解开"生命之谜"的钥匙。

基因技术的出现使人类意识到生物是可以被"设计"出来的。1996年，世界上第一只用成体细胞克隆出来的生物——克隆羊多莉在英国诞生，这昭示着将人类的肉身进行无限复制的想法不再虚无缥缈。理论上讲，如果有一天人类揭开了意识形成和储存之谜，能够将一个人的意识转移到另一个人的身体上，那么"人"就可以将自己的意识无限复制到更年轻的身体中，从而实现永生。

只是如果真到了那一天，也许人会发现肉身的有无其实并不是那么重要。

不管怎么说，在人类搞明白意识是什么之前，即便掌握了克隆技术，大概率也不会尝试制造克隆人。不过，就算没有这个预期，人类既然已经有了基因技术这把钥匙，肯定还是会不断尝试去改造人类自身的，比如利用基因技术治疗一些重大疾病。

最有可能改变人类社会运行模式的基因改造，应该是"定制婴儿"。让人永生的想法固然虚幻，在孕育生命时有选择地剔除有缺陷的基因，甚至植入优秀基因，以生育出更优质的人类却是触手可及的未来。尤其在人类已经在利用"转基因"技术，在植物和动物身上这样做时。

人类对这件事情最大的担心在于，一旦"定制行为"成为一种社会性行为，尤其是政府主导下的优化工程后，那么父母与孩子之间的天然关系，就有可能出现改变。

在此之前，婴儿会被视为完全由父母创造的"作品"。人类可以通过选择更优秀的配偶（或者精子和卵子），以让自己的下一代更优秀，但这种行为所遵循的依然是自然法则，即生物学父母是孩子的完全创造者。当孩子是被某种程度地"生产"出来，人类的确有理由担心会不会对既有的社会伦理造成破坏。

不过回顾人类的历史，其实也不用过于担心基因技术会改变人类社会的基本结构。有句话叫作"生恩不如养恩"，无论是在人类社会还是哺乳动物群体，都会看到社会关系的建立，本质并不取决于基因的供给者。基因技术对生育的干预，只是让你具备了成为更优秀个体的基础，至于后天会变成什么样的人，还是要取决于养育的环境。

从这个角度来说，人类用基因技术改造人类的做法，还不至于在未来世界让人失去原本的人性。

上天还是入梦，这是一个问题

人类对于自身的世界之外还存在一个新世界一直心存幻想，神话故事的产生就是这种幻想的具体体现。即便人类已经掌握了用科学手段释读世界的技能，也不妨碍他们想象地表之外还存在其他的世界，无非是用"科幻"取代"神话"；用对外星文明的憧憬，替代对天神世界的臆想罢了。

更务实的想法，则是期待有一天能够进行星际移民，寻找另一颗适宜人类生存的"蓝星"。

人类如此执着地寻找另一个世界，说到底还是生存危机感使然。动物本能让人类对资源的索取一直处在不满足状态。或者说，总是担心自己掌握的资源有朝一日不足以支撑自己的生存。从自然经济时代对食物匮乏的恐惧，到工业时代对化石资源不可再生的担忧，都是源于这种危机感。

与生俱来的危机感让人类的历史很大程度成了一部战争史，为了争夺有限的资源而彼此仇杀。这种情况在两次世界大战后有所改观，熟悉了科学的力量之后，人类意识到科技是第一生产力，一方面开始着手在当下世界深挖资源潜力，让更多的资源为人类所用；另一方面开启了太空探索的征程。

科幻小说在一定程度上承载着人类的梦想。早期科幻小说所描绘的新世界基本都是外太空。基本背景一般是地球上资源不够了，人类被迫向外太空移民。如果不出意外的话，向外太空拓展生存空间，将成为人类的终极梦想。

只不过意外还是发生了，那就是虚拟世界的出现。随着计算机和互联网技术的成熟，人类醒悟到自己一直憧憬的新世界不一定在外太空，也可以把意识和肉身分离开。在人类所处的物理世界之外，基于互联网为"意识"打造一个数字化虚拟世界。

通俗点说，不满足于这么平庸活在地球上的人，今后将有两个选择——"上天还是入梦"。

就目前的情况来说，人类已经开始尝试用虚拟世界承载梦想。君不见自从有了网络游戏，有多少人已经把自己的兴趣、社会圈，甚至工作放在了游戏所打造的世界里。至于现实生活，只是以"宅"的形式存在，只以满足最低生存需要为目标。

人类对于全面虚拟世界的畅想，目前正在以"元宇宙"的概念呈现在世人面前。这个概念最直接的源头被认为是出自尼尔·斯蒂芬森在1992年出版的科幻小说《雪崩》。在小说中，作者畅想了一个在电脑网络上搭建的虚拟世界。每一个人都可以在这个虚拟世界以化身的形式交流互动。

结合前面笔者把微软在1990年推出的Windows 3.0系统定位为互联网时代的开端，你就会明白"元宇宙"的概念为什么会在这个时间点产生于小说家的作品中。

至于为什么30多年后的今天突然热了起来，原因也很简单。就目前的技术水平来说，打造"元宇宙级别虚拟世界"的想法，已经不能算是空中楼阁了。不过，真正落实这一概念还需要很长的时间。

瓶颈有两个：一是算力跟不上，二是能源跟不上。互联网时代，大家对计算机技术多少都有些了解。凭空打造一个能够让全人类有完全沉浸感的数字世界，算力需求将呈指数级增加。有专业人士算过，距离真正达到期盼中的实时沉浸效果，目前的算力还差 10^6 倍。而想彻底解决这个问题，还需要等待量子计算机技术的突破。

算力问题解决后，我们还需要解决能源问题。算力是需要能源支撑的，以现阶段人类的发电量来说，即便我们不去发展绿色能源，也是没办法支撑一个真正的元宇宙的。于是我们又需要像前面所期待的那样，只能等待"人造太阳"的出现，帮助人类突破这个瓶颈。

至于人类所寻找的另一个世界到底应该是"上天"还是"入梦"，不同的人会有不同的看法。现实的情况是，人类已然"成年"，也有足够的资源和动力同时推进这两个方向。

最后的展望

本书最后一章的内容，颇像一篇能够带领大家一起畅想未来的科幻短文。人造太阳、量子计算机、人工智能、基因改造人类、星际移民和元宇宙这些在未来可以改变世界的运行规则，离理想状态还有一定距离，甚至刚刚起步。

对于当下生活在地球上的人类来说，就算在有生之年看不到这些未来场景的实现，也不必感到失落。为实现梦想所做的诸多努力，并不用等到目标实现就能造福于人类。就拿航天技术来说，虽然星际移民还只是个梦，但为了这个目标而研发出来的各种技术，早已渗透到了人类生活的方方面面。而在可以预见的未来，人类对上述目标的追求，同样会不断推出许多能够让人真切感受到的技术创新。

人总是要有梦想的，重点不在于什么时候抵达终点，而在于追逐梦想的过程。更何况做一些对未来的预测，并不代表这些场景就一定是人类社会的技术进化终点，说不定在追逐梦想的过程中，又会发现新的方向。毕竟，人类对宇宙运行规律的认知还远远不够。

　　至于人类的终极命运到底是选择"上天"还是"入梦"，抑或是像电影《黑客帝国》所描绘的那样——为人工智能所操纵，谁能真的说得清呢？

后记

写这篇后记的时候，我生活的上海正在用"静态管理"手段阻断奥密克戎病毒的传播。于是，我也和 2400 万人一道经历了长达两个月的艰难时光。

这次居家给我最大的感触，倒不是那些大家关注的热点，而是物业忙着防疫，抽不出时间割草坪，蒲公英、雏菊、酢浆草们得以漫野地疯长，把小区装点得异彩纷呈。虽说还是要感谢物业的勤劳，不过也正是因为他们的勤劳，我们在过往只能看到那些修饰过的花花草草。美也是美的，只是少了许多生趣。

话说回来，要是物业一直不修剪，估计很快又会有居民投诉，希望见到过往那有序的美。看到没，人就是那么难伺候，不管做什么决策，都会有不同的意见。

人类总是特别容易高看自己，认为自己才是这个世界的规则制定者。近年来环境保护成为热门话题，经常会看到各色人等为了"保护地球"而呼吁奔走，希望政府制定各种干预政策。"保护地球"这个提法对也不对，要是从其他生物的角度来说，保护地球最好的办法，就是让人类从地球上消失。这个星球上的生物自有它们的平衡法则，并不需要人类去帮着"保护"。就像从病毒的角度来说,它们的传播也无非是在为自己争取一个生存权。

与其说人类是在保护地球,倒不如说是"精致利己"的人类,在寻找一套有利于自己的平衡法则。

问题不在于人类要不要那么"精致利己",而在于整个过程充满着矛盾与错误的决策。人类为此而交的学费太多了。比如老一辈的中国人还会记得"四害"之说——除了现下仍被人厌恶的苍蝇、蚊子、老鼠以外,最早的"四害"还包括如今受到保护的麻雀。麻雀之所以那么遭人痛恨,是因为每到收获的季节它们就会成群地扑到地里吃粮食。在那个饥馑的年代,这看起来不可饶恕。

只是在粮食没有成熟的季节,麻雀的食谱中却又包括大量昆虫,尤其是人类认定影响生产、生活的"害虫"。用不了多久中国人就又发现,没有麻雀去吃"害虫",粮食的损失要更为严重。于是麻雀得以从"四害"的名单中移除,会吸食人血、传播疾病的臭虫被补录进"四害"行列。

其实,"益虫""害虫"的分类标准,同样基于人类的喜好。就像童话故事里总是把羊描述成善良的动物,把狼当成罪恶的代表。等到知识增长后便又会知道,草原上要是没有了狼一类的掠食者,疯狂繁衍的素食动物们,才真的会对环境造成毁灭性影响。

"求生"是生物的本能。每一种生物在求生的过程中,又不可避免地会影响其他生物的生存状态。作为人类的一员,我倒没矫情到认为人类与其他生物平等,就算真这样想,在技术上也做不到。比如,如果我们认为吃肉会有罪恶感,那么吃素就可以心安理得了吗?毕竟,植物也是有生命的。可如果什么都不吃,等待自己的只能是饿死。

这本人类史,说到底还是为人类,而不是为地球上的其他生物而写。无论从哪个角度来看,人类所渴求的环境,无非是让自己更舒服地活着。只不过,人与人之间的诉求点会有所差异罢了。

就这本书所探讨的人与环境的问题来说，有的人相信自己可以改变环境，有的人认为自己只能适应环境；有的人希望所有人的价值观像自己，有的人觉得做好自己就行。如果用一句话来表达我在这本书中想传递的价值观，那应该就是：改变你可以改变的，适应你不能改变的；最重要的是知道哪些需要改变，哪些是你无法改变的。

想做到这一点，需要具备透过事物表面，看到底层逻辑的能力。具备这种能力后你便会发现，很多表面不相干甚至矛盾的事物，其实都是生态平衡中不可或缺的一环。人类的不断进步，更是一个动态平衡的过程。

至于这 20 多万文字，我所做的无非是把自己思考出来的一些底层逻辑展现给大家。

2022 年 6 月 25 日

温骏轩

图书在版编目（CIP）数据

地图里的人类史 / 温骏轩著 . —北京：北京联合
出版公司，2023.7
ISBN 978-7-5596-6989-6

Ⅰ . ①地… Ⅱ . ①温… Ⅲ . ①世界史—通俗读物
Ⅳ . ① K109

中国国家版本馆 CIP 数据核字（2023）第 108545 号

审图号：GS 京（2023）0430 号

地图里的人类史

作　　者：温骏轩
出 品 人：赵红仕
责任编辑：徐　樟

北京联合出版公司出版
（北京市西城区德外大街 83 号楼 9 层　100088）
天津海顺印业包装有限公司印刷　新华书店经销
字数 360 千字　700 毫米 ×980 毫米　1/16　印张 26.5
2023 年 7 月第 1 版　2023 年 7 月第 1 次印刷
ISBN 978-7-5596-6989-6
定价：108.00 元